S0-CKK-599

PAUL TILLICH · GESAMMELTE WERKE

BAND XII

PAUL TILLICH

BEGEGNUNGEN

Paul Tillich über sich selbst und andere

GESAMMELTE WERKE
BAND XII

EVANGELISCHES VERLAGSWERK STUTTGART

Herausgegeben von Renate Albrecht
An der Übersetzung dieses Bandes waren beteiligt:
Renate Albrecht, Herbert Drube, Maria Rhine, Gertie Siemsen

ISBN 3 7715 0110 5

1. Auflage
Erschienen 1971 im Evangelischen Verlagswerk GmbH., Stuttgart
Gesamtherstellung: Union Druckerei GmbH Stuttgart
Printed in Germany

INHALT

B. Rezensionen

III

DIE AMERIKANISCHE ZEIT
(1934–1965)

A. Aufsätze und Reden

B. Rezensionen und Kontroversen

VORBEMERKUNG DES HERAUSGEBERS

Der hier vorliegende Band XII umfaßt nicht ein bestimmtes Sachgebiet wie die vorausgehenden Bände, sondern enthält alle die Aufsätze, in denen eine Persönlichkeit Gegenstand der Betrachtung ist. Wie es bei Paul Tillich nicht anders zu erwarten ist, geht ein jeder solcher Aufsatz über das Persönliche weit hinaus. Er erörtert Sachprobleme, stößt zu geistesgeschichtlichen Zusammenhängen vor und nimmt kritisch Stellung. Der Titel „Begegnungen" ist darum nicht nur im Sinne der menschlichen Begegnung, sondern über sie und durch sie hindurch als Begegnung mit geistigen Gehalten gemeint. In diesem Sinne sind die zwei den Band einleitenden Autobiographien nicht nur als Begegnung des Autors mit sich selbst, sondern auch mit den geistigen Strömungen früherer Zeiten und seiner eigenen Zeit zu verstehen. Fünfzehn Rezensionen und Kontroversen ergänzen die „Begegnungen".

Für die Reihenfolge der Aufsätze innerhalb der drei Teile des Bandes gilt das folgende Prinzip: Die „Aufsätze und Reden" werden als Begegnung mit der besonderen Persönlichkeit aufgefaßt, und die Reihenfolge richtet sich darum nach deren jeweiligem Geburtsdatum. Davon ausgenommen sind die Aufsätze über E. Heimann, C. G. Jung und M. Buber, die zu einem bestimmten Anlaß geschrieben wurden. Sie stehen am Schluß des dritten Teils unter A., und ihre Stellung richtet sich nach dem Datum des Anlasses. Die „Rezensionen und Kontroversen" wurden als Begegnung mit dem betreffenden Buch aufgefaßt und nach dessen Erscheinungsjahr chronologisch geordnet.

Für die Mitarbeit an diesem Band gilt der besondere Dank *Herrn Professor D. Dr. Carl Heinz Ratschow,* der wiederum die Verantwortung für die Übersetzungstexte übernahm, des weiteren

Herrn Dr. Herbert Drube für die Bearbeitung der Übersetzungen,
Frau Hildegard Behrmann, Frau Dr. Gertie Siemsen und
Frau Gertraut Stöber für ihre Mithilfe beim Korrekturlesen,
Herrn Adolf Müller für die Bearbeitung des Sachregisters.

Düren, im Oktober 1970 Renate Albrecht

I

AUTOBIOGRAPHISCHES

AUF DER GRENZE

Einleitung: Der Ort der Grenze

In der Einleitung zu meinem Buch „Religiöse Verwirklichung“[1] habe ich geschrieben: „Die Grenze ist der eigentlich fruchtbare Ort der Erkenntnis.“ Als ich die Aufforderung erhielt, die Entwicklung meiner Gedanken aus meinem Leben heraus darzustellen, entdeckte ich, daß der Begriff der Grenze geeignet ist, Symbol für meine ganze persönliche und geistige Entwicklung zu sein. Fast auf jedem Gebiet war es mein Schicksal, zwischen zwei Möglichkeiten der Existenz zu stehen, in keiner ganz zu Hause zu sein, gegen keine eine endgültige Entscheidung zu treffen. So fruchtbar diese Haltung für das Denken war und ist, weil Denken Offenheit für neue Möglichkeiten voraussetzt, so schwierig und gefährlich ist sie vom Leben her, das ständig Entscheidungen und damit Ausschließen von Möglichkeiten fordert. Aus diesen Anlagen und diesen Spannungen ergaben sich Schicksal und Aufgabe zugleich.

1. Auf der Grenze zwischen den Temperamenten

Es ist nicht gut, den Charakteren der Eltern zuviel Bedeutung für den eigenen Charakter beizumessen. Dennoch gibt es Eigenschaften in Eltern und Voreltern, die in auffälliger Weise in den Kindern und Enkeln wiederkehren und tiefgehende Konflikte in ihnen bewirken können. Ob dabei mehr die Erbanlage oder mehr die Eindrücke der ersten Kindheit maßgebend sind, bleibe dahingestellt. Jedenfalls habe ich nie daran gezweifelt, daß die Verbindung eines märkischen Vaters mit einer rheinischen Mutter die Spannung zwischen östlichem und westlichem Deutschland in mich gepflanzt hat: im Osten die schwermütig spekulative Veranlagung, gesteigertes Pflicht- und Schuldbewußtsein, starkes Autoritätsgefühl, Lebendigkeit der feudalen Traditionen; im Westen der Sinn für Lebensfreude, sinnliche Anschaulichkeit,

[1] Berlin 1930.

Beweglichkeit, Rationalität und Demokratie. Es ist nun keineswegs möglich, diese beiden Reihen von Eigenschaften einfach auf meine beiden Eltern zu verteilen. Dennoch scheint es, als ob auf dem Wege über sie die beiden sich widersprechenden Eigenschaftsgruppen in mich gepflanzt worden sind, auf deren Kampfgebiet sich mein inneres und äußeres Leben weithin abgespielt hat. Die Bedeutung solcher vorgeformten Tendenzen liegt nicht darin, daß sie das Leben determinieren, sondern daß sie das Material bereitstellen und den Spielraum abstecken, innerhalb dessen die schicksalbedingenden Entscheidungen fallen – auch auf geistigem Gebiet. Das Stehen auf der Grenze in all den Beziehungen, über die ich in folgendem sprechen will, ist ohne jene Doppelerbschaft kaum verständlich. Dabei hatte das Übergewicht des väterlichen Einflusses – z. T. infolge frühen Todes der Mutter – die Folge, daß die Elemente, die ich der mütterlichen Seite zuschreibe, sich nur in ständiger, spannungsreicher Auseinandersetzung mit den väterlichen Elementen entfalten konnten. Immer wieder war ein Durchbruch nötig, um ihnen Geltung zu verschaffen, und oft führte dieser Durchbruch zu Extremen. Klassische Ausgeglichenheit und Harmonie waren nicht mein Erbteil. Dies ist wohl einer der Gründe, warum mir die Klassik Goethes fremd geblieben ist und warum mir die griechische Antike mehr von ihrer vor- und nachklassischen als von ihrer klassischen Periode her zugänglich ist. Hier liegen auch gewisse seelische Voraussetzungen meiner Interpretation der Geschichte: die Verteidigung der vorwärtsdrängenden Linie, die auf etwas zugeht, gegenüber der klassischen Kreislinie, die sich in sich selber zusammenschließt, die Setzung zweier miteinander ringender Prinzipien, deren Kampf den Inhalt der Geschichte ausmacht, die Lehre von der dynamischen Wahrheit, nach der die Wahrheit selbst in Kampf und Schicksal steht und nicht in einem unbeweglichen Jenseits des Schicksals, wie bei Plato. Die Schrift „Das Dämonische, ein Beitrag zur Sinndeutung der Geschichte“ und der Aufsatz „Kairos und Logos“ sind vielleicht der adäquateste Ausdruck für diese meine Grundstimmung.

2. Auf der Grenze von Stadt und Land

Vom vierten bis zum vierzehnten Lebensjahr lebte ich in dem merkwürdigen Mischgebilde einer ostelbischen Kleinstadt, in der mein Vater erster Pfarrer und Superintendent eines Kirchenkreises war. Die Kleinstadt in manchen Gegenden Deutschlands ist soziologisch bestimmt durch den eigentümlichen Typus des „Ackerbürgers“, eines meist wohlhabenden Bürgers, der von einer städtischen Wohnung aus ein verhältnismäßig großes Bauerngut bewirtschaftet. Das gibt den Städten dieser Art einen ausgesprochen ländlichen Charakter: Die Stadthäuser sind zum großen Teil mit einem Wirtschaftshof, Ställen und Gärten verbunden, in wenigen Minuten kann man von jedem Teile der Stadt aus auf die Felder gelangen, Schafe und Kühe werden morgens und abends durch die Straßen getrieben. Dennoch sind es wirkliche Städte mit Stadtrechten, mittelalterlichen Traditionen, einer umschließenden Stadtmauer, durch deren uralte Tore man in enge Straßen mit geschlossenen Häuserreihen, Läden und Werkstätten gelangt. Das Schützende, Bewahrende und zugleich Lebendige der Stadt gegenüber dem Unheimlichen nächtlicher Wälder, schweigender Felder und schlafender Dörfer gehört zu meinen ersten und stärksten Jugendeindrücken. Aus der Steigerung dieser Eindrücke durch Fahrten nach Berlin, bei denen schon die Eisenbahn als ein mythisches Gebilde erlebt wurde, entstand die oft geradezu verzehrende Sehnsucht nach der großen Stadt. Sie hat sich später in vielen äußeren und inneren Entscheidungen ausgewirkt und hat philosophischen Ausdruck gefunden in dem Aufsatz „Logos und Mythos der Technik[2]" und in dem Festartikel „Die technische Stadt als Symbol.[2]" Sie hat mich vor romantisierender Feindschaft gegen die technische Kultur bewahrt, hat mich gelehrt, die Bedeutung der großen Stadt für die kritische Seite des geistigen und künstlerischen Lebens zu sehen. Hierzu kam später ein vitales und gedankliches Verstehen der allein in großen Städten möglichen sogenannten Bohème, ferner eine ästhetische Würdigung der inneren und äußeren Unendlichkeit der Weltstadt, endlich die persönliche Erfahrung der politischen und gesellschaftlichen Bewegungen, die in der Hauptstadt konzentriert sind. Ohne diese Erfahrungen und ihre Resonanz in mir, sozusagen den „Mythos der großen Stadt", wäre ich nie an das Material gelangt, das dem Buch „Die religiöse Lage der Gegenwart"[3] seine weite Verbreitung gegeben hat. – Und doch liegt die Verbindung mit dem Land in einer noch tieferen Schicht meiner Seele. Fast alle großen Erinnerungen und fast alle starken Sehnsüchte sind mit Landschaft verbunden, mit Boden und Wetter, mit Kornfeldern und dem Geruch herbstlichen Kartoffelkrauts, mit Wolkenformen, mit Wind, Blumen und Wäldern. Auch auf allen späteren Reisen durch Deutschland sowie durch Süd- und Westeuropa waren die landschaftlichen Eindrücke die stärksten und bleibendsten. Die Schellingsche Naturphilosophie, die ich wie im Rausch

---

[2] Ges. Werke. Bd. 9.
[3] Ges. Werke. Bd. 10.

inmitten einer schönen Natur las, wurde für mich unmittelbarer gedanklicher Ausdruck dieses Naturgefühls. – Weitaus am wichtigsten aber war die Tatsache, daß ich seit meinem achten Lebensjahr regelmäßig einige Wochen, später oft mehrere Monate, am Meer verlebte. Das Erlebnis der Grenze von Unendlichem und Endlichem, wie es am Meeresufer gegeben ist, entsprach meiner Tendenz zur Grenze und gab der Phantasie ein Symbol, aus dem das Gefühl Substanz und das Denken Produktivität schöpfen konnte. Die Ausgestaltung der Lehre von der menschlichen Grenzsituation in „Religiöse Verwirklichung" und mehr anthropologisch in den Taylor-Vorlesungen an der Yale-Universität wäre ohne jenes landschaftliche Urerlebnis vielleicht nicht so geworden, wie sie geworden ist. Doch liegt noch ein zweites Element in der Anschauung des Meeres: das Dynamische, die Aggression gegen das Land in seiner ruhigen Endlichkeit, das Ekstatische großer Stürme und Wellen. So ist die Lehre von der „dynamischen Masse" in meiner Schrift „Masse und Geist"[4] unmittelbar unter dem Eindruck des bewegten Meeres konzipiert. Und der Lehre von dem Absoluten als Grund und Abgrund zugleich, von der dynamischen Wahrheit und von dem Religiösen als Durchbruch des Ewigen in die „in sich ruhende Endlichkeit" der Zeit hat das Meer das Phantasieelement geliefert, das zu jedem lebendigen Gedanken gehört. Nietzsche hat gesagt, daß kein Gedanke wahr sein könne, der nicht im Freien gedacht sei. Gehorsam diesem Worte sind viele meiner Gedanken im Freien konzipiert, und sogar die Ausarbeitung eines großen Teils meiner Schriften ist unter Bäumen oder am Meer geschehen. Der regelmäßige Rhythmus von Stadt- und Landaufenthalt gehörte und gehört zu dem wenigen Unantastbaren meines Lebens.

3. Auf der Grenze der sozialen Klassen

Die Grenze wurde für mich schon früh sichtbar infolge der besonderen Verhältnisse in der kleinen Stadt. Ich besuchte die Volksschule in allen Stufen, hatte Freunde in ihr und teilte deren Ressentiment gegen die soziale Oberschicht, die meine Eltern zusammen mit den Familien des Bürgermeisters, Arztes, Apothekers, einiger Kaufleute und weniger anderer repräsentierte. Obgleich ich zusammen mit einigen Kindern dieser Gruppe besonderen Lateinunterricht erhielt und später mit ihnen auf das Gymnasium der benachbarten Stadt ging, blieben Volksschulkinder meine eigentlichen Freunde. Das führte zu manchen Spannungen

---

[4] Ges. Werke. Bd. 2.

mit den Kindern aus der eigenen sozialen Schicht und einer bleibenden Fremdheit ihnen gegenüber während der Schulzeit. Die Zugehörigkeit zu der bevorzugten Klasse hat in dieser frühen Zeit das soziale Schuldbewußtsein erzeugt, das später für meine Arbeiten und mein Lebensschicksal so entscheidend werden sollte. Soweit ich sehe, gibt es im Falle einer frühen und engen Begegnung mit Kindern der unteren Klassen für ein sensitives Kind der oberen Klasse nur zwei Möglichkeiten: die Entwicklung des sozialen Schuldbewußtseins oder des sozialen Hasses als Antwort auf das aggressive Ressentiment der Kinder der unteren Klasse. Ich habe beide Typen oft gefunden, aber die soziale Grenzsituation war damit noch nicht erschöpft. Der Kirchenkreis, dem mein Vater vorstand, war voll von Großgrundbesitzern aus altadligen Geschlechtern, mit denen als Kirchenpatronen meine Eltern beruflich und gesellschaftlich verbunden waren. Merkwürdigerweise empfand ich ihnen gegenüber kein Ressentiment gleich dem, das ich gegen die Mitschüler der eigenen sozialen Schicht empfand. Ich war stolz, auf die Gutshäuser kommen und mit den Kindern der Großgrundbesitzer spielen zu dürfen. Eine lebenslängliche Freundschaft verbindet mich mit einem – allerdings außergewöhnlich geistreichen – Abkömmling einer dieser Familien. Das Stehen auf dieser Grenze hatte zur Folge, daß meine Opposition gegen die Bürgerlichkeit, zu der ich klassenmäßig gehörte, nicht selbst bürgerlich wurde wie weithin im Sozialismus, sondern daß ich den Versuch machte, diejenigen Elemente der feudalen Tradition, die mit der sozialistischen Idee in innerer Affinität stehen, in den Sozialismus aufzunehmen. Die besondere Ausgestaltung des religiösen Sozialismus, wie ich sie erstmalig in den „Grundlinien des religiösen Sozialismus“ [5], später in dem Buch „Die sozialistische Entscheidung“ [6] versucht habe, ist in dieser Haltung begründet. Nur schwer und nur unter dem Zwang der politischen Situation konnte ich mich darum entschließen, einer so verbürgerlichten Partei wie der deutschen Sozialdemokratie beizutreten. Der Aufsatz „Das Problem der Macht“ [7], der mit jenen Jugenderfahrungen zu tun hat, ist von dem bürgerlichen Pazifismus auch mancher meiner Freunde nie verstanden worden. – Ferner gehört an diese Stelle der Hinweis auf das Beamtentum, das in Deutschland mehr als irgendwo anders eine besondere Schicht mit besonderen Traditionen bildet und dem ich im engeren Sinne soziologisch zuzurechnen bin, sowohl als Sohn eines Pfarrers, der zugleich hoher

---

[5] Ges. Werke. Bd. 2.
[6] Ges. Werke. Bd. 2.
[7] Ges. Werke. Bd. 2.

Schul- und Kirchenbeamter war, wie als ehemaliger beamteter Professor an einer preußischen Universität. Was preußisches Beamtentum bedeutet, kommt wohl am klarsten in der praktischen Philosophie Kants zum Ausdruck: Überordnung des Pflichtgedankens über jeden anderen, höchste Wertung von Ordnung und Gesetz, Neigung zu staatlichem Zentralismus und Unterordnung unter die militärischen und zivilen Autoritäten, bewußte Einordnung in ein umfassendes Ganzes als Glied. Es ist nicht unberechtigt, wenn die Neigung vieler deutscher Philosophen zum geschlossenen System in philosophischer Theorie und politischer Praxis aus der preußischen Beamtenideologie abgeleitet wird. Jedenfalls bin ich mir für mich selbst dieses Zusammenhangs klar bewußt, sowohl für den Entwurf eines „Systems der Wissenschaften“ [8] als auch für die Leichtigkeit, mit der ich mich in Krieg und Frieden den militärischen und zivilen Autoritäten unterordnete, als auch schließlich für die Unterordnung unter eine Partei, zu der ich sachlich in weitem Maße in Widerspruch stand. Aber auch die Grenzen dieser Haltung sind mir in mir selbst recht deutlich: das ungeheure Gewicht und die Gewissensbelastung, die jede eigene Entscheidung, jeder Vorstoß über die Grenzen des Vorgeschriebenen innerlich bedeutet – die Unschlüssigkeit gegenüber dem Neuen und Unerwarteten, die Sehnsucht nach einer übergreifenden Ordnung, die das Wagnis der eigenen Entscheidung abnimmt. – Der tief verwurzelte Protest gegen das eigentlich Bürgerliche fand Ausdruck in meiner Zuneigung zu der kleinen sozialen Gruppe, für die der Name Bohème schon längst kein zutreffender Ausdruck mehr ist, die aber eine Verbindung von geistiger Produktivität, intellektueller Kritik und betonter Unbürgerlichkeit in Theorie und Praxis immer behalten hat. Künstler, Schauspieler, Journalisten und Schriftsteller waren maßgebend in dieser Gruppe. Als Theologe und Dozent stand man an der Grenze. Innerhalb dieser Gruppe erkannte man sich an dem selbstverständlichen Fehlen bestimmter bürgerlicher Voraussetzungen in Denken und Haltung, an geistigem Radikalismus und ausgeprägter Fähigkeit zur Selbstironie. Man fand sich nicht nur in bestimmten Cafés, Häusern, Salons, sondern ebenso in bestimmten, vom eigentlichen Bürgerpublikum verschonten Orten am Meer. Man hatte Neigung zu radikaler politischer Kritik und fühlte sich dem kommunistischen Arbeiter verwandter als dem Angehörigen der eigenen Klasse. Man lebte in den internationalen Bewegungen in Kunst und Literatur, war skeptisch und religiös, radikal und romantisch, von Nietzsche beeinflußt und antimilitaristisch, psychoanalytisch und ex-

[8] Ges. Werke. Bd. 1.

pressionistisch zugleich. – Der Gegner dieser Gruppe war weder der Feudale noch der Großbürger; beide Schichten waren in der Bohème vertreten. Beide bemühten sich erfolgreich um Zugang zu ihr und boten ihr dafür gesellschaftliche und ökonomische Vorteile. Der Gegner war der Kleinbürger, die mittelständische Masse mit ihren Vorurteilen, ihrer Sentimentalität, ihrer Ferne von geistigen, vor allem künstlerischen Problemen, ihrem Sekuritätsbedürfnis und ihrem Mißtrauen gegen die Intelligenz. Auch diese Tatsache, daß ich nie ernsthaft an der Grenze des Kleinbürgertums gestanden, es vielmehr wie viele in der gleichen Gruppe mit einem nicht wegzuleugnenden, wenn auch halb unbewußten Hochmut abgewiesen habe, bedeutete geistiges und persönliches Schicksal: geistiges, sofern das Streben aus jeder Enge heraus immer neue Möglichkeiten und Gebiete in das Blickfeld brachte und die Beschränkung, die zu jeder geistigen und gesellschaftlichen Verwirklichung gehört, erschwerte, persönliches, sofern der mittelständisch-militaristische Umsturz besonders heftig die beschriebene Gruppe traf und sie mit ihren geistigen und ökonomischen Voraussetzungen vernichtete. Die haßerfüllte Verfolgung der deutschen Intelligenz durch die Vertreter der romantisch-mittelständischen Ideologie war die Antwort auf jene teils berechtigte, teils unberechtigte Abweisung des unteren Mittelstandes durch die Intelligenz.

4. Auf der Grenze von Wirklichkeit und Phantasie

Schwierigkeiten in der Bewältigung der Wirklichkeit bewirkten früh eine Abdrängung in die Phantasie. Einige Jahre lang waren bestimmte Phantasiewelten für mich die eigentliche Wirklichkeit, in die ich so oft als möglich aus der nicht ernst genommenen äußeren Wirklichkeit übertrat. Es war etwa die Zeit vom 14.–17. Lebensjahr. Am Ende dieser Periode entwickelte sich automatisch aus der romanhaften die philosophische Phantasie, die mir seitdem zum Nutzen und Schaden treu geblieben ist: zum Nutzen, sofern ich ihr die Fähigkeit verdanke, Fernliegendes zu kombinieren, Abstraktestes anschaulich, ja farbig ineinander zu sehen, Möglichkeiten des Gedankens zu experimentieren; zum Schaden, sofern diese Fähigkeit in die Gefahr führt, Schöpfungen der Denkphantasie für Wirklichkeiten zu nehmen, Erfahrung und rationale Kritik zu vernachlässigen, monologisch statt dialogisch zu denken, sich aus der gemeinsamen Arbeit der Wissenschaft herauszustellen. Ob die Nachteile oder Vorteile dieser Veranlagung überwogen, sie hinderte mich (neben zeitgeschichtlichen Ursachen), das zu werden, was man im typischen Sinne einen „Gelehrten“ nennt – übrigens eine verbreitete Erscheinung in der Generation des Übergangs, zu der ich gehöre.

Phantasie drückt sich unter anderem in der Freude am Spiel aus. Diese Freude hat mich mein ganzes Leben begleitet, sei es im wirklichen Spiel, sei es im spielend und dilettantisch, nie ernsthaft aufgefaßten Sport, sei es im gesellschaftlichen Spiel, sei es im Gefühl des Spiels, das die produktiven Augenblicke begleitet und sie zum Ausdruck der beglückendsten Form menschlicher Freiheit macht. Die romantische Theorie des Spiels, Nietzsches Würdigung des Spiels im Gegensatz zu „dem Geist der Schwere“, Kierkegaards „ästhetische Sphäre“, das Phantasieelement im Mythos sind mir immer anziehend und immer gefährlich gewesen. Vielleicht ist es das Gefühl für diese Gefahr, das mich mehr und mehr auf die Seite des unbedingten Ernstes der prophetischen Religion getrieben hat. Das Wort von der Brechung des Ursprungsmythos in meinem Buch „Die sozialistische Entscheidung“ ist nicht nur gegen die letzte Unernsthaftigkeit des nationalistischen Heidentums, sondern ebenso gegen das unüberwundene Mythisch-Romantische in mir selbst geschrieben.

Die höchste Form des Spiels und der eigentlich produktive Ort der Phantasie ist die Kunst. Selbst auf keinem Gebiet des künstlerischen Schaffens oder Nachschaffens produktiv, habe ich doch eine Beziehung zu ihr gewonnen, die für mein wissenschaftliches Arbeiten zum Teil von maßgebender Bedeutung wurde. Mein Vater war ein selbst-produktiver Träger der musikalischen Traditionen des evangelischen Pfarrhauses. Ein Verhältnis zu Architektur und bildender Kunst hatte er nicht – wie die überwiegende Mehrzahl der typischen Protestanten. Da ich selbst nicht musikalisch bin und der Zugang zur bildenden Kunst zunächst fehlte, warf sich meine Kunstsehnsucht auf die Literatur, was der humanistischen Erziehung auf einem deutschen Gymnasium entsprach. Weitaus am wichtigsten wurde für mich Shakespeare, und zwar in der klassischen deutschen Übersetzung Schlegels. Mit Gestalten wie Hamlet habe ich mich bis an die Gefahrengrenze identifiziert. Meine instinktive Zuneigung zu dem, was heute in Deutschland Existentialphilosophie genannt wird, geht zweifellos bis zu einem gewissen Grade auf die Erschütterung zurück, die von diesem, existentiell gesehen, reichsten Werke profaner Dichtung auf mich ausging. Weder Goethe noch Dostojewski haben die gleiche Wirkung auf mich gehabt. Dostojewski kam zu spät in meinen Gesichtskreis, und Goethes Dichtung schien mir zu wenig „Grenzsituation“ auszudrücken. Er schien mir im Sinne Kierkegaards nicht existentiell genug, ein Urteil freilich, das, wie ich fühle, mit wachsender eigener Reife zu revidieren sein wird. Auch nach der Hamlet-Periode, die mehrere Jahre dauerte, blieb die Fähigkeit zu völliger Identifizierung mit dichterischen Gestalten erhalten. Und die besondere Stimmung, gleichsam der besondere Geruch bestimmter Wochen oder Monate meines Lebens, war bedingt durch ein bestimmtes dichterisches Werk, später vor allem durch Romane, von denen ich wenige, diese aber dann mit großer Intensität las.

In der Dichtung ist noch zuviel Philosophie, als daß sie den Drang zu reiner künstlerischer Anschauung ganz befriedigen könnte. So wurde die Entdeckung der Malerei für mich von entscheidender Bedeutung. Sie geschah während der vier Kriegsjahre als Reaktion gegen das Grauenvolle, Häßliche und Lebenzerstörende des Krieges. Aus der Freude an kümmerlichen Reproduktionen, die in Feldbuchhandlungen erhältlich waren, entwickelte sich ein systematisches Studium der Kunstgeschichte. Aus dem Studium das Erlebnis, vor allem jenes erste offenbarungsartige Erlebnis von einem Botticelli-Bild in Berlin während des letzten Kriegsheimaturlaubes. Auf das Erlebnis folgte die Reflexion und die philosophisch-theologische Interpretation, die mich zu den Grundkategorien meiner Religions- und Kulturphilosophie führte: Form und Gehalt. Es war vor allem der Expressionismus, der in der deutschen Malerei im ersten Jahrzehnt des 20. Jahrhunderts aufgebrochen war und sich nach dem Krieg öffentliche Geltung, zum Teil unter schweren Kämpfen mit kleinbürgerlichem Unverständnis, verschafft hatte, an dem mir die formzersprengende Kraft des Gehalts und die ekstatische Bildform, die daraus notwendig folgt, aufging. Die für meine Offenbarungslehre maßgebende Kategorie des „Durchbruchs“ wurde im Zusammenhang damit gewonnen. Später, als die Wegwendung vom ursprünglichen Expressionismus zu einem neuen Realismus einsetzte, gewann ich aus der Anschauung des dabei entstehenden Stiles den Begriff des „gläubigen Realismus“, den Zentralbegriff meines Buches „Die religiöse Lage der Gegenwart“[9], das deswegen einer befreundeten Malerin gewidmet ist. Der Eindruck der verschiedenen Darstellungen von Persönlichkeit und Masse in der abendländischen Kunstgeschichte brachte Inspiration und Material für den Vortrag „Masse und Persönlichkeit“.[10] Meine wachsende Hinneigung zur alten Kirche und ihren Lösungen des Problems „Gott und Welt“, „Staat und Kirche“ wurde genährt durch den überwältigenden Eindruck, den die Reste der frühchristlichen Kunst in Italien machten. Was kein kirchengeschichtliches Studium zuwege gebracht hatte, das

---

[9] S. Anm. 3.

[10] Ges. Werke. Bd. 2.

wirkten die Mosaiken der altrömischen Basiliken. Direkten Niederschlag fand die Verbindung mit der Malerei in dem Aufsatz „Religiöser Stil und religiöser Stoff in der bildenden Kunst“ [11], ferner in der Eröffnungsrede zu der Berliner Ausstellung für religiöse Kunst, vor allem aber in den entsprechenden Partien des „Systems der Wissenschaften“[12], der „Religionsphilosophie“[13] und in „Die religiöse Lage der Gegenwart“[14].

Das Erlebnis der modernen Malerei eröffnete mir gleichzeitig einen Zugang zu der modernen deutschen Dichtung, wie sie durch Hofmannsthal, George, Rilke und Werfel für mich repräsentiert war. Weitaus den stärksten Eindruck machte die Spätdichtung Rilkes auf mich. Der psychoanalytisch vertiefte Realismus, die mystische Erfülltheit, die Geladenheit der Form mit metaphysischem Gehalt, all das machte sie mir zum Ausdruck dessen, was ich in den Begriffen meiner Religionsphilosophie nur abstrakt fassen konnte. Sie wurde mir und meiner Frau, die mir den dichterischen Zugang zu ihr erschloß, zu einem immer wieder gebrauchten Andachtsbuch.

5. Auf der Grenze von Theorie und Praxis

Es bestand weder bei mir noch bei anderen je ein Zweifel daran, daß ich zur Theorie und nicht zur Praxis bestimmt sei. Seit den ersten Erschütterungen durch die Vorstellung des „Unendlichen“, etwa im achten Lebensjahr, seit der leidenschaftlichen Aufnahme der christlichen Dogmatik in Volksschule und Konfirmandenunterricht, seit dem heißhungrigen Verschlingen populärer Weltanschauungsliteratur war es klar, daß die theoretische und nicht die praktische Bewältigung des Seienden Schicksal und Aufgabe für mich war. Die Erziehung auf einem humanistischen Gymnasium, die Begeisterung für griechische Sprache und Literatur verstärkten die gegebene Anlage. Die Erfahrung, die Aristoteles in der Nikomachischen Ethik zum Ausdruck bringt, daß allein die reine *theoria* reine *eudeimonia* gewähre, habe ich unzählige Male erprobt. Auch die inneren Kämpfe um die Wahrheit der überlieferten Religion hielten mich in der theoretischen Sphäre fest. Aber Theorie bedeutet im Religiösen doch noch etwas anderes als phi-

---

[11] Ges. Werke. Bd. 9.
[12] S. Anm. 8.
[13] Ges. Werke. Bd. 1.
[14] S. Anm. 3.

losophische Wesensschau. In der religiösen Wahrheit geht es unmittelbar um das eigene Sein und Nichtsein. Religiöse Wahrheit ist existentielle Wahrheit, und insofern sie das ist, kann sie von der Praxis nicht geschieden werden. Religiöse Wahrheit wird *getan* – entsprechend dem Johannes-Evangelium.

Außerdem zeigte es sich bald, daß die einseitige Hinwendung zur Theorie auf der gleichen Abdrängung von der Wirklichkeit beruhte wie die schon besprochene Flucht in die Phantasie. Sobald nämlich diese Abdrängung überwunden war und praktische Gestaltungsaufgaben an mich herantraten, warf ich mich mit ganzer Leidenschaft auf sie, teils zum Nutzen, teils zum Schaden der theoretischen Fortbildung. Das war zum erstenmal der Fall in der Studentenverbindung „Wingolf", der ich während meiner ganzen Studienzeit aktiv angehörte. Aus den Spannungen ihres christlichen Prinzips mit modern liberalen Auffassungen in Theorie und Praxis, sowie aus den persönlichen Spannungen, die in Gemeinschaften von fünfzig und mehr jungen Menschen leicht radikale Formen annehmen, ergaben sich eine Fülle von Problemen praktischer Verbindungspolitik, namentlich in der Zeit, in der ich eine solche Verbindung zu führen hatte. Der Streit um die Prinzipien einer christlichen Gemeinschaft ist damals im Wingolfbund so vollständig durchgekämpft worden, daß alle, die daran aktiv beteiligt waren, für ihr Leben davon lernten. Von dort her gewann ich Verständnis für objektive Gebilde wie die kirchlichen Bekenntnisse, deren Sinn das subjektive Glauben oder Zweifeln übersteigt und die deswegen fähig sind, Gemeinschaften zu tragen, in denen alle Abstufungen von Gewißheit, Suchen, Zweifel, Kritik zugelassen sind, sofern nur die bekenntnismäßige Grundlage der Gemeinschaft anerkannt bleibt.

Der Studentenzeit folgten zwei Jahre kirchlicher Praxis, vier Jahre Wirksamkeit als Feldprediger an der Westfront, nach dem Kriege eine kurze Zeit der Teilnahme an Aufgaben der Kirchenverwaltung. Die theoretische Arbeit wurde in diesen Jahren praktischer Tätigkeit nicht unterbrochen, obgleich naturgemäß stark eingeschränkt. Doch hatte diese Zeit praktischer Tätigkeit nicht die Folge, die grundsätzliche Bejahung der theoretischen Existenz für mich zu erschüttern.

Schwieriger wurde der Konflikt zwischen Theorie und Praxis, als mit der Revolution zum erstenmal das Politische machtvoll in mein Bewußtsein trat. Wie die meisten deutschen Intellektuellen vor dem Krieg stand ich der Politik im wesentlichen indifferent gegenüber. Auch das immer vorhandene soziale Schuldbewußtsein konkretisierte sich nicht in einem politischen Willen. Erst im letzten Kriegsjahr und in den Monaten des Zusammenbruchs und der Revolution wurden mir die politischen Hintergründe des Weltkriegs, der Zusammenhang zwischen Kapitalismus und Imperialismus, die Krisis der bürgerlichen Gesellschaft, die Tatsache der Klassenspaltung usw. sichtbar. Der ungeheure Druck, der während des Krieges auf uns gelegen hatte und der den Gottesgedanken zu verdunkeln oder dämonisch zu färben drohte, fand eine Entlastung in der Erkenntnis der menschlichen Verantwortung für den Krieg und in der Hoffnung auf eine Neugestaltung der menschlichen Gesellschaft. Als darum kurz nach der Revolution der Ruf nach religiös-sozialistischer Gestaltung ertönte, konnte und wollte ich mich ihm nicht entziehen. Zwar bedeutete das zunächst auch nur theoretische Arbeit an dem Problem „Religion und Sozialismus". Der Arbeitskreis, dem ich angehörte, war eine Gruppe von Professoren: Mennicke, Heimann, Löwe und andere, die ausdrücklich um Theorie bemüht waren. Aber das Arbeitsziel war letztlich politisch, und darum konnte es nicht ausbleiben, daß eine Reihe praktisch-politischer Probleme auftauchte und zu Konflikten zwischen theoretischer und praktischer Haltung führte. Nach drei Richtungen hin war das der Fall: Religiöser Sozialismus betrifft die Kirchen, die Parteien, und er betraf, sofern wir Professoren waren, die Universität.

In der evangelischen Kirche hatte sich ein „Bund religiöser Sozialisten" gebildet, der die Kluft zwischen Kirche und sozialdemokratischer Partei schließen wollte, und zwar ebenso durch kirchenpolitisches Handeln wie durch theoretische Besinnung. Unter dem Eindruck, daß die theoretische Grundlegung hier nicht tief genug ging, hielt ich mich in einer vielleicht unberechtigten Distanz von dieser Gruppe und damit von der Möglichkeit kirchenpolitischer Aktivität. Der Konflikt zwischen Theorie und Praxis wurde in diesem Falle ganz zugunsten – vielleicht nicht ganz zum Nutzen – der Theorie entschieden.

Nicht anders war es, was mich persönlich betrifft, im Verhältnis zur sozialdemokratischen Partei, der ich in den letzten Jahren angehörte, um durch Ausgestaltung der Theorie auf sie wirken zu können. Zu diesem Zweck gründete ich mit den Freunden der religiös-sozialistischen Arbeitsgemeinschaft und mit einer Gruppe jüngerer Sozialisten die Zeitschrift „Neue Blätter für den Sozialismus". Wir hofften, auf diesem Wege die starr gewordene Ideologie des deutschen Sozialismus aufzulockern und von religiöser und philosophischer Besinnung aus umzubilden. Von politischer Praxis blieb ich selbst fern, während viele Mitarbeiter in ihr standen und unsere Zeitschrift dadurch in die Spannungen der aktuellen politischen Situation hineingezogen wurde. Ich lehnte die Beteiligung nicht ab, wo bestimmte Aufgaben an mich herantraten. Aber ich suchte sie nicht auf – wiederum vielleicht zum Schaden einer

Theorie, die einem politischen Ziel dienen und der Bewegung einer politischen Gruppe begrifflichen Ausdruck geben sollte. Andererseits schwächten schon die verhältnismäßig seltenen Berührungen mit der politischen Praxis die wissenschaftliche Konzentration, die gerade in diesen Jahren durch meinen Beruf besonders stark gefordert wurde. Diese Spannung kam zu grundsätzlichem Ausdruck in den Diskussionen, die sich um die Neugestaltung der deutschen Universität drehten.

Nach der Revolution erhob sich immer dringender der Ruf nach einer Neugestaltung der Universität. Das alte humanistische Ideal des Klassizismus war im Laufe des 19. Jahrhunderts durch die Spezialisierung der Wissenschaften sowie durch quantitativ und qualitativ wachsende Anforderungen der Berufsvorbildung zerstört worden. Der Andrang der Studenten, der nach dem Kriege einsetzte, machte eine Ausbildung im Geiste universaler humanistischer Persönlichkeitsformung vollends unmöglich. Schlechte Kompromisse suchten diesen Widerstreit von Ideal und Wirklichkeit zu verdecken. So entwickelte ich in einem Aufsatz[15], den die Frankfurter Zeitung veröffentlichte und der einen Sturm für und wider entfesselte, das Schema eines doppelten Studienweges: Hohe Berufsschule einerseits, eine von den Aufgaben der Berufsvorbildung freie humanistische Fakultät als Repräsentant der alten Idee der Universität andererseits, beide miteinander verbunden und doch verschieden in Ziel und Methode; die humanistische Fakultät beherrscht von einer Philosophie, die entsprechend dem ursprünglichen Ideal von Philosophie mit den Mitteln des Logos Antwort zu geben hat auf die Frage unserer menschlichen Existenz. Radikales Fragen ohne Rücksicht auf politische und religiöse Bindungen und zugleich Lebenserfülltheit im seelischen und gesellschaftlichen Sinne – das ist die Forderung an jede große schöpferische Philosophie. Es war ein Zeichen philosophischer Schwäche, wenn im 19. Jahrhundert mit wenigen Ausnahmen die Philosophie immer mehr Sache der Schule, des „Professors der Philosophie“ wurde. Aber es ist nicht minder vernichtend für sie, wenn das 20. Jahrhundert das radikale Fragen mit politischen Mitteln zu beseitigen strebt und einer politischen Weltanschauung Zwangsgeltung verleiht. Die „politische Universität“, die z. Z. erstrebt wird, hat die Theorie der Praxis geopfert, was genau wie das Umgekehrte für beide gleich verhängnisvoll ist. Die Grenze von Theorie und Praxis ist ein Kampfgebiet geworden, auf dem sich das Schicksal der kommenden Universität und damit der humanistischen Bildung der Kulturländer entscheiden wird.

---

[15] Ges. Werke. Bd. 13.

6. Auf der Grenze von Heteronomie und Autonomie

Nur unter schweren Kämpfen war es mir möglich, zur Bejahung geistiger und sittlicher Autonomie durchzustoßen. Die Autorität des Vaters, die zugleich persönliche und geistige Autorität war und die infolge der kirchlichen Stellung meines Vaters für mich mit der religiösen Offenbarungsautorität zusammenfiel, machte jede Äußerung autonomen Denkens zu einem religiösen Wagnis und verknüpfte Kritik der Autorität mit Schuldbewußtsein. Die uralte menschliche Erfahrung, daß neue Erkenntnis nur durch Brechung eines „Tabus" errungen werden kann, daß also autonomes Denken von Schuldbewußtsein gefolgt ist, war und ist eine fundamentale Erfahrung meines persönlichen Lebens. Sie hat die positive Folge gehabt, daß jeder Schritt in die theologische, ethische und politische Kritik unter Hemmungen stand, die oft erst nach jahrelangen Konflikten beseitigt werden konnten. Das steigerte die Bedeutung, die solche Einsichten für mich hatten, ihren Ernst und ihr Schwergewicht für mich. Wenn ich – oft sehr spät – zu Kenntnissen vorstieß, die für das durchschnittliche Bewußtsein der Intelligenz längst selbstverständlich und banal geworden waren, erhielten die gleichen Einsichten für mich den Charakter des Überraschenden, Konsequenzreichen, Umwälzenden. Die freischwebende Intelligenz war mir infolgedessen verdächtig. Mein Vertrauen zu der schöpferischen Kraft des autonomen Denkens war gering. So habe ich eine Reihe von Universitätsvorlesungen gehalten, die sich ausdrücklich mit der innerlichnotwendigen Katastrophe des reinen autonomen Denkens beschäftigen. Die Entwicklung der griechischen Philosophie von dem ersten Auftreten der rationalen Autonomie bis zu ihrem Versinken in Skepsis und Probabilismus und bis zu ihrem Umschlag in die „neue Archaik" der Spätantike war für mich der große, weltgeschichtliche Beweis für die Unfähigkeit der Autonomie, von sich aus eine inhaltsvolle Welt zu schaffen. In Vorlesungen über die mittelalterliche Philosophie, die Geistesgeschichte des Protestantismus sowie in der Schrift „Die religiöse Lage der Gegenwart" habe ich diesen Grundgedanken auf die abendländische Entwicklung angewendet und daraus die Forderung einer Theonomie, d. h. einer religiös erfüllten Autonomie, abgeleitet.

Die Kritik der reinen Autonomie sollte nicht den Weg zu einer neuen Heteronomie bahnen. Heteronomie, Unterwerfung unter göttliche und weltliche Autoritäten war ja gerade das, was ich für mich durchbrochen hatte und zu dem ich weder zurück will noch zurück kann. Wenn heute die europäische Entwicklung ganz unzweifelhaft im Zeichen der Rückkehr zu alten und neuen Heteronomien steht, so kann das nur meinen leidenschaftlichen Protest erwecken, auch wenn ich die schicksalhafte Unvermeidlichkeit dieser Entwicklung einsehe. Autonomie, die in schwerem Kampfe erworben ist, kann nicht so leicht preisgegeben werden wie eine Autonomie, die immer selbstverständlich war. Wer einmal mit ganzer Leidenschaft das Tabu heiligster Autoritäten durchbrochen hat, kann sich nicht einer neuen Heteronomie unterwerfen, weder einer religiösen noch einer politischen. Daß heute diese Unterwerfung für viele so leicht geworden ist, hat seinen Grund darin, daß ihre Autonomie leer und skeptisch geworden war. Freiheit, die nicht erkämpft ist, für die keine Opfer gebracht sind, wird leicht weggeworfen. Nur so ist der Wettlauf der europäischen Jugend nach neuen Unfreiheiten zu verstehen (wenn man von den soziologischen Ursachen absieht).

Dem ausgeprägtesten System religiöser Heteronomie, dem römischen Katholizismus, stand ich von früh an mit einem Protest gegenüber, der zugleich protestantisch und autonom war. Der Protest bezog und bezieht sich trotz theologischer Gegensätze nicht auf die dogmatischen Gehalte oder die kultischen Formen des katholischen Systems, sondern er gilt seinem heteronomen Charakter, der Behauptung einer prinzipiellen Autorität, die auch dann maßgebend ist, wenn sie nicht tatsächlich, nicht innerlich Autorität ist. Nur einmal in meinem Leben drang der Gedanke an einen möglichen Übertritt zum Katholizismus in eine tiefere, wenn auch nicht die tiefste Schicht meines Geistes: als im Jahre 1933 vor der Erhebung des deutschen Protestantismus die Alternative zu bestehen schien: entweder christlicher oder heidnischer Katholizismus, römische Kirche oder nationales Heidentum in protestantischem Gewand. In der Wahl zwischen diesen beiden Heteronomien wäre die Entscheidung für die christliche notwendig geworden. Sie wurde nicht gefordert, da die deutsche evangelische Kirche sich auf ihr christliches Prinzip besann.

Aber im Protestantismus kehrt der Kampf zwischen Autonomie und Heteronomie auf einer höheren Ebene wieder, und gerade im Protest gegen die protestantische Orthodoxie (auch in der gemäßigten Form des 19. Jahrhunderts) war ich zur Autonomie durchgedrungen. So erhob sich an dieser Stelle mein grundlegendes theologisches Problem: das Verhältnis des Absoluten, das mit dem Gottesgedanken gegeben ist, und des Relativen, das zu der menschlichen Wirklichkeit der Religion gehört. Der Dogmatismus der Religionen, einschließlich der protestantischen Orthodoxie und der letzten Phase der dialektischen Theologie, ist darin begründet, daß ein Stück menschlich-religiöser Wirklichkeit mit göttlicher Unbedingtheit bekleidet wird. Eine solche Wirklichkeit aber, ein Buch, eine Person, eine Gemeinschaft, eine

Einrichtung, eine Lehre, beansprucht Unantastbarkeit gegenüber kritischem Denken und veränderndem Handeln, und es beansprucht Unterwerfung jeder anderen Wirklichkeit, jedes Lebens und jeder Lehre. Denn neben dem göttlichen, unbedingten Anspruch kann kein anderer bestehen. Daß aber dieser Anspruch im Namen einer endlichen, geschichtlichen Wirklichkeit erhoben wird, ist die Wurzel aller Heteronomie und darüber hinaus aller Dämonie. Denn dämonisch ist ein Endliches, Bedingtes, das sich mit unendlicher, unbedingter Würde bekleidet. Es zeigt seinen dämonischen Charakter darin, daß ihm früher oder später ein anderes Endliches mit dem gleichen Anspruch gegenübertritt und das menschliche Bewußtsein zwischen beiden gespalten wird. Karl Barth hat meine Abwehrhaltung gegen die Heteronomie und ihre Kennzeichnung als dämonisch einen Kampf gegen den „Großinquisitor" (im Sinne der Dostojewskischen Erzählung) genannt und behauptet, dieser Kampf sei längst nicht mehr nötig. Die Entwicklung der deutschen Bekenntniskirche in den beiden letzten Jahren hat bewiesen, daß er nötig ist: der Großinquisitor ist im Begriff, seinen Einzug in sie zu halten, und zwar in dem starken, aber engen Panzer des Barthschen Supranaturalismus. Dieser Panzer heteronomen Absolutheitsanspruchs rettete die deutsche evangelische Kirche; aber er schuf zugleich eine neue Heteronomie, ein antiautonomes und antihumanistisches Pathos, das ich als Verleugnung des protestantischen Prinzips ansehen muß. Denn Protestantismus ist nur dann mehr als eine abgeschwächte Form des Katholizismus, wenn der Protest gegen jede seiner Verwirklichungen in ihm lebendig bleibt. Dieser Protest ist nicht rationale Kritik, sondern prophetisches Gericht. Er ist nicht Autonomie, sondern Theonomie, auch wenn er, wie oft im prophetischen Kampf, in sehr rationalen und sehr humanistischen Formen erscheint. In dem theonomen, prophetischen Wort ist der Gegensatz von Autonomie und Heteronomie überwunden. Wenn aber dem Protestantismus Protest und prophetische Kritik in jedem Augenblick innewohnt, so entsteht die Frage: Wie kann es zu protestantischer Verwirklichung kommen? Verwirklichung in Kultus, Predigt und Unterricht setzt Gestaltungen voraus, die mitgeteilt werden können. Kirchliche Wirksamkeit des persönlichen religiösen Lebens, ja, das prophetische Wort selbst setzen ein sakramentales Fundament voraus, eine Fülle, von der sie zehren. Das Leben kann nicht nur an seiner eigenen Grenze, es muß auch in seiner Mitte, in seiner Fülle stehen. Das kritische Prinzip, der protestantische Protest ist notwendig Korrektiv, aber er ist nicht Konstitutiv. Eine Antwort auf die Frage nach der protestantischen Verwirklichung versuchte ich in dem zweiten Kairos-Band: „Protestantismus als Kritik und Gestaltung“[16] in Gemeinschaft mit einer Reihe von Mitarbeitern zu geben. Auch der Titel meines theologischen Hauptwerkes „Religiöse Verwirklichung“[17] ist durch dieses Problem bestimmt. Der Protestantismus muß in der ständigen Spannung des sakramentalen und des prophetischen, des konstitutiven und des korrektiven Elementes leben. Fallen die beiden Elemente auseinander, so wird das erste heteronom und dämonisch, das zweite leer und skeptisch. Ihre Einheit als Symbol und als Realität scheint mir in dem neutestamentlichen Bilde des gekreuzigten Christus gegeben zu sein, sofern hier die höchste menschlich religiöse Möglichkeit zugleich gesetzt und aufgehoben ist. Die letzten Ereignisse in der deutschen Kirche und die Entstehung neuheidnischer Bewegungen auf dem Boden des Christentums haben das Problem Autonomie und Heteronomie im Religiösen in seiner aktuellen Bedeutung gezeigt. Die Frage des letzten Kriteriums für menschliches Denken und Handeln ist in einer Weise akut geworden, wie selten mehr seit der spätantiken Auseinandersetzung zwischen Heidentum und Christentum. Der Angriff auf das Kreuz als Kriterium jeder Gestaltung hat den Sinn des Kreuzes von neuem sichtbar gemacht. Die Frage Heteronomie und Autonomie ist zur Frage des letzten Kriteriums menschlicher Existenz geworden. In dem Kampf um diese Frage entscheidet sich zur Zeit das Schicksal des deutschen Christentums, des deutschen Volkes und der christlichen Völker überhaupt.

Jedes politische System bedarf der Autorität, nicht nur im Sinne des Besitzes von Machtmitteln, sondern auch im Sinne einer schweigenden oder ausdrücklichen Anerkennung durch das Volk, in dem es Bestand haben will (vgl. meinen Aufsatz „Das Problem der Macht“[18]). Solche Anerkennung aber ist nur möglich, wenn die machttragende Gruppe eine Idee vertritt, die zugleich für das Ganze tragend und maßgebend ist. Daraus ergibt sich ein Verhältnis von Autorität und Autonomie im staatlichen Leben, das ich in meinem Aufsatz „Der Staat als Erwartung und Forderung“[19] folgendermaßen charakterisiert habe: Jeder politische Aufbau setzt Macht, also auch eine machttragende Gruppe, voraus. Da aber die machttragende Gruppe immer zugleich eine Interessengruppe ist, die zu anderen Interessengruppen im Widerspruch steht, so bedarf sie des Korrektivs. Demokratie ist berechtigt und notwendig, sofern sie eine Methode ist, Korrektive gegen den Mißbrauch der

---

[16] Hrsg. v. Paul Tillich. Darmstadt 1929.
[17] S. Anm. 1.
[18] S. Anm. 6.
[19] Ges. Werke. Bd. 9.

politischen Autorität einzuschalten. Sie ist aber unmöglich, sobald sie die Entstehung einer machttragenden Gruppe verhindert. Das war der Fall in der deutschen Republik, deren formal demokratischer Charakter sie von Anfang an unfähig machte, Autorität zu gewinnen. Andererseits fehlt in den diktatorischen Systemen das Korrektiv gegen den Mißbrauch der Autorität durch die machttragende Gruppe, was zur Entmündigung des ganzen Volkes und zur Korruption der Machthaber führen muß. Schon in der ersten politischen Entscheidung, die ich einige Jahre vor dem Kriege nach Erreichung des wahlfähigen Alters zu treffen hatte, stand ich auf Seiten der politischen Linken, obgleich stärkste konservative Tradition zu durchbrechen war. Es war Protest gegen politische Heteronomie, was mich damals im Politischen bestimmte, wie mich vorher der Protest gegen die religiöse Heteronomie auf die Seite der liberalen Theologie geführt hatte. Trotz aller späteren Kritik am ökonomischen Liberalismus war und ist es mir unmöglich, mich dem modischen Geschrei gegen „liberalistisches Denken" anzuschließen. Lieber will ich selbst liberalistisch gescholten werden, als mit Hilfe dieser diffamierenden Wortbildung das Große, wahrhaft Menschliche der liberalen Idee, die Autonomie, herabwürdigen zu helfen.

Aber freilich bleibt die Frage nach der politischen Autorität in einem Zeitalter drängend, dessen schwerstes innerpolitisches Problem die Reintegration der im Spätkapitalismus desintegrierten Massen ist. Ich habe dieses Problem im Anschluß an die deutschen Ereignisse in einem Aufsatz „Der totale Staat und der Anspruch der Kirchen"[20] behandelt und darin die Unvermeidlichkeit autoritärer Zusammenfassung sinnentleerter Massen betont. Grundsätzliche Gedanken zu dem Problem finden sich auch schon in der bald nach dem Kriege erschienenen Schrift „Masse und Geist"[21], worin ich die autonom-humanistische Haltung esoterischen Gruppen zuweise. Der Rückzug auf eine esoterisch bewahrte Autonomie scheint mir wie in der Spätantike so auch gegenwärtig durch historisches Schicksal gefordert zu sein. Wie freilich dieser Rückzug ohne zu große Einbuße an Wahrheit und Gerechtigkeit geschehen könne, ist das Problem geistiger Strategie kommender Generationen, im Religiösen wie im Politischen. Nicht nur grundsätzlich, sondern auch geschichtlich meine ich, auf der Grenze von Autonomie und Heteronomie zu stehen. Ich bin entschlossen, auf dieser Grenze zu bleiben, auch wenn die kommende Periode der Menschheitsgeschichte unter dem Zeichen der Heteronomie stehen sollte.

---

[20] Ges. Werke. Bd. 10.
[21] Ges. Werke. Bd. 2.

7. Auf der Grenze von Theologie und Philosophie

In keiner Beziehung ist die Situation der Grenze, von der aus ich meine Existenz zu deuten suche, offenkundiger als in dieser. Philosoph zu werden war mein Wunsch seit den letzten Gymnasialjahren. Jede freie Stunde wurde benutzt, um philosophische Bücher zu lesen, die mir zufällig in die Hand fielen. So Schweglers „Geschichte der Philosophie“ in der verstaubten Ecke des Bücherbordes eines Landpfarrers, Fichtes erste Wissenschaftslehre auf einem Bücherwagen in einer Berliner Straße, Kants „Kritik der reinen Vernunft“ in Reclam, die mit klopfendem Herzen für die ungeheure Summe von einer Mark in einem Buchladen erstanden wurde. Genaue Exzerpte, namentlich der Fichteschen Wissenschaftslehre, führten mich in das Schwerste vom Schweren der deutschen Philosophie. Diskussionen mit meinem Vater, der in der theologischen Prüfungskommission Philosophie prüfte, gaben mir die Möglichkeit, vom ersten Semester an nächtliche Erörterungen über Idealismus und Realismus, Freiheit und Notwendigkeit, Gott und Welt mit älteren Studenten und jüngeren Dozenten erfolgreich durchzuführen. Mein philosophischer Lehrer wurde der damalige Hallenser Privatdozent und spätere Züricher Professor Fritz Medicus. Seine Schriften über Fichte gaben den Anstoß zu der Fichterenaissance im ersten Jahrzehnt dieses Jahrhunderts, die sich bald zu einer Renaissance des deutschen Idealismus überhaupt erweiterte. Ich selbst wurde teils durch den Zufall eines Gelegenheitskaufes, teils durch innere Affinität zu Schelling geführt, dessen sämtliche Werke ich verschiedene Male begeistert durchlas und über den ich meine philosophische Doktor- und meine theologische Lizentiaten-Dissertation machte. Die zweite ist veröffentlicht unter dem Titel „Mystik und Schuldbewußtsein in Schellings philosophischer Entwicklung“.[22]

Während dieser Arbeiten war ich Student der evangelischen Theologie und nach Abschluß des Studiums Hilfsprediger an verschiedenen Stellen der altpreußischen unierten Kirche. Meine wichtigsten theologischen Lehrer waren in jener Zeit Martin Kähler und Wilhelm Lütgert in Halle. Der erste eine Persönlichkeit von überwältigender sittlich-religiöser Kraft und geistiger Konzentration, als Lehrer und Schriftsteller schwer verständlich, der tiefste und in vieler Beziehung modernste Vertreter der Vermittlungstheologie des 19. Jahrhunderts, Gegner Albrecht Ritschls, Verkünder der theologischen Rechtfertigungslehre, Kritiker von Idealismus und Humanismus, aus denen er selbst

[22] Ges. Werke. Bd. 1.

kam. Ich verdanke seinem Einfluß vor allem die Einsicht in den alles beherrschenden Charakter des Paulinisch-Lutherischen Rechtfertigungsgedankens, durch den jeder menschliche Anspruch vor Gott und jede auch verhüllte Identifizierung von Gott und Mensch zerbrochen wird; der aber zugleich in der Paradoxie des Urteils, das den Sünder gerecht spricht, einen Punkt zeigt, von dem aus der Zerfall der menschlichen Existenz in Schuld und Verzweiflung überwunden werden kann. Die Interpretation des Kreuzes Christi als der anschauliche Ort dieses Nein und Ja über die Welt wurde und blieb der Inhalt meiner Christologie und Dogmatik im engeren Sinne. Von da aus war es mir leicht, die Verbindung zur Barthschen Theologie und zur Kierkegaard-Heideggerschen Analyse der menschlichen Existenz zu finden. Schwer dagegen, ja unauffindbar blieb mir der Zugang zur liberalen Dogmatik, für die an die Stelle des gekreuzigten Christus der historische Jesus tritt und die Paradoxie der Rechtfertigung durch moralische Kategorien aufgelöst wird.

Dieses Urteil freilich bezieht sich nur auf die liberale Dogmatik, nicht auf die gewaltige historische Leistung der liberalen Theologen. An diesem Punkt trennte ich mich sehr bald von den Hallensern und weiß mich getrennt von dem neuen Supranaturalismus, der innerhalb der Barthschen Theologie aufgewachsen ist und unter Beiseiteschiebung einer bald zweihundertjährigen historischen Arbeit die dogmatischen Lehren des Reformationszeitalters wiederholen will. Es war zuerst die Wellhausensche, dann die Gunkelsche, im engeren Sinne religionsgeschichtliche Interpretation des Alten Testaments, die mich faszinierte und mir das Alte Testament in seiner fundamentalen Bedeutung für Christentum und Menschheit sichtbar machte. Die Vorliebe für das Alte Testament und den Geist der prophetischen Kritik und Erwartung ist geblieben und durch die Konsequenzen, die sich daraus für meine politische Haltung ergaben, für mein Lebens- und Denkschicksal entscheidend geworden. – Für das Neue Testament verdanke ich meine historisch-kritischen Einsichten vor allem Albert Schweitzers „Geschichte der Leben-Jesu-Forschung“ und Bultmanns „Geschichte der synoptischen Tradition“. Für die Kirchengeschichte und für das prinzipielle Problem der historischen Kritik bedeutete Ernst Troeltsch meine endgültige Befreiung von allen vermittlungstheologischen und apologetischen Resten. Ein für meine Entwicklung maßgebendes Dokument sind die Thesen, die ich Pfingsten 1911 einer Gruppe befreundeter Theologen vorlegte und in denen ich die Frage stellte und zu beantworten suchte, wie die christliche Lehre zu verstehen wäre, wenn die Nichtexistenz des historischen Jesus historisch wahrscheinlich würde.

Ich halte den Radikalismus dieser Frage gegenüber Kompromissen, wie sie mir schon damals begegneten und jetzt von Emil Brunner wieder versucht worden sind, auch heute aufrecht. Nicht der historische Jesus, sondern das biblische Christusbild ist das Fundament des christlichen Glaubens. Nicht das täglich sich wandelnde Kunstprodukt historischer Technik, sondern das in realer menschlicher Erfahrung wurzelnde Realbild des kirchlichen Glaubens ist das Kriterium menschlichen Denkens und Handelns. Diese Stellungnahme hatte zur Folge, daß ich in Deutschland als radikaler Theologe angesehen wurde, während man in Amerika geneigt ist, mich den Barthianern zuzurechnen. Aber Zustimmung zum Barthschen Paradox, dem Paradox der Rechtfertigung, ist nicht Zustimmung zum Barthschen Supranaturalismus. Und Zustimmung zur historisch-kritischen Leistung der liberalen Theologie ist nicht Zustimmung zur liberalen Dogmatik.

Die Möglichkeit, Rechtfertigungslehre und radikale historische Kritik zu vereinigen, ist durch eine Interpretation des Rechtfertigungsgedankens vermittelt, die für mich persönlich und sachlich von größter Bedeutung war: die Anwendung der Rechtfertigungslehre auf das Denken! Nicht nur unser Handeln, sondern auch unser Denken steht unter dem göttlichen „Nein". Niemand, auch kein Gläubiger, auch keine Kirche kann sich der Wahrheit rühmen, wie sich niemand der Liebe rühmen kann. Orthodoxie ist intellektueller Pharisäismus. Die Rechtfertigung des Zweiflers entspricht der Rechtfertigung des Sünders. Offenbarung ist so paradox wie Vergebung der Sünden und kann so wenig ein Gegenstand des Besitzens werden wie diese. Die Ausführung dieser Gedanken habe ich in meinem Gießener Vortrag „Rechtfertigung und Zweifel"[23] und in meiner Leipziger Antrittsvorlesung „Die Idee der Offenbarung"[23] gegeben.

Das Verhältnis dieser theologischen Grundgedanken zu meiner philosophischen Entwicklung war zunächst bestimmt durch die Arbeit an Schelling, insonderheit an den Ideen seiner letzten Periode. In der mystisch-logischen Konstruktion der christlichen Lehre durch den alten Schelling, in seiner Begründung einer christlichen Existentialphilosophie im Gegensatz zu Hegels humanistischer Essentialphilosophie, in der heilsgeschichtlichen Interpretation der Geschichte schien mir die Vereinigung von Theologie und Philosophie grundsätzlich gegeben zu sein. Ich muß gestehen, daß ich auch heute noch in Schelling „theonome Philosophie" in höherem Maße finde als bei den übrigen Idealisten. Aber freilich: Eine Einheit von Theologie und Philosophie konnte

[23] Ges. Werke. Bd. 8.

auch Schelling nicht erreichen. Der Weltkrieg bedeutete für mein Erlebnis die Katastrophe des idealistischen Denkens überhaupt. Und in diese Katastrophe war auch Schelling hineingezogen. Der Abgrund öffnete sich, den Schelling zwar gesehen, aber dann bald wieder zugedeckt hatte. Das vierjährige Erleben des Krieges riß den Abgrund für mich und meine ganze Generation so auf, daß er sich nie mehr schließen konnte. Wenn eine Vereinigung von Theologie und Philosophie möglich sein sollte, so durfte sie nur in einer Weise geschehen, die dieser Erfahrung des Abgrundes unserer Existenz gerecht wurde. So entstand meine „Religionsphilosophie“[24] als Versuch, dieser Forderung zu genügen. Sie hält sich bewußt auf der Grenze von Theologie und Philosophie. Sie hütet sich, die eine in die andere aufzulösen. Sie versucht, das Abgrunderlebnis und den Rechtfertigungsgedanken als Begrenzung der philosophischen Möglichkeit in philosophischen Begriffen auszudrücken. Ein in der Berliner Kantgesellschaft gehaltener Vortrag „Die Überwindung des Religionsbegriffes in der Religionsphilosophie“[25] drückt in seinem Titel die Paradoxie dieses Versuches aus.

Aber Religionsphilosophie ist nicht nur bestimmt durch die religiöse Realität, sondern ebenso durch den philosophischen Begriff. Meine eigene philosophische Stellungnahme entwickelte sich in kritischer Auseinandersetzung mit Neukantianismus, Wertphilosophie und Phänomenologie. Von allen dreien übernahm ich die Ablehnung des Positivismus, insbesondere in der für die Religionsphilosophie unmittelbar wichtigen Form des Psychologismus. Die monumentale Überwindung des Psychologismus in Husserls „Logischen Untersuchungen“ war für mich die schönste Bestätigung dessen, was ich von Kant und Fichte gelernt hatte. Aber keiner von jenen drei Richtungen konnte ich mich ganz anschließen: dem Neukantianismus nicht, weil er infolge seiner panlogistischen Tendenz dem Abgrunderlebnis und dem Paradox keinen Ausdruck zu geben vermag; der Wertphilosophie nicht, weil sie neu-Kantisch bleibt und ihr Versuch, Religion als eine Wertsphäre aufzufassen, der Werttranszendenz, die mit dem Abgrunderlebnis gegeben ist, widerspricht; der Phänomenologie nicht, weil ihr das kritisch-dynamische Element fehlt und sie, wie an den meisten ihrer Vertreter biographisch und sachlich festgestellt werden kann, katholisch-konservativen Tendenzen Vorschub leistet (entsprechend der Affinität des Neukantianismus zum jüdischen Prinzip). Allen dreien gegenüber fühlte ich mich unter dem überwältigenden Eindruck von

---

[24] S. Anm. 13.
[25] Ges. Werke. Bd. 1.

Nietzsche – mit dem ich erst im dreißigsten Lebensjahr bekannt wurde – aufs stärkste von der Lebensphilosophie angezogen. In ihr ist das Abgrunderlebnis deutlicher zum Ausdruck gebracht als in irgendeiner der anderen Richtungen. Die geschichtliche Abhängigkeit der Lebensphilosophie von Schelling machte mir den Zugang zu ihr leicht. Die ekstatische Form der Existenz, die in den ersten Nachkriegsjahren in Reaktion gegen die Todes- und Hungerjahre des Krieges weit verbreitet war, machte die Lebensphilosophie auch ästhetisch überaus anziehend. So zweifle ich kaum, daß meine philosophische Entwicklung sich in ihrer Richtung fortbewegt und statt jüdischer und katholischer heidnische Elemente aufgenommen hätte, wenn nicht das Erlebnis der deutschen Revolution 1918 dem Denken eine neue, die für mich bisher entscheidende Richtung gegeben hätte: die Wendung zu einer soziologisch begründeten und politisch ausgerichteten Geschichtsphilosophie. Sie war vorbereitet und unterstützt durch Ernst Troeltsch. Deutiich erinnere ich mich an einen Bericht aus seiner ersten Berliner Vorlesung über Geschichtsphilosophie, worin er mitteilte, daß dieses Thema zum erstenmal seit Hegels Tod in einer philosophischen Vorlesung an der Berliner Universität behandelt würde. Doch unterscheide ich mich von Troeltsch, trotz weitgehender Übereinstimmung in den Problemstellungen, durch die Ablehnung seines idealistischen Ausgangspunktes, der es ihm schließlich unmöglich machte, den Bann des historischen Relativismus, gegen den er ankämpfte, zu durchbrechen. Der Durchbruch durch den Historismus gelang erst nach einer Generation, die selbst vor letzte geschichtliche Entscheidungen gestellt war. Im Sinne einer solchen Entscheidung, die begründet und zugleich begrenzt war durch das christliche Paradox, versuchte ich, eine Geschichtsphilosophie zu entwerfen, die als „Geschichtsphilosophie des religiösen Sozialismus" in die philosophische Diskussion eingegangen ist.

Für jemand, der auf der Grenze von Philosophie und Theologie steht, ist es notwendig, sich über das wissenschaftstheoretische Verhältnis beider Klarheit zu verschaffen. Den Versuch dazu machte ich in meinem „System der Wissenschaften"[26]. Es geht mir in diesem Buch letztlich um die Frage: „Wie ist Theologie als Wissenschaft möglich?" Wie verhält sie sich, wie ihre einzelnen Disziplinen zu den übrigen Wissenschaften? Was ist das Besondere ihrer Methode? Durch die Einteilung alles methodischen Erkennens in Denk-, Seins- und Geisteswissenschaften, durch die Entfaltung einer Sinnphilosophie als Grundlage des methodischen Systems, durch Bestimmung der Metaphysik als Versuch des Denkens,

[26] S. Anm. 8.

das Unbedingte in rationalen Symbolen auszudrücken, schließlich durch die Definition von Theologie als theonomer Metaphysik suchte ich, der Theologie einen legitimen Platz im Ganzen des Erkennens zu erobern. Voraussetzung für das Gelingen dieses Versuches ist freilich, daß der theonome Charakter des Erkennens selbst anerkannt wird, nämlich das Verwurzeltsein des Denkens in dem Unbedingten als Sinn-Grund und Abgrund. Die Theologie macht ausdrücklich zum Gegenstand, was unausdrücklich Voraussetzung alles Erkennens ist. So umfassen sich Theologie und Philosophie, Religion und Erkennen wechselseitig, und eben dies scheint mir, von der Grenze her gesehen, das wirkliche Verhältnis beider zu sein.

Zu einem neuen Verständnis des Verhältnisses von Philosophie und Theologie wurde ich durch das Aufkommen der sogenannten „Existentialphilosophie" in Deutschland geführt. Martin Heideggers Marburger Vorlesungen, deren Eindruck auf meine Marburger Studenten und einige meiner Kollegen ich miterlebte, dann seine Schrift „Sein und Zeit", sowie seine Kantinterpretation bedeuteten für Anhänger wie Gegner dieser Philosophie mehr als irgend etwas seit dem Erscheinen von Husserls „Logischen Untersuchungen". Ich selbst war in dreifacher Weise zur Aufnahme dieser Philosophie vorbereitet. Einmal durch die genaue Kenntnis von Schellings Spätperiode, in der er im Kampf mit Hegels Wesensphilosophie einer Existentialphilosophie den Weg zu bahnen suchte. Zweitens durch eine, wenn auch begrenzte Kenntnis von Kierkegaard, dem eigentlichen Begründer der Existentialphilosophie, drittens durch meine Abhängigkeit von der Lebensphilosophie. Diese drei Elemente, zusammengefaßt und in eine augustinisch gefärbte Mystik getaucht, erzeugten das Faszinierende von Heideggers Philosophie. Viele ihrer Termini finden sich in der pietistischen deutschen Predigtliteratur. Durch ihre Auslegung der menschlichen Existenz begründet sie, ohne es unmittelbar zu wollen, eine Lehre vom Menschen, die zugleich Lehre von der menschlichen Freiheit und von der menschlichen Endlichkeit ist und die der christlichen Interpretation von der menschlichen Existenz so nahe steht, daß man hier trotz des betonten Atheismus Heideggers von einer „theonomen Philosophie" reden muß. Freilich ist es keine Philosophie, die die theologische Antwort in sich enthält und philosophisch begründet. Ein solches Unternehmen wäre Idealismus und das Gegenteil von Existentialphilosophie. Wohl aber stellt die Existentialphilosophie durch ihr Dasein in neuer und radikaler Weise die Frage, deren Antwort in der Theologie für den Glauben gegeben ist. Durch diese Gedanken, die ich in meinen Yale-Vorlesungen ausgeführt habe, ist die Grenze zwischen Theologie und

Philosophie schärfer gezogen als in meiner älteren Religionsphilosophie, ohne daß das wechselseitige Umfassungsverhältnis aufgegeben ist.

Dem gedanklichen Stehen auf der Grenze von Theologie und Philosophie entsprach mein berufliches Schicksal: Doktor der Philosophie in Breslau, Lizentiat der Theologie, später Doktor der Theologie *honoris causa* in Halle, Privatdozent der Theologie in Halle und Berlin, außerordentlicher Professor der Theologie in Marburg, Professor der Religionswissenschaft in Dresden und zugleich Honorarprofessor der Theologie in Leipzig; ordentlicher Professor der Philosophie in Frankfurt am Main; *Visiting Professor* im *Union Theological Seminary* in New York. Ein ständiger Wechsel von Fakultäten und doch kein Wechsel der Sache: als Theologe versuchte ich Philosoph zu bleiben und als Philosoph Theologe. Das Verlassen der Grenze, die Entscheidung für das eine oder andere wäre leichter gewesen. Aber sie war mir innerlich unmöglich, und der inneren Notwendigkeit folgte das äußere Schicksal in merkwürdiger Übereinstimmung.

8. Auf der Grenze von Kirche und Gesellschaft

Trotz aller Kritik, die ich früh an der kirchlichen Lehre und später an der kirchlichen Praxis zu üben hatte, war die Kirche mir Heimat. Nie habe ich das stärker empfunden als in dem Augenblick, wo die neuheidnischen Ideen in die Kirche einbrachen und ich fürchten mußte, daß mir nicht nur die politische, sondern auch die religiöse Heimat genommen würde. Der Grund zu diesem Gefühl wurde in den Jugendjahren gelegt, nicht nur durch die christliche Haltung eines evangelischen Pfarrhauses, sondern auch durch die ziemlich ungebrochene religiöse Sitte einer ostelbischen Kleinstadt am Ende des 19. Jahrhunderts. Die Liebe zum Kirchengebäude mit seiner Mystik, zu Liturgie, Gesang und Predigt, zu den hohen kirchlichen Festen, die tage-, ja wochenlang das Leben des Ortes bestimmten, die Mysterien der kirchlichen Lehre und ihre Wirkung auf das Innenleben des Kindes, das erschütternde Erlebnis des Heiligen, der Schuld, der Vergebung, die Sprache der Bibel, vor allem ihre Kernsprüche – all das wirkte zusammen und schuf ein unzerstörbares Fundament kirchlich-sakramentalen Fühlens. Es war maßgebend für den Entschluß, Theologe zu werden und trotz aller Spannungen zu bleiben. Die kirchlichen Examina, die Ordination, die Tätigkeit als Pfarrer, das Bemühen um Predigt und Liturgie noch lange nach dem Übergang zur Universität sind Folgen jenes Gefühls aktiver Zusammengehörigkeit mit der Kirche.

Und doch machte sich das Schicksal der Grenze auch hier geltend. Mit wachsender Kritik an Lehre und Einrichtungen der Kirche trat eine wachsende praktische Entfremdung ein. Entscheidend dafür aber war das Erlebnis der außerkirchlichen Gesellschaft, erst der Gebildeten, dann des Proletariats. – Meine Begegnung mit den außerkirchlichen gebildeten Schichten erfolgte ziemlich spät, erst nach Vollendung der theologischen Ausbildung, und sie hatte die eigentümliche der Grenzsituation entsprechende Form der Apologetik. Apologetik ist Verantwortung gegenüber einem Angreifer vor einer gemeinsam anerkannten Instanz. Die altkirchlichen Apologeten verantworteten sich dem angreifenden Heidentum gegenüber vor der von beiden Seiten anerkannten Instanz des *logos*, der theoretischen und praktischen Vernunft. Indem sie Christus mit dem *logos* und die göttlichen Gebote mit dem vernünftigen Naturrecht gleichsetzten, konnten sie den Versuch unternehmen, die christliche Lehre und Haltung vor dem Bewußtsein ihrer heidnischen Gegner zu rechtfertigen. In der Gegenwart hat die Apologetik nicht den Sinn, ein neues Prinzip gegenüber bestehenden geistigen und sittlichen Mächten durchzusetzen, sondern sie hat die Aufgabe, das christliche Prinzip zu verteidigen gegen neu aufkommende Mächte. Entscheidend für die alte wie für die neue Apologetik ist die Frage nach der gemeinsamen Instanz, nach dem Gerichtshof, vor dem der Streit entschieden werden kann. Auf der Suche nach dieser Instanz machte ich nun die Erfahrung, daß die modernen, seit der Aufklärung siegreichen Strömungen trotz ihrer Kritik am kirchlichen Christentum ihrer Substanz nach christlich und nicht, wie oft von ihnen gesagt wird, heidnisch sind. Heidentum – vor allem in nationalistischem Gewande – erschien erst nach dem Weltkrieg im Zusammenhang mit der völligen Desintegration der christlich-humanistischen Kultur. Dem Heidentum gegenüber gibt es keine Apologetik, sondern nur den gleichen Kampf um Sein oder Nichtsein, den der prophetische Monotheismus von jeher gegen den dämonischen Polytheismus geführt hat. Apologetik in der Antike war nur möglich, weil der Polytheismus humanistisch gebrochen war und Christentum und Antike im Humanismus eine gemeinsame Instanz zur Verfügung hatten. Während aber die alte Apologetik einem in der Substanz heidnischen Humanismus gegenüberstand, ist es das Besondere der modernen Apologetik, daß sie einem christlichen Humanismus gegenübersteht. (Vgl. meinen Aufsatz: „Lessing und die Idee einer Erziehung des Menschengeschlechts“[27].) Von dieser Einsicht aus versuchte ich, in verschiedenen Berliner Privathäusern apologe-

[27] Ges. Werke. Bd. 12.

tische Vorträge und Diskussionen mit geladenen Gästen zu halten. Die dabei gesammelten Erfahrungen verarbeitete ich in einem Memorandum, das der Kirchenbehörde zuging und später zur Gründung der „Apologetischen Zentrale der Inneren Mission“ führte.

Wirklichkeit und Wesen dieses christlichen Humanismus wurden für mich erst nach dem Kriege ganz sichtbar. Die Begegnung mit der Arbeiterbewegung, mit den sogenannten entchristlichten Massen, zeigte mir deutlich, daß auch hier unter der humanistischen Form christliche Substanz verborgen war, obgleich dieser Humanismus den Charakter einer in Kunst und Wissenschaft längst überwundenen materialistischen Popularphilosophie trug. Hier war Apologetik noch viel notwendiger als gegenüber den Gebildeten, aber auch noch viel schwieriger, weil der religiöse Gegensatz durch den Klassengegensatz verschärft wurde. Apologetik ohne Rücksicht auf den Klassengegensatz, wie sie die Kirche versuchte, war von vornherein zu völliger Erfolglosigkeit verurteilt. Nur durch Eingehen in die Klassensituation seitens der Verteidiger des Christentums war erfolgreiches Wirken denkbar, d. h. Apologetik unter den proletarischen Massen war und ist nur möglich als „religiöser Sozialismus“. Nicht innere Mission, sondern religiöser Sozialismus ist die notwendige Form christlichen Handelns unter der proletarischen Arbeiterschaft, ist insonderheit die notwendige Form christlicher Apologetik. Dieses apologetische Element im religiösen Sozialismus ist durch das Politische oft so verdunkelt worden, daß die Kirche die indirekt kirchliche Bedeutung des religiösen Sozialismus nie verstanden hat. Viel besser verstanden sie die sozialdemokratischen Parteiführer, die mir ausdrücklich erklärten, daß sie eine Verkirchlichung der Massen und damit eine Entfremdung vom sozialistischen Kampf als Wirkung des religiösen Sozialismus fürchteten. Zu der bald offenen, bald versteckten Ablehnung des religiösen Sozialismus durch die Kirche trug die Tatsache bei, daß dieser gezwungen war, die überlieferten Symbole und Begriffe des kirchlichen Handelns und Denkens gar nicht oder nur nach genügender Vorbereitung zu verwenden. Ihre unvorbereitete Verwendung hatte sofortige, diskussionslose Ablehnung seitens der proletarischen Massen zur Folge. Die Aufgabe war, aus der spezifischen Form des christlichen Humanismus, wie ihn die Arbeiterbewegung vertrat, die christliche Substanz herauszuarbeiten, zum Bewußtsein zu bringen und die Wirklichkeit der gleichen Substanz in den sakralen Formen der Kirche aufzuzeigen. Eine nicht geringe Anzahl jüngerer Theologen fühlte die Lage der Kirche gegenüber dem christlichen Humanismus in der gleichen Weise und ging in nichtkirchliche, vor allem in soziale Ämter mit der ausgesprochenen Absicht, Menschen religiös zu beeinflussen, die das kirchliche Amt auf keine Weise erreichen kann. Leider gelang es nicht, diesen Weg so auszugestalten, daß er von vielen gegangen werden konnte. Er blieb eine Sache einzelner. Da gleichzeitig unter den jungen Theologen die Barthsche Theologie das Problem „Kirche und humanistische Gesellschaft" und insonderheit „Kirche und Proletariat" seiner Bedeutung beraubte, so blieb die Kluft von seiten der Kirche unüberbrückt. Die entleerte humanistische Gesellschaft fiel weithin den neuheidnischen Tendenzen zum Opfer, die Kirche mußte ihre Abwehrkräfte dagegen sammeln und sich dabei noch mehr antihumanistisch verengen. Die proletarischen Massen sanken in religiöse Passivität zurück. Die Gebildeten bewundern die Kräfte, die sich gegen ihre Erwartung in der Kirche lebendig gezeigt haben. Aber sie stehen daneben. Die Botschaft, um die die Kirche kämpft, berührt sie nicht und kann sie nicht berühren. Dazu wäre nötig, daß die Kirche ihre Botschaft in einer Sprache verkündigte, die auf dem Boden des außerkirchlichen Humanismus verstanden werden könnte. Sie müßte der Gesellschaft, den Gebildeten wie den Massen, das Gefühl geben können, daß diese Botschaft sie unbedingt angehe. Aber dieses Gefühl kann nicht durch zugespitzte, antihumanistische Paradoxien erweckt werden, wie sie in der Bekenntnistheologie üblich sind. Es muß auch die Realität sichtbar gemacht werden, von der aus die Negationen gesprochen sind. Aber dazu machen Theologen wie Gogarten und Brunner nicht einmal den Versuch. Sie leben von dem Humanismus dadurch, daß sie ihn negieren. Denn die Beschreibungen des Positiven, um das es ihnen geht, bestehen aus lauter Negationen dessen, was sie bekämpfen.

Wo aber die Frage nach der Sprache der christlichen Verkündigung ernsthaft gestellt wurde, wie z. B. in dem Neuwerk-Kreis und der Zeitschrift des gleichen Namens, die von meinem langjährigen Freund und Mitkämpfer Hermann Schafft herausgegeben wurde, da erheben sich große Schwierigkeiten. Es steht fest, daß die religiöse Ursprache, wie sie in der Bibel und den altkirchlichen Liturgien vorliegt, auf keine Weise ersetzt werden kann. Es gibt religiöse Urworte der Menschheit, wie Martin Buber einmal mir gegenüber bemerkte. Aber diese Urworte sind durch das gegenständliche Denken, durch die dingliche Weltauffassung, ihrer ursprünglichen Gewalt beraubt worden und in dieser Entleerung berechtigter Kritik und Auflösung verfallen. Gegenüber dem, was das Urwort Gott meint, ist rationale Kritik machtlos. Gegenüber einem gegenständlich existierenden Gott ist der Atheismus im Recht. Eine Situation, in der der Redende das Urwort meint, der Hörende das gegenständliche Wort vernimmt, ist sinnwidrig und hoffnungslos. Von hier ist der mehr symbolisch als wörtlich gemeinte Vorschlag zu verstehen, die Kirche möge ein dreißigjähriges Schweigegebot über alle ihre Urworte verhängen. Wenn sie das aber tut, und an manchen Stellen tat sie es, ist sie gezwungen, eine andere Sprache auszubilden. Nun aber sind alle Versuche, in Liturgie und Bibelübersetzung die archaische Sprache durch eine moderne zu übersetzen, kläglich gescheitert. Es war Entleerung und nicht Neuschöpfung. Auch die Benutzung der Sprache der Mystiker, vor allem in der Predigt, die ich selbst versucht habe, ist gefährlich, da sie mit dem anderen Wort einen anderen Inhalt vermittelt, einen Inhalt, der jedenfalls nicht alle Seiten der christlichen Botschaft umfaßt. So bleibt nur der Ausweg, die religiösen Urworte zu gebrauchen und gleichzeitig durch Abwehr ihrer Entleerung und Verzerrung ihren ursprünglichen Sinn sichtbar zu machen – zwischen den Sprachen zu stehen und von der Grenze her die religiöse Ursprache neu zu erobern. Die gegenwärtige Erschütterung der Gesellschaft hat viele an die Grenze getrieben, auf der die religiöse Sprache in ihrem ursprünglichen Sinn vernehmbar ist. Es wäre schlimm, wenn die Usurpierung dieser Sprache durch eine verständnislose, in ihrer Selbstgewißheit ungebrochene Orthodoxie jene vielen zurückschrecken und entweder zum Heidentum treiben oder von der Kirche überhaupt endgültig abstoßen würde.

Das Problem Kirche und Gesellschaft veranlaßte mich, in einem Aufsatz über „Kirche und humanistische Gesellschaft"[28] „manifeste" und „latente" Kirche zu unterscheiden. Es ist nicht etwa die altprotestantische Unterscheidung von sichtbarer und unsichtbarer Kirche, die damit getroffen werden sollte, sondern es ist eine Differenzierung innerhalb der sichtbaren Kirche, auf die es mir ankam. Die Existenz eines christlichen Humanismus außerhalb der christlichen Kirche scheint mir eine solche Unterscheidung dringlich zu machen. Es geht nicht an, alle, die den organisierten Kirchen und überlieferten Symbolen entfremdet sind, als unkirchlich zu bezeichnen. Mein Leben in diesen Gruppen ein halbes Menschenalter lang zeigte mir, wieviel latente Kirche in ihnen ist: Erlebnis der menschlichen Grenzsituation, Frage nach dem Jenseitigen, Begrenzenden, unbedingte Hingabe für Gerechtigkeit und Liebe, Hoffnung, die mehr ist als Utopie, Anerkennung der christlichen Wertung und feinstes Empfinden für den ideologischen Mißbrauch des Christentums in Kirche und Staat. Oft schien es mir, als ob die latente Kirche, die mir in diesen Gruppen begegnete, wahrere Kirche sei als die organisierte, weil weniger in dem Pharisäismus

[28] Ges. Werke. Bd. 5.

des Besitzes der Wahrheit befangen. Die letzten Jahre haben freilich gezeigt, daß nur die organisierte Kirche imstande ist, den Abwehrkampf gegen die heidnischen Angriffe auf das Christentum zu führen. Die latente Kirche hat weder die religiösen noch die organisatorischen Waffen, die in diesem Kampfe nötig sind, deren Gebrauch aber eine Vertiefung der Kluft zwischen Kirche und Gesellschaft hervorzurufen droht. Latente Kirche ist ein Begriff der Grenze, an der zu stehen Schicksal unzähliger protestantischer Menschen in unseren Tagen ist.

9. Auf der Grenze von Religion und Kultur

Wer unter dem Eindruck ravennatischer Mosaiken oder der Deckengemälde der Sixtinischen Kapelle oder Rembrandtscher Alters-Porträts gefragt würde, ob er ein religiöses oder ein kulturelles Erlebnis habe, würde schwer eine Antwort geben können. Vielleicht wäre es sachgemäß, zu sagen, daß sein Erlebnis der Form nach kulturell, der Substanz nach religiös sei. Es ist kulturell, denn es ist nicht gebunden an ein spezielles kultisches Handeln. Es ist religiös, denn es rührt an die Frage nach dem Unbedingten oder nach den Grenzen der menschlichen Existenz. Was von der Malerei gilt, gilt in gleicher Weise von Musik und Dichtung, es gilt von Philosophie und Wissenschaft. Und was von dem Anschauen und Erkennen der Welt gilt, das gilt ebenso von ihrer praktischen Gestaltung in Recht und Sitte, in Sittlichkeit und Erziehung, in Gemeinschaft und Staat. Wo immer im Denken und Handeln die menschliche Existenz selbst in Frage gestellt und damit transzendiert wird, wo immer unbedingter Sinn durch bedingte Sinngebung hindurchschwingt, da ist Kultur religiös. Durch die Erfahrung des substantiell religiösen Charakters der Kultur wurde ich auf die Grenze von Kultur und Religion geführt, die ich nie mehr verlassen habe und deren theoretischer Erfassung vor allem meine „Religionsphilosophie"[29] gewidmet ist.

Von beiden Seiten der Grenze her muß das Verhältnis bestimmt werden. Die Religion kann den unbedingten und darum universalen Anspruch nicht aufgeben, der im Gottesgedanken ausgedrückt ist. Sie kann sich nicht auf ein Sondergebiet der Kultur oder neben die Kultur drängen lassen. Sobald sie es tut, wie vielfach im Liberalismus, wird sie überflüssig und verschwindet. Denn das System der Kultur ist ohne sie vollständig und in sich geschlossen. Andererseits hat die Kultur einen

---

[29] S. Anm. 13.

Anspruch an die Religion, den sie nicht aufgeben kann, ohne ihre Autonomie und damit sich selbst aufzugeben: Sie hat über die Formen zu entscheiden, in denen jeder, auch der „unbedingte" Gehalt sich ausdrückt. Sie kann nicht im Namen der religiösen Unbedingtheit Wahrheit und Gerechtigkeit zerstören lassen: wie Kultur in der Substanz Religion ist, so ist Religion in der Erscheinungsform Kultur. Der Unterschied ist nur der, daß in der Religion die Substanz, der unbedingte Sinngrund und Abgrund, gemeint ist und die Formen als Symbole für ihn dienen; während in der Kultur die Form, der bedingte Sinn, gemeint ist und die Substanz, der unbedingte Sinn, nur indirekt durch die autonome Form hindurch vernehmbar wird. Die höchste Stufe der Kultur ist da erreicht, wo in vollendeter autonomer Form menschliche Existenz in ihrer Endlichkeit und ihrem Fragen nach der Unendlichkeit sichtbar wird. Und umgekehrt: Zur höchsten Stufe der Religion gehört, daß sie die autonome Form, den *logos*, wie die alte Kirche sagte, in sich aufnimmt.

Diese Gedanken ermöglichen die gleichzeitige Grundlegung einer Religions- und einer Kulturphilosophie. Sie ermöglichten eine geistesgeschichtliche Behandlung der kulturellen Bewegungen unter religiösen Gesichtspunkten. So ist es zu verstehen, daß sich mein Buch „Die religiöse Lage der Gegenwart"[30] mit der ganzen Breite der geistigen und gesellschaftlichen Bewegung der letzten Vergangenheit und Gegenwart befaßt und die in engerem Sinne religiöse Sphäre nur den kleineren Teil des Ganzen einnimmt. Zweifellos entspricht das der wirklichen religiösen Lage der Gegenwart: Das Politische und Soziale hat die religiösen Kräfte in einem Maße aufgesogen, daß für große Massen in Europa das religiöse und politische Ideal zusammenfallen. Der Mythos der Nation und der Mythos der sozialen Gerechtigkeit ersetzen weithin die christliche Lehre und üben Wirkungen aus, die nur als Religion, wenn auch in kulturellen Formen, zu deuten sind. Das Programm einer theologischen Analyse der Kultur, das ich in meinem Vortrag über „Die Idee einer Theologie der Kultur"[31] entwickelt habe, ist von der Geschichte selbst in seiner Notwendigkeit bestätigt worden.

Die theologischen Konsequenzen dieser Gedanken zog ich vor allem in meinem Vortrag „Protestantismus und Profanität"[32]. Er schließt mit dem Satz, daß, wenn der Protestantismus ein Pathos hat, es das für „Profanität" sei. Durch diesen Gedanken soll die judaistisch-katho-

[30] S. Anm. 3.
[31] Ges. Werke. Bd. 9.
[32] Gemeint ist wohl der Aufsatz „Protestantische Gestaltung". Ges. Werke Bd. 7. (D. Hrsg.)

lische Abgrenzung einer heiligen und einer profanen Sphäre grundsätzlich verneint werden. Vor der Unbedingtheit des Unbedingten (religiös gesprochen: vor der Majestät Gottes) gibt es keine bevorzugte Sphäre, keine Personen, Schriften, Gemeinschaften, Einrichtungen, Handlungen, die an sich heilig sind, und ebensowenig solche, die an sich profan sind. Das profane Werk kann Heiligkeitsqualität haben und das Heilige kann profan bleiben. Der Priester ist Laie, und der Laie kann jederzeit Priester sein. Das war für mich nicht nur Ausdruck theologischer Erkenntnis, sondern auch praktisch-persönliche Haltung. Es erschien mir unmöglich, als Prediger und Theologe etwas anderes darzustellen als einen Laien und Philosophen, der etwas von den Grenzen menschlicher Existenz zu sagen wagt. Ich beabsichtigte nicht, das Theologische in mir zu verhüllen, ich kehrte es im Gegenteil da hervor, wo es an sich verhüllt war, z. B. in meiner Tätigkeit als Professor der Philosophie. Aber ich wollte nicht, daß ein besonderer theologischer Habitus sich entwickelte, der sich von der normalen Profanität abhob und seinen Träger von vornherein als „religiös“ kennzeichnete. Es schien mir im Sinne der Unbedingtheit des Religiösen zu liegen, daß ihre Manifestationen jeweils aus der Profanität hervorbrechen, sie erschüttern und umwenden, nicht aber, daß bestimmte Manifestationen als religiös fixiert werden und ihren Träger an sich aus der Profanität herausheben. Eine Gruppe von Pfarrern als Menschen anzusehen, deren Gottesglaube zu ihren Berufserfordernissen gehört, grenzte für mich immer an Gotteslästerung. Daraus ergab sich dann auch meine Stellung zu den kultischen Reformbestrebungen innerhalb der evangelischen Kirche. Ich schloß mich der sogenannten „Berneuchener Bewegung“ an, die, geführt von Wilhelm Stählin und Karl Ritter, am meisten von allen Reformgruppen der damaligen Zeit auf Allseitigkeit der Reform drängte und sich nicht auf das Kultische beschränkte. Vor allem suchte sie ein klar durchdachtes theologisches Fundament und gab mir dadurch die Möglichkeit fruchtbarer theologischer Arbeitsgemeinschaft. Kultisches Handeln, kultischeF orm und Haltung widersprechen dem „Pathos der Profanität“ nicht, wenn sie sich als das verstehen, was sie sind: symbolische Formen, in denen die religiöse Substanz, die unsere gesamte Existenz trägt, in besonderer Weise repräsentiert wird. Nicht Heiligkeit an sich, sondern repräsentativer Hinweis auf das allein Heilige, Unbedingte, was in allen Dingen zugleich ist und nicht ist, ist der Sinn kultischen Handelns, ist der Sinn auch der Sakramente. In einem Vortrag „Natur und Sakrament“ [33] habe ich versucht, gegen

[33] Ges. Werke. Bd. 7.

das unsakramental-intellektualistische Denken des Protestantismus und Humanismus den ursprünglichen, erst im Spätmittelalter verschütteten Sinn sakramentalen Denkens freizulegen. Es ist dies eine auf protestantischem Boden besonders schwierige, aber zugleich nötige Aufgabe. Denn ohne sakramentale Vergegenwärtigung des Heiligen ist keine Kirche möglich. Das Wissen um diese Notwendigkeit – gerade vom Pathos der Profanität her – verbindet mich mit den Berneuchenern. Die praktisch vielleicht unvermeidliche Fortbewegung der Berneuchener von der Grenze zwischen dem Profanen und Sakralen, auf der wir uns begegneten, zu dem ausschließlichen Bemühen um sakrale Verwirklichung (oft in archaistischen Formen) machte es mir unmöglich, ganz mit ihnen mitzugehen. Auch hier glaubte ich, es sei meine Pflicht, auf der Grenze zu bleiben.

10. Auf der Grenze von Luthertum und Sozialismus

Es ist verhältnismäßig leicht, vom Calvinismus aus, vor allem in seinen mehr säkularisierten Formen, zum Sozialismus vorzustoßen. Es ist außerordentlich schwer, diesen Weg vom Luthertum aus zu finden. Zum Luthertum aber gehöre ich durch Geburt, Erziehung, religiöses Erleben und theologisches Nachdenken. Auf den Grenzen von Luthertum und Calvinismus habe ich nie gestanden, stehe ich auch jetzt nicht, wo ich die verhängnisvollen Folgen der lutherischen Soziallehren erfahren habe und den unschätzbaren Wert des Calvinistischen Reich-Gottes-Gedankens für die Lösung der sozialen Probleme zu sehen Gelegenheit habe. Die Substanz ist und bleibt lutherisch: das Bewußtsein um die „Verfallenheit" der Existenz, die Ablehnung jeder sozialen Utopie einschließlich der Fortschrittsmetaphysik, das Wissen um den irrational-dämonischen Charakter des Lebens, die Hochschätzung des mystischen Elements der Religion, die Ablehnung puritanischer Gesetzlichkeit im individuellen und sozialen Leben. Und nicht nur mein religiös-theologisches, sondern auch mein wissenschaftlich-philosophisches Denken drückt die lutherische Substanz aus. Unmittelbar philosophische Verwirklichung fand das Luthertum bisher allein in der lutherischen Mystik und ihrem philosophischen Repräsentanten Jakob Böhme, dem *philosophus teutonicus*. Durch ihn vermittelt hatte die lutherische Mystik Wirkungen auf Schelling und den deutschen Idealismus und durch Schelling wieder auf den Irrationalismus und die Lebensphilosophie des 19. und 20. Jahrhunderts. Sofern nun die antisozialistischen Bewegungen der Gegenwart einen großen Teil ihrer Ideologien jenen philosophischen Richtungen entnehmen, wirkt das Luthertum auch auf dem Umweg über die Philosophie als Hemmnis des Sozialismus. Die bekannten Vorgänge in der deutschen Nachkriegstheologie zeigen schließlich aufs klarste, daß es für ein vom Luthertum erzogenes Volk fast unmöglich ist, von der Religion her zum Sozialismus vorzudringen. Dem religiösen Sozialismus standen zwei lutherisch bestimmte theologische Richtungen gegenüber: einmal der von meinem Studienfreund und gegenwärtigen theologisch-politischen Gegner Emanuel Hirsch vertretene religiöse Nationalismus, der sich selbst als jung-lutherische Theologie bezeichnet, und die von Karl Barth begründete, fälschlich so genannte „dialektische Theologie", die trotz calvinistischer Elemente in Barth selbst in der rein jenseitigen Fassung des Reich-Gottes-Gedankens ein entscheidendes lutherisches Element in sich aufgenommen hat. Beide Richtungen – und die Barthsche Indifferenz gegenüber dem Sozialen noch mehr als die junglutherische Weihung des Nationalismus – entsprachen so sehr der deutschen Tradition in religiöser, sozialer und politischer Hinsicht, daß ihnen gegenüber die Position des religiösen Sozialismus aussichtslos war. Aber die Aussichtslosigkeit eines religiösen Sozialismus auf deutschem Boden ist keine Widerlegung seines theologischen Rechtes und seiner politischen Notwendigkeit. Die Unmöglichkeit, Religion und Sozialismus zu verbinden, kann sich in naher oder ferner Zukunft auch als das tragische Element der deutschen Geschichte erweisen.

Auf den Grenzen von Luthertum und Sozialismus stehen, bedeutet zuerst und vor allem Auseinandersetzung mit dem Problem der Utopie. Die lutherische Lehre vom Menschen, auch in der naturalistischen Fassung der Lebensphilosophie, macht jede Utopie unmöglich. Das Normwidrige als Sünde, Begierde, Wille zur Macht, dunkler Drang oder wie immer die Namen dafür sein mögen, ist mit der Existenz von Mensch und Natur – nicht mit ihrem Wesen, ihrer schöpferischen Anlage – so verknüpft, daß die Verwirklichung des Normgemäßen, des Reiches der Gerechtigkeit und des Friedens innerhalb der Existenz ausgeschlossen ist. Das Reich Gottes kann nie eine diesseitige Größe werden, das Unbedingte nie in Raum und Zeit verwirklicht werden. Jede Utopie muß mit einer metaphysischen Enttäuschung endigen. So ungeheuer wandlungsfähig die menschliche Natur sein mag, so unmöglich ist es, diese Wandlungsfähigkeit auf das Moralische auszudehnen. Mag durch Erziehung und günstige Umstände die Ebene, in der sich die sittlichen Entscheidungen abspielen, erhöht, ursprüngliche

Roheit weitgehend zurückgedrängt werden, das Moralische als solches, die Freiheit zum Guten und Bösen, wird dadurch nicht berührt. Die Menschheit wird nicht besser, aber das Gute und Böse ist auf eine höhere Ebene gehoben.

Mit diesen Gedanken, die unmittelbar aus der lutherischen Interpretation der menschlichen Existenz stammen, ist ein Problem angerührt, das immer mehr in den Vordergrund des sozialistischen Denkens gerückt ist und das auch insonderheit ein Problem des religiösen Sozialismus ist: die Lehre vom Menschen. Es scheint mir, daß eine falsche Anthropologie besonders auf deutschem Boden dem Sozialismus jede Schlagkraft genommen hat. Ein Politiker, der nicht weiß, „was im Menschen ist", kann nicht erfolgreich sein. Andererseits glaube ich nicht, daß die lutherische Auffassung, vor allem in ihrer naturalistisch-dämonischen Umformung durch Lebensphilosophie und Faschismus, das letzte Wort über den Menschen zu sagen hat. Vielleicht kann auch an dieser Stelle das prophetische Wort wegweisend sein. Es spricht von der Veränderung der menschlichen Natur im Zusammenhang mit einer Verwandlung der gesamten Natur. Es ist darin, obgleich es mit dem Wunder rechnet, realistischer als die Auffassungen, die die Natur unverwandelt lassen und allein den Menschen verwandeln wollen. Das ist Utopie, nicht aber das Paradox der prophetischen Erwartung.

Aber längst ehe die anthropologische Seite des Utopieproblems in den Vordergrund trat, war dieses selbst als das Zentralproblem des religiösen Sozialismus sichtbar geworden. Als kurz nach der Revolution die ersten Zusammenkünfte stattfanden, deren Thema das Problem „Religion und Sozialismus" war, ergab sich, daß die Frage nach dem Verhältnis der Religion zur sozialen Utopie der Ausgangspunkt für alles übrige sein mußte. Damals gebrauchte ich zuerst den neutestamentlichen Begriff des Kairos, der Zeitenfülle, der als Grenzbegriff zwischen Luthertum und Sozialismus für den deutschen religiösen Sozialismus charakteristisch geworden ist. Er soll zum Ausdruck bringen, daß der Kampf um eine neue soziale Ordnung nicht zu einer Erfüllung im Sinne des Reiches Gottes führen kann, daß aber in einer bestimmten Zeit bestimmte Aufgaben gestellt sind, ein bestimmter Aspekt des Reiches Gottes sich zeigt als Forderung und Erwartung. Das Reich Gottes bleibt immer jenseitig; aber es erscheint als Gericht einer gegebenen und als Norm einer kommenden Gesellschaftsform. So kann die Entscheidung für den Sozialismus in einer bestimmten Periode Entscheidung für das Reich Gottes sein, obgleich auch die sozialistische Gesellschaftsordnung in unendlicher Distanz zum Reiche Gottes bleibt. – In den beiden

Bänden, die unter dem Titel „Kairos“[34] von mir herausgegeben und mit den einleitenden Aufsätzen versehen sind, ist die Kairos-Idee in ihren philosophischen und theologischen Voraussetzungen und Konsequenzen weiter entwickelt worden.

Ein wichtiger, der Kairoslehre zugehöriger Begriff ist der des Dämonischen, den ich in einer besonderen Schrift über „Das Dämonische, ein Beitrag zur Sinndeutung der Geschichte“[35] entwickelt habe und der in der dort geprägten Bedeutung in die theologische und geistesgeschichtliche Diskussion übergegangen ist. Er wäre ohne die vorher genannten Gedanken der lutherischen Mystik und des philosophischen Irrationalismus nicht möglich gewesen. Er beschreibt eine Macht im persönlichen und sozialen Leben, die zugleich schöpferisch und zerstörerisch ist. Die „Dämonischen“ des Neuen Testaments wissen mehr über Jesus als die Normalen, aber sie wissen es gegen sich selbst, im Zustand der Bewußtseinsspaltung. Das römische Imperium wurde von der alten Kirche dämonisch genannt, weil es sich selbst gleich Gott setzte, und doch betete man für den Kaiser und dankte für den bürgerlichen Frieden, den er sicherte. In ähnlicher Weise suchte der religiöse Sozialismus zu zeigen, daß Kapitalismus und Nationalismus dämonische Mächte sind, sofern sie zugleich tragend und zerstörend sind und ihren höchsten Werten Göttlichkeit zusprechen. Die Entwicklung des europäischen Nationalismus und seine religiöse Selbstinterpretation hat diese Diagnose voll bestätigt.

Es ist selbstverständlich, daß in die Gedankenwelt des religiösen Sozialismus die schon entwickelten Gedanken über das Verhältnis von Religion und Kultur, von heilig und profan, von Heteronomie und Autonomie eingingen, so daß er mehr und mehr der Kristallisationspunkt meines gesamten Denkens wurde. Vor allem gab er dem Versuch einer theonomen Geschichtsphilosophie die theoretische Grundlage und das praktische Pathos. Untersuchungen über den Charakter der „historischen Zeit“ im Unterschied zu der physikalischen und biologischen Zeit führten mich zu einem Begriff von Geschichte, in dem die Bewegung auf etwas zu, auf das Neue, das zugleich gefordert und erwartet ist, maßgebend ist. Der Inhalt von Forderung und Erwartung, das Prinzip, das der Geschichte Sinn und Ziel gibt, nannte ich die „Mitte der Geschichte“, die vom christlichen Standpunkt aus mit der Erschei-

---

[34] a) Kairos. Zur Geisteslage und Geisteswendung. Hrsg. v. Paul Tillich. Darmstadt 1926.
b) Der Protestantismus als kritisches und gestaltendes Prinzip. S. Anm. 16.

[35] Ges. Werke. Bd. 6.

nung Christi eins ist. Die Mächte, die in der Geschichte miteinander ringen, können je nach der Fragestellung als das Dämonische, das Göttliche und das Humane oder als das Sakramentale, das Prophetische und das Profane oder als Heteronomie, Theonomie und Autonomie bezeichnet werden. Dabei ist das jeweils Mittlere die Synthese der beiden anderen, das, worauf die Geschichte in immer neuen Ansätzen zugeht, erfolgreich oder scheiternd, niemals vollendet, immer aber getrieben durch die transzendente Kraft der Vollendung. Als ein solcher Ansatz zu einer neuen Theonomie ist der Sozialismus zu verstehen. Er ist mehr als eine Wirtschaftsordnung, er ist eine Gesamtordnung der Existenz, er ist die im gegenwärtigen Kairos geforderte und erwartete Form der Theonomie.

11. Auf der Grenze von Idealismus und Marxismus

Beim deutschen Idealismus bin ich in die Schule gegangen, und ich glaube nicht, daß ich je verlernen kann, was ich dort gelernt habe. Das ist in erster Linie die Kantische Kritik, die mir gezeigt hat, daß die Frage, wie Erfahrung möglich sei, jedenfalls nicht vom Objekt her gelöst werden kann. Der Ausgangspunkt jeder Analyse der Erfahrung und jedes Entwurfes eines Systems der Wirklichkeit muß der Punkt sein, wo Subjekt und Objekt an ein und demselben Ort sind. Von da aus gewann ich Verständnis für das idealistische Prinzip der Identität – nicht im Sinn einer metaphysischen Spekulation, sondern im Sinn einer Analyse der letzten im Erkenntnisakt gegebenen Elemente. Keine Kritik des Idealismus hat mich bisher von der Unzulässigkeit dieses Ausgangspunktes überzeugt. Wohl aber hat mich diese Analyse vor jeder Art von „metaphysischem Materialismus" und „naturalistischem Positivismus" geschützt. So bin ich im erkenntnistheoretischen Ausgangspunkt Idealist geblieben, wenn Idealismus die Behauptung der Identität von Denken und Sein als Prinzip der Wahrheit bedeutet. – Darüber hinaus scheint mir im idealistischen Welt-Entwurf das Element der Freiheit in einer Weise zum Ausdruck gebracht zu sein, wie es der inneren und äußeren Erfahrung am besten entspricht. Die Tatsache des Fragens als menschliche Möglichkeit, das Vernehmen unbedingter Forderungen (kategorischer Imperative) im Denken und Handeln, die Anschauung sinnvoller Gestalten in Natur, Gesellschaft und Kunst (vgl. die moderne deutsche Gestalttheorie) – all das zwingt meiner Überzeugung nach zu einer Philosophie der Freiheit (vgl. „Der Aufbau des Organismus" von meinem Freund Kurt Goldstein) – und in diesem Sinne wieder zum Idealismus. Endlich kann nicht bestritten werden, daß zwischen dem menschlichen Geist und der Wirklichkeit eine Entsprechung besteht, die wohl am besten im Begriff des „Sinnes" ausgedrückt ist und die Hegel dazu führte, von der Einheit des objektiven mit dem subjektiven Geist in einem absoluten Geist zu reden. Und wenn der Idealismus die sinngebenden Kategorien in den verschiedenen Gebieten herauszuarbeiten sucht, so erfüllt er damit die Aufgabe, deren Erfüllung allein die Existenz einer Philosophie rechtfertigt.

Was mich an die Grenze des Idealismus geführt hat, ist etwas anderes: es ist der Anspruch der Idealisten, daß ihr System der sinngebenden Kategorien die Wirklichkeit als Ganzes abbildet, anstatt daß es als Ausdruck einer bestimmten, existentiell begrenzenden Begegnung mit der Wirklichkeit aufgefaßt wird. Nur Schelling in seiner zweiten Periode hatte ein Bewußtsein von der Fragwürdigkeit der systematischen Wesensphilosophie. Er erkannte, daß die Wirklichkeit nicht nur die Erscheinung des Wesens ist, sondern auch der Widerspruch zu ihm. Vor allem die menschliche Existenz ist Ausdruck des Widerspruchs zum Wesen. Auch unser Denken gehört zu unserer Existenz und teilt das Verhängnis der Wesenswidrigkeit (das etwas anderes ist als Fehlerhaftigkeit). Schelling hat diesen Ansatz nicht durchgeführt. Genau wie Hegel stellte er sich und seine Philosophie an das Ende eines Geschichtsprozesses, durch den die Widersprüche der Existenz überwunden sind und ein absoluter Standpunkt erreicht ist. Der Idealismus in Schelling triumphierte über seinen Ansatz zu existentiellem Denken. – Erst Kierkegaard hat mit dem Radikalismus der religiösen Existenz-Angst und Existenz-Verzweiflung das geschlossene System der idealistischen Wesensphilosophie durchbrochen und damit ein wirklich existentielles Denken begründet. Seine Bedeutung für die deutsche Nachkriegstheologie und -philosophie kann kaum überschätzt werden. Ich selbst konnte mich schon als älterer Student dem Eindruck seiner angreifenden Dialektik nicht entziehen.

Der Widerspruch gegen die idealistische Wesensphilosophie wurde aber gleichzeitig von einer anderen Seite her lebendig: seitens der radikalen Schüler Hegels, die gegen ihren Lehrer auftraten und „den Idealismus auf den Kopf stellten", d. h. in idealistischen Kategorien theoretischen und praktischen Materialismus verkündigten. Marx, der aus diesem Kreise kam, ging noch einen Schritt weiter: er verneinte mit den idealistischen Kategorien auch ihre materialistische Umkehrung (vgl. seine Thesen gegen Feuerbach) und forderte eine Haltung, die er in ausdrücklichen Gegensatz zur philosophischen stellte, weil sie „die Welt nicht erklären, sondern verändern" will. Die Philosophie – die er mit Wesensphilosophie gleichsetzte – muß die Widersprüche in der Existenz übersehen, muß von dem abstrahieren, was für den wirklichen Menschen von Wichtigkeit ist: die gesellschaftlichen Widersprüche, die sein Dasein in der Welt bestimmen. Diese Widersprüche, konkret: der Kampf der gesellschaftlichen Klassen, zeigen, daß der Idealismus Ideologie ist, nämlich ein System von Begriffen, deren Funktion es ist, den Zwiespalt der Wirklichkeit zu überdecken (in analoger Weise hat Kierkegaard für die Existenz des einzelnen und seine Widersprüche die verhüllende Funktion der Wesensphilosophie aufgezeigt).

Was ich in erster Linie von Marx gelernt habe, ist die Einsicht in den ideologischen Charakter des Idealismus – und nicht nur des Idealismus, sondern aller Gedankenbildungen, religiöser wie profaner, die, wenn auch unbewußt, im Dienste der Macht stehen und die gerechtere Gestaltung der Wirklichkeit verhindern. (Luthers Warnung vor dem selbstgemachten Gott bedeutet in religiöser Sprache das gleiche, was in philosophischer Sprache Ideologie bedeutet.)

Mit der Ablehnung des geschlossenen Systems der Wesenslehre entsteht ein neuer Wahrheitsgedanke: Wahrheit ist an die Situation des Erkennenden in der Existenz gebunden, der individuellen bei Kierkegaard, der gesellschaftlichen bei Marx. Nur so viel Wesenserkenntnis ist möglich, wie Widerspruch in der Existenz erkannt und real überwunden ist. In der Situation der Verzweiflung, in der sich nach Kierkegaard jeder Mensch existentiell befindet, und in der Situation des Klassenkampfes, in der sich nach Marx die geschichtliche Menschheit bisher befunden hat, ist jedes System der Harmonie unwahr. Das führt beide, Kierkegaard wie Marx, dazu, die Wahrheit, die uns zugänglich ist, die existentielle Wahrheit, an eine besondere seelische oder gesellschaftliche Situation zu binden. Für Kierkegaard ist Wahrheit gerade die Subjektivität, die ihre Verzweiflung, ihr Ausgeschlossensein von der objektiven Wesenswelt nicht dialektisch überspringt, sondern leidenschaftlich festhält; während für Marx Wahrheit mit dem Klasseninteresse derjenigen Klasse gegeben ist, die sich ihrer selbst als grundsätzlicher Verneinung des Klassengegensatzes bewußt wird: die notwendig unideologische Klasse. So kommt der merkwürdige, aber vom Christentum her unmittelbar verständliche Gedanke zustande, daß an dem Ort der höchsten Sinnentleerung, der Verzweiflung, der weitesten Selbstentfremdung des menschlichen Wesens die größte Chance zur ideologiefreien Wahrheit gegeben sei. In meiner Broschüre „Protestantisches Prinzip und proletarische Situation“[36] habe ich diesen

[36] Ges. Werke. Bd. 7.

Gedanken mit dem protestantischen Prinzip und der Lehre von der menschlichen Grenzsituation in Verbindung gebracht. Möglich ist das freilich nur, wenn Proletariat typisch genommen ist. Das tatsächliche Proletariat entspricht dem typischen gelegentlich weniger als nichtproletarische Gruppen, z. B. Intellektuelle, die durch ihre Klassensituation durchgebrochen sind und aus dieser Grenzsituation heraus dem Proletariat das Bewußtsein seiner selbst zu geben imstande sind. Die Verwechslung des typischen mit dem wirklichen Proletariat ist eine der wichtigsten Ursachen für die Niederlage der deutschen Sozialdemokratie.

Mit dem Begriff „Marxismus" ist für das allgemeine Bewußtsein der Begriff des ökonomischen Materialismus verknüpft. Dabei wird die Zweideutigkeit des Wortes Materialismus absichtlich oder unabsichtlich übersehen. Wenn Materialismus notwendig metaphysischer Materialismus wäre, so wäre ich nie an der Grenze des Marxismus zu finden gewesen, so wäre auch Marx selbst mit seinem Kampf gegen den Idealismus und Materialismus kein Marxist. Aber ökonomischer Materialismus ist nicht eine Metaphysik, sondern eine Methode geschichtlicher Interpretation. Ökonomischer Materialismus macht nicht das „Ökonomische", das selbst ein komplexes, alle Seiten menschlicher Existenz einschließendes Gebilde ist, zur Ursache der übrigen Seiten – ein sinnloser Gedanke –, sondern ökonomischer Materialismus zeigt die tragende Bedeutung der wirtschaftlichen Strukturen und Strukturbewegungen für die sozialen und geistigen Formen und Veränderungen einer Periode. Er bestreitet, daß es eine von der wirtschaftlichen Struktur unabhängige Geistes- und Religionsgeschichte gibt, und bestätigt damit die theologische, vom Idealismus vernachlässigte Einsicht, daß der Mensch auf der Erde lebt und nicht im Himmel, philosophisch gesprochen: in der Existenz und nicht im Wesen.

Man kann den Marxismus weithin als eine Methode der Enthüllung auffassen und ihn darin mit der Psychoanalyse zusammenstellen – Enthüllung ist für die Betroffenen schmerzlich, ja unter Umständen zerstörend. Die antike Tragödie, gipfelnd im König Oedipus, weiß darum[37]. Der Mensch wehrt sich gegen die Enthüllung seiner wirklichen Existenz, solange er kann; denn wenn er sich ohne die verhüllenden Ideologien sieht, auf denen, wie bei Oedipus, sein Selbstbewußtsein beruht, bricht er zusammen. Die affektgeladene Ablehnung von Marxismus und Psychoanalyse, der ich sehr oft begegnet bin, ist der Versuch sozialer Gruppen und einzelner Persönlichkeiten, der Enthüllung

[37] Vgl. Karl Reinhardt: Sophokles. Frankfurt a. M. 1933.

zu entgehen, die unter Umständen Vernichtung für sie bedeutet. Aber ohne solche Enthüllung ist der letzte Sinn der christlichen Verkündigung nicht vernehmbar. Darum sollte gerade der Theologe diese Wege zur Sichtbarmachung menschlicher Existenz so ernsthaft wie möglich benutzen, anstatt einem harmonisierenden Idealismus das Wort zu reden. Er kann sie von der Grenze her benutzen; er kann – und das ist für mich selbst gesagt – die veraltete Begriffsbildung der Psychoanalyse kritisieren; er kann die utopischen und dogmatischen Elemente des Marxismus ablehnen; er kann die wissenschaftliche Unhaltbarkeit vieler Einzeltheorien in Psychoanalyse und Marxismus betonen. Er kann und muß sich gegen metaphysischen und ethischen Materialismus wehren, ganz gleich, ob er aus Freud und Marx herausgelesen werden kann oder nicht. Aber er darf sich nicht der enthüllenden ideologiezerstörenden Kraft berauben, die in beiden gegeben ist.

Aber im Marxismus ist nicht nur Enthüllung, sondern auch Forderung und Erwartung, und zwar in Ideen von gewaltiger geschichtlicher Stoßkraft. In ihm ist prophetisches Pathos, während der Idealismus, sofern er durch das Prinzip der Identität bestimmt ist, mystische und sakramentale Wurzeln hat. In dem mittleren Teil meines Buches „Die sozialistische Entscheidung“[38] habe ich versucht, das prophetische Element des Marxismus aus seiner rational-wissenschaftlichen Terminologie herauszuarbeiten und auf diesem Wege seine weitreichenden religionsgeschichtlichen Wirkungen verständlicher zu machen. Zugleich habe ich dort versucht, im Anschluß an die Haltung der jüdisch-christlichen Prophetie das sozialistische Prinzip neu zu fassen: idealistisch, wie viele Marxisten, materialistisch, wie viele Idealisten sagen werden, in Wirklichkeit auf der Grenze von beiden.

Marxismus ist ein Schlagwort zur Diffamierung politischer Gegner geworden. Mein Bekenntnis, an der Grenze des Marxismus zu stehen, fügt dem, was ich über mein Verhältnis zum religiösen Sozialismus gesagt habe, politisch nichts Neues hinzu. Es besagt nichts über die Zugehörigkeit zu einer bestimmten Partei. Wenn ich aber sagen würde, ich hätte trotz der Zugehörigkeit zur deutschen Sozialdemokratie zwischen den Parteien gestanden, so wäre das in einem anderen Sinne gemeint als das „zwischen“ in den übrigen Teilen dieser Schrift. Es würde bedeuten, daß ich innerlich keiner Partei zugehört habe und zugehöre, weil mir das Wichtigste im Politischen gerade das zu sein scheint, was in den Parteien gar nicht oder nur verzerrt zum Ausdruck kommt. Meine Sehnsucht war und ist ein „Bund“, der an keine Partei gebunden

---

[38] S. Anm. 6.

ist, obgleich er der einen näher steht als der anderen, und der ein Vortrupp ist für eine gerechtere Gesellschaftsordnung aus dem Geiste der Prophetie und gemäß der Forderung des Kairos.

12. Auf der Grenze von Heimat und Fremde

Daß ich diese Darstellung meiner selbst in der Fremde schreibe, ist ein Schicksal, das wie jedes wirkliche Schicksal zugleich Freiheit ist. Die Grenze zwischen Heimat und Fremde ist nicht nur die äußere Grenze, die Natur oder Geschichte ziehen, es ist zugleich die Grenze zwischen zwei inneren Mächten, zwei Möglichkeiten menschlicher Existenz. Das klassische Wort dafür ist der Befehl an Abraham: „Gehe aus Deiner Heimat ... in ein Land, das ich Dir zeigen will." Abraham muß Boden, Bluts- und Kulturgemeinschaft, Volks- und Staatsgemeinschaft aufgeben, um einer Verheißung willen, die für ihn ohne Inhalt ist. Der Gott, der Gehorsam von ihm verlangt, ist ein Gott der Fremde, nicht bodengebunden wie die heidnischen Götter, sondern ein Gott der Geschichte, der alle Geschlechter der Erde segnen will. Dieser Gott, der Gott der Propheten und Jesu, zerbricht jeden religiösen Nationalismus, den jüdischen, mit dem er ständig kämpft, und den heidnischen, der schon in dem Befehl an Abraham verneint ist. Für den Christen jeder Konfession scheint mir an diesem Punkt kein Zweifel möglich zu sein: er hat die Heimat wieder und wieder zu verlassen und in ein Land zu gehen, das ihm gezeigt wird, und einer Verheißung zu trauen, die für ihn rein jenseitig ist. Was „Heimat" bedeutet, ist verschieden je nach der Lage des einzelnen. Es kann die Heimat im Sinne von Boden und Volksgemeinschaft sein, die Forderung kann „äußere Emigration" sein; dies ist der seltenere Fall. Viel häufiger ist es, daß Verlassen der Heimat die Forderung bedeutet, sich von den herrschenden Mächten, sozialen und politischen Strömungen zu trennen, ihnen aktiv oder passiv Widerstand zu leisten, also „innere Emigration" – die Haltung der Christengemeinden im Römischen Reich. Der Weg in die Fremde kann aber auch rein innerlich gemeint sein: Trennung von Glaubens- und Denkgewohnheiten, Überschreiten jeder Grenze dessen, was selbstverständlich ist, radikales Fragen und Vorstoßen zu dem Neuen, Unbekannten, dem „Kinderland" im Gegensatz zu allen Vater- und Mutterländern (Nietzsche). Dann ist die Fremde nicht das räumlich andere, sondern das zeitlich Zukünftige, das „Jenseits der Gegenwart". Endlich kann Fremde das Gefühl einer letzten Fremdheit gegenüber dem Nächsten, Vertrautesten bedeuten, jenes metaphysische

Fremdheitserlebnis, das die Existentialphilosophie als einen Ausdruck der menschlichen Endlichkeit beschreibt.

In all diesen Beziehungen stand ich von jeher, und je länger desto mehr, zwischen Heimat und Fremde. Es war nicht so, als hätte ich mich einseitig für die Fremde entschieden. Das trifft weder auf die äußere Emigration noch auf die innere, die schon längst vor der äußeren begonnen hatte, zu. Und daß es auf das geistige Überschreiten der Grenzen nicht zutrifft, hat alles Vorhergehende gezeigt.

Heimatgebundenheit im Sinne von Landschaft, Sprache, Überlieferung, Gemeinsamkeit des geschichtlichen Schicksals war für mich immer so selbstverständlich, daß ich nie begriffen habe, warum man es zum Gegenstand ausdrücklichen Denkens und Handelns machen soll. Die Überspanntheiten des kulturellen Nationalismus schienen mir Zeichen von Unsicherheit in der nationalen Verwurzelung zu sein, sie schienen mir oft bei solchen vorzukommen, die, weil sie von der Grenze kamen – im inneren oder äußeren Sinne –, sich selbst und anderen ihre Zugehörigkeit bestätigen mußten und darum Furcht hatten, wieder an die Grenze zu kommen. Ich fühlte mich zu selbstverständlich als Deutscher, um aus dem Deutschsein, das durch Geburt und Schicksal gegeben ist und gar nicht in Frage gestellt werden kann, ein geräuschvoll betontes Thema zu machen. Die Frage scheint mir zu sein: Was soll mit diesem Material, dieser gegebenen Substanz gemacht werden? Welches sollen die Gesichtspunkte sein, unter die soziale Gestaltung, politische Form, geistige und sittliche Erziehung, Pflege der Kultur und gesellschaftliches Leben gestellt werden?

Die Antwort auf diese Fragen kann nicht wieder die Substanz, das gegebene Material, sein. Denn diese ist ja die Voraussetzung des Fragens. Wird sie zur Antwort gemacht, so entsteht ein inhaltloser Zirkel, den man heute als national preist, der aber in Wirklichkeit mangelndes Vertrauen auf die Kraft der nationalen Substanz bezeugt und der zu einer furchtbaren Verarmung des Lebens der Nation führen muß. (In meinen Frankfurter Vorlesungen über Sozialpädagogik habe ich diese Gedanken unter dem Widerstand kulturnationalistischen Denkens systematisch zum Ausdruck gebracht.)

Aber das Problem des Nationalismus ist heute in erster Linie ein ökonomisch-machtpolitisches. Ich habe dazu verschiedentlich Stellung genommen. Über die Ursache des militanten Nationalismus Europas und seine Beziehung zur spätkapitalistischen Desintegration habe ich in dem Artikel „Der totale Staat und der Anspruch der Kirchen“ [39] ge-

[39] S. Anm. 20.

schrieben. Der Aufsatz „Das Problem der Macht“ [40] behandelt Bedeutung und Grenzen der Macht vom allgemeinen Problem des Seins her, also ontologisch. In der „Sozialistischen Entscheidung“[41] versuche ich, die anthropologischen Wurzeln und politischen Konsequenzen der nationalen Idee zu geben. Maßgebend für meine Stellung war das vierjährige Kriegserlebnis. Es hat den dämonisch-zerstörerischen Charakter des machtpolitischen Nationalismus gerade für jemand offenbart, der begeistert und mit dem Glauben an die Gerechtigkeit der eigenen Sache in ihn hineinging. Darum kann ich den europäischen Nationalismus, obgleich oder gerade weil ich seine gegenwärtige Unvermeidlichkeit einsehe, nur als das Mittel der tragischen Selbstzerstörung Europas beurteilen. – Aber diese Einsicht hat mich nicht zum Pazifisten im technischen Sinne des Wortes gemacht. Eine gewisse Art von Pazifismus war mir wegen Unmännlichkeit seiner Vertreter verdächtig. Eine andere Art, wie sie in siegreichen und befriedigten Völkern vorkommt, hat einen ideologischen und pharisäischen Beigeschmack: er ist zu nützlich, um wahr zu sein. Und grundsätzlich scheint mir, daß ein gesetzlicher Pazifismus das Gegenteil von dem bewirkt, was er will. Frieden in der menschlichen Existenz ist innen- wie außenpolitisch an einen Aufbau der Macht geknüpft, die den Friedensbrecher in Zaum zu halten weiß. Dieses ist nicht vom Standpunkt nationaler Machtpolitik aus gesagt, sondern von der Einsicht in die Notwendigkeit übergreifender Einheiten, hinter denen eine Macht stehen muß, die die Selbstzerstörung der Menschheit hindern kann. Denn „Menschheit“ ist heute mehr als eine leere Idee. Sie ist im ökonomisch-politischen Sinne eine Realität, sofern das Schicksal jedes ihrer Teile das Schicksal aller anderen mitbedingt. In dieser wachsenden Verwirklichung einer einheitlichen Menschheit ist repräsentiert und gleichsam vorweggenommen, was in dem Glauben an das Reich Gottes, zu dem alle Völker und alle Rassen gehören, als transzendente Wahrheit enthalten ist. Darum ist die grundsätzliche Ablehnung der einen Menschheit eine grundsätzliche Ablehnung der christlichen Lehre vom Kommen des Reiches Gottes.

Ich empfinde es dankbar, daß auf der Grenze des neuen Kontinentes, auf dem ich dank der Gastfreundschaft dieses Landes stehen darf, ein Ideal sichtbar wird, das dem Bild der *einen* Menschheit ähnlicher ist als das tragisch sich zerreißende Europa: eine Nation, die in sich Vertreter aller Nationen und Rassen als Bürger vereint. Obgleich auch hier die Distanz der Wirklichkeit vom Ideal unendlich ist und das Bild oft tiefe

---

[40] S. Anm. 7.
[41] S. Anm. 6.

Schatten zeigt, so ist es doch wie eine Weissagung auf jene höchste Möglichkeit der Geschichte, die „Menschheit“ heißt und die selbst ein Hinweis ist auf das, was jenseits der Geschichte liegt, das Reich Gottes. In dieser höchsten Möglichkeit wäre die Grenze von Heimat und Fremde keine Grenze mehr.

Rückblick: Grenze und Begrenztheit

Vielerlei Möglichkeiten menschlicher Existenz, natürlicher und geistiger Existenz, sind in diesen zwölf Kapiteln erschienen. Manches ist nicht erschienen, obwohl es zu mir gehört, und unendlich vieles konnte nicht erscheinen, weil es nicht zu mir gehört. Was aber erschienen ist, zeigte sich von der Seite, an der es mit einer anderen Möglichkeit verknüpft ist, in Gegensatz und Zugehörigkeit zugleich. Das ist das Dialektische der Existenz, daß jede ihrer Möglichkeiten durch sich selbst zu ihrer Grenze und über die Grenze hinaus zu ihrem Begrenzenden treibt. An vielen Grenzen stehen, heißt in vielerlei Formen die Bewegtheit, Ungesichertheit und innere Begrenztheit der Existenz zu erfahren und zu dem Ruhenden, Sicheren und Erfüllten, das auch zu ihr gehört, nicht gelangen zu können. Das gilt vom Leben wie vom Denken und gibt den hier angedeuteten Erfahrungen und Ideen etwas Fragmentarisches, Tastendes, Ungesichertes. Meinen Wunsch, den Gedanken eine abgeschlossene Form zu geben, hat das Schicksal der Grenze, das mich auf den Boden eines neuen Kontinents geworfen hat, wieder einmal durchkreuzt. Die Vollendung in den Maßen meiner Möglichkeit ist Hoffnung, deren Erfüllung im Alter von fast fünfzig Jahren ungewiß ist. Aber ob erfüllt oder nicht erfüllt, es gibt eine Grenze menschlichen Tuns, die nicht mehr Grenze zwischen zwei Möglichkeiten ist, sondern Begrenzung durch das, was jenseits jeder menschlichen Möglichkeit liegt: das Gute und die Wahrheit selbst. Vor ihr ist auch unsere Mitte nur Grenze und unser Vollendetes nur Bruchstück.

AUTOBIOGRAPHISCHE BETRACHTUNGEN

1. Frühe Jahre

Die Tatsache, daß ich am 20. August 1886 geboren bin, bedeutet, daß ein Teil meines Lebens zum 19. Jahrhundert gehört, besonders, wenn man das 19. Jahrhundert mit dem Beginn des Ersten Weltkrieges, dem 1. August 1914, enden läßt. Und das sollte man tun! Zugehörigkeit zum 19. Jahrhundert bedeutet, eine Zeitlang relativ friedlich gelebt zu haben. Die Blütezeit der bürgerlichen Gesellschaft in ihrer produktiven, umfassenden Weite steigt dabei in der Erinnerung auf. Neben Schauerlichkeiten auf ästhetischem und geistigem Gebiet hatte das 19. Jahrhundert auch revolutionäre Impulse, die sich gegen seine Selbstgefälligkeit richteten, andererseits aber auch ein Bewußtsein christlich-humanistischer Werte, die noch unter der Oberfläche seiner antireligiösen Gesellschaftsformen wirkten. Diese ermöglichten es und ermöglichen es noch immer, den unmenschlichen Systemen des 20. Jahrhunderts Widerstand zu leisten. Ich gehöre zu denjenigen in meiner Generation, die trotz des Radikalismus, mit dem sie das 19. Jahrhundert kritisieren, oft ein Verlangen nach seiner Stabilität, seinem Liberalismus und seinen ungebrochenen kulturellen Traditionen haben.

Mein Geburtsort war ein Dorf mit dem slawischen Namen Starzeddel in der Nähe von Guben, einer kleinen Industriestadt in der Provinz Brandenburg, nahe der schlesischen Grenze. Als ich vier Jahre alt war, wurde mein Vater, Geistlicher der Preußischen Landeskirche, als Superintendent für den Kirchenkreis Schönfließ (Neumark) berufen. Schönfließ war ein Ort mittelalterlichen Gepräges mit 3000 Einwohnern. Es lag in der östlichen Mark Brandenburg, war umgeben von einem Wall, innerhalb dessen auch eine alte gotische Kirche lag. Man trat durch Tore ein, auf denen Wachttürme standen. Ein Rathaus aus dem Mittelalter beherrschte das Ganze und erweckte den Eindruck einer in sich geschlossenen und behüteten Welt. Meine Umgebung veränderte sich nicht sehr, als ich von meinem zwölften bis vierzehnten Lebensjahr das humanistische Gymnasium in Königsberg (Neumark), einer Stadt mit 7000 Einwohnern, besuchte und während dieser Zeit bei zwei älteren Damen dort untergebracht war. Königsberg hatte ähnliche mittelalterliche Bauten wie Schönfließ. Sie waren jedoch berühmter wegen ihrer Größe und vollendeten Gotik.

Diese frühen Eindrücke trugen wohl zu dem Teil meines Fühlens und Denkens bei, den man als romantischen Zug kritisiert hat. Eine andere Seite dieser sogenannten Romantik ist meine nahe Beziehung zur Natur. Sie äußert sich in einer vorwiegend ästhetisch-betrachtenden Haltung, die sich von der wissenschaftlich-analytischen oder technisch-beherrschenden unterscheidet. Darum hat die Begegnung mit Schellings Naturphilosophie meine Entwicklung stark bestimmt, obwohl ich mir bewußt war, daß sie wissenschaftlich unhaltbar sei. Theologisch habe ich diese Philosophie später in meiner Lehre von der Partizipation der Natur an dem Prozeß von Fall und Erlösung verwertet. Hier liegt auch einer der Gründe, weshalb ich mit der Ritschlschen Theologie nie einverstanden sein konnte. Sie sieht eine ungeheure Kluft zwischen Natur und Persönlichkeit und betrachtet Jesus als Erlöser der menschlichen Person aus der Knechtschaft unter der Natur in uns und außerhalb unser. Als ich nach Amerika kam, fand ich, daß der Calvinismus und der Puritanismus in diesem Punkt Verbündete des Ritschlianismus waren. In ihm beherrschen Moral und Technik die Natur. Es gibt ihr gegenüber nur subjektive Gefühle von mehr oder weniger sentimentaler Art. Diese Auffassung kennt kein mystisches Teilhaben an der Natur und hat kein Verständnis dafür, daß die Natur endlicher Ausdruck des unendlichen Grundes aller Dinge ist. Auch sieht sie nicht den göttlich-dämonischen Konflikt in ihr.

Wenn ich mich nach den Ursachen meiner sogenannten romantischen Haltung zur Natur frage, so finde ich drei wahrscheinlich in gleicher Richtung wirkende Erfahrungen. In meiner Jugend hatte ich täglichen, in späteren Jahren immer wieder monatelangen Umgang mit der Natur. Ähnliche Situationen erwecken in mir aufs neue unvergeßliche Stunden eines mystischen Teilhabens an der Natur. In gleicher Weise wirken auf mich Gedichte. Die deutsche Dichtung enthält, auch abgesehen von ausgesprochen romantischen Dichtungen, viele naturmystische Elemente. Von Goethe, Hölderlin, Novalis, Eichendorff, Nietzsche, George und Rilke gibt es Verse, die mich immer wieder so tief ergreifen wie beim ersten Hören. Schließlich war auch meine lutherische Herkunft an dieser Einstellung zur Natur nicht unbeteiligt. Die Theologen wissen, daß zu den Unterschieden zwischen den beiden Richtungen der europäischen Reformation, der lutherischen und der reformierten, das sogenannte *Extra Calvinisticum* gehört, die Lehre, daß das Endliche das Unendliche nicht zu fassen vermag *(finitum non capax infiniti)*, und daß daher in Christus die zwei Naturen, die göttliche und die menschliche, unabhängig nebeneinander bestehen. Gegen diese Lehre setzten die Lutheraner das *Infra Lutheranum*, die These, daß das Endliche das Unendliche zu fassen vermag und daß infolgedessen in Christus beide Naturen sich gegenseitig durchdringen. Dieser Gegensatz besagt, daß auf dem Boden des Luthertums die Schau des in jedem Endlichen gegenwärtigen Unendlichen theologisch begründet und Naturmystik zur realisierbaren Möglichkeit wird. Dagegen gerät auf dem Boden des Calvinismus eine solche Einstellung in den Verdacht des Pantheismus, und die göttliche Transzendenz wird hier auf eine Weise verstanden, die einem Lutheraner deistisch erscheinen muß.

Romantische Einstellung bedeutet nicht nur eine besondere Beziehung zur Natur, sondern auch zur Geschichte. In Städten aufzuwachsen, in denen jeder Stein Zeugnis von vielen vergangenen Jahrhunderten ablegt, erzeugt ein Gefühl für Geschichte. Diese ist dann nicht Gegenstand der Wissenschaft, sondern lebendige Wirklichkeit, in der das Vergangene am Gegenwärtigen teilhat. Daß man Geschichte unterschiedlich auffassen kann, wurde mir vollends klar, als ich nach Amerika kam. In Vorlesungen, Seminaren, an offenen Abenden und in persönlichen Gesprächen mit amerikanischen Studenten empfand ich, daß eine unmittelbare, gefühlsmäßige Identifizierung mit der Wirklichkeit der Vergangenheit nicht vorhanden ist. Viele amerikanische Studenten haben ein ausgezeichnetes Wissen von historischen Tatsachen, aber diese Tatsachen scheinen sie nicht sehr zu beeindrucken. Sie bleiben Objekte ihres Verstandes, werden aber fast nie zu Elementen ihrer Existenz. Es ist europäisches Schicksal, in jeder Generation den Reichtum und die Tragödie historischer Existenz zu erleben und infolgedessen die Vergangenheit in das Denken einzubeziehen, während die amerikanische Geschichte von Anfang an weder die Bürde noch den Reichtum der Vergangenheit besaß. Sie ist dagegen imstande, im Hinblick auf die Zukunft zu denken. – Jedoch hat die romantische Schule nicht nur das allgemeine historische Bewußtsein gestärkt, sondern hat durch ihre besondere Würdigung des Mittelalters auch die Geistesgeschichte der letzten hundert Jahre aufs stärkste beeinflußt. Ohne diesen Einfluß wäre ich niemals auf den Gedanken gekommen, von theonomen Perioden in der Vergangenheit und von einer neuen Theonomie in der Zukunft zu sprechen.

Noch zwei andere Punkte von biographischer Bedeutung müssen in Verbindung mit den Jahren in Schönfließ und Königsberg erwähnt werden. Zunächst hatte die Pfarrhaus-Jugend einen starken Einfluß auf mich, desgleichen die lutherische Konfessionsschule und die schöne gotische Kirche, an der mein Vater ein angesehener Pfarrer war. Das

Erlebnis des „Heiligen“ wurde mir damals zum unverlierbaren Besitz und zur Grundlage für meine gesamte religiöse und theologische Arbeit. Als mir Rudolf Ottos Idee des „Heiligen“ zuerst begegnete, verstand ich sie unmittelbar im Licht dieser frühen Erlebnisse und nahm sie als wesentliches Element in mein Denken auf. Sie bestimmte meine Methode der Religionsphilosophie, in der ich von den Erlebnissen des Heiligen ausging und von da zur Gottesidee kam, und nicht umgekehrt. Existentiell und theologisch ebenso wichtig waren die mit der Idee des Heiligen gegebenen mystischen, sakramentalen und ästhetischen Elemente. Die ethischen und logischen Elemente leitete ich dann aus der Erfahrung der Gegenwart des Göttlichen ab und nicht umgekehrt. Das machte mir Schleiermacher geistesverwandt, wie er es auch für Rudolf Otto war, und veranlaßte sowohl Rudolf Otto wie mich, an Bewegungen für eine liturgische Erneuerung teilzunehmen und eine neue Würdigung der christlichen und nichtchristlichen Mystik anzustreben.

Das Leben in einer Kleinstadt Ostdeutschlands vor der Jahrhundertwende empfand ein phantasiebegabtes Kind als Enge und Beschränkung. Ich habe schon von der die Stadt umschließenden Mauer als Symbol dafür gesprochen. Es gab nur geringe Möglichkeiten, den Horizont zu überschreiten. Autos existierten nicht, und die Kleinbahn wurde erst nach Jahren gebaut. Eine Wanderung von wenigen Kilometern war für jeden Menschen ein Ereignis. Die jährliche Fahrt an die Ostsee mit ihrem grenzenlosen Horizont war das große Erlebnis, die Flucht in das Offene, in den unbegrenzten Raum. Daß ich für die Tage meines Ruhestandes einen Platz am Atlantischen Ozean gewählt habe, ist sicher diesen frühen Eindrücken zuzuschreiben. Eine andere Form des Entrinnens aus der Enge meiner Jugendzeit waren mehrere Reisen nach Berlin, der Stadt, in der mein Vater geboren und erzogen war. Der Eindruck von der großen Stadt war ähnlich dem von der See: Unendlichkeit, Weite, unbegrenzter Raum! Aber außerdem zog mich der dynamische Charakter des Berliner Lebens an, dieser ungeheure Verkehr, die Menschenmassen, die immer wechselnden Bilder, die unerschöpflichen Möglichkeiten. Als mein Vater 1900 in ein größeres Amt nach Berlin berufen wurde, freute ich mich sehr. Das Gefühl für die Großstadt habe ich nie verloren. Es wurde sogar noch vertieft, als ich die „Mysterien“ einer Weltstadt kennenlernte und an ihnen teilhaben durfte. Deshalb habe ich es immer als eine Schicksalsfügung angesehen, daß die Emigration von 1933 mich nach New York brachte, in die größte aller großen Städte.

Tiefer noch als alle räumliche Beschränkung und als der Mangel an Bewegungsfreiheit wirkten in mir die soziologischen und psychologischen Beschränkungen jener Jahre. Die Struktur der preußischen Gesellschaft vor dem ersten Weltkrieg war besonders im Osten autoritär, ohne totalitär zu sein. Der lutherische Patriarchalismus machte den Vater zum unbestrittenen Haupt der Familie, zu der in einem Pfarrhaus nicht nur Frau und Kinder gehörten, sondern auch die Dienstboten mit ihren verschiedenen Aufgaben. Dieser Geist der Disziplin und Autorität beherrschte auch die öffentlichen Schulen, die unter der Aufsicht von Ortsgeistlichen und Superintendenten standen, zu deren Obliegenheiten auch die Schulinspektion gehörte. Alle Verwaltungsbeamte waren streng bürokratisch, vom Polizisten auf der Straße und dem Postbeamten am Schalter zog sich eine Beamtenhierarchie hin bis zu der weit entfernten Regierung in Berlin – Autoritäten, unnahbar wie in Kafkas „Schloß". Jeder dieser Beamten war seinem Vorgesetzten unbedingt gehorsam und wahrte strengstens die eigene Autorität seinen Untergebenen und dem Publikum gegenüber. Das Heer aber übertraf an Disziplin, Macht und sozialer Geltung die gesamte bürgerliche Welt und leitete daraus ein Vorrecht für sich ab. Dem Volk wurde diese Ideologie von Jugend an tief eingeprägt. Bei mir geschah das so erfolgreich, daß meine Begeisterung für Uniformen, Paraden, Manöver, Kriegsgeschichte und strategische Überlegungen bis zu meinem dreißigsten Jahr nicht überwunden war und auch dann nur aufgrund meiner Erfahrungen im Ersten Weltkrieg. Über diesem gesamten Apparat stand als Spitze der Hierarchie der König von Preußen, der zugleich deutscher Kaiser war. Zum Patriotismus gehörte vor allem Ergebenheit gegenüber dem König und dem Königshaus. Das Parlament, demokratische Einflüsse, sozialistische Bewegungen sowie eine energische Kritik am Kaiser und an der Armee waren für die konservativen, lutherischen ostdeutschen Kreise meiner Umgebung so gut wie nicht vorhanden. Alle demokratischen Elemente wurden abgelehnt, verzerrt dargestellt und als revolutionär, das bedeutete verbrecherisch, charakterisiert. Erst das Erlebnis des Weltkrieges und der politischen Katastrophe machten mich fähig, dieses System von Autoriäten zu durchbrechen und den Glauben an demokratische Ideale und eine soziale Revolution zu gewinnen.

Am schwersten fiel es mir, den Einfluß des Autoritätssystems auf mein persönliches Leben zu überwinden, besonders auf religiösem und intellektuellem Gebiet. Sowohl mein Vater wie meine Mutter waren stark ausgeprägte Persönlichkeiten. Mein Vater war ein gewissenhafter, würdevoller, überzeugter und manchmal zorniger Vertreter des konservativen Luthertums. Meine Mutter, die aus dem demokratischen und liberalen Rheinland stammte, hatte diese autoritäre Haltung nicht.

Doch war sie stark beeinflußt von der strengen Moral des westlichen reformierten Protestantismus. Trotz liebevollster Fürsorge – oder gerade deswegen – fühlte ich mich aus diesem Grunde immer in meinem Denken und Handeln gehemmt. Jeder Versuch eines Ausbruchs wurde durch das unvermeidlich folgende Schuldbewußtsein, hervorgerufen durch die Gleichsetzung elterlicher mit göttlicher Autorität, verhindert. Nur auf eine Art war Widerstand möglich: nämlich, indem man die durch das autoritäre väterliche System aufgerichteten Prinzipien auf dieses System selbst anwendete. Und diesen Weg wählte ich instinktiv: Als Anhänger der klassischen Orthodoxie liebte mein Vater die Philosophie und wandte sie an in der Überzeugung, daß zwischen einer wahren Philosophie und einer offenbarten Wahrheit kein Konflikt bestehen könnte. Die langen philosophischen Diskussionen, die sich daraus entwickelten, gehören zu den glücklichsten Erlebnissen einer positiven Beziehung zu meinem Vater. Und gerade in diesen Diskussionen geschah ein Durchbruch, zunächst nur theoretisch, später auch praktisch. Ein unabhängiger philosophischer Standpunkt wurde allmählich zu einer in jeder Hinsicht unabhängigen Haltung. Dieser schwierige und schmerzhafte Durchbruch zur Autonomie hat mich gegen jedes System des Denkens oder Lebens, das Unterwerfung fordert, immun gemacht.

In einem frühen Streitgespräch zwischen Karl Barth und mir warf er mir vor, daß ich noch immer „gegen den Großinquisitor kämpfe". Er hat insofern recht, als dies ein entscheidendes Element meines theologischen Denkens ist. Das, was ich „Protestantisches Prinzip" genannt habe, ist, wie ich glaube, die Hauptwaffe gegen jedes heteronome System. Aber Barth wird inzwischen erkannt haben, daß dieser Kampf niemals überflüssig werden wird. Die Geschichte hat gezeigt, daß der Großinquisitor, politisch wie theologisch, in immer neuen Verkleidungen erscheint. Die Tatsache, daß ich ebenso oft der Neu-Orthodoxie wie eines veralteten Liberalismus beschuldigt werde, erklärt sich aus dem romantischen und dem revolutionären Anstoß, die ich in jenen Jahren empfing. Seitdem ist es das Grundproblem meines Denkens und Lebens, das Gleichgewicht zwischen diesen Gegensätzen herzustellen.

2. Vorkriegsjahre

Im Jahre 1900 zogen wir nach Berlin. Ich wurde Schüler eines humanistischen Gymnasiums in Alt-Berlin, machte 1904 das Abitur und wurde bei den Theologischen Fakultäten von Berlin, Tübingen und

Halle immatrikuliert. 1909 machte ich mein erstes, 1911 mein zweites theologisches Examen. 1911 erwarb ich den philosophischen Doktorgrad in Breslau, 1912 den Grad des Lizentiaten der Theologie in Halle. Im selben Jahr wurde ich von der Evangelischen Kirche der „Altpreußischen Union" ordiniert. 1914 trat ich als Feldgeistlicher in das deutsche Heer ein. Nach Kriegsende wurde ich Privatdozent der Theologie an der Universität Berlin. Damit begann meine akademische Laufbahn. Blicke ich auf diese fünfzehn Vorbereitungsjahre zurück, die durch den Krieg unterbrochen, aber auch bereichert wurden, so findet sich Material in Fülle für philosophische Betrachtungen. Doch möchte ich mich auf einige Bemerkungen über den Einfluß dieser Jahre auf meine eigene Entwicklung beschränken.

Sowohl in Königsberg wie in Berlin war ich Schüler eines humanistischen Gymnasiums. Ein Gymnasium entspricht einer amerikanischen höheren Schule plus zwei College-Jahren. Im allgemeinen verläßt man das Gymnasium mit achtzehn Jahren. Griechisch und Latein stehen im Mittelpunkt des Unterrichts. Aus meiner Liebe zur griechischen Sprache erwuchs meine Liebe zur griechischen Kultur und besonders zu den frühen griechischen Philosophen. Eine meiner mit größter Begeisterung vorbereiteten und am besten besuchten Vorlesungen hatte zum Hauptinhalt die vorsokratische Philosophie. Das Problem der humanistischen Erziehung liegt in ihrem Verhältnis zur religiösen Tradition, die nicht nur im eigentlichen Religionsunterricht, sondern auch in den Geschichts-, Kunst- und Literaturstunden implizit zum Ausdruck kommt. Während in den Vereinigten Staaten der Konflikt zwischen Religion und wissenschaftlichem Naturalismus zum entscheidenden geistigen Konflikt geworden ist, stehen in Europa die religiösen und humanistischen Traditionen schon seit der Renaissance in fortwährender Spannung zueinander, und zwar nicht nur in der naturwissenschaftlichen Weltbetrachtung. Am deutschen humanistischen Gymnasium erkannte man diese Spannung sehr deutlich. In etwa zehn wöchentlichen Unterrichtsstunden wurden wir acht Jahre lang in das klassische Altertum eingeführt. Mit der christlichen Überlieferung kamen wir zu Hause und in der Kirche, im Religionsunterricht in und außerhalb der Schule in direkte Berührung, durch Geschichte, Literatur und Philosophie in indirekte Berührung. Die erwähnte Spannung führte entweder zu einer Entscheidung in dieser oder jener Richtung oder zu einer allgemeinen Skepsis oder zu einer Bewußtseinsspaltung oder zu dem Versuch, den Konflikt schöpferisch zu überwinden. Der letzte Weg, der Weg der Synthese, wurde mein Weg. Er folgte den klassischen deutschen Philosophen von Kant bis Hegel und blieb die treibende Kraft in meiner ganzen theologischen Arbeit. Seine endgültige Form fand er in meiner „Systematischen Theologie".

Lange bevor ich als Student der Theologie immatrikuliert wurde, studierte ich privat Philosophie. Als ich zur Universität kam, kannte ich die Geschichte der Philosophie gut und Kant und Fichte gründlich. Es folgte das Studium von Schleiermacher, Hegel und vor allem von Schelling. Sowohl meine Doktor- wie meine Lizentiaten-Dissertation behandelten Schellings Religionsphilosophie. Diese Studien schienen mehr auf einen Philosophen als auf einen Theologen zu deuten. Sie ermöglichten es mir dann auch, an der Kulturwissenschaftlichen Abteilung der Technischen Hochschule Dresden wie an der Philosophischen Fakultät der Universität Leipzig Professor für Religionswissenschaften und Sozialphilosophie zu werden, ferner Professor für reine Philosophie in Frankfurt, Dozent an den Philosophischen Fakultäten in Columbia und Yale. Auch ermöglichten sie es mir, im Zusammenhang mit der religiös-sozialistischen Bewegung, Geschichtsphilosoph zu werden. Dennoch war und bin ich Theologe, denn für mein geistiges Leben war und ist die existentielle Frage nach dem, was uns unbedingt angeht, und die existentielle Antwort der christlichen Botschaft von höchster Bedeutung.

Die fünfzehn Jahre von 1904 bis 1919 haben in verschiedener Weise zu diesen Entscheidungen beigetragen. Meine Erlebnisse als Theologiestudent in Halle von 1905 bis 1907 waren völlig andere als die gleichzeitigen des Theologiestudenten Leverkühn in Thomas Manns „Doktor Faustus". Wir hörten Vorlesungen bei einer Anzahl bedeutender Theologen, mit denen wir auch in Seminaren und persönlichen Gesprächen diskutierten. Was wir vor allem lernten, war, daß die protestantische Theologie keineswegs veraltet sei, sondern, ohne ihre christliche Grundlage aufzugeben, streng wissenschaftliche Methoden, kritische Philosophie, ein realistisches Verständnis des Menschen und der Gesellschaft, sowie kraftvolle ethische Prinzipien und Motive enthalten könne. Gewiß fühlten wir, daß vieles von unseren Lehrern ungetan geblieben war und uns zu tun blieb, aber dieses Gefühl, das jede neue Generation hat, braucht die Dankbarkeit für das von den Vorgängern Empfangene nicht auszulöschen.

Auf unsere theologische Existenz wirkten noch andere starke Einflüsse. Einmal war es die Entdeckung Kierkegaards und die aufwühlende Begegnung mit seiner dialektischen Psychologie, ein Vorspiel dessen, was dann in den zwanziger Jahren geschah, in denen Theologen und Philosophen Kierkegaard zu ihrem Heiligen machten. Aber es war nur ein Vorspiel, denn noch herrschte der Geist des 19. Jahrhunderts, und wir hofften auf eine große Synthese zwischen Christentum und Humanismus. Dazu sollte uns die klassische deutsche Philosophie verhelfen. Eine Vorbereitung für das Kommende war für mich auch die Periode zwischen meinen Studien und dem Beginn des Ersten Weltkrieges, in der ich dem späten Schelling begegnete, besonders seiner sogenannten „positiven Philosophie". In ihr vollzog sich der entscheidende Bruch mit Hegel und der Anfang der Bewegung, die wir heute Existentialismus nennen. Als dieser nach dem Ersten Weltkrieg überall auftauchte, war ich offen für ihn und betrachtete ihn im Licht jenes allgemeinen Widerstandes gegen Hegels System der Versöhnung, der die Jahrzehnte nach Hegels Tod beherrscht hatte und der durch Kierkegaard, Marx und Nietzsche für die Entwicklung des zwanzigsten Jahrhunderts entscheidend wurde.

Doch ich muß noch einmal auf meine Studentenzeit zurückkommen. In diesen Jahren war das akademische Leben in Deutschland außerordentlich individualistisch. Für Studenten gab es noch keine Heime und für die Studentenschaft als solche nur wenige und unpersönliche Aufgaben. Das religiöse Leben war fast völlig getrennt vom Leben der Kirche, Studentenpfarrer waren noch nicht vorhanden, und man dachte auch nicht daran, solche anzustellen. Beziehungen zu den Professoren und deren Familien bestanden zwar vereinzelt, die meisten Studenten hatten sie aber nicht. Unter diesen Umständen war das Verbindungswesen in Deutschland von stärkerem Einfluß als in Amerika. Meine Zugehörigkeit zu einer solchen Verbindung mit christlichen Prinzipien war nicht nur ein sehr glückliches, sondern auch ein sehr bedeutsames Erlebnis. Erst nach dem Ersten Weltkrieg, als ich die politische und soziale Lage durchschaute, erkannte ich die ungeheuren Gefahren dieser akademischen Vorkriegsprivilegien. Und jetzt betrachte ich mit großer Sorge das Wiederaufleben der Verbindungen im Nach-Hitler-Deutschland. Aber während meiner Studentenzeit schenkte mir die Verbindung eine Gemeinschaft (die einzige außer der mit meiner Familie), in der man Freundschaft, geistigen Austausch auf hohem Niveau, beabsichtigte und unbeabsichtigte gegenseitige Erziehung, Lebensfreude und eine ernsthafte Einstellung zu den Problemen des allgemeinen und des christlichen Gemeinschaftslebens erfahren konnte. Ich frage mich, ob ich ohne diese Erfahrungen das Wesen der Kirche existentiell und theoretisch verstanden hätte.

3. Nachkriegsjahre

Als der Erste Weltkrieg begann, war meine Ausbildung vollendet. Wie meine ganze Generation wurde nun auch ich nach einer lediglich individualistischen und vorherrschend theoretischen Existenz durch das überwältigende Erlebnis einer die Nation umfassenden Gemeinschaft gepackt. Ich meldete mich freiwillig und wurde als Feldprediger eingestellt, eine Aufgabe, die ich von September 1914 bis September 1918 erfüllte. Schon nach den ersten Wochen war meine ursprüngliche Begeisterung vorüber. Nach wenigen Monaten war ich davon überzeugt, daß der Krieg unabsehbar lange dauern und ganz Europa vernichten würde. Überdies merkte ich, daß die Einigkeit der ersten Wochen eine Illusion und die Nation in Klassen zersplittert war. Ich erkannte, daß die Arbeiter die Kirche als bedingungslose Verbündete der herrschenden Gruppen ansahen. Gegen Kriegsende wurde diese Situation immer offenbarer. Sie rief die Revolution hervor, in der das imperialistische Deutschland zusammenbrach. Wie aus dieser Situation die Bewegung des religiösen Sozialismus erwuchs, ist oft beschrieben worden. Auch das vorliegende Buch[1] nimmt dazu Stellung, doch möchte ich noch einige Bemerkungen hinzufügen. Ich bejahte das soziale Element der Revolution schon vor 1918. Es war das Element, das bald nach Kriegsende unterdrückt wurde, und zwar durch die Einmischung der Sieger, durch die Schwäche der Sozialisten und durch die Notwendigkeit, mit Waffengewalt gegen die Kommunisten vorzugehen, ferner durch die Inflation und das Erstarken der reaktionären Kräfte in der Mitte der zwanziger Jahre. Meine Sympathie für die sozialen Probleme der deutschen Revolution hat ihre allerdings etwas mühsam aufzuzeigenden Wurzeln in meiner frühen Kindheit. Vielleicht war es das Blut meiner Großmutter in mir, die sich bewogen fühlte, während der Revolution von 1848 Barrikaden zu bauen. Vielleicht wirkten aber auch die Prophetenworte gegen die Ungerechtigkeit und die Worte Jesu gegen die Reichen, die mich tief beeindruckt hatten – Worte, die ich in früher Jugend auswendig gelernt hatte. Aber was auch die Ursache war, in jenen Jahren kam etwas in mir zum Ausbruch, was auch heute noch vorhanden ist, wenn auch gemischt mit Resignation und einer gewissen Bitterkeit über die Teilung der Welt in zwei allmächtige Gruppen, zwischen denen die Überreste eines demokratischen und religiösen Sozialismus zermalmt werden. Es war ein Fehler, daß der Herausgeber des *Christian Century* meinem Beitrag „Wie meine Einstellung sich

---

[1] *The Theology of Paul Tillich.* New York 1956.

in den letzten zehn Jahren geändert hat" den Titel gab: „Über den religiösen Sozialismus hinaus" *(Beyond Religious Socialism*[2]*).* Wenn die Botschaft der Propheten wahr ist, gibt es kein „Hinaus über den religiösen Sozialismus".

Hier muß ich noch eine Anmerkung hinsichtlich meiner Beziehung zu Karl Marx machen: Sie war immer dialektisch, verband also das Ja und das Nein. Ja sagte ich zu den prophetischen, humanistischen und realistischen Elementen in Marxens leidenschaftlichem Stil und tiefem Denken, Nein zu den kalt rechnenden, materialistischen und von Ressentiment diktierten Elementen in seinen Analysen, Streitschriften und seiner Propaganda. Wenn man Marx für alles verantwortlich machen würde, was Stalin und sein System bewirkt haben, wäre ein unzweideutiges Nein gegenüber Marx die notwendige Konsequenz. Wenn man die Umwälzung der sozialen Lage in vielen Ländern, die fortschreitende Entwicklung eines betonten Selbstbewußtseins innerhalb der Arbeitermassen, das Erwachen des sozialen Gewissens in den Kirchen, die allgemeine Anwendung der ökonomisch-sozialen Analyse auf die Geistesgeschichte bedenkt – alles Dinge, die auf den Einfluß von Karl Marx zurückgehen –, dann muß dem Nein ein Ja entgegengestellt werden. Obwohl eine solche Auffassung heute inopportun und sogar gefährlich ist, kann ich sie nicht unterdrücken, wie ich auch mein Ja zu Nietzsche nicht verschweigen konnte in einer Zeit, in der alles, was bei ihm ein Nein verdient, von den Nationalsozialisten gebraucht und mißbraucht wurde. Solange unser Denken autonom bleibt, muß unsere Beziehung zu den großen geschichtlichen Persönlichkeiten ein Ja und ein Nein sein. Das undialektische Nein ist ebenso primitiv und unproduktiv wie das undialektische Ja.

In den Jahren nach der Revolution wurde mein Leben intensiver und zugleich extensiver. Als Privatdozent der Theologie an der Universität Berlin (von 1919 bis 1924) hielt ich Vorlesungen, die die Beziehung der Religion zu Politik, Philosophie, Tiefenpsychologie und Soziologie behandelten. Meine Vorlesungen über die Philosophie, die Geschichte und die Struktur der Religion stellten eine „Theologie der Kultur" dar. Die Situation in Berlin war in diesen Jahren für einen solchen Versuch sehr günstig. Die politischen Probleme bestimmten unsere ganze Existenz, auch nach der Revolution und Inflation waren sie für uns eine Frage von Leben und Tod. Die soziale Struktur befand sich in einem Zustand der Auflösung. Die menschlichen Beziehungen – Autorität, Erziehung, Familie, Sexus,

---

[2] In: *Christian Century.* Jg. 66, No. 24. 1949.

Freundschaft und Vergnügen – befanden sich in einem schöpferischen Chaos. Die revolutionäre Kunst trat immer mehr in den Vordergrund, von der Republik unterstützt, von der Mehrheit des Volkes angegriffen. Psychoanalytische Ideen breiteten sich aus und hoben Wirklichkeiten ins Bewußtsein, die von früheren Generationen sorgsam unterdrückt worden waren. Die Teilnahme an dieser Entwicklung schuf mannigfaltige Probleme, Konflikte, Befürchtungen, Erwartungen, Ekstasen und Zweifel, sowohl praktisch wie theoretisch. Zugleich ergab sich daraus Material für eine apologetische Theologie.

Es war ein Glück, daß nach fast fünf Jahren in Berlin mein freundschaftlicher Berater, der Kultusminister Karl Heinrich Becker, mich gegen meinen Willen zur Übernahme einer theologischen Professur in Marburg drängte. Während meiner dreisemestrigen Vorlesungszeit dort erlebte ich die ersten radikalen Auswirkungen der neuen Orthodoxie auf die Theologiestudenten: das theologische Denken befaßte sich nicht mehr mit kulturellen Problemen. Theologen wie Schleiermacher, Harnack, Troeltsch, Otto wurden verachtet und verworfen, soziale und politische Gedanken aus der theologischen Diskussion verbannt. Der Gegensatz zu meinen Berliner Erlebnissen war überwältigend, zuerst deprimierend, dann anfeuernd – ein neuer Weg mußte gefunden werden. Damals begann ich in Marburg – es war 1925 – die Arbeit an meiner „Systematischen Theologie“, deren erster Band 1951 erschienen ist. Zur gleichen Zeit war Heidegger Professor der Philosophie in Marburg und beeinflußte eine Reihe der besten Studenten. In ihm begegnete ich dem Existentialismus in der Ausprägung des 20. Jahrhunderts. Erst nach Jahren wurde mir der Einfluß dieser Begegnung auf mein eigenes Denken voll bewußt. Ich widerstrebte, ich versuchte zu bejahen, ich übernahm die neue Denkmethode, weniger ihre Ergebnisse.

1925 wurde ich nach Dresden berufen und bald darauf auch nach Leipzig. Eine Berufung an die Theologische Fakultät Gießen lehnte ich ab und ging nach Dresden wegen der räumlichen und kulturellen Weite der großen Stadt. Dresden war ein Mittelpunkt der bildenden Kunst. Malerei, Architektur, Tanz, Oper – mit allem kam ich in nahe Berührung. Als ich 1929 einen Ruf als Philosophieprofessor an der Universität Frankfurt annahm, änderte sich die kulturelle Situation für mich kaum. Frankfurt war die modernste und liberalste Universität, aber sie hatte keine Theologische Fakultät. So ergab es sich, daß meine Vorlesungen sich auf der Grenze zwischen Theologie und Philosophie bewegten und daß ich versuchte, die Philosophie für die zahlreichen Studenten, die philosophische Vorlesungen hören mußten, existenzbezogen zu machen. Das alles in Zusammenhang mit vielen öffentlichen Vorträgen und Reden in ganz Deutschland brachte mich schon lange vor 1933 in Konflikt mit der immer stärker werdenden nationalsozialistischen Bewegung. Unmittelbar nachdem Hitler deutscher Kanzler geworden war, wurde ich meines Amtes enthoben. Ende 1933 verließ ich mit meiner Familie Deutschland und ging nach Amerika.

Alle meine deutschen Bücher und Artikel, bis auf einige Jugendwerke, sind zwischen 1919 und 1933 geschrieben. Der wesentliche Teil meiner literarischen Arbeit besteht aus Essays. Drei meiner Bücher: „Religiöse Verwirklichung", *The Interpretation of History* und „Der Protestantismus" sind Sammlungen von Aufsätzen, die aus Artikeln und Reden entstanden. Das ist kein Zufall. Ich schrieb oder sprach, wenn ich dazu aufgefordert wurde, und man wird häufiger gebeten, Artikel zu schreiben als Bücher. Hier spielte auch noch etwas anderes mit: Reden und Essays können wie Bohrer sein, mit denen man in unberührtes Gestein eindringt. Sie versuchen, zunächst Breschen zu schlagen, manchmal erfolgreich, manchmal vergebens. Bei meinen Versuchen, alle kulturellen Gebiete auf den religiösen Mittelpunkt zu beziehen, mußte ich diese Methode anwenden. Dadurch ergaben sich immer neue Entdeckungen – neu jedenfalls für mich – und, wie man an der Reaktion erkennen konnte, waren sie auch für andere nicht ganz selbstverständlich. Essays wie die „Über die Idee einer Theologie der Kultur"[3], „Die Überwindung des Religionsbegriffs in der Religionsphilosophie"[4], „Das Dämonische"[5], „Kairos"[6], „Gläubiger Realismus"[7], „Protestantisches Prinzip und proletarische Situation"[8], „Protestantische Gestaltung"[9] waren entscheidende Stationen auf dem Wege meines Denkens. Das gleiche gilt für die in Amerika geschriebenen Essays: „Ende der protestantischen Ära"[10], „Existenzphilosophie"[11], „Religion und Kultur"[12]. Dazu gehörten auch die *„Terry lectures"*, die ich im Oktober 1950 in Yale unter dem Titel „Der Mut zum Sein"[13] hielt. Diese Arbeitsmethode hat – wie schon erwähnt – ihre Vorteile,

---

[3] Ges. Werke. Bd. 9.
[4] Ges. Werke. Bd. 1.
[5] Ges. Werke. Bd. 6.
[6] Ges. Werke. Bd. 6.
[7] Ges. Werke. Bd. 4.
[8] Ges. Werke. Bd. 7.
[9] Ges. Werke. Bd. 7.
[10] Ges. Werke. Bd. 7.
[11] Ges. Werke. Bd. 4.
[12] Ges. Werke. Bd. 9.
[13] Ges. Werke. Bd. 11.

sie hat aber auch ihre Nachteile. Selbst in einem organisch angelegten Werk wie meiner „Systematischen Theologie“ findet sich ein gewisser Mangel an Konsistenz und an Genauigkeit in der Terminologie; verschiedene, manchmal einander entgegengesetzte Gedankengänge zeigen ihren Einfluß, und Begriffe und Argumente sind vorausgesetzt, die in anderen Werken behandelt worden sind.

Der erste Band der „Systematischen Theologie“ ist „meinen Studenten in Amerika und Deutschland“ gewidmet. Der „Protestantismus“[14] hätte „meinen Lesern und Hörern in Amerika und Deutschland“ gewidmet sein können, d. h. dem großen nichtstudentischen Publikum, an das sich meine Artikel, Reden und Predigten richteten. Beim Rückblick auf mehr als 40 Jahre öffentlicher Redetätigkeit muß ich gestehen, daß sie mir von der ersten bis zur letzten Rede die größte Angst und das größte Glück verursacht hat. Immer bin ich voll Furcht und Zittern auf das Katheder oder die Kanzel gestiegen, aber der Kontakt mit den Hörern schenkt mir jedesmal ein überwältigendes Gefühl der Freude – Freude schöpferischer Gemeinschaft, des Gebens und Nehmens, selbst wenn die Hörer nicht zu Worte kommen. Aber wenn sie in Fragestunden oder Diskussionen reden, so empfange ich aus diesem wechselseitigen Geben und Nehmen die stärksten Inspirationen. Frage und Antwort, Ja und Nein einer Diskussion, diese Grundform alles Dialektischen, ist die meinem Denken angemessenste Form. Aber sie hat noch eine weitere Bedeutung: das gesprochene Wort wirkt nicht nur durch seinen Sinn, sondern auch durch den unmittelbaren Eindruck der hinter diesen Worten stehenden Persönlichkeit. Dabei gerät man allerdings in die Versuchung, das Wort zu bloßer Überredung zu mißbrauchen. Aber es kann auch zum Segen werden, dann nämlich, wenn es mit dem übereinstimmt, was man als „existentielle Wahrheit“ bezeichnen könnte, d. h. mit einer Wahrheit, die unmittelbarer Ausdruck einer Erfahrung ist. Das gilt nicht für rein objektive Aussagen, die in das Gebiet des „beherrschenden Erkennens“ gehören, sondern für Aussagen, die uns in unserer reinen Existenz angehen, und besonders für theologische Aussagen, die sich mit dem befassen, was uns unbedingt angeht. Daher ist die schwierigste Aufgabe für einen systematischen Theologen, ein System existentieller Wahrheit zu schaffen. Aber es ist eine Aufgabe, die jede Generation neu auf sich nehmen muß, trotz der Gefahr, daß entweder das existentielle Element die systematische Folgerichtigkeit vernichtet oder daß das systematische Element das existentielle Leben des Systems erstickt.

---

[14] Stuttgart 1950.

4. Amerikanische Jahre

Mit 47 Jahren in den Vereinigten Staaten ein neues Leben anzufangen, ohne die geringste Kenntnis der englischen Sprache zu haben, war recht schwierig. Ohne die Hilfe der Kollegen und Studenten am *Union Theological Seminary* wäre dieser Beginn für mich wohl übel verlaufen. Über 18 Jahre habe ich dort Vorlesungen gehalten und werde in zwei Jahren das Ruhestandsalter erreichen. Darum möchte ich bei dieser Gelegenheit sagen, was das *Union Seminary* für mich bedeutet hat.

In erster Linie bot es mir Obdach, als meine Arbeit und meine Existenz in Deutschland zu Ende gegangen waren. Die Tatsache, daß ich kurz nach meiner Entlassung durch die Nationalsozialisten von Reinhold Niebuhr, der zufällig in jenem Sommer in Deutschland war, aufgefordert wurde, an das *Union Seminary* zu kommen, bewahrte mich davor, Emigrant im üblichen Sinne zu werden. Am 4. November 1933 kam ich mit meiner Familie in New York an. Am Hafen empfing uns Professor Horace Friess von der Philosophischen Fakultät der Columbia-Universität, der mich, als ich noch in Deutschland war, aufgefordert hatte, eine Vorlesung in seiner Fakultät zu halten. Ich habe immer in naher Beziehung zu den Philosophen der Columbia-Universität gestanden, und das dialektische Gespräch über den Broadway hinüber (die Straße, die „Columbia“ und *Union* trennt) hat nie aufgehört, sondern sich zu einer intensiven Zusammenarbeit entwickelt. Das *Union* jedoch nahm mich zunächst als ausländischen Gast, dann als Gastprofessor auf. Allmählich gehörte ich zur Gemeinschaft und wurde schließlich ordentlicher Professor. Das *Union Seminary* war nicht nur darum eine Zuflucht, weil es mir Stellung und Wohnung bot, sondern auch durch die Lebens- und Arbeitsgemeinschaft, die es gewährte. Es ist eine eng verbundene Gemeinschaft von Professoren und ihren Familien, Studenten, oft ebenfalls mit ihren Familien, und den Mitarbeitern. Die Mitglieder dieser Gemeinschaft treffen sich dauernd in Fahrstühlen und Gängen, bei Vorlesungen, in Gottesdiensten und bei gesellschaftlichen Veranstaltungen. Die Probleme wie die Vorteile solcher Gemeinschaft liegen auf der Hand. Für unser Einleben in die amerikanischen Verhältnisse war das alles von unschätzbarem Wert, und für mich war es auch bedeutsam als Gegengewicht gegen den extremen Individualismus der akademischen Existenz in Deutschland.

Übrigens ist das *Union Seminary* keine isolierte Gemeinschaft. Wenn New York die Brücke zwischen den Kontinenten ist, so ist das *Union Seminary* diese Brücke für die Kirchen der Welt. Ein dauernder Strom von Besuchern aus allen Ländern und Rassen flutet durch unsere Häuser. Es ist fast unmöglich, in einem solchen Rahmen Provinzler zu bleiben. Darum bin ich besonders dankbar für die weltweite theologische, kulturelle und politische Sicht, die ich mir hier erwarb. Die Zusammenarbeit der Fakultät war vollkommen. Während meiner siebzehnjährigen Tätigkeit am *Union Seminary* habe ich mit meinen amerikanischen Kollegen keine einzige unangenehme Erfahrung gemacht. Ich bedaure nur, daß mir durch eine überwältigende Arbeitslast die Freude an einem regelmäßigen und ausgedehnten theologischen Gedankenaustausch versagt blieb. Die Arbeit am *Union* ist in erster Linie eine Arbeit mit Studenten. Sie kommen aus dem ganzen Kontinent, einschließlich Kanada. Sie sind sorgfältig ausgesucht, und ihre Zahl wird durch Austauschstudenten aus der übrigen Welt noch vergrößert. Vom ersten Tage an liebte ich sie wegen der menschlichen Haltung gegenüber jedermann – auch mir gegenüber. Ich liebte ihre Offenheit für alle Gedanken, auch für die ihnen fremden, und sicher waren meine Gedanken ihnen fremd. Ich liebte ihren Ernst in Studium und Selbsterziehung, trotz der manchmal verwirrenden Situation, in der sie sich an einem Ort wie dem *Union Seminary* befanden. Ihr Mangel an sprachlichen und historischen Voraussetzungen verursachte ihnen gewisse Schwierigkeiten, die aber durch viele positive Eigenschaften mehr als ausgeglichen wurden. Das *Union Seminary* ist nicht nur eine Brücke zwischen den Kontinenten, sondern zugleich ein Mittelpunkt amerikanischen Lebens. Daher wird jeder, der zur Fakultät gehört, bei zahllosen Anlässen in New York und im übrigen Land herangezogen und das umsomehr, je länger er in der Fakultät ist. Trotz der großen Vorteile, die man aus solchen Kontakten mit dem Leben eines Kontinents gewinnen kann, wird die wissenschaftliche Arbeit natürlich zeitlich und leistungsmäßig reduziert. Das *Union Seminary* gibt allen Mitgliedern Gelegenheit zum gemeinsamen Gottesdienst. Für mich war das ein neues und sehr bedeutsames Erlebnis. Diese Gemeinsamkeit gibt den Fakultäten die Möglichkeit, ihr theologisches Gedankengut für das religiöse Leben ihrer eigenen Mitglieder, sowie für das der Kirche überhaupt, nutzbar zu machen. Und auch die Studenten erfahren diese Beziehung zwischen Denken und Leben und lernen, das eine im Licht des anderen zu beurteilen. Mir erwuchs daraus die Pflicht, meine Gedanken sowohl in Meditationen und Predigten wie auch in den abstrakten theologischen Begriffen der Vorlesungen und Abhandlungen zum Ausdruck zu bringen. Das erhöht meine Dankbarkeit gegenüber dem *Union Seminary.*

Im Zusammenhang damit trat ich auch zu anderen wichtigen Kreisen und Institutionen in Beziehung. Gleich nach meiner Ankunft wurde ich in die *Theological Discussion Group* und in die *American Theological Society* aufgenommen. Ich möchte auch den Mitgliedern dieser Gruppen für alles, was die fortgesetzte Diskussion mit ihnen für mich bedeutet hat und noch bedeutet, meinen Dank sagen. So lernte ich die amerikanische Theologie kennen auf dem Weg des Dialogs, dem wahrhaft dialektischen Wege. Nach mehreren Jahren wurde ich gebeten, in den *Philosophy Club* einzutreten, dessen monatliche Zusammenkünfte ich fast nie versäumte. Durch sie erhielt ich eine dialektische Einführung in das amerikanische philosophische Leben in seiner Mannigfaltigkeit und Intensität. Ganze Semester, Sommer-Semester und sogar ganzjährige Vorlesungen an verschiedenen Universitäten und Fakultäten verschafften mir neue persönliche und wissenschaftliche Beziehungen zum amerikanischen Leben und Denken. Durch meine Mitarbeit in der Abteilung für Flüchtlinge im *Federal Council of Churches,* durch die Teilnahme an der ökumenischen Konferenz in Oxford und an Aussprachen und Diskussionen bei verschiedensten religiösen Zusammenkünften, durch regelmäßiges Predigen, Mitarbeit in kirchlichen Komitees, bei apologetischen Kursen und ähnlichen Veranstaltungen gewann ich intensive Verbindung zum Leben der Kirche innerhalb und außerhalb der Grenzen Amerikas.

Aus äußeren und praktischen Gründen war es mir unmöglich, Beziehungen zu Künstlern, Dichtern und Schriftstellern zu pflegen wie früher in Deutschland. In ständigem Kontakt aber stand ich mit der Tiefenpsychologie und vielen ihrer Vertreter, besonders während der letzten zehn Jahre. Das Problem der Beziehung zwischen theologischem und psychotherapeutischem Verständnis des Menschen ist mehr und mehr in den Vordergrund meines Interesses getreten, teils durch ein Universitätsseminar über Religion und Gesundheit an der Columbia-Universität, teils durch das große praktische und theoretische Interesse, das die Tiefenpsychologie im *Union Seminary* gefunden hat, teils durch persönliche Freundschaft mit älteren und jüngeren Analytikern und Beratern. Ich glaube nicht, daß es heute möglich ist, eine christliche Lehre vom Menschen zu entwickeln und besonders eine verbindliche christliche Lehre vom christlichen Menschen, ohne das ungeheure Material zu benutzen, das die Tiefenpsychologie ans Licht gebracht hat.

Die politischen Interessen meiner deutschen Nachkriegsjahre blieben auch in Amerika bestehen. Sie fanden ihren Ausdruck in meiner Beteiligung an der amerikanischen religiös-sozialistischen Bewegung, in der jahrelangen aktiven Beziehung zu der *Graduate Faculty of Political Sciences* in der *New School for Social Research,* New York, durch meinen Vorsitz im *Council for a Democratic Germany* während des Krieges und in vielen religiös-politischen Ansprachen, die ich hielt. Trotz einiger unvermeidlicher Enttäuschungen, besonders mit dem *Council,* blieb die Politik ein wesentlicher Faktor meines theologischen und philosophischen Denkens und wird es immer bleiben. Nach dem Zweiten Weltkrieg empfand ich mehr die tragischen als die aktivierenden Elemente unserer historischen Existenz und verlor die Begeisterung für die aktive Politik und den Kontakt mit ihr.

Emigration im Alter von 47 Jahren bedeutet die Zugehörigkeit zu zwei Welten: zur alten wie zur neuen, nachdem diese einen völlig aufgenommen hat. Die Verbindung mit der alten Welt konnte ich auf verschiedene Weise aufrecht erhalten, vor allem durch die ständige Verbindung mit den Freunden, die wie ich Deutschland als Emigranten verlassen hatten, deren Hilfe, Kritik, Ermutigung und unveränderte Freundschaft alles leichter machte. Und doch wurde eines dadurch schwieriger: die Anpassung an die neue Welt. Allerdings haben viele amerikanische Freunde meine Überzeugung bestätigt, daß die neue Welt vom Emigranten nicht eine allzu schnelle Anpassung, sondern eher die Erhaltung der kulturellen Werte seiner alten Heimat und ihre Übertragung in die Begriffswelt der neuen Kultur erwartet. Noch auf andere Weise wurde der Kontakt mit der alten Welt erhalten, durch meinen Vorsitz in der *Self-Help for Emigrees from Central Europe,* einer Organisation von Emigranten für Emigranten, die jährlich Tausende von Neuankömmlingen, meistens Juden, mit Rat und Tat unterstützte. Ich leitete die *Self-Help* mehr als 15 Jahre. Diese Tätigkeit brachte mich in Verbindung mit vielen Menschen aus der alten Welt, denen ich sonst nicht begegnet wäre, und sie öffnete mir den Blick für die Tiefen menschlicher Ängste und menschlichen Elends, aber auch für die Größe menschlichen Mutes und menschlicher Frömmigkeit, die uns im allgemeinen verborgen bleiben. Gleichzeitig lernte ich das Alltagsleben der Amerikaner dadurch kennen, zu dem ich sonst durch meine akademische Laufbahn wenig Zugang gehabt hätte.

Ein dritter Kontakt mit der alten Welt erwuchs mir durch meine Verbindung mit dem *Council for a Democratic Germany.* Lange bevor die Ost-West-Spaltung zur weltbewegenden Wirklichkeit geworden war, war sie mit ihren vielen tragischen Folgen im *Council* schon spürbar. An der gegenwärtigen politischen Situation in Deutschland, im Gegensatz zu der geistigen, hat sich in dieser Beziehung nichts geändert. Ich sehe sie in ihrer ganzen Tragik als eine Situation, in der das Freiheitselement so tief wie das Schicksalselement wirkt wie in jeder echten Tragödie. Dieser Eindruck wurde bei meinen Reisen nach

Deutschland nach dem Zweiten Weltkrieg voll und ganz bestätigt. An verschiedenen deutschen Universitäten hielt ich Vorlesungen, 1948 vor allem in Marburg und Frankfurt, 1951 vorwiegend an der Freien Universität Berlin. Bei diesen Besuchen hatte ich viele Eindrücke, von denen ich nur die erwähnen möchte, die für die geistige Lage Deutschlands bezeichnend sind. Man ist dort für die in diesem Buch erörterten Ideen erstaunlich offen. Ein Zeichen hierfür ist der Eifer, mit dem meine englischen Bücher jetzt in Deutschland übersetzt und veröffentlicht werden. Eine schönere Art der Rückkehr nach Deutschland könnte ich mir nicht wünschen, und ich bin sehr glücklich darüber.

Aber trotz dieser ständigen Kontakte mit der alten Welt hält die neue Welt mit ihrer unwiderstehlichen Kraft der Assimilation und ihrem schöpferischen Mut mich fest. Es gibt keine Autorität in der Familie, das lehrten mich meine Kinder in manchmal recht schwierigen Lektionen. Es gibt keine Autorität in der Schule, das lehrten mich meine Studenten in manchmal amüsanten Lektionen. Es gibt keine Autorität in der Verwaltung, das lehrte mich die Polizei in manchmal wohlwollenden Lektionen. Es gibt keine Autorität in der Politik, das lehrten mich die Wahlen in manchmal überraschenden Lektionen. Es gibt keine Autorität in der Religion, das lehrten mich die Sekten, manchmal durch das Vorhandensein von einem Dutzend Kirchen in einem kleinen Ort. Der Kampf gegen den Großinquisitor erübrigte sich, wenigstens vor Beginn der zweiten Hälfte dieses Jahrhunderts.

Aber ich muß auch den amerikanischen Mut zum Fortschritt anerkennen, die Bereitschaft, Fehlschläge in Kauf zu nehmen, nach einer Niederlage wieder anzufangen, auf wissenschaftlichem und praktischem Gebiet Neues zu experimentieren, der Zukunft gegenüber offen zu sein und an der schöpferischen Entwicklung von Natur und Geschichte teilzunehmen. Ich sehe auch die Gefahren dieses Mutes – alte und neue – und ich bekenne, daß manche der neuen Gefahren mir ernsteste Sorgen machen. Ich erkenne nämlich, daß Elemente der Angst in diesen Mut eingebrochen sind und daß existentielle Probleme die jüngere Generation dieses Landes durchsetzt haben. Obwohl diese Tatsache eine ganz neue Gefahr ist, so bedeutet sie doch zugleich ein Geöffnetsein für die Grundfrage menschlicher Existenz: „Was bin ich?“, für die Frage, die Theologie und Philosophie zu beantworten versuchen.

Im Rückblick auf ein langes Leben theologischen und philosophischen Denkens frage ich mich, wie es mit der Welt unserer Vorväter verglichen werden könnte. Weder ich selbst noch irgendjemand sonst kann diese Frage heute beantworten. Doch eins ist den meisten meiner Generation klar: Wir sind keine Gelehrten im Sinne unserer Lehrer vom Ende des 19. Jahrhunderts. Wir wurden in einer Weise in die Geschichte gestoßen, die uns ihre Analyse und die ihrer Inhalte sehr schwierig macht. Vielleicht haben wir dadurch den Vorteil, der Realität näher zu sein als unsere Väter. Vielleicht wollen wir damit aber nur unsere Unzulänglichkeit motivieren. Wie dem auch sei, meine Arbeit, obwohl sie, menschlich gesprochen, noch nicht beendet ist, ist dem Ziel nahe. Ihre Grenzen zeigt die in diesem Buch enthaltene Kritik. Aber daß meine Arbeit einer solchen Kritik für würdig befunden wurde, ist Ehre und Freude zugleich und Grund zu tiefer Dankbarkeit allen denen gegenüber, die im Geist wissenschaftlicher Kritik und persönlicher Freundschaft an diesem Buche mitgearbeitet haben.

II

DIE DEUTSCHE ZEIT

(1886–1933)

A. Aufsätze und Reden

DIE STAATSLEHRE AUGUSTINS NACH DE CIVITATE DEI

(1925)

Wir wollen unser Thema so behandeln, daß wir erstens den Rahmen kennen lernen, in den die Gedanken Augustins über den Staat gespannt sind, daß wir zweitens diese Gedanken selbst untersuchen und dabei besonders das Verhältnis von Staat und Kirche berücksichtigen und daß wir zum Schluß kurz die geistesgeschichtliche Bedeutung dieser Gedanken würdigen.

1. Der Rahmen: Gottesreich und Weltreich

Augustins größtes Werk, seine Schrift *„De civitate Dei"* enthält auch diejenigen Bestimmungen über den Staat und sein Verhältnis zur Kirche, die geschichtlich am wirksamsten geworden sind. So notwendig es darum ist, für eine allgemeine Darstellung der Staatslehre Augustins auch auf seine übrigen Schriften Rücksicht zu nehmen, so berechtigt ist es, vom Gesichtspunkt der historischen Wirksamkeit aus, sich auf die Schrift über den Gottesstaat zu beschränken. Diese Schrift selbst aber gehört in den übergreifenden Zusammenhang der altchristlichen Apologetik. Sie ist ihr Höhepunkt und Abschluß. Sie entstammt einem ganz konkreten Anlaß: der Eroberung Roms durch Alarich und den Vorwürfen des damals noch starken Heidentums gegen die Christen, daß sie an dem Untergang des römischen Reiches schuld wären. Der apologetische Charakter des Werkes fordert nun, von dem Wesen der Apologetik überhaupt auszugehen. Nur von dort aus ist es möglich, zu dem Kern der Augustinischen Gedanken vorzudringen. Auch seine Aussagen über Staat und Kirche erhalten von hier aus ihr volles Licht.

Apologetik heißt Verteidigung, Verantwortung. Sie setzt voraus, daß ein Gegner da ist, zugleich aber auch, daß ein gemeinsames Forum da ist, dem Anklage und Verteidigung unterbreitet werden und dessen Entscheidung beide Seiten anerkennen. Das Gewohnte, Selbstverständliche bedarf nicht der Verteidigung; denn es wird nicht zur Verantwortung gezogen. Wohl aber das Neue, Unerwartete, die Schöpfung, der Durchbruch auf jedem Gebiet. Die Art der Apologetik ist darum notwendig folgende: Der gemeinsame Bewußtseinsbestand wird als das

Forum betrachtet, vor dem man sich verantwortet, dessen Entscheidung man anerkennt. Es wird gezeigt, daß die eigentliche Intention, der tiefste Gehalt des gegebenen Bewußtseinsbestandes in der neuen Schöpfung zur Erfüllung gekommen ist. In diesem Sinne ist das Wort Jesu, daß er nicht gekommen sei aufzulösen, sondern zu erfüllen, geradezu das Motto jeder Apologetik. In diesem Sinne hat alle Apologetik einen konservativen Zug. Auch die radikalste Revolution im geistigen oder gesellschaftlichen Leben wird in dem Augenblick konservativ, wo sie aufweist, daß sie die notwendige Folge und Erfüllung des Vergangenen ist. Insofern ist es eine Verkehrung und Entwürdigung der Apologetik, wenn sie im letzten Jahrhundert zur Verteidigerin des Alten und Veralteten gegenüber den neuen Strömungen und Schöpfungen des Geistes wurde. Die völlige Erfolg- und Bedeutungslosigkeit dieser Art von Apologetik liegt nicht im Wesen der Apologetik, sondern in ihrem Mißbrauch.

Art und Richtung der echten Apologetik ist gegeben durch den gemeinsamen Geistbestand, aus dem heraus argumentiert wird. Das war für Jesus, die Urgemeinde und auch Paulus das Alte Testament in spätjüdischer Auffassung. Es war für Paulus und Johannes zum Teil, für die heidenchristlichen Theologen durchaus die religiös-philosophische Gesamtanschauung der Spätantike. In allen Fällen verläuft die Apologetik so, daß gezeigt wird: In dem gemeinsam anerkannten Bewußtseinsbestand sind Elemente vorhanden, die in den alten Formen nicht nur unerfüllt bleiben, sondern in ihr Gegenteil verkehrt werden, während die neue Schöpfung die Erfüllung bringt. In jeder Apologetik ist ein Ja und ein Nein zum Alten enthalten. Es wird benutzt, aber so, daß es zugleich verneint und durchbrochen wird. Aufnahme zugleich und Durchbrechung des Gegebenen, das ist die Grundgestalt der Apologetik.

Nun aber ist die Grundgestalt der Apologetik zugleich die Grundgestalt der altchristlichen Theologie. Sie tritt auf als Verantwortung vor dem gemeinsamen Bewußtseinsbestand, nicht nur nach außen gegen irgendeinen Gegner, sondern auch nach innen dem eigenen Bewußtsein gegenüber. Denn auch dieses ist nicht wie durch einen Zauber verwandelt. Es ist nicht zerbrochen, sondern es ist durchbrochen. Theologie aber ist Aufweis der Durchbruchsstellen und der Notlage des autonomen Bewußtseins, auf die der Durchbruch die Antwort ist. So hat die ganze altchristliche Theologie dieses doppelte apologetische Merkmal: Aufnahme und zugleich Durchbruch der spätantiken Geisteslage zu sein.

Dreifach ist der Angriff der Apologetik auf das zeitgenössische Heidentum. Er richtet sich gegen die theoretische Sphäre, die heidnische Philosophie, gegen die praktische Sphäre, das heidnische Ethos, und gegen die religiöse Wurzel beider, die heidnische Frömmigkeit. Die Kraft dieses Angriffes aber liegt darin, daß er sich auf etwas beruft, das von den Angegriffenen anerkannt wird. So ergeben sich eigentümliche Doppelurteile: Der griechischen Philosophie wird vorgeworfen, daß es ihr nicht gelungen sei, die Wahrheit zu finden; die Philosophen seien untereinander zwiespältig; die Folge sei das Versinken in den radikalen Zweifel. Außerdem sei die philosophische Erkenntnis nur wenigen zugänglich; die Folge sei eine allgemeine Wahrheitsferne. Das Christentum dagegen habe die Wahrheit gebracht und habe sie für alle gebracht. Auch das alte Mütterchen sei von ihrem vollen Besitz nicht ausgeschlossen.

Dieses Urteil wird nun deutlich gemacht durch den positivsten der spätantiken Gedanken, die stoische Lehre vom *logos*. Während aber die *Logos*lehre in ihrem unmittelbaren Sinn ganz abstrakt und allgemeingültig ist und jedem die Möglichkeit gibt, an der Weltvernunft teilzuhaben, wird sie von der Apologetik charakteristisch durchbrochen und konkret gewendet: Christus ist der *logos*. Und das ist der Satz, mit dem das Christentum sich in den Formen des damaligen Denkens vor sich selbst und vor den anderen verantwortet.

Ich kann mich dem Urteil nicht anschließen, daß dieser Satz und die sich auf ihn gründende *Logos*christologie schon an und für sich eine Verweltlichung des Christentums bedeutet. Nur da ist Verweltlichung, wo das Nein zur philosophischen *Logos*lehre über dem Ja vergessen wird, wo die absolute Konkretheit verloren geht. Daß dieses nicht geschah, war der Sinn des Riesenkampfes der christlichen Kirche um das Dogma. Wäre der Satz an sich schon Verweltlichung, so wäre auch der paulinische Gedanke Verweltlichung, daß Christus des Gesetzes Erfüllung und Ende zugleich sei. Und beides liegt nicht so weit von einander. Die Identität von Gesetz Mosis und stoischem Vernunftgesetz ist früh erkannt worden.

Die Vorwürfe, die von der Apologetik dem Heidentum auf praktischem Gebiet gemacht wurden, waren mannigfaltig und heftig. Sie gruppieren sich im ganzen um die beiden Grundkräfte der menschlichen Natur: *eros* und Machtwille. Wie es der griechischen Philosophie nicht möglich war, die Wahrheit zu finden, so der heidnischen Gesellschaft nicht, Gerechtigkeit zu verwirklichen. Die völlige Naturalisierung des Sexuellen auf der einen Seite mit Einschluß aller sonstigen Üppigkeit und Zuchtlosigkeit, der reine naturalistische Machtwille auf der anderen Seite mit all seiner Brutalität, das sind die Einsatzpunkte des christlichen Angriffs. Aber auch hier ist der Angriff getragen von dem Bewußtsein einer gemeinsamen Position. Der stoische Gedanke des göttlichen Natur- oder Vernunftgesetzes, eben des *logos,* der in allem persönlichen und sozialen Ethos wirksam ist, wird aufgenommen. Es wird anerkannt, daß Sitte und Gerechtigkeit ihm entstammen. Wieder aber findet sich die apologetische Durchbrechung, daß die Gemeinde Christi als das konkret gewordene Vernunftgesetz verwirklicht, wozu die Gesellschaft in ihrer Zerspaltenheit und Abstraktheit unfähig ist; Friede etwa ist nach Augustin Naturordnung. Ihm dienen innere Ordnungen, Familienordnung, Staatsordnung. Aber in der wirklichen Lage ist dieses alles unerfüllt. Erfüllt ist es allein in der Gemeinde. Die Naturordnung, der allgemeine *logos* wird nicht aufgehoben, aber er wird durchbrochen von seiner konkreten Erfüllung. Auf ihn fällt das gleiche Ja und Nein wie auf das Vernunftgesetz des Erkennens. Und auch hier kann nicht von Verweltlichung gesprochen werden, solange das Nein aufrechterhalten bleibt.

Der dritte und entscheidende Angriffspunkt aber ist der religiöse. Er richtet sich gegen den Polytheismus, nicht in erster Linie, um gegen die Vielheit der Götter zu protestieren, sondern um den Charakter der heidnischen Götter anzugreifen. Sie sind Dämonen, und in diesem Vorwurf der dämonischen Besessenheit konzentriert sich der Kampf der Apologetik, und in dem Urteil, daß das Christentum von den Dämonen befreit habe, wird seine entscheidende Tat gesehen. Von hier aus wird dann auch die theoretische und praktische Sphäre religiös gewertet. Die Unfähigkeit zur Wahrheit und zur Gerechtigkeit ist Werk der Dämonen; das menschliche Denken und Handeln gehorcht nicht dem Vernunftgesetz, weil es Gott nicht gehorcht, sondern es verkehrt das Gesetz in sein Gegenteil, weil es den *amor sui* an die Stelle des *amor Dei* stellt. Eben darin aber zeigt sich der dämonische Charakter der heidnischen Götter.

Daß ihr Kult in untrennbarem Zusammenhang steht mit Vorstellungen, die der Wahrheit, mit Handlungen, die der Gerechtigkeit widersprechen, das ist das Zeichen ihres gegengöttlichen Charakters. Daß der wüsteste Unsinn, die größte Schamlosigkeit, die schlimmste Grausamkeit in ihren Kulten Heiligkeitscharakter bekommen, das ist ihre Dämonie. Wohl ist es ein willkommenes Hilfsmittel der Apologetik, daß der Kampf gegen diese Dinge auch von der griechischen Philosophie und Ethik, insonderheit vom Platonismus, sowie vom altrömischen Staat aufgenommen war. Aber dieser Kampf blieb erfolglos, und das eben ist die negative Voraussetzung für die rettende Kraft des Christentums. An diesem Punkte gibt es also kein Ja und Nein, sondern nur ein Nein. Das Göttliche und das Dämonische stehen sich radikal gegenüber, während Philosophie und Sittlichkeit, die Gebiete des Natur- und Vernunftgesetzes unter einem Nein und Ja stehen. Sie liegen dazwischen, sind an sich gottgegeben, können aber ebensogut in den Dienst des Dämonischen wie in den Dienst des Göttlichen gestellt werden.

Damit ist der Ausgangspunkt des Augustinischen Denkens in *De civitate Dei* nach seinem innersten Motiv bloßgelegt: Es ist der Gegensatz von göttlicher und dämonischer Wirklichkeit. Augustin nennt die erste *civitas Dei*, die zweite *civitas terrena*. Daß er die zweite nicht *civitas diaboli* nennt, obgleich sie der ersten ganz analog konstruiert ist, liegt wohl daran, daß es ihm auf die Erde und ihre Gemeinschaftsbildungen als tatsächliches Herrschaftsgebiet der Dämonen ankam und er überdies einen manichäisch klingenden Dualismus von Gott und Teufel vermeiden wollte. Doch kommt auch der Name *civitas diaboli* vor. – Was heißt hier nun *civitas*? Seit langer Zeit ist über diese Frage Uneinigkeit. Während man es früher sehr schnell mit Gottesstaat und Weltstaat übersetzte, ist man seit einer Studie von Reuter darauf aufmerksam geworden, daß *civitas* viel eher durch Bürgerschaft, Verband, Stadt zu übersetzen ist, während Staat im allgemeinen durch *res-publica* wiedergegeben wird. Vor allem aber hat man erkannt, daß die beiden Begriffe in der Hauptantithese des Buches mystische Begriffe sind, und dieser Satz scheint mir trotz der Warnung von Holl vor Übertreibung festzustehen. Zunächst einmal sagt Augustin es selbst: „Wir haben das menschliche Geschlecht in zwei Geschlechter eingeteilt, deren eines die umfaßt, die nach dem Menschen leben, deren anderes die umfaßt, die nach Gott leben, *quas etiam mystice appellamus civitates duas, hoc est duas societates hominum, quarum est una quae praedestinata est in aeternum regnare cum Deo, altera aeternum supplicium subire cum diabolo*" (15, 1). Der Gegensatz wird also ausdrücklich als mystisch charakterisiert. Aber auch die Durchführung geht in Antithesen vor sich, die schlechthin über jeden Erfahrungsbegriff hinausragen. Der Gegensatz von Göttlichem und Dämonischem und die absolute Exklusivität beider steht überall im Hintergrund.

Gott ist das höchste Sein, und alles Seiende ist gut, insofern es ist; aus der Natur stammt das Gegengöttliche nicht, sondern aus dem Willen, der sich von dem höchsten Sein abkehrt zu sich selbst als dem niederen Sein. Das gilt zunächst für die Engelwelt. Aus dem Hochmut eines Teils der Engel entwickelt sich die Scheidung von Gottesreich und Weltreich. Beide Reiche umfassen Menschen und Engel. Das Gottesreich ist der Verband aller Gott als dem absoluten Sein hingegebenen Wesen, das Weltreich der Verband aller auf sich selbst bezogenen, von der dämonischen Grundsünde, dem Hochmut gegen Gott und der Liebe zu sich selbst, beherrschten Wesen.

Daraus ergeben sich die Gegensätze. Die Glieder der *civitas Dei* dienen dem einen Gott und bringen sich ihm zum Opfer in Demut und Gehorsam. Die Glieder der *civitas terrena* opfern den vielen Dämonen, um sich selbst dadurch zu erhöhen. Die einen sind wie Pilger in der Welt, die andern richten sich in ihr ein in Prunk und Schwelgerei: *„Boni ad hoc utuntur mundo, ut fruantur Deo; mali autem contra, ut fruantur mundo, uti volunt Deo."* – *Deo frui,* in Gott selig sein, das ist göttlich. *Deo uti,* Gott in den eigenen Dienst stellen, das ist dämonisch.

Die gleichen Gegensätze treten nun in der theoretischen und praktischen Sphäre auf: Im Gottesreich ist es möglich, von dem zentralen Besitz der göttlichen Wahrheit aus auch die empirische Skepsis zu überwinden, während die Glieder des Weltreichs unter der Herrschaft des Zweifels in Müdigkeit und Verzweiflung getrieben werden. – In der praktischen Sphäre ist es so, daß der Gottesstaat den Frieden hat, während der Weltstaat dem Krieg verfallen ist. Denn im Weltstaat herrscht der Machtwille, die *cupiditas dominandi,* während im Gottesstaat die Über- und Unterordnungsverhältnisse den Sinn des Dienstes in der Liebe haben. Ja, wenn nach Ciceros Definition Gerechtigkeit das Merkmal des Staates ist, so sind die Staaten nichts anderes als große Räuberbanden: „Sind doch auch Räuberbanden nichts anderes als kleine Reiche. Sie sind eine Schar von Menschen, werden geleitet durch das Regiment eines Anführers, zusammengehalten durch Gesellschaftsvertrag und teilen ihre Beute nach Maßgabe ihrer Übereinkunft. Wenn eine solche schlimme Gesellschaft durch den Beitritt verworfener Menschen so ins Große wächst, daß sie Gebiete besetzt, Niederlassungen gründet, Staaten erobert und Völker unterwirft, so kann sie mit Fug und Recht den Namen „Reich" annehmen, den ihr nunmehr die Öffentlichkeit beilegt, nicht als wäre die Habgier erloschen, sondern weil Straflosigkeit dafür eingetreten ist. Hübsch und wahr ist der Ausspruch, den ein ertappter Seeräuber Alexander dem Großen gegenüber getan hat. Auf die Frage des Königs, was ihm denn einfalle, daß er das Meer unsicher mache, erwiderte er mit freimütigem Trotz: „Und was fällt dir ein, daß du den Erdkreis unsicher machst? Aber freilich, weil ich es mit einem armseligen Fahrzeug tue, nennt man mich einen Räuber, und dich nennt man Gebieter, weil du es mit einer großen Flotte tust" (4, 4). Aber auch wenn die Rechtsform gewahrt ist, die *res publica pacata* ist, so bedeutet das in Wahrheit nur ein Recht zu ungehemmter Schwelgerei; allein das Eigentum wird geschützt. Es fehlt die tragende Gemeinschaft, während im Gottesreich einer auf den anderen achtet und den anderen trägt. „Wenn er nur fest steht, sagen sie, wenn er nur blüht, reich an Überfluß, ruhmvoll durch Siege oder noch besser in sicherem Frieden. Und was geht es uns an? Nein, uns liegt viel mehr daran, daß jeder seine Reichtümer stetig vermehre, um den täglichen Verschwendungen gewachsen zu sein und die wirtschaftlich Schwächeren sich dienstbar zu machen. Die Armen sollen den Reichen untertan sein, um satt zu werden und unter deren Schutz sich einer trägen Ruhe zu erfreuen. Die Reichen sollen die Armen als ihren Stab und als Diener ihrer Hoffart mißbrauchen" (2, 20). – Das heißt mit anderen Worten: Die Dämonie des Weltstaates wirkt sich in der praktisch-politischen Sphäre darin aus, daß er nach außen hin brutalen Imperialismus vertritt, nach innen hin gemeinschaftsloser Polizeistaat ist, während der Gottesstaat auf gegenseitigem Dienst und Gemeinschaft beruht.

Der Gegensatz von Gottesreich und Weltreich wird nun für Augustin zum Prinzip einer Metaphysik der Geschichte. Sie ist nicht das, was wir zur Zeit Geschichtsphilosophie nennen, ein Verstehen der Geschichte aus sich selbst; eben darum aber ist sie wirkliches Verstehen der Geschichte, Verstehen nämlich dessen, was hinter allem äußeren Geschehen liegt, der Kampf des Göttlichen und Dämonischen. Dieser Kampf beginnt da, wo die Scheidung der beiden Reiche beginnt, bei dem Fall der Engel und der Menschen. Und er hört auf, wo der Sieg des einen entschieden ist, im kommenden Gericht und in der ewigen Trennung beider Reiche. Zwischen dieser transzendenten Vor- und Nachgeschichte liegt die Weltgeschichte mit ihren sechs offenbarungsgeschichtlichen Perioden: Von Adam bis zur Sintflut, von dort zu Abraham, von dort zu David, von dort zur babylonischen Gefangenschaft, von dort zu Christus, von dort zum Ende der Welt. Von der Urgeschichte bis zum Turmbau zu Babel ist wenig zu sagen, das Reich der Welt ist noch nicht deutlich geschieden vom Reich Gottes. Die Sprachverwirrung dagegen ist die Wende: Sie zerreißt das Einheitsband der Menschheit, sie entfremdet die Völker und führt zu grundlosem Mißverstehen und ewigem Krieg. Von nun an verläuft das Reich Gottes in zwei deutlich getrennten Perioden. Zuerst kommt es zum Ausdruck im Volk Israel, dann in der christlichen Kirche. Ebenso das Reich der Welt, das zuerst zum Ausdruck kommt in den orientalischen Weltreichen, deren Höhepunkt Assur ist, und im römischen Weltreich.

Assyrien repräsentiert den orientalischen Imperialismus. Hervorgehoben wird Nimrod, der Gründer Babels und Erbauer des Turmes, und Ninus, der gewaltige Eroberer Asiens. – Ausführlicher ist die Würdigung Roms, das den westlichen Imperialismus repräsentiert. Auch Rom wird unter das negative Urteil gestellt. Seine Geschichte ist mit Blut geschrieben, seine Sitten sind zerfallen; und dennoch gibt es in Rom Positives, das nicht übersehen werden darf. Die Römer sind groß geworden, weil in ihnen die Grundlage der Tugend, die männliche Tüchtigkeit, stärker war als bei den andern Völkern. Sie können nach dem Maßstabe des Weltreiches gut genannt werden. Aber freilich bedeutet auch dieses Ja kein wirkliches römisches Nationalgefühl. Auch Rom wird vergehen, und von der dämonischen Verkehrung auch der Römertugenden wird viel mehr gesagt als von ihrem Wert. Und schließlich: Die Heimat der Glieder des Gottesreiches ist kein irdischer Staat. Sie können in jedem leben, der sie nicht zu gottwidrigem Handeln zwingt. – Über das Römerreich hat Augustins Geschichtsbetrachtung nicht hinausgeblickt. Was vor seinem geistigen Auge auf Rom folgt, ist keine neue Kultur, sondern das Ende.

2. Staat und Kirche

Schon die letzten Ausführungen sind aus der mystischen Antithese herabgestiegen ins Konkrete und Erfahrungsmäßige. Ihm gilt es jetzt die volle Aufmerksamkeit zuzuwenden. Hier erhebt sich nun die Streitfrage der Augustinauslegung von neuem: Wie verhält sich die mystische Antithese von Gottesreich und Weltreich zu der empirischen Antithese von Kirche und Staat? Daß eine einfache Gleichsetzung nicht in Frage kommt, dürfte nach allem Gesagten zweifellos sein. Wohl aber wäre eine teilweise Identifizierung denkbar, und sie scheint nach den letzten Ausführungen sehr nahegelegt zu sein. Wirklich vollzogen wird sie beispielsweise, wo Augustin dem Weltstaat vorwirft, daß er sich rühme zu tun, was nur Gott zustände, die Unterwürfigen zu schonen und die Stolzen niederzukämpfen, oder wenn er nach einer Aufzählung aller großen Weltreiche sagt: „Ganz allgemein mangelt wahre Gerechtigkeit dem staatlichen Verbande der Gottlosen.“

Diese Gleichsetzung ist nicht verwunderlich. In einem weiteren, von Augustin bevorzugten Begriff bedeutet Staat die Form eines gesellschaftlichen Interessenverbandes überhaupt und nicht in idealem Sinn Ort der Gerechtigkeit. Diese staatlich verbundene Gesellschaft aber steht abgesehen von den Prädestinierten unter der Herrschaft der Dämonen, womit dann die teilweise Gleichsetzung von Weltstaat und organisierter Gesellschaft selbstverständlich wird. Denn allein hier in dem Verbande widergöttlichen Hochmutes ist ja das Herrschaftsgebiet der Dämonen auf der Erde anschaubar. Die Weltstaaten sind in ihrer grundsätzlich von Gott abgewandten, gemeinschaftslosen, imperialistischen Haltung die innergeschichtliche Verwirklichung des Weltstaates. Freilich ist diese Identität nicht im logisch-mathematischen Sinne zu denken. Der mystische Hintergrund ist nicht verschwunden. Es ist hier wie überall, wo das Empirische auf seinem transzendenten Hintergrund angeschaut wird. Es ist ein überkategoriales Verhältnis. Es läßt sich nicht einfach auf die logische Alternative Identität oder Nicht-Identität zuspitzen. Daß man Augustin und nicht nur ihm gegenüber immer wieder derartige Alternativen stellt, ist nur ein Zeichen für die rationalistische Geisteslage, aus der unsere Wissenschaft geboren ist, die derartigen Wesensverhältnissen nicht gerecht werden kann. Will man für solch ein Verhältnis das Wort Symbol verwenden, so darf man es doch nur so tun, daß das Symbol als wirklicher Ausdruck der mystischen Realität gefaßt wird. Von hier aus ist es zu verstehen, wenn Luther das Papsttum mit dem Antichristen identifiziert hat, eben in diesem mystischen und doch völlig realen Sinn (womit er freilich im Gegensatz zu Augustin die Bahn für die Selbstvergöttlichung des Nationalstaates freigemacht hat) oder wenn der gegenwärtige religiöse Sozialismus – hierin in der Nachfolge Augustins – im imperialistischen Kapitalismus das dämonische Symbol der Gegenwart in mystischem und doch höchst realem Sinne sieht.

Aber die Staatslehre Augustins ist mit dem Urteil, daß die Weltstaaten dämonisch beherrscht sind, noch nicht erschöpft. Sie steckt vor allem, wie bei der gesamten Apologetik, in seiner Lehre vom göttlichen Naturgesetz. „Demnach besteht der Friede im Bereiche des Körperlichen in der geordneten Zusammenstimmung der Teile, der Friede der vernunftlosen Seele in der geordneten Ruhe der Triebe, der Friede der vernünftigen Seele in der geordneten Übereinstimmung zwischen Erkenntnis und Betätigung, der Friede zwischen Leib und Seele in dem wohlgeordneten Leben und Wohlergehen des Lebewesens, der Friede zwischen dem sterblichen Menschen und Gott in dem geordneten Glaubensgehorsam gegen das ewige Gesetz, der Friede unter den Menschen in der geordneten Eintracht, und zwar der Friede der Familie in der geordneten Eintracht der Angehörigen in bezug auf Befehlen und Gehorchen, und der Friede im Staat in der geordneten Eintracht der Bürger in bezug auf Befehlen und Gehorchen, der Friede des himmlischen Staates in der vollkommenen und einträchtigen Gemeinschaft des Gottgenießens und des wechselseitigen Genießens in Gott, der Friede endlich für alle Dinge in der Ruhe der Ordnung. Unter Ordnung aber versteht man eine Verteilung von gleichen und ungleichen Dingen, die jedem seinen Platz anweist“ (19, 13). Diese Worte, auf eine modern rationale Formel gebracht, bedeuten die Synthesis des Mannigfaltigen in Natur und Gesellschaft. Es ist keine Synthesis auf gleichheitlicher Basis, sondern ein harmonisch abgestuftes System, für das Über- und Unterordnungsverhältnisse naturgemäß sind. Wie der Geist über den Leib und seine Begierden herrscht, so muß es auch im Gesellschaftsleben einen Stufenbau geben. Die Idee des Organischen überwiegt durchaus in dem aus der Hochschätzung der Familie hervorgewachsenen Staatsgedanken Augustins. Er steht in der von Plato und dem Neuplatonismus vertretenen ästhetisch-hierarchischen Linie des Staatsgedankens und scheidet sich dadurch von den meisten Kirchenvätern, die den vernünftigen Staat nach stoischer Weise als gleichheitlichen Staat auffaßten. Freilich finden sich auch solche Dinge bei Augustin. Gelegentlich gründet er das Herrschaftsverhältnis auf Staatsvertrag. Im ganzen aber überwiegt das neuplatonische Stufendenken.

Diese Harmonie alles Endlichen ist nach Augustin nur möglich durch Beziehung auf das Ewige. Die Idee der Gerechtigkeit als autonome Idee, losgelöst von der Richtung auf Gott als das absolute Gut, ist leer. Alle Ordnungsverhältnisse, die Herrschaft des Geistes über den Leib und die Herrschaft des innerlich Mächtigen in der Gesellschaft, sind nur möglich bei Gehorsam gegen die Herrschaft Gottes. Nur der auf Gott gerichtete Staat ist wirkliche Stätte der Gerechtigkeit. Hört diese Richtung auf, so tritt an ihre Stelle die Richtung auf sich selbst, das Einzelinteresse und damit Zerspaltung und Zerfall der Gesellschaft. Das Wesen des Staates ist also nicht definierbar ohne die Beziehung auf Gott. Die rein profane Betrachtung des Staates ist im Begriff zu verschwinden. Es liegt im Wesen des Staates, auf Gott gerichtet, d. h. theonom zu sein.

Aber freilich, dieser Staat ist nicht real. Der wirkliche Staat, der jeweilige Weltstaat, ist nicht Gott zugewandt, sondern den Dämonen. Infolgedessen ist aus der Überordnung, die der Idee des Friedens entspricht, die friedlose Gewalt geworden, und mit ihr sind in das Leben des Staates selbst die widergöttlichen Elemente eingedrungen: nach außen hin der Krieg, der besonders schlimme Formen in dem Eroberungskrieg der imperialistischen Großmacht annimmt, nach innen Sklaverei, Ausbeutung, Kampf um den begrenzten Nahrungsspielraum, Gerichtsbarkeit mit ihren Ungerechtigkeiten des Verfahrens. In dem allen wirkt dämonische Macht. Aber es ist doch der Staat, an dem sie sich verwirklicht; und wo Staat ist, da kann auch das Wesen des Staates nicht ganz unwirksam sein. Insofern es *sündiger* Staat ist, ist er selbst Sünde; insofern er sündiger *Staat* ist, ist er Gegenwirkung gegen die Sünde. Die Bösen würden noch böser handeln und noch unglücklicher sein, wenn der Staat sie nicht hemmte. Das, was selbst Sünde ist, steht der Sünde entgegen; denn es hindert die Auflösung in die vollkommene Anarchie, die Aufhebung der göttlich-natürlichen Synthesis der Gesellschaft. Von hier aus kommt eine neue Wendung in den Naturbegriff: Die Natur, die von dem Willen zur Macht beherrscht ist, ist ja die tatsächliche Natur, während jene ideale Natur, in der der Friede herrscht, nur von der Vernunft geschaut wird. So entsteht neben dem idealen Natur- oder Vernunftrecht ein tatsächliches, durch die Sünde bedingtes Natur- oder Gewaltrecht. Und das gilt nicht nur vom natürlichen, sondern auch vom geschichtlichen Denken aus: Die tatsächlichen Gewalten, wie etwa das römische Kaisertum stehen unter der göttlichen Vorsehung, die das Gegengöttliche doch schließlich dem göttlichen Ziel dienstbar macht. Die große Synthesis der Geschichte setzt sich in der Vorsehung trotz des Dämonischen durch, wie die Synthesis der Gesellschaft im Staat trotz seiner dämonischen Beherrschtheit. Darum kommt Augustin nicht auf den Gedanken eines Protestes gegen das römische Kaisertum. Er läßt es sich gefallen und betet dafür als für die sündige, aber doch die Sünde eindämmende Form des Gesellschaftsfriedens.

Diese eigentümlich gebrochene Stellung zum Staat ist für die gesamte alte Kirche charakteristisch. Sie unterscheidet sich von einer schwärmerischen Staatsverneinung dadurch, daß sie den Sinn des Staatlichen als göttliches Naturgesetz selbst noch in der durch die Sünde verunreinigten Form anerkennt. Sie unterscheidet sich von einer utopisch-revolutionären Auffassung dadurch, daß sie die mit dem Sündenstand unvermeidlich gewordene Gewaltform in Kauf nimmt. Sie unterscheidet sich von dem nationalen Machtwillen dadurch, daß sie den sündigen Charakter der Gewalt durchschaut und die Überlegenheit des Christen über jede nationalstaatliche Bindung feststellt.

Aber Augustin geht nun über die gemeinsame Grundlage der altchristlichen Apologetik hinaus. Weil er aufgrund seines Gottesbegriffes imstande ist, die natürlichen Güter und so auch das Naturgesetz des Staatlichen von Gott her zu bestimmen, hat er auch die Möglichkeit, eine ideale Wesensverwirklichung anzudeuten. Außer dem gottgesetzten Wesen und der dämonenbeherrschten Wirklichkeit des Staates kennt er noch ein christliches Ideal des Staatlichen. Freilich handelt es sich für ihn nicht um Aufhebung der Gewalt; denn die Sünde wird ja nicht aufgehoben, auch nicht innerhalb der Christenheit. Nicht einmal die Sklaverei, auf der ja das ganze antike Wirtschaftssystem beruhte, wird angegriffen. Nur die Eindämmung schlimmster Konsequenzen wird in Aussicht genommen, vor allem die Überwindung des Imperialismus. „Ich fürchte also, daß es nicht Sache gutgesinnter Männer sein dürfte, über die Größe des Reiches sich zu freuen, denn das Reich ist nur gewachsen durch die Ungerechtigkeit derer, mit denen gerechte Kriege geführt worden sind; es wäre doch eben klein, wenn ruhige und gerechte Nachbarn durch keine Unbill zum Kriege herausgefordert hätten und so zum Glück für die Welt alle Reiche klein wären, einträchtiger Nachbarlichkeit sich erfreuend, so daß es in der Welt eine große Zahl von Völkerreichen gäbe, wie es in der Stadt eine große Zahl von Bürgerfamilien gibt. Demnach dünkt der Krieg und die Erweiterung der Herrschaft durch Bezwingung von Völkern wohl den Bösen ein Glück, den Guten dagegen eine Notwendigkeit. Nur weil es noch schlimmer wäre, wenn Ungerechte über die Gerechteren die Herrschaft erlangten, kann sogar diese Notwendigkeit noch Glück heißen. Aber ohne Zweifel ist es ein größeres Glück, in Eintracht mit einem guten Nachbar zu leben, als durch Krieg einen schlechten Nachbar zu unterjochen. Böse Wünsche sind es, die dahin gehen, einen Gegenstand des Hasses oder der Furcht zu haben, um ein Objekt des Sieges zu haben" (4, 15). Das Bild der Familie ist auch hier maßgebend. Aber es wird anerkannt, daß der Imperialismus immer noch besser ist als der zerreibende Streit der Volksfamilien. Der ideale Kleinstaat ist als Republik gedacht, in der die Besten herrschen; aber auch der Großstaat, den ein Kaiser regiert, kann gut sein, wenn der Kaiser fromm ist. Das zeigt der (von Karl dem Großen und anderen mittelalterlichen Fürsten hochgeschätzte) Fürstenspiegel (5, 24). Wäre die christliche Gesinnung allgemein, so wäre der Staat erfüllt mit göttlicher Kraft und würde sich zur Ewigkeit erheben.

Die letzten Worte zeigen, daß der Staat über sich selbst hinaus kommen muß, daß er eingehen muß in das Gottesreich. Damit aber ist die Frage gestellt, welches die konkrete Verwirklichung des Gottesreiches sei. Die Antwort ist noch mehr umstritten als die nach der Verwirklichung des Weltreiches. Und doch kann sie nicht zweifelhaft sein. Das konkrete Herrschaftsgebiet des Gottesreiches ist die Kirche. Eine Reihe von Stellen vollziehen ausdrücklich diese Identifizierung. Aber freilich handelt es sich auch hier wieder um das eigentümliche mystische Verhältnis von transzendentem Hintergrund und empirischer Wirklichkeit. Eine einfache logische Identifizierung ist unmöglich. Die tatsächliche Kirche ist die streitende, nicht die triumphierende, und die tatsächliche Kirche hat viele Heuchler in sich. Ja, selbst die Gläubigen sind nicht alle Prädestinierte, da sie nicht alle beharren. Das

Gottesreich ist aber seinem Wesen nach die Gemeinschaft der Prädestinierten, und diese greift in das Alte Testament, ja, bei einigen Ausnahmen wie Hiob, ins Heidentum über. Damit ist eine logische Identifizierung unmöglich gemacht. Der mystische Charakter der Gleichsetzung kommt am deutlichsten zum Ausdruck in dem berühmten Kapitel, in dem Augustin die Erwartung des tausendjährigen Reiches, die zu seiner Zeit noch eine gewisse Rolle spielte, auf die gegenwärtige sechste Weltperiode und die Herrschaft der Kirche deutet. „Also ist auch jetzt schon die Kirche das Reich Christi und das Himmelreich." Aber sofort folgen die Einschränkungen. Es wird ein doppeltes Himmelreich und eine doppelte Herrschaft unterschieden. Die eine, in der die Vollbringer und Nichtvollbringer des göttlichen Willens gemischt sind, und die andere, in die nur Vollbringer eingehen. Hier wird die eigentümliche Dialektik des Begriffes *civitas Dei* greifbar. Am positivsten wird die Einheit von Gottesreich und Kirche da ausgesprochen, wo es sich um die Hierarchie handelt, von der gesagt wird, daß sie in Gemeinschaft mit den Seelen der Märtyrer „die das Reich Christi bildende Kirche" regiert. Und doch ist auch das verständlich: Ist doch die Hierarchie der ausschließliche Kanal der göttlichen Gnaden, und wird doch auch hier durch die Verbindung von Märtyrern und Hierarchie der mystische Sinn des Ganzen wieder deutlich.

Also nicht die Kirche in ihrer einfachen Tatsächlichkeit ist das Reich Gottes, auch nicht das Reich Gottes auf Erden; sondern nur insofern liegt eine Identität vor, als die Kirche Trägerin und Verwalterin der göttlichen Gnaden ist, d. h. insofern sie in die Transzendenz ragt. Diese Identifizierung aber mußte vollzogen werden, sollte nicht das Gottesreich zu einer praktisch wirkungslosen Abstraktion werden, genauso wie im Gegensatz dazu das Weltreich. Geschichtlich entscheidend ist dieses, daß ganz konkrete Geschichtsmächte, der wirkliche Staat und die wirkliche Kirche des augustinischen Zeitalters, auf dem mystischen Hintergrund des göttlichen und des dämonischen Reiches gesehen sind.

Es ist verständlich, daß die Deutung der Kirche als Tausendjähriges Reich und der Hierarchie als Inhaberin himmlischer Richterstühle der Kirche ein gewaltiges Übergewicht geben konnte. Aber exegetische Deutungen werden nur dann wichtig, wenn reale Verhältnisse ihnen entgegenkommen. Dreierlei kommt für die geschichtliche Wirksamkeit der Augustinischen Formulierungen in Betracht. Zuerst die schlechterdings objektive Auffassung des Sakraments, die Augustin selbst im Donatistischen Streit durchgesetzt hatte, die völlige Unabhängigkeit der sakramentalen Gnade von dem Wert oder Unwert des Priesters; zweitens die völlige Entleerung des Heidentums, auch zu der Zeit, als es noch eine äußere Kulturmacht darstellte, und die Konzentration aller neuschaffenden Kräfte auf die Kirche; drittens die unüberwindliche Macht der kirchlichen Organisation, die in wachsendem Maße auch die politischen Aufgaben des zerfallenden Reiches übernahm. Die Kirche war die einzige tragfähige und imponierende Wirklichkeit des geistigen und gesellschaftlichen Lebens, und wenn sie zuweilen auch weniger imponierend vertreten war, so blieb doch ihre objektive Gnadenkraft. Dieser Zustand dauerte fast ein Jahrtausend. Erst als am Ende des Mittelalters eine selbständige staatliche und kulturelle Wirklichkeit hervortrat, wurde dieser Zustand erschüttert. Und erst als Luther die sakramentale Objektivität der Hierarchie zunichte machte, zerbrach die mystische Gleichung von Kirche und Gottesreich, von irdischer und himmlischer Hierarchie, um nun freilich einem auf altchristlichem Boden undenkbaren Staatsabsolutismus Platz zu machen.

Es kann nun in wenigen Worten gesagt werden, wie es bei Augustin selbst um das Verhältnis von Staat und Kirche steht. Wiederholt betont Augustin die Vermischtheit beider Reiche in der Wirklichkeit und die Notwendigkeit, auf derselben Erde zu leben. So kann er geradezu sagen, daß ein Teil der *civitas terrena* das Gottesreich abbilde. Aus diesem Ineinander ergibt sich, daß in der Wirklichkeit niemals reine Gegensätze in Frage kommen. Auch die Kirche hat teil an den irdischen Notwendigkeiten, deren höchste der irdische Friede ist. Insofern der Staat diesen ermöglicht, muß die Kirche ihn bejahen *„utimur et nos pace Babylonis“*. Darum fügt sie sich den staatlichen Ordnungen und betet sogar für den Staat. Ja, sie braucht ihn für ihre eigene Existenz als gesellschaftlicher Organismus. Die organische Einheit der Kirche, auf der ihre Größe beruht, ist bedroht durch die Ketzer. Ihnen gegenüber hat zunächst die Kirche alle ihre geistigen Mittel in Anwendung zu bringen. Versagen diese, so hat sie den Arm des Staates zu gebrauchen, der mit Gewalt dieses Erbübel der Kirche ausrotten muß. Die Ketzeredikte des Theodosius sind darum hoch zu rühmen und als Hilfe des Staates für die Kirche zu werten.

Welche innere Hilfe umgekehrt die Kirche dem Staat zuteil werden läßt, ist schon gesagt. Sie gibt ihm den eigentlichen Lebensgehalt, durch den allein er seiner ewigen Bedeutung gerecht werden kann. So ist das Verhältnis also dieses: Die Kirche unterwirft sich dem Staat, soweit er sie nicht religiös antastet, ja, sie benutzt seinen Dienst zur Aufrechterhaltung ihrer Organisation. Andererseits gibt sie ihm den Lebensgehalt in allen Beziehungen des geistigen, sittlichen und vor allem religiösen Lebens. Aber diese freundnachbarlichen Bestimmungen überwinden in keiner Weise den grundlegenden Pessimismus gegen alles Staatliche, der in dem tiefen entscheidenden Dualismus von Gottesreich und Weltreich und zahllosen Einzelurteilen auch über den christlichen Staat zum Ausdruck kommt.

Erst auf dem Boden der germanisch-romanischen Reiche wurde das anders. Hier fehlte von vorneherein das autonom gewachsene Römerreich mit seiner antiken Kultur. Hier war die christliche Kultur die einzige, die in Frage kam und alles erfüllte. Hier mußte es darum von beiden Seiten her zu einem sehr viel engeren Verhältnis kommen. Eben darum aber war die Reibungsmöglichkeit sehr viel größer: Der christliche Kaiser als Schutzherr der Kirche ist unmittelbar ein Konkurrent des Priesterfürsten. Darin wurzeln die großen Kämpfe der gregorianischen Zeit. Beide Parteien konnten aus Augustin begründete Gedanken entnehmen; keine mit ausschließlichem Recht. Denn hinter allem, was Augustin sagt, steht als gemeinsame Stimmung der ganzen alten Kirche die Fremdheit der Kirche in der Welt.

3. Zur Geistesgeschichte

Alles Ausgeführte ist Apologetik im Sinne unserer Einleitungsgedanken. Es ist Bejahung und Durchbrechung zugleich der naturrechtlichen Staatslehre, Bejahung des Wesens des Staates und Durchbrechung zugunsten der neuen gnadenreichen Gemeinschaft der Kirche. Das ist gemeinchristliches Denken. Aber es klingen doch bei Augustin neue wegweisende Gedanken an. Sein Gottesgedanke, in dem sich die frömmste Tradition der Antike, der Neuplatonismus, mit dem lebendigen christlichen Gottesgedanken einigt, gibt ihm die Möglichkeit, sich über den Formalismus der rationalen Staatslehre zu erheben. Wie er eine auf das ewige Sein gerichtete Erkenntnis fordert, so ein auf das ewige Gut gerichtetes Gemeinschaftsleben. Die gemeinsame Basis, auf der die bisherige Apologetik und das Heidentum standen, ist verändert, ist schon an sich der christlichen Idee angenähert. Ein theonomes Denken, ein theonomes Gemeinschaftsleben werden gedacht und gefordert.

Damit aber stehen wir bei Augustin an einem der großen geistesgeschichtlichen Wendepunkte. Auch der primitive Staat der vorphilosophischen Geisteslage ist heilig und hat seine Kraft und seine Fülle aus der sakramentalen Weihe, die ihn trägt. Der philosophische Vernunftstaat und der liberale Polizeistaat sind die Profanisierungen, in denen zwar das formale Wesen des Staates herausgearbeitet, aber die tragende heilige Gemeinschaft, das sakramentale Fundament, aufgelöst wird. Mit Notwendigkeit treten nun all die Auflösungserscheinungen ein, deren dämonischen Charakter Augustin so machtvoll verkündigt hat. Mit dem Werden des Neuplatonismus kommt es in all diesen Beziehungen zu einer rückläufigen Bewegung. Welt und Gesellschaft erhalten wieder ihre Weihe. Der römische Staat wollte sie sich selbst geben; sein Versuch zerbrach am Widerstand des Christentums. Eine einfache Rückkehr zu der überwundenen Götter- und Dämonenwelt erwies sich als unmöglich. Nur das Christentum hatte die Kraft, zunächst in sich selbst, dann in die ganze Gesellschaft ausstrahlend, ein neues heiliges Erkennen, ein neues heiliges Gemeinschaftsleben zu schaffen. In Augustins Staatslehre kommt das trotz allen Pessimismus und aller Vorbehalte deutlich zum Ausdruck. Darum ist sein großes Werk ein Grundbuch des Mittelalters geworden.

Es scheint, als ob wir wieder in einer Zeit stehen, in der die weltbeherrschenden Mächte des Imperialismus und Kapitalismus in ihrer Dämonie offenbar werden. Da wird es sich entscheiden, ob wir wieder der herben staatsindifferenten Haltung des Urchristentums entgegengehen oder ob wir unter Anerkennung des dämonischen Charakters des kapitalistischen Imperialismus uns positiv um Staat, Gesellschaft und Wirtschaft bemühen. Entscheiden wir uns dafür und ringen wir um eine Zukunft, in der die Einheit der Gesellschaft gegründet ist in der einheitlichen Richtung auf das unbedingte Sein, auf Gott, so kann uns dabei Augustin wie kaum ein anderer der Führer sein.

LESSING UND DIE IDEE EINER ERZIEHUNG DES MENSCHENGESCHLECHTS

(1929)

1. Die Weltanschauung Lessings

Die zweihundertste Wiederkehr des Jahres, in dem Lessing geboren wurde, lenkt den Blick des geistesbewußten Teiles unseres Volkes auf eine der kritischsten, entscheidungsvollsten Epochen seiner Geistesgeschichte; auf die Jahre, in denen auf deutschem Boden das neue Lebensgefühl der bürgerlichen Gesellschaft in schweren Kämpfen seinen ersten und einen bleibenden literarischen Ausdruck fand. Der Führer in diesem Kampf und der Gestalter aus diesem Geist war Lessing. Sofern nun die gegenwärtige Geisteslage trotz aller Gegenbewegungen des 19. und 20. Jahrhunderts noch immer maßgebend bestimmt ist durch das Lebensgefühl der bürgerlichen Gesellschaft, bedeutet die Hinwendung zu Lessing zugleich eine Hinwendung zu uns selbst, zu den Wurzeln und Hintergründen unseres eigenen Lebensgefühls. Und das ist der Sinn einer Betrachtung wie dieser. Nicht gelehrtes Wissen über Vergangenes soll sie vermitteln, sondern Selbsterkenntnis des Gegenwärtigen im Vergangenen.

Eine Würdigung Lessings als Gesamterscheinung müßte verschiedene Seiten nacheinander in Betracht ziehen: zuerst die persönlich-menschlichen und sozialen Hintergründe, aus denen das Werk hervorgewachsen ist, von denen es sich losgelöst und erhoben hat zur Allgemeingültigkeit, ohne doch diese ganz individuellen Ursprünge verleugnen zu können; dann die Leistung des Kunsttheoretikers und schöpferischen Kritikers, ohne dessen Arbeit die klassische Periode der deutschen Dichtung nicht zu denken ist; dann den Dichter, dessen Schauspiele die bürgerlich-realistische Periode der deutschen Dramatik eröffnen. Weiter wäre zu betrachten der Kämpfer gegen die theologische Orthodoxie, der er Schläge versetzte, von denen sie sich nie wieder erholt hat, der aber ehrlich und mutig genug war, gleichzeitig der verwaschenen Vermittlungstheologie seiner Zeit den Kampf anzusagen, und der durch Vereinigung von Wahrhaftigkeit und Tiefe die bürgerliche Gesellschaft Deutschlands auf lange Zeit hinaus vor der Flachheit der bloßen Aufklärung bewahrt hat. Schon hier wird die Gegenwartsbedeutung Lessings sichtbar, wenn wir bedenken, daß wir zur Zeit zwischen einer sich orthodox verfestigenden Kirchlichkeit und einer der Entleerung verfallenden Gesellschaft stehen.

Dieses alles wäre zu erwähnen, wenn wir die Gesamterscheinung Lessings zeichnen wollten. Unsere heutige Aufgabe ist eine andere. Wir wenden uns einer neuen Seite zu, die eigentlich keine Seite neben anderen ist, sondern das bewegende Element auf allen Seiten: Wir fragen nach der Weltanschauung Lessings, seinem „christlichen Humanismus" und nach der sie leitenden Idee, der Idee einer Erziehung des Menschengeschlechts. – Die Weltanschauung Lessings ist nicht so offen und direkt sichtbar wie diejenige eines systematischen Philosophen oder selbst eines Dichters wie Goethe. Das hat mancherlei Ursachen. Zunächst die, daß Lessing kein Systematiker, sondern ein kritisch-dialektischer Denker war. Viele seiner Gedanken sind ein Spiel mit Möglichkeiten, sind Sprünge einer überlegenen Intellektualität, die sich nicht festlegen läßt, der man Möglichkeiten nicht ohne weiteres als Wirklichkeiten anrechnen darf. Damit hängt zusammen, daß sein Denken pädagogisch ist. Lessing kennt die Verantwortung, die ihm durch seine Stellung im deutschen Geistesleben auferlegt ist. Er weiß, daß die tiefste Wahrheit verhängnisvoll wirkt, wenn sie Menschen gesagt wird, die innerlich nicht reif für sie sind. Er weiß, daß ein verantwortlicher Erzieher nicht alles sagen kann, was er weiß, und nicht alles so ausdrücken darf, wie es der Sache als solcher am angemessensten wäre. „Hüte dich", heißt es im § 68 der Erziehung des Menschengeschlechtes, „du fähigeres Individuum, der du an dem letzten Blatte dieses Elementarbuches (der Bibel) stampfest und glühest, hüte dich, es deine schwächeren Mitschüler merken zu lassen, was du witterst oder schon zu sehen beginnst – bis sie dir nach sind –." Lessing weiß, daß er seinen Kampf um die Früchte gebracht hätte, wenn er weiter vorgestoßen wäre, als es selbst die Besten seiner Zeit ertragen konnten. – So erklärt sich jener merkwürdige Streit über seinen Spinozismus, der nach seinem Tode ausbrach. Der Glaubensphilosoph Jakobi, der sich durch Spinoza bedroht fühlte, ging zu Lessing, um sich von ihm Waffen gegen Spinoza zu holen. Und Lessing erklärte sich für Spinoza. Diese denkwürdige, für unsere Geistesgeschichte überaus wirksame Unterredung kam nach Lessings Tod durch Jakobi an die Öffentlichkeit und erregte einen Sturm, der zunächst eine persönliche Wirkung hatte, die uns zu denken gibt. Lessings Freund Moses Mendelssohn, der deistische Religionsphilosoph, dem alles um die Jenseitigkeit Gottes zu tun war, der jüdische Rationalist und schärfste Gegner des jüdischen Mystikers Spinoza, ahnte nichts von Lessings positiver Stellung zum Spinozismus. Lessing war auch ihm, dem Freund gegenüber, Pädagoge geblieben, und das gab dem Freund den Todesstoß. Mendelssohn starb über dem Streit um Lessings Spinozismus. Hier zeigen sich die inneren Grenzen und Gefahren der pädagogischen Haltung in bezug auf die Wahrheit. Pädagogisches Verschweigen kann der Gemeinschaft dienen, aber es kann auch das Vertrauen und mit ihr die Gemeinschaft zerbrechen. Bei Lessing war das höchstens eine Gefahr, die für die Erziehung des Volkes durch seinen angreifenden Mut und seine gegen sich selbst rücksichtslose Männlichkeit überwunden war. Das gleiche aber wurde zu einem Verhängnis, als in dem Streit um Fichtes angeblichen Atheismus Goethe aus volkspädagogischen Gesichtspunkten Fichte preisgab und damit die Kluft zwischen Bildung und Religion zu einem Unglück unseres Volkes werden ließ: ein Unglück, dessen furchtbarstes, die Gemeinschaft zerreißendes Symbol das Wort geworden ist: „Dem Volk (nämlich den anderen) muß die Religion erhalten werden." An solchem Wort kann ein Volk sterben, wie Mendelssohn an der nachträglichen Enthüllung von Lessings Spinozismus gestorben ist. Denn es zerbricht das Vertrauen, die Grundlage der Gemeinschaft.

In Lessings Persönlichkeit ist das Pädagogische und das Wahrhaftig-Tapfere so geeint, daß jene Gefahr nicht wirksam wurde. Wäre diese Einheit in den führenden Persönlichkeiten unseres Volkes lebendig geblieben, so wären unserem Geistesleben vielleicht manche schweren Katastrophen erspart worden. Für unsere Lage gilt, daß wir in Lessing einen Geist anschauen, der uns in gleicher Weise helfen kann zur Abwehr jener Bewegungen, die uns im Namen der Gemeinschaft, der nationalen oder sozialen, verführen wollen, die Wahrheit hintenan zu stellen, wie zur Abwehr der verantwortungslosen Intellektualität, an der unser Geistesleben schwer leidet, namentlich da, wo es sich um die Erfüllung kritischer Aufgaben handelt. – Das pädagogische Element in Lessings Denken ist Ausdruck seiner zentralen Idee, der Auffassung der Geschichte als göttlicher Pädagogik, als Erziehung der Menschheit. Dargestellt ist diese Idee in den kurzen 100 Paragraphen, die unter dem Titel „Die Erziehung des Menschengeschlechts" den zusammengefaßtesten Ausdruck der Lessingschen Welt- und Geschichtsauffassung darbieten. Es sind gelegentlich Zweifel an der Echtheit dieser Schrift aufgetaucht. Doch sind diese Zweifel vor dem sprachlichen und sachlichen Eindruck, den das kurze, aber gewaltige Bekenntnis auf jeden Leser macht, sehr bald wieder verschwunden. Daß hier echtester Geist Lessings, echt Lessingsche Denk- und Sprachform vernehmbar wird, kann nicht überhört werden.

Es kommt mir nun darauf an, die Idee der Erziehung des Menschengeschlechtes aus der geistigen Situation des 18. Jahrhunderts verständlich zu machen und dann ihre besondere Durchführung bei Lessing ins Auge zu fassen und auf ihre Bedeutung für unsere Gegenwart als klassischer Ausdruck eines *christlichen Humanismus* hinzuweisen.

2. Humanismus und Reformation

Das 18. Jahrhundert kann als das pädagogische Jahrhundert bezeichnet werden. Wenn nun gegenwärtig die Pädagogik eine Bedeutung erlangt hat, die diejenige jeder anderen geistigen Funktion überragt, so heißt das: Wir stehen trotz aller überlegenen Ablehnung von Aufklärung und Rationalismus an einem ähnlichen Ort wie das 18. Jahrhundert. Denn das Auftreten einer pädagogischen Bewegung ist immer die Wirkung des gleichen geistigen Tiefengeschehens.

Erziehung ist so alt wie die Menschheit, ja in gewisser Weise noch älter. Pädagogik ist so jung wie die Selbsterfassung des Geistes, wie die Autonomie. Erziehung beruht auf dem Reifeunterschied der Generationen, Schichten und Einzelnen und der gegenseitigen Verbundenheit und Verpflichtetheit der verschiedenen Reifestadien. Pädagogik beruht auf methodischer Selbstbesinnung über das, was Reife ist und wie sie gefördert werden kann. Voraussetzung der Pädagogik ist demgemäß eine Haltung, in der der Geist sich methodisch besinnt auf das, was er unmittelbar tut. Dieses ist die formale Voraussetzung der Pädagogik. Die formale Voraussetzung aber ist selbst wieder begründet in einer realen, in der Selbsterfassung des menschlichen Wesens als solchem, in der Selbsterfassung des Menschen als Mensch, also in den Formen seines Mensch-seins. Diese reale Voraussetzung nennen wir *Humanismus*. Nicht nur die sogenannten Humanisten der Renaissance haben Anspruch auf diesen Namen, sondern alle Richtungen, die teilhaben an der humanistischen Voraussetzung, dem Sich-Stellen des Menschen auf sich selbst.

Nur selten hat die Menschheit sich zu diesem Schritt entschlossen; nur an wenigen Stellen ihrer Zeiten und Räume, von Grund auf vielleicht nur an einer, in Griechenland. Die Nachwirkung dieses einmaligen, unvergleichlichen Geschehens auf abendländischem Boden ist die Renaissance, und die Durchsetzung der gleichen Haltung ist die Aufklärung des 18. Jahrhunderts. Wieder stellt sich der Mensch auf sich selbst und löst sich los von den Bindungen aus dem Jenseits seiner selbst, die ihn getragen, unter sich herunter und über sich hinaus geworfen hatten. Denn in den weitaus größten Gebieten und Perioden menschlichen Daseins ist Sinn und Gehalt des menschlichen Lebens nicht der Mensch, sondern das Über und Unter des Menschen, die göttlichen und dämonischen Mächte, zwischen denen er steht, die ihn tragen, zerstören, erlösen. Was aber aus dem Jenseits des Menschen kommt, das bricht in ihn hinein, das ergreift ihn, das wird von ihm vorgefunden vor jeder Selbstbesinnung. Und als das, was immer schon da ist, was jeden ergreift, trägt, führt, ist es das Prinzip der Erziehung. *Das pädagogische Ziel und der pädagogische Weg sind eins mit dem Heilsziel und dem Heilsweg.* Und sofern alle Einrichtungen und Lebensformen, sofern vor allem die Sprache erfüllt ist von diesen sakralen Mächtigkeiten, ist alle Erziehung unmittelbar. Das Leben selbst trägt sie, und Unterricht kann höchstens den Sinn haben, das bewußt zu machen, was sich an und für sich vollzieht. Hier gibt es keine Pädagogik als methodische Selbstbesinnung auf Ziel und Weg der Reife. Reife ist ein ins Jenseits weisender Begriff. Reif sein heißt heilserfüllt sein.

Auf dem Boden des Humanismus, da also, wo der Mensch sich auf sich selbst gestellt hat, ist diese Gleichung zerbrochen. *Reif sein heißt, menschlich geformt, mit menschlichen Werten erfüllt sein.* Nicht zu dem Heil, das jenseits seiner liegt, soll der Mensch geführt werden, sondern zu dem Wesen, das er in Wahrheit ist und in der Wirklichkeit immer mehr werden soll. „Erziehung gibt dem Menschen nichts, was er nicht auch aus sich selbst haben könnte, sie gibt ihm das, was er aus sich selber haben könnte, nur geschwinder und leichter“ – so heißt es in § 4 der Erziehung des Menschengeschlechts. Alles kommt nun darauf an, das Menschliche zu bestimmen und die Wege zu seiner Verwirklichung aufzuzeigen. Das pädagogische Problem ist da, die Pädagogik als Wissenschaft geboren. Und nun geschieht das Merkwürdige, daß die Erziehungsidee, die eben noch eingeschlossen war in die Heilsidee, sich diese unterwirft, sie von sich aus deutet. Es geschieht das Umgekehrte dessen, was bei den von Lessing eifrig studierten altkirchlichen Apologeten geschehen war. Diese, ursprünglich selbst griechische Philosophen, hatten die Erziehungsidee des griechischen Humanismus übernommen und in das christlich-heilsgeschichtliche Denken eingebaut. Der Humanismus wurde dem Christentum unterworfen, *die Erziehung wurde zur Offenbarung. Jetzt wird die Offenbarung zur Erziehung.* Das Christentum wird auf den Boden des Humanismus gezogen. § 1 der Erziehung des Menschengeschlechts lautet: „Was die Erziehung bei dem einzelnen Menschen ist, ist die Offenbarung bei dem ganzen Menschengeschlecht.“ Die Erziehung ist das unmittelbar Verständliche, die Offenbarung ist das, was verständlich gemacht werden muß. Zahlreiche Schwierigkeiten der Theologie, sagt Lessing, werden behoben, wenn man die Offenbarung als Erziehung versteht.

Gegenüber der reformatorischen Situation bedeutet das eine vollkommene Umkehrung. Wohl hatte der Humanist Melanchthon das Erziehungsproblem, an dem kein Humanismus vorbei kann, aufgegriffen und in einer für das protestantische Deutschland maßgebenden Weise gelöst. Er, der Humanist, wurde der Magister Germaniae, nicht Luther, der Reformator. Und doch machte dieser Magister größten Stiles niemals den Anspruch, von sich aus das letzte Ziel und den letzten Weg zu zeigen. Als Magister ordnete er sich dem Theologen unter, sich selbst als Theologen und mehr noch dem, der mehr war als ein Theologe, dem Reformator. Der Verkünder des Evangeliums steht über dem Magister, auch über dem Magister Germaniae. – Jetzt aber wird die Verkündigung des Evangeliums selbst verstanden als Erziehung, als Werk des Magisters. *Die Schule erhebt sich über die Kirche, die Kirche wird als Schule verstanden,* als Unterricht, in dem die Lehre weitergegeben wird, die der göttliche Pädagoge selbst den Menschen gegeben hat. Eine Lehre freilich, die nichts weiter enthält als Belehrung des Menschen über sich selbst, über sein Wesen, über das Wesen der Welt, zu der er gehört, und über die Vervollkommnung seines Wesens, sowohl seines Erkennens wie auch seines Handelns.

Durch diese Übertragung wird die pädagogische Idee geschichtsphilosophisch. *Heilsgeschichte der Menschheit ist Erziehung der Menschheit.* Der Sinn der Geschichte ist Hinführung des Menschen zu seinem Wesen. – Wieder eine völlige Umkehrung der reformatorischen Denkweise! Schon die Idee der Menschheit als Gegenstand der Erziehung ist etwas Neues. Die Theologie hatte sich für die Menschheit in einem doppelten Sinne interessiert. Zuerst im Sinne der einheitlichen Verderbnis des ganzen Menschengeschlechts. Menschheit ist *massa perditionis,* Einheit unter dem Verderben. Und dann im Sinne der allgemeinen Gültigkeit des christlichen Heilsgutes für alle Menschen, also im Sinne des Universalismus der christlichen Predigt. Niemals dagegen hatte die Theologie eine Wirksamkeit des Heils für die ganze Menschheit angenommen. Sie hatte immer dualistisch gedacht, die Menschheit geteilt in die wenigen, die das Heil annehmen, und die vielen, die es ablehnen. Mit unerbittlicher Schärfe zerstörte der Prädestinationsgedanke jeden pädagogischen Optimismus, jeden Glauben an eine Erziehung des Menschengeschlechts zum Heil, und ein anderes letztes Ziel der Erziehung gab es nicht. – Der Dualismus ist gefallen. Er hat keinen Sinn mehr, wenn es auf das Wesen des Menschen ankommt. Der Mensch kann sein Wesen mehr oder weniger erfüllen. Aber am menschlichen Wesen behält er Anteil und damit an der Erziehbarkeit und damit am Heil. Denn Wesenserfüllung ist Heil.

Mit dem Dualismus fällt das theologische Geschichtsbild: für dieses war die Geschichte Ort des Kampfes zwischen göttlichen und dämonischen Mächten, Ort der Entscheidung für jeden einzelnen, Ort, auf dem einmal und für allemal das Heil erschienen ist. Statt dessen wird nun die Geschichte zur Stätte des stetigen Fortschrittes, der stetigen Verwirklichung des Wesens Mensch. Das Dämonische ist verschwunden, das Göttliche in den Hintergrund gedrängt, der Gegensatz von Besessenheit und Begnadetheit hat seinen Sinn verloren, die Entscheidung des Einzelnen hat nur relative Bedeutung für ihn: falsche Entscheidung bedeutet Zeitverlust im Fortschreiten, nichts weiter. Das Heil ist der Anlage nach immer da. Es ist ja das menschliche Wesen selbst; es verwirklicht sich allmählich, zu jeder Zeit irgendwie, in der Zukunft einmal vollkommen.

Alle Völker sind in diesen Erziehungsplan eingeschlossen. Lessing betrachtet das Heidentum als die Vorstufe, das Judentum als erste, das Christentum als zweite Stufe, an die sich eine dritte, die des „ewigen Evangeliums" anschließen wird. – Der religionsgeschichtliche Horizont geht noch nicht wesentlich über die theologische Beurteilung der Religionsgeschichte hinaus. Das Heidentum wird nicht unter dem Gesichtspunkt selbständiger Entwicklung betrachtet, wie wir es jetzt etwa den indischen Religionen gegenüber tun. Es ist wesentlich Irrweg, wenn auch pädagogisch unvermeidlicher. – Und doch ist der Unterschied gegenüber der theologischen Auffassung groß: Heidentum und Christentum sind nicht mehr ausschließliche Gegensätze. Das Heidentum ist natürlicher Irrweg, aber nicht dämonische Gegenstellung. Und es wird mit dem Christentum in einer Stufenordnung vereinigt. *Anstelle des Gegensatzes tritt die Stufe, und die Konsequenz des Stufengedankens treibt auch über das Christentum hinaus.* Das Christentum ist ein Moment des allgemeinen religionsgeschichtlichen Prozesses, der zugleich der Prozeß der göttlichen Pädagogik ist. Auf diesem Gedanken ruht sowohl Hegels Religionsphilosophie wie auch die moderne religionsgeschichtliche Arbeit. Nur daß beide den Gedanken der göttlichen Pädagogik abgestreift und die Bevorzugung der jüdisch-christlichen Linie aufgegeben haben, also den *christlich*-humanistischen Gedanken Lessings noch mehr seines christlichen Charakters entkleidet haben.

Aus diesem Vergleich wird der eigentümliche, theologische Charakter Lessings und der in ihm sich konzentrierenden deutschen Aufklärung deutlich. Wohl ist die reformatorische Lage verlassen, aber doch nicht im Sinne einer antichristlichen Auffassung. Vielmehr tritt die Wendung selbst in theologischer Form und mit theologischem Anspruch auf. Lessing gibt seine humanistische Geschichtsphilosophie als Beitrag zur Lösung der Offenbarungsfrage. Er setzt sich im Verlauf seiner Gedanken mit allen theologischen Grundproblemen auseinander und sucht sie von seiner pädagogischen Voraussetzung aus zu verstehen. Das ist typisch für die deutsche Aufklärung. Sie ist fromm. Der Vernunft, auf die sie sich beruft, fehlt der geistige und politische Angriffswille, der die französische Aufklärung kennzeichnet. Es fehlt die Frivolität ihrer französischen Vorkämpfer, der negative Radikalismus, aber auch die praktisch-politische Durchsetzung. Die deutsche Aufklärung beseitigte die theologische Atmosphäre nicht, die das ganze deutsche Geistesleben trug. Sie gab ihr nur einen anderen Inhalt.

Dieses Verhältnis der Aufklärung zum Christentum hat vor allem zwei Ursachen: einmal die Tatsache des Protestantismus. Die Aufklärung und ihr voran Lessing fühlten sich als Vollstrecker des protestantischen Erbes. Der Vernunftprotest der Aufklärung gegen die Orthodoxie wurde auf gleicher Linie gesehen mit dem Glaubensprotest der Reformation gegen den Katholizismus. Die reine Lehre, nach dem Grundsatz des allgemeinen Priestertums jedem zugänglich, wurde gleichgesetzt mit der vernünftigen, allgemein verständlichen Lehre. Die Aufklärungstheologie hat zu einem nicht geringen Teil pädagogisch popularisierende Wurzeln. Die Kirchenlehre wurde rationalisiert, um allgemein verständlich zu werden. *Das deutsche Volk verdankt es dem Protestantismus, daß der Gegensatz von Religion und autonomer Vernunft, zwischen Christentum und Humanismus, nicht die rein gegensätzliche Form annahm wie in katholischen Ländern,* vor allem in Frankreich. Man konnte wie Lessing zugleich Freimaurer und guter Protestant sein, während auf katholischem Boden der Freimaurer der Gegner schlechthin ist. Und das wirkt bis heute nach.

Der andere Grund für die theologische Färbung der deutschen Aufklärung ist ihr teilweiser Ursprung in der sogenannten Schwärmerei, der Konkurrenzbewegung der Reformation, die zuerst fast ganz ausgerottet wurde, im endenden 17. und beginnenden 18. Jahrhundert aber im Anschluß an den Pietismus wieder an die Oberfläche kam und unter dem Namen Spiritualismus die Aufklärung vorbereiten half. Die spiritualistischen Sekten beriefen sich gegenüber dem Buchstaben der Schrift auf das innere Licht des Geistes, das jeden erleuchten kann. Dieses innere Licht aber, das ursprünglich religiös-jenseitig gemeint war, wurde immer diesseitiger. Es ging unmerklich über in das innere Licht der Vernunft, es wurde profan und autonom. Das hatte aber andererseits zur Folge, daß die Vernunft, in die das innere Licht sich verwandelte, die religiöse Qualität des inneren Lichtes erhielt und in der deutschen Aufklärung fast durchweg behalten hat. „Die Offenbarung hatte seine (des Menschen) Vernunft geleitet, und nun erhellte die Vernunft auf einmal seine Offenbarung – und dem Urheber beider ist ein solcher gegenseitiger Einfluß so wenig unanständig, daß ohne ihn eines von beiden überflüssig sein würde" – so heißt es in § 36 und 37 bei Lessing. Es ist kein Gegensatz zwischen beiden; denn beide gehen auf den gleichen Urheber zurück, beide sind göttliches Licht. – *Der Humanismus der deutschen Aufklärung ist christlicher Humanismus.* Er ist religiös getragen und theologisch geformt. Und das bleibt er, obwohl in jeder einzelnen Frage die christlich-reformatorischen Gedanken humanistisch umgewendet sind. Das ist Lessings Haltung, das ist Werk des Protestantismus, und das ist deutsches Schicksal: Es gibt neben den Kirchen eine profane Gesellschaft, die nicht „heidnisch" ist, auch nicht den griechischen Humanismus wiederholt, sondern als christlicher Humanismus, als evangelische Profanität eine neue, einmalige Erscheinung der christlichen Entwicklung darstellt.

3. Das dritte Zeitalter

Die Durchführung, die Lessing seiner Geschichtsdeutung im einzelnen gibt, bringt zwei Punkte, die den allgemeinen Eindruck ausdrücklich bestätigen und zugleich von höchstem speziellen Interesse sind. Der erste ist schon berührt. Es ist der Glaube an eine kommende Verwirklichung des Wesens Mensch oder, wie Lessing es religiös ausdrückt, an ein „ewiges Evangelium". Hier ist der Zusammenhang mit den Spiritualisten von Lessing selbst ausdrücklich bestätigt. „Vielleicht", heißt es in § 87 und 88, „daß selbst gewisse Schwärmer des 13. und 14. Jahrhunderts einen Strahl dieses neuen ewigen Evangeliums aufgefangen hatten und nur darin irrten, daß sie den Ausbruch desselben so nahe verkündigten. Vielleicht war ihr dreifaches Alter der Welt keine so leere Grille, und gewiß hatten sie keine schlimmen Absichten, wenn sie lehrten, daß der neue Bund ebenso antiquiert werden müsse als es der alte worden. Es blieb auch bei ihnen immer die nämliche Ökonomie des nämlichen Gottes. Immer – sie meine Sprache sprechen zu lassen – der nämliche Plan der allgemeinen Erziehung des Menschengeschlechts."

Mit diesen Sätzen stellt Lessing sich und die deutsche Aufklärung in eine gewaltige geistesgeschichtliche Tradition. Wie er mit der Erziehungsidee den Weg rückgängig machte, den die altkirchlichen Apologeten gegangen waren, so stellte er sich mit der Idee des dritten Zeitalters in die Linie derjenigen Bewegungen, die Augustins Auffassung der Kirche erschütterten. Augustin hatte den überaus folgenschweren Gedanken ausgesprochen, daß die Kirche das erwartete, was in der Offenbarung Johannis das an das Ende der Zeit gestellte Tausendjährige Reich ist, das Reich der Gottesherrschaft auf Erden, dem dann nach einer letzten Katastrophe das Reich Gottes im Himmel folgt. Der Glaube an das Tausendjährige Reich hat den tiefen Sinn, der diesseitigen Entwicklung der Weltgeschichte als solcher ein Ziel zu geben. Er ist darum immer wieder Anlaß geworden für Bewegungen in der Kirche, die jenen Endzustand herbeiführen wollten. Augustin hatte diesen Bewegungen die Kraft entzogen durch den Gedanken, daß das Tausendjährige Reich längst da ist, sofern die Kirche da ist. Dieser Gedanke wirkte ungemein konservativ, während die Hoffnung auf das tausendjährige Reich beunruhigend, ja revolutionär wirkt. Als nun im 13. Jahrhundert unter dem Eindruck der franziskanischen Bewegung eine allgemeine Kritik an der Kirche sich erhob, griff man die Weissagung des Abtes Joachim von Floris auf, der das Stadium des ewigen Evangeliums, die Periode der Geisterfülltheit jedes Einzelnen, verheißen und mit dem Auftreten eines neuen Ordens in Verbindung gebracht hatte. Die extremen, zur Ekstase geneigten Franziskaner bezogen diese Weissagung auf sich und verkündigten den unmittelbaren Anbruch des dritten Reiches. Die Kirche kämpfte sie zwar nieder, aber neue Sekten folgten. Der Augustinische Gedanke war ins Wanken gekommen. Beunruhigung, revolutionäre Tendenzen waren in die Geschichtsauffassung eingedrungen. Auf dem Wege über die Schwärmer des Reformationszeitalters dringen diese Gedanken in die deutsche Aufklärung und finden bei Lessing einen klassischen, weithin wirkenden Ausdruck. *Das dritte Zeitalter ist das Zeitalter, in der die Erziehung des Menschengeschlechtes grundsätzlich ihr Ziel erreicht hat,* in der das Wesen des Menschen Wirklichkeit geworden ist, in der die höchste Stufe der Aufklärung und Reinigkeit, wie Lessing sagt, erstiegen ist oder, wie er es anders ausdrückt, in der man das Gute tun wird, weil es das Gute ist, nicht weil willkürliche Belohnungen darauf gesetzt sind. Schwärmerei ist es nur, anzunehmen, daß dieses Stadium unmittelbar bevorstehe. Aber Lästerung wäre es, zu denken, daß es nie erreicht wird: „Nie – laß mich diese Lästerung nicht denken, Allgütiger!“ – ruft Lessing aus. – Die Idee des Tausendjährigen Reiches triumphiert auf humanistischem Boden und in humanistischer Form über Augustins konservativen Gedanken. Und die revolutionären Folgen bleiben nicht aus: denn der Gedanke des dritten Zeitalters wird weitergetragen. Alle idealistischen Philosophen von Kant bis Hegel vertreten ihn. Er verbindet sich mit den politischen Realitäten der französischen Revolution und mit der

Selbstbesinnung des Proletariats. Er geht ein in die revolutionäre Demokratie, in den utopischen und auch in den marxistischen Sozialismus. Er protestiert hier gegen die feudal-konservative Haltung des Luthertums, wie er in Thomas Münzer gegen Luther und in den Franziskaner-Spiritualen gegen Augustin protestiert hatte. Er verbindet sich mit der westlichen Aufklärung und verliert auf diesem Wege viel von seiner Innerlichkeit, von der theologischen Formung und selbstverständlichen religiösen Getragenheit. Und doch gibt er all diesen Bewegungen noch den religiösen Schwung, die innere Leidenschaft und die menschenformende, zum Heroismus und zur Askese begeisternde Kraft. Lessing würde die Träger der revolutionären Ideen wahrscheinlich unter die Schwärmer gerechnet haben, sofern sie an eine unmittelbare Nähe des dritten Zeitalters glaubten; er würde als Pädagoge vor ihrem politischen und antikirchlichen Radikalismus zurückgeschreckt sein; und doch ist er im Tiefsten mit ihnen verbunden durch den Glauben an den Reifestand der Menschheit, an das dritte Zeitalter, dessen Kommen gewiß ist.

4. Die Reinkarnation

Schwierigkeiten bereitet eine Frage, die notwendig auftaucht, wenn der Gedanke eines Zeitalters der Erfüllung ernstgenommen wird. Es ist die Frage, wie denn die zahllosen einzelnen, wie all die Geschlechter, die dem letzten Zeitalter nicht angehören, zur Erfüllung ihres Wesens kommen sollen. Offenbar sind sie von der Erfüllung ausgeschlossen, sofern sie nicht am dritten Zeitalter teilnehmen. Sie können aber nur an ihm teilnehmen, wenn sie wiederkehren. Darum läßt die Offenbarung Johannis wenigstens die Märtyrer wiederauferstehen, damit sie an der Herrschaft des Christus teilnehmen können. Die übrigen bleiben im Tode; aber das bereitet hier keine ernsthaften Schwierigkeiten, da ja in der allgemeinen zweiten Auferstehung alle entweder zur Erfüllung oder zur Verderbnis kommen werden. – Anders auf humanistischem Boden: Hier spielt der Auferstehungsgedanke, auch wenn er nicht bestritten wird, keine Rolle. Und der Unsterblichkeitsglaube, auf den die Aufklärung so viel Wert legte, hat eine völlig andere Funktion als der Auferstehungsglaube im Christentum. Er garantiert die Gültigkeit des moralischen Gesetzes und seine Erfüllung jenseits dieses Lebens. Aber dieses Jenseits ist auf humanistischem Boden kein echtes Jenseits. Es steht nicht im Gegensatz zur Geschichte, sondern drückt die Unendlichkeit der Geschichte aus. Denn die Erfüllung des Wesens Mensch kann nur in der Geschichte gedacht werden. Was jenseits der

Geschichte liegt, liegt auch im Jenseits des Menschen und ist für die humanistische Betrachtung in den Hintergrund gedrängt oder verschwunden. Liegen die Dinge aber so, dann wird die Frage brennend, wie der Einzelne in der Geschichte zu seiner Erfüllung kommen kann, wo er doch nur an einem geringen Bruchteil des Gesamtprozesses Anteil hat. Was kann es für alle vergangenen Geschlechter bedeuten, wenn sie nur Stufen sind für eine Erfüllung, an der allein die letzten Generationen teilhaben? *Ist es sinnvoll für alle Generationen, um einer letzten willen da zu sein, zu ringen und zu leiden?* Wird damit nicht den übrigen der Lebenssinn geraubt, werden sie nicht um die Erfüllung betrogen? Die Antwort ist unausweichlich. Sucht man ihr dadurch zu entgehen, daß man sagt, das Ringen um die Erfüllung ist selbst die Erfüllung, so ist das Ziel eine Leitidee und keine Wirklichkeit, so wird die Lästerung wahr, daß die höchste Stufe nie erreicht werden kann. Ist der Weg selbst das Ziel, so liegt das Ziel des Weges im Unendlichen, d. h., es ist kein Ziel, sondern eine Richtung. Man könnte sich für diese in der modernen Fortschrittsidee und ihrer neukantischen Begründung wirksame Auffassung auf Lessings berühmtes Wort berufen, in dem er den Besitz der vollen Wahrheit ausschlägt, um das ewige Suchen nach Wahrheit dafür zu wählen. Man könnte einen Widerspruch sehen zwischen diesem Wort und dem Glauben an ein Zeitalter der Vollendung. Aber dieser Gegensatz besteht nicht. Nur das ist deutlich: Vollendung ist nicht Ruhe. Das Ziel ist nicht das Ende. Auch das Zeitalter der Vollendung ist bewegt. Für einen dynamischen Geist wie Lessing ist das Augustinische Ideal einer in sich ruhenden, nur noch schauenden Vollkommenheit unmöglich. Ein Leben, das nicht Ringen, nicht unendliche Bewegung ist, wäre entweder das göttliche Leben selbst oder der Tod. Menschliches Leben aber bleibt Fortschreiten über jedes erreichte Sein. *Der dynamische Geist des Protestantismus formt das Endideal und macht es selbst dynamisch.* So ist jenes Wort über die Wahrheit zu verstehen. Das schließt aber nicht aus, daß die Bewegung auf dem Boden der Reife, der endlich errungenen reinen Menschlichkeit geschieht. Reife und Bewegung heben sich nicht auf. Auch im dritten Zeitalter ist die Wahrheit das, was gesucht wird. Aber sie wird nicht mehr gesucht auf den Irrwegen oder mit den pädagogischen Beihilfen der Vergangenheit, sondern autonom, in reifer Männlichkeit. Ist das aber so, dann erhebt sich von neuem die Frage: Wie steht es mit denen, die dieses Zeitalter nicht erreichen?

Es gibt, wenn die christliche Jenseitslösung beiseitegeschoben ist, zwei mögliche Antworten auf die Frage. Die eine lautet: Es kommt nicht auf den Einzelnen und auch nicht auf die Generation an, weder auf die erste noch auf die letzte. Es kommt nur auf den geistigen Ertrag, auf die objektiven Schöpfungen an, die in jeder Zeit und von jedem Einzelnen geleistet werden. *Nicht die Persönlichkeit, sondern der objektive Geist verwirklicht sich in der Geschichte.* Damit ist der Erziehungsgedanke aufgegeben. Wir sahen schon, daß Hegel ihn aufgegeben hat. Es ist kein Zufall, wenn er vor allem die Idee des objektiven Geistes zum Verständnis der Geschichte benutzt und damit notwendigerweise den Einzelnen und seine Vervollkommnung entwertet. Das ist die eine mögliche Lösung des Problems, die Lösung, die das Geistesleben des 19. Jahrhunderts beherrscht und der Geschichtsphilosophie bis heute zugrunde liegt. Es ist aber auch zugleich die Lösung, die wie kaum ein anderer Gedanke verhängnisvoll wurde für das Hegelsche System und damit für die deutsche Geistesgeschichte überhaupt. Das Problem der individuellen Unsterblichkeit trieb neben dem christologischen Problem (und in Wechselwirkung mit ihm) die Hegelsche Schule auseinander und zerspaltete das Denken in antichristlichen Liberalismus und orthodoxe Reaktion. Diese Sachlage zwingt, auf die zweite mögliche Lösung, die Lessingsche, zu achten.

Nach Lessing ist der Einzelne dadurch mit dem Gesamtverlauf der Geschichte verbunden, daß er wiederkehrt. „Warum könnte jeder einzelne Mensch auch nicht mehr als einmal auf dieser Welt vorhanden gewesen sein? Ist diese Hypothese darum so lächerlich, weil sie die älteste ist?" – fragt Lessing und widerlegt sofort den Haupteinwand, der gemacht werden kann, daß die Erinnerung an ein früheres Dasein fehle: „Wohl mir, daß ich das vergesse. Die Erinnerung meiner vorigen Zustände würde mir nur einen schlechten Gebrauch der gegenwärtigen zu machen erlauben." *Die Idee der Reinkarnation wird lebendig auf den Höhen der deutschen Aufklärung und des Idealismus*, bei Lessing, ebenso bei Fichte, und selbst noch gelegentlich bei Goethe. Die begriffliche Möglichkeit dazu gab Leibniz mit seiner Auffassung der Seele als unzerstörbarer Monade. Jede Seele ist der Mittelpunkt einer unendlichen Fülle von Körpermonaden, die von ihr eine begrenzte Zeit zusammengehalten werden. Mit dem Tode zerfällt diese Einheit, die Monade aber ist unsterblich, und es besteht die Möglichkeit neuer Zusammenballungen. Außer diesem Gedanken wirkten okkulte Traditionen, die im Jahrhundert der Aufklärung eine erstaunliche Rolle spielten; es wirkten literarische Übermittlungen indischer Denkweisen. Aber dieses alles hätte nicht genügt, wäre der Gedanke nicht von innen her für Lessing notwendig gewesen. Er gab ihm die Antwort auf die Frage nach der Teilnahme des Einzelnen am Zeitalter der Erfüllung.

Die Seelenwanderungslehre Lessings hat mit der indischen eigentlich nur den Namen gemein. In Indien gibt es eine Rückkehr in vormenschliche Verkörperungen; der Wandel erfolgt nicht um der Erziehung willen, sondern vermittelst einer höheren Kausalität, die bestimmt ist durch das Werk, das der Einzelne hat; das Ziel ist nicht Vollendung, sondern Aufhebung des Daseins. Die Befreiung, die Lessing bei dem Gedanken an die Wiederkehr empfindet, ist einem Inder unverständlich. Denn dieser sehnt sich in jeder Wiederkehr nach dem Ende jeder Wiederkehr. Ganz anders Lessing: Er will wiederkehren, um weiter geformt zu werden, er bleibt auf dem Boden der christlichen Tradition. Das Dasein wird positiv gewertet. Die Wiederkehr dient der Erfüllung des Seins, der Vollendung des Wesens Mensch. – Freilich ist der Glaube an die Wiederkehr nicht unmittelbar christlich. Der unbedingte Transzendenzgedanke macht ihn überflüssig. Und doch gibt es auch auf christlichem Boden Tendenzen, die zu ihm hinführen können. Einmal der Versuch, die Zeit, die zwischen dem Tode des Einzelnen und dem „jüngsten Tage" verstreicht, auszufüllen mit pädagogischem Inhalt. Der Fegefeuerglaube enthält ein solches pädagogisches Element. Die Reformation bekämpfte diesen Glauben. Aber der Protestantismus konnte sich dem Problem, das in ihm liegt, selbst nicht entziehen. Die Frage nach dem Zwischenzustand war nicht aus der Welt zu schaffen. Konnte man annehmen, daß die Gnade den Schächer am Kreuz und den Apostel Paulus sofort in die gleiche Seligkeit erhebt? Fehlen in dem einen Fall nicht alle inneren Voraussetzungen dazu, müssen sie nicht nachgeholt werden? Und schließlich drang im 18. Jahrhundert das dynamische Element auch in die Vorstellung der Transzendenz ein. Ist der Himmel ruhende Seligkeit? Wäre solche Ruhe überhaupt Seligkeit? Kann es dauernde Seligkeit ohne Leid geben? So fragte man und führte gleichsam den irdischen Rhythmus in den Himmel selbst ein. Nun aber konnte man fragen, was noch für ein Unterschied geblieben ist zwischen Erde, Zwischenzustand und Himmel, zumal nach strenger Lehre zu allen Zuständen Leiblichkeit gehört. Wenn aber Leiblichkeit mit Rhythmus von Lust und Schmerz, so lag es am nächsten, dies alles in der Welt der Leiber zu lokalisieren, vielleicht in einer anderen Leiblichkeit, vielleicht auf anderen Gestirnen, vielleicht aber auch auf unserer Erde. Damit waren die Brücken geschlagen zur Reinkarnation, das mythische Jenseits war diesseitig geworden. Der Einzelne war eingeflochten in die Gesamtentwicklung. – Es ist etwas Großes, daß Lessing diesen Gedanken wagte. Er übernahm damit die christliche Wertung der Einzelpersönlichkeit, ihren unendlichen Wert und ihre ewige Verantwortung auf dem Boden des Humanismus, während Hegel und alle Philosophen des objektiven Geistes bis zur Gegenwart das antike

Element der objektiven Kulturwerte und der Entwertung der Persönlichkeit aufnahmen. *Hier ist die Aufklärung christlicher als der sich so christlich, ja orthodox gebärdende Idealismus.* In der Form der Reinkarnationsidee, die dem Ausdruck nach ein Mythos, der Gewißheit nach, wie Lessing sagt, eine Hypothese ist, hat Lessing eine christliche Fundamental-Wahrheit, den unbedingten Wert der Einzelseele, auf humanistischem Boden zum Ausdruck gebracht. Und es scheint mir, als ob er uns damit mehr zu sagen hätte als die Philosophie des objektiven Geistes, die dem Einzelnen und vor allem den Massen der Einzelnen um abstrakter Werte willen die Erfüllung versagt. Der nach vorn gerichtete weltgestaltende Wille etwa der sozialistischen Massen könnte in Lessings Reinkarnationsmythos einen unmittelbareren und tieferen Ausdruck finden als in der idealistisch verwurzelten bürgerlichen Kulturphilosophie.

So steht auch in diesen Fragen Lessing da als der große Repräsentant eines christlich getragenen Humanismus. Sehr bald nach ihm wurde diese Haltung verlassen, bekämpft, umgedeutet, verspottet – vom Idealismus, vom antichristlichen Humanismus, von der theologischen Reaktion. Und eins ist sicher: Der Humanismus kann nicht der letzte Grund sein, auf dem wir bauen. Mehr noch als durch geistige Strömungen ist er durch die ungeheuren geschichtlichen Ereignisse erschüttert, deren Zeugen und Mitwirker wir waren. *Wir wissen wieder von dämonischer Besessenheit der Völker und der Seelen. Wir schauen wieder aus nach begnadetem Sein.* Das Jenseits des Seins, das Jenseits des Menschen ist uns wieder Problem. Aber freilich: Problem, nicht Selbstverständlichkeit wie der Romantik und der Orthodoxie, Problem wie dem 18. Jahrhundert, wenn auch mit umgekehrtem Vorzeichen. Das heißt aber: das 18. Jahrhundert ist nicht überwunden. Dilthey hat recht, wenn er sagt, daß Lessing uns in besonderem Maße ein Gegenwärtiger sein kann. Die Probleme des 18. Jahrhunderts sind weder gelöst noch versunken. Wir stehen mehr, als wir ahnen, mitten in ihnen. Wir können sie nicht erfassen, wenn wir uns durch die Schlagworte der Romantik und des 19. Jahrhunderts das wahre Bild des 18. verdecken lassen. Mit Verspottung von Aufklärung, Rationalismus, Vernunftglaube ist nichts getan. Wir müssen die wirklichen – und das heißt immer und überall die religiösen – Kräfte der Zeit sehen. Und wir können sie an niemand besser sehen als an dem Manne, dessen zweihundertjährigen Geburtstag wir feiern: die Kräfte eines christlichen Humanismus, dessen kritischster, bewegtester, tapferster Vertreter und Vorkämpfer Lessing ist.

GOETHE UND DIE IDEE DER KLASSIK
(1932)

An ehrwürdiger, dem Dichterwort geweihter, durch erstmalig erklungenes Dichterwort doppelt geweihter Stätte ist es mir vergönnt, von dem Manne zu reden, den Deutschland als seinen größten Dichter, den viele Deutsche als den größten deutschen Menschen verehren.

1.

Sein Tod, seit dem in zwei Tagen ein Jahrhundert vergangen ist, bedeutet mehr als das Ende des reichsten Menschenlebens. Er bedeutet zugleich das Ende der reichsten Zeit deutscher Geschichte. Wie eine schroffe Gebirgs-Wasserscheide liegt das Jahr 1832 zwischen zwei Zeitaltern. Einige Monate vor Goethe war Hegel gestorben. Das Schicksal seiner Philosophie nach seinem Tode machte es jedem sichtbar, daß eine neue Zeit hereinbrach. Es war der Sturz eines Königreiches in der Welt des Gedankens, einer Herrschaft, die unumschränkt war und der sich schon nach einem Jahrzehnt niemand mehr beugte. Denn schärfer als in der Dichtung sind die Gegensätze in der Philosophie; sie zwingt durch ihren Anspruch, Wahrheit zu geben, des Denkens und Handelns, zur Entscheidung, zum Ja oder Nein, während die Dichtung formt, was ist, und ihr Maßstab die Kraft ihrer Form ist. Goethe als Dichter konnte nicht dem Schicksal verfallen, das Hegel traf, denn gegen die klassische Größe seiner Form gab es keinen Einspruch.

Aber in jeder Form ist mehr als Form, in jeder Form ist ein Gehalt, ist ein Sein, ist eine Lebens-Möglichkeit, die Lebens-Wirklichkeit geworden ist. Denn Form werden heißt wirklich werden. Und dieses *Mehr*-als-Form, das der Form Bedeutung und Kraft gibt, kann ebenso wie der philosophische Gedanke den Widerspruch herausfordern. Er hat sich in dem Jahrhundert nach seinem Tode auch gegen Goethe erhoben. Theologen, die in ihm den Heiden, Moralisten, die in ihm den Amoralisten, Naturforscher, die in ihm den Träumer, Politiker, die in ihm den Kosmopoliten sahen, traten gegen ihn auf. Sie verbeugten sich vor dem Dichter und der Größe seiner Form; sie wandten sich ab von dem Geist, aus dem die Form ihre Größe nahm. – Wichtiger aber als in der Kritik an Goethe zeigte sich der Wechsel der Zeitalter in der Verehrung Goethes, in dem Bild von ihm, das das 19. Jahrhundert über sich stellte. Goethe wurde umgedeutet in den Geist und die Lebensmöglichkeit der bürgerlichen Gesellschaft. Er wurde zum liberalen Theologen gemacht oder zum Großherzoglichen Geheimen Rat; er wurde von den Fortschrittsgläubigen und den Bildungsphilistern für sich reklamiert, er wurde, soweit es ging – ganz ging es ja nicht – moralgerecht und schulgerecht gemacht von Pädagogen, die nicht mehr ahnten, daß auch Prometheus, auch Mephisto Blut vom Blute Goethes sind. Er wurde zum Kulturgut, gemessen an den Maßen des gebildeten Bürgertums.

Und das alles unter dem Namen des Klassischen. So kam die *Idee der Klassik in Verruf*. Das Wort verbindet sich noch immer für viele von uns mit Langeweile, Schulmeisterei, leerem Pathos, Allgemeinbildung, totem Formalismus, prunkvollen Klassiker-Ausgaben in prunkvollen Glasschränken.

Auch noch anderes freilich ist im Goethebild des 19. Jahrhunderts zu sehen: Echteres, Wahreres. Vielen gab auch im 19. Jahrhundert Goethe die Möglichkeit zu leben, vielleicht nicht in letzter, aber doch in tiefer Schicht ihres Seins. Und manche empörten sich gegen die Entstellung Goethes, weil sie sich gegen den Geist ihres Jahrhunderts empörten.

Lassen Sie mich zwei Namen an dieser Stelle nennen. Der erste, Friedrich Nietzsche, dem wir es, wenn auch auf Umwegen, vor allen andern verdanken, daß wir heute nach hundert Jahren Goethe wieder sehen können jenseits der Wasserscheide seines Todesjahres. Nietzsche, der das Lebendige wieder entdeckte, in dessen Namen einst Goethe in Einheit mit Sturm und Drang die vernünftige Welt der Aufklärung zerschmettert hatte; und Nietzsche, der zugleich den alten Goethe gegen den jungen stellte und in dem alten die Form fand, die er sonst nur in der französischen Klassik zu finden glaubte: höchstes, unfaßbarstes dämonisches Leben in Einheit mit klarster, durchsichtigster Form. Darum ringt Nietzsche; und als er diese Spannung in Goethe sah, hatte er die Umrisse des neuen Goethebildes gezeichnet. Und der andere Name: Friedrich Gundolf, der heute an dieser Stelle hätte stehen sollen mit mehr Recht als irgendein anderer, der die Rede dieses Tages schon entworfen hatte und dessen wir heute als Neuschöpfer des Goethebildes in Schmerz und Dankbarkeit gedenken.

Wir sehen Goethe anders als die Zeit, die mit seinem Todestage beginnt. Wir sehen Klassik anders als die Mißgestalt, die uns aus unseligen Jugenderinnerungen bei diesem Wort noch immer vor Augen tritt. Was ist Klassik und was ist Goethe als Klassiker, was ist er für uns?

Nicht als ein Glied der verborgenen oder gar einer offenen Goethe-Gemeinde suche ich diese Frage mir und Ihnen zu beantworten. Fast wie ein Fremder komme ich an Goethe heran, mit ihm zu ringen als einem Rätsel, einer ungelösten Frage. Nicht Worte eines Bekennenden hören Sie, sondern Fragmente, die Antwort eines Fragenden.

2.

Es gibt einen allgemeinsten Sinn von Klassik. Er gilt so gut für die klassische Zeit des Christentums und des Protestantismus wie für die klassische Nationalökonomie oder Literaturwissenschaft. Er gilt sowohl für klassische Persönlichkeiten, die eine Zeit repräsentieren, wie für klassische Werke eines Stils. Was ist Klassik in diesem ersten allgemeinen Sinn? Sie ist *ursprüngliches Leben in ursprünglicher Form*; sie ist eine neue Möglichkeit, die in die Wirklichkeit bricht und dort ihre einmalige, erste und eigentliche Form findet.

Goethe ist klassisch, weil er ursprüngliches Leben in ursprünglicher Form ist. Er kämpft, seit Herder ihn von den Fesseln falscher überlieferter Klassik befreit hatte, den Kampf mit, in dem der Sturm und Drang seinen revolutionären Angriff auf das Jahrhundert der Aufklärung unternahm. Anstelle der Kunstdichtung tritt ein Doppeltes: die Dichtung des Volkes und die Dichtung des Genies. Das Volkslied und Shakespeare werden gegen die Formkultur der französischen Klassik eingesetzt – der Weg, und zwar der einzige, zu neuer Klassik. Denn das erste Aufstehen der Klassik ist Formzerbrechung.

Goethe hat sich um deswillen noch in seinem Alter den Befreier der Deutschen, namentlich der jungen Dichter genannt. Er habe sie gelehrt, von innen heraus zu leben und von innen heraus zu wirken, er habe ihnen den Mut gegeben, ihr Individuum durch dichterische Form hinzustellen an den Tag. „Poetischer Gehalt ist Gehalt des eigenen Lebens", sagt er und vor allem: „Alles, was von mir bekannt geworden, sind nur Bruchstücke einer großen Konfession". Dichtung ist Bekenntnis. Nur die Form ist wahr, in der ein Inneres, ein Erlebtes ohne Verfälschung ein Äußeres, ein Bekenntnis geworden ist. Nur was so unmittelbar schöpferischem Prozeß entsprungen ist, kann klassisch werden; nur was ungebrochen ist durch Reflexion oder Überlieferung. Dann aber muß es Form werden, um klassisch sein zu können. Aus dem Bekenntnis muß Erkenntnis werden, aus dem Individuellen ein Allgemeines. Das Subjekt darf nicht bei sich bleiben im Werk; es darf nicht seine gleichgültigen Meinungen und Empfindungen herausschwatzen.

Sondern es muß sich befreien von sich selbst, es muß objektiv werden. Schaffen ist Selbstbefreiung durch *Eingang in ein Allgemeines.* Nur dann ist das Individuelle, das Erlebnis, das Bekenntnis ein Klassisches, wenn es die Macht des Allgemeinen hat, die Macht, fremde Individualität sich zu unterwerfen. Schöpfung ist nur, wo Form ist. Form aber ist das Jenseits von Subjektivem und Objektivem.

So muß verstanden werden, was man oft einseitig an Goethe gelobt und getadelt hat: seine Haltung, die sich einfügt in übergreifende Ordnungen, seine Worte vom Verzicht und der Selbstüberwindung, die des Menschen eigentliche Macht sei, sein Preis der Unterwerfung unter die göttlich-sittliche Norm in der Iphigenie, unter das Menschlich-Geziemende im Tasso, unter die Natur, von der er in bezug auf das Gleichgewicht ihrer Gaben und Kräfte sagt:

> „Diese Grenzen erweitert kein Gott, es ehrt die Natur sie,
> Denn nur als beschränkt war je das Vollkommene möglich."

Und endlich unter das Schicksal, wie es aus jenen Worten klingt:

> „Nach ewigen, ehernen
> großen Gesetzen
> müssen wir alle
> unseres Daseins
> Kreise vollenden."

So steht über uns die Form und das Gesetz; aber sie löschen die Individualität, das ursprünglich Einmalige nicht aus. Weder kann die Individualität dem Schicksal entgehen noch kann das Schicksal die Individualität zerreißen. Dieses Unzerreißbare, Ursprüngliche der Individualität, das bleibend ist in allem Schicksal, nennt Goethe Dämon. Von ihm sagt er:

> „Wie an dem Tag, der dich der Welt verliehen,
> die Sonne stand zum Gruße der Planeten,
> bist alsobald und fort und fort gediehen
> nach dem Gesetz, wonach du angetreten.
> So mußt du sein. Dir kannst du nicht entfliehen.
> So sagten schon Sibyllen, so Propheten.
> Und keine Zeit und keine Macht zerstückelt
> geprägte Form, die lebend sich entwickelt."

Diese Einheit von Leben und Form ist Klassik, bei Goethe und in jeder ganz zum Sein gekommenen Schöpfung. Das ist der allgemeinste Sinn des Klassischen.

3.

In diesem Sinn ist nur Goethe klassisch in seiner ganzen Zeit. Und doch nennen wir die ganze Zeit die deutsche Klassik und Schiller fast noch mehr als Goethe. Hier setzt ein neuer, engerer Begriff von Klassik ein; ein geschichtlicher, beschränkter, der aber doch zugleich typisch ist und für uns mindestens zweimal in der Geschichte wirklich geworden ist, bei den Griechen und bei uns.

Klassik in diesem Sinne ist Ursprünglichkeit mit einem besonderen Merkmal, unter besonderen Bedingungen; es ist ursprüngliches Sich-stellen des Menschen auf sich selbst und den Gehalt seines Menschseins. Es ist also Ursprünglichkeit nicht nur formal, sondern auch inhaltlich; es ist *Entdeckung der Menschlichkeit des Menschen*, Befreiung ursprünglichen Menschseins von unter- und übermenschlichen Mächten. Dazu sind zwei Momente nötig: einmal der menschliche Gehalt, wie er im mythischen Zeitalter der Menschheit sich dargestellt hat. Das, was mit einem Namen aus der Kunstgeschichte das *Archaische* genannt werden mag, das Unvordenkliche, das, was von den unterirdischen Mächten kommt, was die Menschen trägt, aber auch bindet, und dessen Brechung als menschliche Überheblichkeit, als Frevel gegen die Götter erscheint. Von diesem Frevel handelt die Antigone, die größte, die eigentlich klassische Tragödie. Denn noch ein anderes Prinzip ist im Menschen, das Gedachte, das von den überirdischen Mächten kommt, das Helle, das den Menschen befreit, ihn aber zugleich sich selbst überläßt, und von dem er, ist es einmal gefunden, nicht wieder loskommt, es sei denn im Untergange. Es ist die *Aufklärung*, ihre technische, weltgestaltende und welterkennende Macht und ihre sittliche Autonomie, die sich gegen die Archaik stellt und sie auflöst.

Klassik im engeren Sinne ist der Augenblick – und nur dieser Augenblick –, wo die archaische Substanz, die tragenden Mächte des Lebens, aus der mythisch-vorzeitlichen Bindung befreit, eingehen in die autonome Form des Denkens und Schauens. – So war es bei den Griechen. Nach der alles auflösenden Sophistik, deren Vollender und Überwinder Sokrates war, geht die Substanz, das griechische Lebensgefühl, ein in die neue menschliche Form. Der Mensch wird das Maß aller Dinge, weil er selbst gemessen ist von dem Maß der reinen Form. So geht der mythische Gedanke, Apollo und Dionysos, ein in Platos Philosophie, so geht der Kultus, menschlich geworden, ein in die Tragödie, und die Kultgestalt, der menschlichen Gestalt gleich geworden, ein in die Plastik; und die altfeudale Staatsordnung wird Substanz des Staates, wie ihn Plato begrifflich entwirft.

Darum sind auch für Goethe die Griechen des klassischen Augenblicks ihrer Geschichte Maß und erste klassische Verwirklichung alles dessen, was Klassik sein kann.

Auch die deutsche Klassik hatte eine Archaik hinter sich, das Mittelalter, und auch noch in der kirchlichen Gestalt, wenn auch nicht im Wesen, den Protestantismus. Und sie hatte zugleich den zersetzenden Angriff der Aufklärung auf die archaische Welt übernatürlicher Dinge hinter sich, den Kampf um die Autonomie, um die Natur und den Menschen, in dem Lessing den letzten siegreichen Stoß geführt hatte. Gegen beides, gegen Mittelalter und Aufklärung, steht die Klassik, dem einen die Substanz, der anderen die Form entnehmend und zugleich in Substanz und Form griechische Elemente in sich verarbeitend.

So führt Goethe mit der Aufklärung den Kampf für den sich auf sich selbst stellenden Menschen, der die Angst vor dem Archaisch-Bindenden abwirft. Er läßt seinen Prometheus, den Vertreter autonomer Menschlichkeit, gegen Zeus, den Vertreter archaisch-verpflichtender Göttlichkeit, die ungeheuren Worte sagen:

„Mußt mir meine Erde doch lassen stehn
und meine Hütte, die Du nicht gebaut,
und meinen Herd, um dessen Glut Du mich beneidest.
Ich Dich ehren? Wofür?
Hast Du die Schmerzen gelindert
je des Beladenen?
Hast Du die Tränen gestillt
je des Geängsteten?
Hat nicht mich zum Manne geschmiedet
die allmächtige Zeit und das ewige Schicksal,
meine Herren und Deine?“

Das ist nicht Atheismus. Es ist Protest gegen den Gott, der uns gegenübersteht, der Willkür-Macht ist, Fremdes, Übernatürliches, ein jenseitiger Gegenstand. Alle Klassik ist darin einig. *Das Göttliche ist das Eigene*, das Einheimische des Menschen, sagt Hegel, das, wo er am meisten bei sich ist. Fremd ist es nur, wenn wir uns selbst entfremdet sind und nun wir selbst, unser eigenes Sein, als fremdes Schicksal gegen uns tritt. Wo wir dagegen mit uns eins sind, sind wir getragen vom

Göttlichen. Jeder Mensch, der in Wahrheit Mensch ist, hat und vernimmt seine Stimme, die Stimme der Wahrheit. „Es hört sie jeder" – sagt Iphigenie – „geboren unter jedem Himmel, dem des Lebens Quelle durch den Busen rein und ungehindert fließt." In der *humanitas,* im edlen Menschentum ist das Göttliche offenbar.

Das bedeutet aber zugleich: Es ist in der Natur offenbar; denn im Menschen erfüllt sich, was für alle Natur gilt. Gott *oder* Natur hatte Spinoza gesagt. Er hatte damit die archaische Gleichung Gott *über* der Natur aufgelöst. Und Goethe stimmt ihm zu trotz aller Unterschiede des Naturbegriffs:

„Was kann der Mensch im Leben mehr gewinnen,
als daß sich Gott-Natur ihm offenbare?"

Diese Offenbarung ist jedem zugänglich. Denn Natur ist nicht verschlossen; zwar ist ihr nichts abzuzwingen; was sie uns nicht offenbaren will, das kann man ihr nicht ablisten mit Hebeln und Schrauben. Aber sie will sich ja offenbaren; nicht als die Berechenbare; sie behält ihr Geheimnis, ihren Schleier; trotzdem aber gilt von ihr:

„Nichts ist drinnen, nichts ist draußen.
Denn was innen, das ist außen.
So ergreifet ohne Säumnis
heilig öffentlich Geheimnis."

Es ist Geheimnis. Natur behält die Verschlossenheit alles Heiligen. Aber es ist öffentlich Geheimnis. Jeder hat jederzeit Zutritt.

So ist anstelle des jenseitigen Gottes der Archaik und der Priester, die das mythisch-geschichtliche Geheimnis hüten, die *Gott-Natur* getreten und der Mensch, in dessen Innern das Geheimnis offenbar wird, und anstelle der Offenbarung von Dogmen und heiligen Mysterien die Offenbarung der Natur, die öffentlich ist. Archaisches, Geheimnis und Aufklärung, Öffentlichkeit sind in Natur und Menschlichkeit eins geworden.

Klassik ist Frömmigkeit auf dem Boden des Natürlichen und des Menschlichen. Die griechische wie die deutsche Klassik sind fromm. Goethe ist es in jedem Wort; und er weiß darum: „Die Menschen", sagt er, „sind nur solange produktiv in Poesie und Kunst, als sie noch religiös sind." Es ist falsch, Goethes Frömmigkeit aus Worten über Religion und Christentum abzulesen. Die Substanz ist fromm und darum jede seiner Schöpfungen – auch die Satyrspiele seines Dichtens. Er weiß sich darum eins mit dem alten Wahren, das längst gefunden ist und die edlen Geister der Jahrtausende verbindet.

Diese *Weltfrömmigkeit,* die das Sein ewig nennt und weiß, daß kein Wesen in Nichts zerfallen kann, weil in allem fort und fort das Ewige sich regt, die darum auffordert, sich an das Sein zu halten – man sollte sie nicht Pantheismus nennen. Sie ist keine Gottes-Vorstellung. Goethe hat jede solche Vorstellung abgelehnt. Sie ist ein Sein und ein Seins-Gefühl. – Und sie drückt sich in dem aus, was wir klassische Form nennen. Hier hat die klassische Form ihren Grund, losgelöst davon ist sie nichts. Die klassische Form ist die Form der *inneren Unendlichkeit,* der Unendlichkeit im Endlichen, Beschränkten; Hegel hat das Weitergehen von einem Endlichen zum andern ins Grenzenlose „schlechte Unendlichkeit" genannt. „Gute Unendlichkeit" ist auch für ihn innere Unendlichkeit. Das ist klassisch und das ist das Goethesche Formprinzip. In jedem Kleinsten, einer reifen Frucht, einer abendlichen Windstille, einer Bewegung der Geliebten, einer Staubwolke, einem Knochen hat er das Ganze, das Göttliche, in jedem Gegründeten das Abgründliche geschaut und geformt.

Darin liegt zugleich die Einheit von Ruhe und Bewegung, die zur klassischen Form gehört, und sie gehört dazu, weil sie zur klassischen Frömmigkeit gehört. Klassische Form ist unmittelbarer, eigenster Ausdruck klassischer Frömmigkeit, und sonst ist sie nichts. – Daß der leidenschaftliche Drang des Lebens ewige Ruhe in Gott dem Herrn ist, das unterscheidet den Goetheschen Lebensgedanken von dem der modernen Lebensphilosophie, die romantisch und nicht klassisch ist. Von einer rotierenden Bewegung alles Lebens spricht Goethe und greift damit das Symbol auf, das für die griechische Klassik das höchste war, die *Kreisbewegung,* die in sich zurückkehrt, die Einheit von Bewegung und Ruhe.

So ist es in der Natur, so vor allem im menschlichen Leib, so soll es sein im menschlichen Handeln, so muß es sein in der schaffenden Kunst.

„Dieser schöne Begriff von Macht und Schranken, von Willkür
und Gesetz, von Freiheit und Maß, von beweglicher Ordnung,
Vorzug und Mangel erfreue dich. –
Keinen höheren Begriff erringt der sittliche Denker,
keinen der tätige Mann, der dichtende Künstler. –
Freue dich, höchstes Geschöpf der Natur, du fühlest dich fähig,
ihr den höchsten Gedanken, zu dem sie schaffend sich aufschwang,
nachzudenken."

So läßt Goethe in der Metamorphose der Tiere die klassische Form des Kunstwerks in der Struktur alles Lebendigen selbst gegründet sein.

4.

Und doch ist das Klassische geschichtlich *ein Augenblick*. Archaik und Aufklärung brechen, kaum vereinigt, von neuem zwiespältig hervor. Die Romantik durchbricht die endlichen Schranken. Sehnsucht wird ihr Hauptgefühl. Sie stellt das Unendliche dem Endlichen entgegen, das Göttliche dem Menschlichen. Die Formen der archaischen Frömmigkeit kehren wieder. Goethe erlebt diese Entwicklung und sagt über sie: „Es ist nichts trauriger anzusehen als das unvermittelte Streben ins Unbedingte in dieser durchaus bedingten Welt; es erscheint im Jahre 1830 vielleicht ungehöriger als je." Ein Wort von staunenswerter, fast prophetischer Tiefe. Dichtung, Philosophie und Theologie, die aus den Bedingungen des Menschlichen herausspringen wollen, sind damit gebrandmarkt. Und der Wille, aus der geschichtlichen Lage und der Situation dieses Jahres herauszuspringen, wird als falsches Bewußtsein, als Ideologie enthüllt. Nirgends ist der Realismus in Goethes Klassik sichtbarer, und nirgends ist er gegenwärtiger auch für uns. Denn die Abwehr Goethes hat die Wiederkehr der Archaik nicht hindern können. Das Über- und Untermenschliche, von dem Goethe sich fernhalten wollte, wurde übermächtig. Und mit der Archaik, als ihr Widerspiel, kehrte auch die Aufklärung wieder. Goethes Naturbild hatte sie tief getroffen. Die gleichzeitige Naturphilosophie, vor allem Schellings, hatte dieses Naturbild zu einer geschichtlichen Macht werden lassen. Es war die Schau der Natur als Einheit und lebendige Gestalt; es war der Kampf gegen die Natur der mathematischen Naturwissenschaft, der berechenbaren, beherrschbaren Natur, die Natur der bürgerlichen Gesellschaft. Goethe kämpfte gegen sie in der Gestalt der Newtonschen Farbenlehre, in Gestalt des Experiments und der Analyse. Er will schauen, nicht berechnen, die Natur walten lassen, nicht im Experiment vergewaltigen.

Damit aber hatte er die eine Seite der Stellung von Mensch und Natur, die herrschaftliche Stellung, auf der die Existenz der bürgerlichen Gesellschaft beruht, übersehen. Sie ließ sich nicht übersehen. Eine neue Welle mathematisch-naturwissenschaftlichen Denkens erhob sich und wie mit der romantischen Haltung die romantische Kunstform, so mit der neuen Naturbetrachtung die realistische Kunstform. Zwischen Romantik und Realismus stehen wir auch heute. Zwei menschliche Möglichkeiten ringen in ihnen miteinander. Die Meinung aber, durch klassische Form den Gegensatz zu bewältigen, ist töricht. Klassische Form ruht auf klassischem Sein. Sie ist ein Augenblick, ein Übergang, eine *Zeitenfülle,* kein Muster für jede Zeit.

Das aber zwingt uns zu der Frage nach den *Grenzen der Klassik.* Stellen wir zur Beantwortung dieser Frage der Klassik eine andere Möglichkeit gegenüber, die ebenfalls aus der Archaik hervorbricht und ebenfalls fragt und fordert: die *Prophetie.* Auch sie hat im Sinne des allgemeinen Begriffs sich klassisch verwirklicht, war ursprüngliche Möglichkeit in ursprünglicher Form. Und doch ganz anders: Beide, Klassik und Prophetie, gehen vom einzelnen Menschen aus und wenden sich an den Einzelnen. Die Klassik aber, um zum einzelnen zurückzukehren, ihn in kleiner Schar zu formen zu höchster Menschlichkeit; die Prophetie dagegen um eines Übergreifenden willen, Reich Gottes in mythischer, Reich der Gerechtigkeit in rationaler Sprache.

Die Prophetie ist ein Sonderauftrag, nichts Allgemein-Menschliches, der Prophet kehrt nach Erfüllung seines Auftrages zurück in allgemeines Mensch-Sein. Die Klassik beansprucht Formung jedes Augenblicks.

Die Prophetie weiß um die Distanz zwischen sich und dem Göttlichen. Der Prophet als Unreiner in unreinem Volk wagt nicht, sich dem Göttlichen zu nähern. Weder die seiende Natur noch der seiende Mensch, auch nicht der Gute, hat das Göttliche verfügbar in sich. Die Prophetie ist universal und gilt für jeden. Sie beschränkt sich nicht auf den Weisen und die kleine Schar, wie die Klassik. Ihre Forderung gilt jedem. Ihre Sprache vernimmt jeder. Ihre Symbole versteht das Kind, und ihr Ziel ist Sehnsucht jedes Menschen.

Die Prophetie beruft sich auf Geschichte und macht Geschichte. Die Natur ist für sie nachfolgend, nicht der eigentliche Ort der Offenbarung wie in der Klassik, in der Geschichte als Entfaltung menschlicher Natur geschaut wird.

Die Prophetie kennt ein geschichtliches Schicksal, die Klassik ein Schicksal der Einzelseele, bei Plato wie bei Goethe. Denn die Klassik isoliert den Einzelnen, während die Prophetie ihn in die geschichtliche Bewegung hineinwirft.

Goethe hat dem *Handeln* höchstes Gewicht gegeben. „Wievieles ist denn dein?“ wird Prometheus gefragt. „Der Kreis“, antwortet er, „den meine Wirksamkeit erfüllt, nichts drunter und nichts drüber.“ Am handelnden Faust scheitert Mephisto. Das Negative, das jeden Genuß, jede Theorie begleitet, hat dem Handelnden gegenüber keine Macht.

Dies Handeln ist Humanität, und zwar eine Humanität, nach der jeder sein Hilfreich-, Edel- und Gut-Sein am besten dadurch bewährt, daß er in seinem Kreise bleibt, daß er vor seiner Tür kehrt. Goethe hatte, seiner Naturauffassung entsprechend, ein Bild gliedhafter Gesellschaft vor Augen. Demokratische Neigungen lehnt er ab: „Der Bürger ist so frei wie der Adlige, sobald er sich in den Grenzen hält, die ihm von Gott durch seinen Stand, worin er geboren, angewiesen ... Nicht das macht frei, daß wir nichts über uns anerkennen wollen, sondern eben, daß wir etwas verehren, das über uns ist." Goethe sah nicht, daß dieses Bild der geschichtlichen Wirklichkeit nicht mehr entsprach. So schreibt er noch 1814 mitten im Freiheitskrieg: „Die Vereinigung und Beruhigung des Deutschen Reiches im politischen Sinne überlassen wir *Privatleute*, wie billig, den Großen, Mächtigen und Staatsweisen", d. h., die aus der französischen Revolution stammende Idee der nationalen Demokratie liegt ihm völlig fern, sowohl nach der nationalen wie nach der demokratischen Seite. Die Klassik ist welthaft und aristokratisch.

Damit aber schafft gerade sie, ohne es zu wissen und zu wollen, das *Problem der Masse*. Denn was wird aus denen, die nicht zu der kleinen Schar gehören? In der Archaik sind sie gebunden und zugleich erfüllt und getragen durch den gemeinsamen, allen zugänglichen Mythos und Kultus. Noch die Aufklärung versuchte, eine allen zugängliche, verständliche rationale Form im Denken und Handeln zu schaffen. Sie will eine Erziehung des ganzen Menschengeschlechts leisten. Die Klassik aber hat weder das eine noch das andere. Nur wer der höchsten Formung fähig ist, gehört zu ihr. Die andern gehen leer aus, werden entleert, werden Masse. Und die bürgerlich-kapitalistische Gesellschaftsform ballt diese Massen zusammen, zerstört das Ideal der organischen Gesellschaft, das Plato wie Goethe nur noch als Idee verkünden können. Denn die Realität steht anderswo.

Hier liegen die tiefsten Wurzeln des *Abbruchs der Klassik* seit dem Todesjahr Goethes, des Heraufkommens eines radikalen Realismus, der nur noch durch ein Moment über sich hinausgerissen wird, die Hoffnung. Damit aber stehen wir im prophetischen Typ als dem unserem Sein angemessenen. Die Klassik bleibt begnadeter Augenblick. Die Führung der unbegnadeten Welt aber übernimmt die Prophetie, die religiöse und noch viel mehr die profane.

5.

Wie haben wir uns nun zur Klassik, wie zu Goethe zu stellen? Sollen wir die Abwendung von Goethe mitmachen, die Entschlossenheit weiter Kreise der Jugend, ihn nicht zu lesen, ihn in eine überwundene bürgerliche Vergangenheit zu weisen und über das Gedenken seines

Todes zu spotten? Unmöglich für den, der begriffen und erlebt hat, daß Goethes Klassik keine bloße Form, keine ästhetische, sondern eine *menschliche Möglichkeit* war. An seinem Sein kommen wir nicht vorbei. Und dieses Sein ist die Kraft seiner Form.

Aber eins sollten wir wissen: Klassik ist keine beliebige Möglichkeit; sie ist auch nicht nur abhängig von dem Manne, der sie verwirklicht, sondern sie ist zuallererst abhängig von dem Zeitmoment. Sie ist ein Sein, aber ein Sein, das Übergang ist, das auf einer Konstellation, einem fruchtbaren Augenblick, einem Kairos beruht, das *einmalig* ist. Die Geschichte selbst ist nicht klassisch. Das Klassische kann nicht mit klassischen Begriffen verstanden werden. Wo das geschieht, ist es *Klassizismus*. In der kurzen Spanne, wo Goethe sich selbst klassisch verstand, war er es vielleicht am wenigsten.

Sonst aber wußte Goethe um das Gesetz des Überganges. „Erst sich gestalten, dann verwandeln". Und sein Wort: „Denn alles muß in Nichts zerfallen, wenn es im Sein beharren will", müssen wir zuerst auf die klassische Form selbst anwenden.

Goethes Entwicklung führt ihn zu immer deutlicherem Wissen um die Grenzen der Klassik. Immer offener zeigt sich eine Sphäre des Unbegreiflichen, Jenseitigen, der Distanz. Gegen allen spekulativen Hochmut sagt er: „Die Vernunft des Menschen und die Vernunft der Gottheit sind zwei sehr verschiedene Dinge." Nur bis zu den Urphänomenen kann der Mensch dringen, zu den *Müttern*, die Faust schauen darf, wie Goethe sie geschaut hat; verschlossen aber bleibt der göttliche Abgrund, dessen erste, alles andere gründende Offenbarung sie sind. Sie sind die Mittler und weiter kommen wir nicht.

Und das menschliche Leben selbst ist ein Bruchstück; für es gilt, was für das Faustbuch gilt:

> „Des Menschen Leben ist ein ähnliches Gedicht.
> Es hat wohl einen Anfang, hat ein Ende,
> allein ein Ganzes ist es nicht."

Goethe kannte den Bruch, und seine Klassik waren begnadete Momente der Überwindung des Bruches.

Damit aber erhebt sich eine Gestalt, die *Hoffnung*. Sie ist das letzte der orphischen Urworte. „Wir heißen euch hoffen", rufen uns die vollendeten Meister zu. Und wir folgen ihnen:

> „Schrittweise dem Blicke,
> doch ungeschrecket
> dringen wir vorwärts.

Und schwer und ferne
hängt eine Hülle
mit Ehrfurcht.“

Hier in dieser letzten Reife und Erschütterung berührt sich Klassisches und Prophetisches. Die Hoffnung verbindet beide. Es ist, als käme ein Übergreifendes heraus, die letzte menschliche Möglichkeit, in der nicht nur der Mensch, sondern auch die höchste menschliche Form überwunden ist. In den Alters-Werken der Größten klingt etwas davon und weist auf eine unfaßbare Einheit des Menschlichen.

Von hier aus ist Klassik begnadete Vorwegnahme höchsten menschlichen Seins, nur in Augenblicken möglich, in Augenblicken der Geschichte und des Einzelmenschen. Wir stehen nicht in solchem Augenblick. Wir sind, wenn wir uns weder einer unwahren Romantik noch einem entleerenden Realismus verschreiben wollen, auf das Prophetische geworfen. Aber wir sind Menschen; und wenn wir auch die menschliche Erfüllung nicht haben, wir müssen sie anschauen an jenen Orten der Vorwegnahme dessen, was Vollendung ist. Goethe ist ein solcher Ort. Seine Klassik ist solche Vorwegnahme. Heute, wo sein Wort: „Wir heißen Euch hoffen“ tausendfaches Gewicht hat, gehen wir zu der Stätte, wo Erfüllung durchscheint, Form höchster Menschlichkeit, Klassik Goethes; nicht um dem Jahre 1932 zu entfliehen, wenden wir uns zurück zum Jahre 1832, sondern um ein Bild zu erlangen von dem, um deswillen wir hoffen. Denn alle Hoffnung lebt von dem Bild, um deswillen sie hofft. Ein solches Bild, nicht jenseitig, sondern diesseitig, mit allen Grenzen des Menschlichen und doch in diesen Grenzen vollendet, kann Goethe uns sein.

DER JUNGE HEGEL UND DAS SCHICKSAL DEUTSCHLANDS
(1932)

1.

In dreifacher feindlicher Maske steht heute das Schicksal Deutschlands Deutschland gegenüber: als Drohung des politischen, des wirtschaftlichen und des geistigen Untergangs. Es steht ihm gegenüber und ist doch sein eigenes. Es ist getragen von fremden Mächten, von Weltzusammenhängen übergreifender Art und ist doch unser Wesen. „Schicksal ist das Bewußtsein seiner selbst, aber als eines feindlichen", sagt Hegel. Das Leben, das wir selbst sind, ist gegen uns getreten, hat sich mit uns entzweit. Wir sehen es uns gegenüber als Gruppe feindlicher Mächte, als Weltwirtschaftskrise, als westlichen oder östlichen Geist, jedenfalls als Fremdes, Feindliches. Aber was sich gegen Deutschland erhoben hat, ist Deutschlands Schicksal, d. h. Deutschland selbst. Denn Schicksal ist das eigene, das in der Maske des Fremden über uns und gegen uns steht. Es sind Hegelsche Gedanken, teilweise Hegelsche Worte, die hier vorklingen. Vor wenigen Wochen hat man des 100jährigen Todestags Hegels gedacht, in wenigen Wochen begehen wir den 100jährigen Gedenktag des Todes Goethes. Hegel ist weniger als Goethe für die Deutung und Formung des Einzellebens, mehr als Goethe für die Deutung und das Schicksal des Volkes maßgebend geworden. Während Goethe sich trotz seiner staatspolitischen Wirksamkeit in jener inneren Distanz zu der politisch-sozialen Sphäre hielt, die für die Geistigen des 18. Jahrhunderts in Deutschland typisch ist, und alle Kraft an die Vertiefung, Bereicherung und Durchformung des Einzellebens hingab, durchbrach Hegel als einer der ersten diese Haltung und bereitete dadurch den Zusammenschluß des Geistigen mit dem Politischen vor, in dem das 19. Jahrhundert in Deutschland so deutlich über das 18. Jahrhundert hinausgeht. – Hegels Philosophie ist entsprungen aus der Frage nach religiöser und politischer Verwirklichung, nicht „überhaupt", nicht im luftleeren Raum, sondern in seiner Zeit, auf seinem Raum. Er hat konkret geschichtlich zu fragen begonnen, und der konkrete geschichtliche Ursprung ist entscheidend für das Verständnis und die Wirkung auch der letzten Antworten, auch der abstraktesten Formeln, die er gefunden hat. Darum ist es irreführend, wenn man Hegel aus der idealistischen Systemreihe Kant-Fichte-Schelling hervorgehen läßt. Man ist dann gezwungen, Hegel im wesentlichen begriffsgeschichtlich zu verstehen – ein unmöglicher Versuch, der dadurch nicht besser wird, daß er in den meisten Philosophiegeschichten wiederkehrt. Hegels Denken hat selbständige, von seinen Vorgängern unabhängige Wurzeln; aus ihnen zieht sein System die lebendigen Kräfte, die in aller späteren Formerstarrung wirksam bleiben. Diese beiden Wurzeln aber sind das Religiöse und das Politische. Am stärksten und unmittelbarsten kommt das in seinen Jugendfragmenten zum Ausdruck. Sie sind unfertig in der Form, aber mächtig und zukunftsbestimmend in der Sache. Nur wer sie kennt, kennt das Lebendigste des Hegelschen Denkens.

Auf den Höhepunkt ist Hegels Jugendentwicklung in dem Augenblick gelangt, als er (zweifellos unter der Wirkung Hölderlins) in Frankfurt in der Zeit zwischen 1796 und 1800, also am Ende seines dritten Jahrzehnts, den Schicksalsgedanken als Lösung seines Fragens fand. Jetzt erfaßt sich seine Philosophie als Schicksalsdeutung und gewinnt eben damit die Kraft, auch das deutsche Schicksal zu deuten und zu verändern. Das ist das Ziel seines Denkens gewesen und geblieben, auch dann noch, als seine Begriffe die Begrenztheit ihres Ursprunges durchbrachen und sich als Begriffe erwiesen, die mächtig genug waren, menschliches Sein, ja das Sein überhaupt, zu deuten. Schicksalsdeutende Begriffe sind es, um die der junge Hegel von Anfang an ringt, und aus den schicksalsdeutenden wurden schicksalsbestimmende Begriffe, als der reife Hegel auf der Höhe seiner Wirksamkeit für die meisten politischen und religiösen Bewegungen der ersten Hälfte des vorigen Jahrhunderts maßgebend wurde – sei es durch Abhängigkeit von ihm, sei es durch Widerspruch gegen ihn, sei es durch beides zugleich. – Eines folgt aus dem anderen: Jeder in Wahrheit schicksalsdeutende Begriff wird ein schicksalsbestimmender Begriff. Das Schicksal, das gedeutet wird, bleibt nicht das gleiche. Die Deutung selbst schafft Schicksal, kann Schicksal versöhnen: das ist die Freiheit im Schicksal, das ist die Macht der Philosophie, die höchste, die sie erlangen kann.

2.

Das Ergebnis der Jugendentwicklung Hegels und zugleich das Prinzip des späteren Systems ist in dem Satz ausgesprochen: „Was im Reich des Toten Widerspruch ist, ist es nicht im Reiche des Lebens.“ Die Welt des Toten, des Gegenüberstehenden, des unversöhnten Widerspruchs ist der Ausgang des Hegelschen Fragens. Das Leben als Vereinigung, als versöhnter Widerspruch ist sein Ziel. Alle Begriffe, die er im Verlaufe seines Denkens entdeckt, hängen mit diesem Gegensatz zusammen. Es ist der Gegensatz nicht nur seines Denkens, sondern zuerst und zumeist seiner Existenz und in ihr wieder zumeist und immer bleibend seiner religiösen und politischen Existenz. Wenn es darum berechtigt wäre, mit einem heute üblichen Begriff Hegel einen „Existentialphilosophen“ zu nennen, so doch nur in dem Sinne, daß er nicht von menschlicher Existenz überhaupt, sondern von konkreter, religiös und politisch bestimmter Existenz ausgeht und in bezug auf sie die Seinsfrage stellt.

Die Frage seiner frühesten Fragmente ist die Frage nach der Volksreligion, ihrer Wirklichkeit und Möglichkeit; diese Frage enthält im Keim alles Künftige. Es ist nicht die Frage nach dem Wesen der Religion überhaupt, die der Tübinger Student der Theologie sich stellt, sondern die Frage, wie zu seiner Zeit, in seinem Volke Religion möglich sei, also auf deutschem, christlichem, genauer protestantischem Boden, im Zeitalter der Aufklärung und des Absolutismus. Aber gerade diese Konkretheit des Fragens führt zu Entdeckungen, die weit über den Anlaß hinausgehen. In der Frage als solcher steckt ein Nein, ein Nein gegen die Spaltung des religiösen Lebens in eine orthodoxe Staatsreligion und eine aufgeklärte Privatreligion. Diese Spaltung bestand nicht nur tatsächlich, sondern war auch von den Führern der deutschen Aufklärungstheologie ausdrücklich proklamiert worden.

Ihr entsprach die gesellschaftliche Spaltung in eine Bildungsschicht mit bürgerlich-rationalistischem Einschlag, die ihre geistige Autonomie gegen den absolutistischen Staat schützen mußte und dem Staat, insbesondere aber der Staatskirche, feindlich gegenüberstand, und die Masse der übrigen, die ihre halbfeudalen Lebensformen vergeblich zu verteidigen suchten und Staat und Staatsreligion ohne viel Anteilnahme über sich ergehen ließen. Lebendiges religiöses Bedürfnis wurde in pietistischer oder sektenhafter Form befriedigt, oft in enger Verbindung mit der autonomen Bildung und in entsprechendem Gegensatz zur Staatskirche. Die Privatreligion umfaßt darum bei Hegel beides, die autonome, aufgeklärte Religion und die gebundene, der Sektenform zuneigende des Pietismus. Diese Zusammenschau, die auch gesellschaftlich durchaus begründet war, wirkt in dem reifen Hegelschen System noch darin nach, daß er Verstandes-Reflexion und Gefühls-Vertiefung dem gemeinsamen Begriff der Subjektivität unterordnet.

Die Spaltung in Staatsreligion und Privatreligion wird für Hegel Anlaß zur Entdeckung des für sein System maßgebendsten Begriffes, des Begriffes der Entgegensetzung, wie er ihn in seinen Jugendfragmenten nennt. Schrittweise geht ihm die Bedeutung des Sachverhaltes auf, den dieser Begriff bezeichnet. Immer tiefer und vielseitiger verfolgt er ihn, systematisch, historisch, typologisch; immer ernster und schwerer, bis an die Grenze der Schwermut durchlebt er ihn. Die ganze gewaltige Denk- und Lebensanstrengung, aus der sein System geboren ist, gilt der Überwindung der Entgegensetzung durch die Einheit und zugleich der Aufnahme der Entgegensetzung in die Einheit. Es war die Kraft des Genius, der in dem ersten Augenblick, wo er sich fragend, wirklich radikal und darum konkret fragend, seiner Welt gegenüber fand, das innerste Prinzip seiner Zeit ergriff und in sich aufhob. Das Prinzip und seine Aufhebung, Entgegensetzung und Einheit, wurden dann für ihn mehr und mehr die begrifflichen Mittel, mit denen er die Geschichte überhaupt, den Menschen und die Natur und schließlich das Sein selbst zu deuten versuchte. Eben damit aber geriet er in eine Systematik, der gegenüber schließlich das Prinzip der Entgegensetzung neue, feindliche Kraft gewann. Es wurde Herr über ihn und zerbrach sein System, in dem es aufgehoben sein sollte: ein geistiges Schicksal, das dem politischen Napoleons nicht unähnlich ist.

Es gibt keine Seite menschlicher Existenz, die im Zeitalter der Aufklärung nicht unter der Herrschaft der Entgegensetzung gestanden hätte und von Hegel unter diesem Gesichtspunkt betrachtet und angegriffen worden wäre. Aufklärung selbst ist Entgegensetzung, die Gegenüberstellung eines Objektiven gegen ein Subjektives, ist Reflexion, d. h. Brechung des einheitlichen Lebens zugunsten einzelner Bestimmungen und Gesetze, ist Entmächtigung des Objekts zu einem klaren und durchsichtigen „Modell“, das brauchbar ist für die Erkenntnis und für den Gestaltungswillen des Subjekts, ist Herrschaft des Subjekts über ein Objekt, dem es Gesetze gibt, oder Entleerung des Subjekts und Unterwerfung unter eine gegenüberstehende Welt von Gegenständen. Das bedeutet im einzelnen: Entgegensetzung von Mensch und Natur, Unterwerfung der Natur unter den Menschen, verbunden mit Entfremdung zwischen beiden, die durch das Natur-Sentiment der Aufklärung eher unterstrichen als überwunden wird. Im Menschen selbst bedeutet es die Entgegensetzung von Vernunft und Sinnlichkeit, deren vollendeter Ausdruck die Kantische Philosophie ist, in der Menschheit die Entgegensetzung des Natürlichen, Geforderten gegen das Geschichtliche, Wirkliche, wie es durch die Naturrechtslehren der Aufklärung geschieht. Weiter bedeutet das Prinzip der Entgegensetzung die Erhebung des absoluten Staates und seiner Raison über die Gesellschaft, die Erhebung einer autonomen Bildungsschicht über das Volk und seine religiös-sittlichen Bindungen. Theologisch bedeutet es die Gegenüberstellung eines abstrakten, jeder Bestimmung entleerten Gottes und einer in endlichen, berechenbaren Beziehungen sich erschöpfenden Welt. Weniger konsequent, der orthodoxen Formel näher, bedeutet es die Verdinglichung der religiösen Vorstellungswelt zu übernatürlichen Gegenständen, die den natürlichen gegenüberstehen, oder in der Konsequenz des Pietismus die Entgegensetzung von Innerlichkeit der Einzelseele und Äußerlichkeit von Natur und Gesellschaft. All diese Entgegensetzungen können als Auswirkungen der einen grundlegenden, der von Subjekt und Objekt, verstanden werden. Aufklärung ist vollkommene Vergegenständlichung der Wirklichkeit. Hier setzt der Angriff Hegels ein und wendet sich sofort gegen alle Seiten, in denen das Prinzip der Entgegensetzung erscheint.

Doch bedarf das Bild noch eines Zuges zu seiner Vollständigkeit. Reine Entgegensetzung würde menschliches Bewußtsein nicht ertragen; es muß irgendwo eine Einheit voraussetzen. Das leistet in der Aufklärung der Harmoniegedanke. In ihm wirkt einerseits der christliche Schöpfungs- und Vorsehungsglaube, andererseits der Welt-Enthusiasmus der Renaissance nach. Seine prägnanteste Formulierung hatte Leibniz durch den Gedanken der prästabilierten Harmonie gegeben. Sein paradoxester Ausdruck war die liberale Wirtschaftstheorie mit ihrer Erwartung, daß der Egoismus aller das Wohl aller schaffen müsse. Auch steht er hinter dem Fortschrittsglauben der Aufklärung. Aber dieser Harmoniegedanke blieb abstrakt, unanschaulich, deistisch. Nachwirkungen des Renaissance-Monismus und -Enthusiasmus, wie sie zum Beispiel bei Shaftesbury vorliegen, wurden erst in den Gegenbewegungen gegen die eigentliche Aufklärung wirksam. Was Hegel unternahm, um was er sich von Anfang an bis zum Ende bemühte, war der Versuch, die Harmonie, die Einheit vom Himmel auf die Erde, aus der Abstraktheit in die Konkretheit, aus der Statik in die Dynamik, aus der Natur in die Geschichte, in das Schicksal seines Volkes herabzuziehen und die Entgegensetzung in all ihren Formen aufzuheben in die Einheit. Die Aufgabe war unendlich schwer, vom Denken allein her auch für das Denken nicht zu bewältigen. Bis zum 30. Lebensjahr blieb Hegel in der Einsamkeit der Arbeit und Selbstvertiefung, um sich auf sie vorzubereiten. Als er dann heraustrat, fand er eine Bewegung, fand er Mitarbeiter und Freunde, die in der gleichen Richtung gingen. Aber zum Teil mußte er ihnen fernbleiben, weil ihnen die Hingabe an das politische und religiöse Schicksal des Volkes fehlte, teils mußte er sich von ihnen trennen, weil sie Einheit sahen, wo keine Einheit war, weil sie die Entgegensetzung nicht in ihrer wirklichen Tiefe erlebt und gedacht hatten. Tragisch aber ist es zu sehen, wie Hegel schließlich auf der Höhe seines Denkens selbst die „Ernsthaftigkeit des Andersseins", die Tiefe und Realität der Entgegensetzung vergaß und ihr zum Opfer fiel: ein Symbol des deutschen Schicksals selbst.

3.

Hegel hat die Entgegensetzung als Prinzip noch vor jeder inhaltlichen Bestimmung an einem entscheidenden Punkte methodisch dadurch überwunden, daß er seine Gedanken immer zugleich systematisch und historisch erörtert. Das Historische, das einmalige Schicksal Deutschlands und der Charakter der geschichtlichen Mächte, die es bestimmt haben und noch bestimmen, wird ihm zum Typus und zugleich zum Ort der Existenz des Allgemeinen. Judentum und Christentum, römisches Imperium und griechische Republiken sind zugleich Träger philosophischer Prinzipien und geschichtlicher Wirkungen. Sie haben das Schicksal Deutschlands bestimmt, aber nicht als zufällige historische Ursachen, sondern als sinngeladene Mächte, die zugleich einmalig und allgemeingültig sind. Hinzu kommen für seine unmittelbare Gegenwart die französische Revolution und die Kantische Philosophie, auch sie Prinzipien und geschichtswirkende Mächte zugleich.

Zur Auseinandersetzung mit diesen Mächten, zur Erfassung ihres Prinzips und zur allseitigen Aufrollung des Problems der Entgegensetzung gelangt Hegel in seinen Untersuchungen über die Volksreligion. Die Gegensätze, die dabei auftreten und bekämpft werden, die Ideale, die ihm entgegengestellt werden, sind grundlegend für die ganze Hegelsche Begriffsbildung. An der Tatsache, daß es auf deutsch-christlichem Boden keine echte Volksreligion gibt, wird Hegel das Prinzip seines Zeitalters sichtbar. An ihr geht ihm die ganze Reihe der Entgegensetzungen auf, die zu überwinden sind, wenn Volksreligion sein soll. Als erster Gegner zeigt sich ihm das religiös-politische System seiner Zeit: die Verbindung von Staatskirchentum und absolutem Staat und die Entgegensetzungen, die sich unmittelbar daraus ergeben. In Einheit mit der Kantischen Philosophie und der Grundtendenz der französischen Revolution greift er die Staatsreligion an. Der Angriff ist von ihm mit starker revolutionärer Leidenschaft geführt worden. Hegel setzt voraus, daß das Christentum ursprünglich eine Vernunftreligion war, getragen von einer Sekte, die aber bald positiv, heteronom wurde, da sie sich ihrem Stifter unterwarf und ihn vergöttlichte. Aus der Sekte wurde Kirche, und die Kirche wurde Staat, trat als Staatskirche in eine vieldeutige Verbindung mit dem absolutistischen Staat.

Dieser Übergang von Sekte zur Kirche ist nach Hegel, der hier im Vorbeigehen ein wichtiges geschichtliches Gesetz entdeckt, ein immer wiederkehrender Vorgang. Sobald die Sekte durch Ausbreitung Macht gewonnen hat, Kirche und eben dadurch Staat geworden ist, gibt sie die ursprüngliche Vernünftigkeit im Geistigen und Gleichheit im Sozialen, die beide zu ihrem Wesen gehörten, auf. Da sie aber das Prinzip, auf das sie gegründet ist, äußerlich festhalten muß, so verwandelt sie es in eine Ideologie, die, wie Hegel spottet, nur in der Sonntagspredigt vorkommt und deren soziale Verwirklichung auf den Himmel verschoben wird. So entstehen neue Sekten, die dem Prinzip, das in der Kirche bloße Ideologie geworden ist, zur Verwirklichung helfen wollen: ein Gesetz, das ebenso für die politische wie für die religiöse Sekte zutrifft und das Schicksal aller revolutionären Gruppen ausdrückt.

In der Kirche herrscht nun geistige Heteronomie und gesellschaftliche Despotie. Die Wirkung der geistigen Heteronomie bekämpft Hegel vor allem in der Pädagogik. Er wirft dem Staat vor, daß er durch die Überlassung der Erziehung an die Kirche dem Kinde ein Menschenrecht genommen habe, das Recht auf freie Entfaltung seiner Kräfte. Durch die Schrecknisse, mit denen die religiösen Vorstellungen verbunden seien, machten sie das Kind von vornherein unfähig zur Autonomie:

„... dadurch, daß die jugendliche Seele die ersten Eindrücke, die das ganze Leben hindurch immer eine gewisse Gewalt über den Menschen behalten, von der Kirche bekommt, daß die Lehren der Kirche mit allen Schrecken der Einbildungskraft gewaffnet werden, daß sie, wie gewisse Zauberer den Gebrauch der körperlichen Kräfte zu hemmen vermögen sollen, alle Kräfte der Seele zu lähmen oder nur nach ihren Bildern hin zu zwingen vermögen – ferner durch die wenige freie Kultur dieser Kräfte selbst, durch die völlige Absonderung der Kenntnis der kirchlichen Lehren[1], die in furchtbarer Majestät isoliert, die Verwandtschaft, die Vermischung mit andern Lehren, die Abhängigkeit von andern Gesetzen gänzlich verschmähen, eine Absonderung, die wie zwei Wege nach verschiedenen Himmelsgegenden nie zusammentreffen, wo auf dem einen Wege der häuslichen Angelegenheiten, der Wissenschaften, der schönen Künste, ein Mann mit dem tiefsinnigsten und gewandtesten Verstande, mit dem feinsten Scharfsinn, mit zarter Empfindung erscheint, den man nicht mehr erkennt, von allem diesem nichts mehr wahrnimmt, wenn man ihn auf dem kirchlichen Wege antrifft.“ [1]

---

[1] Hegels theologische Jugendschriften. Hrsg. v. Hermann Nohl. Tübingen 1907. S. 203.

Die selbständigen Kräfte des Menschen, Vernunft und Phantasie, werden zum Schweigen gebracht. „Dem Gedächtnis ist über alle, selbst die edelsten Kräfte der Seele, die gesetzgebende Gewalt eingeräumt worden." Denn das Übernatürliche, das der Mensch nicht erzeugen kann, kann er nur als Fremdes, Gegenüberstehendes durch das Gedächtnis aufnehmen. Mit Recht leitet Hegel hier die Gedächtnispädagogik aus dem Supranaturalismus der Heilstatsachen, die nicht „Tatsachen des eigenen Geistes" sind, ab. Den Vorteil davon habe zwar nicht der Staat; denn dieser, der wahre Staat nämlich, ist zertrümmert, sondern die Gewalthaber desselben. Hegel sagt hier die scharfen Worte, die gedanklich durch die revolutionären Bewegungen des 19. Jahrhunderts bis heute nachwirken: „Bürgerliche und politische Freiheit hat die Kirche als Kot gegen die himmlischen Güter verachten gelehrt und damit der Vernunft den Tod gebracht, so daß sie sich nicht einmal mehr nach Autonomie und Freiheit sehnt." Dem religiösen Supranaturalismus und der politischen Despotie entspricht die Priesterwirtschaft in der Kirche: in einer wirklichen Volksreligion würde man sich ohne Priester die Feste selbst bereiten; es bedürfte keiner Siegelbewahrer der jenseitigen Geheimnisse. Ein Denkmal der Erniedrigung der Menschheit nennt Hegel die Dreieinigkeit von Supranaturalismus, Priestertum und Despotie, deren Herrschaft er im Deustchland seiner Zeit findet. Schon in Briefen der frühesten Zeit deutet er seine Freundschaft mit Hölderlin und Schelling als „Bund derer, die frei zu bleiben von der positiven Satzung" sich verpflichten. „Vernunft und Freiheit bleiben unsere Losung, und unser Vereinigungspunkt das Reich Gottes –" Das Reich Gottes aber ist real im Volk.

Dem Zustand der Staatskirche stellt Hegel sein Ideal der Volksreligion gegenüber, das am Bild des Griechischen orientiert ist. Es ist eine Religion, die auf Vernunft begründet ist, aber Platz läßt für Mythos und Phantasie, eine Religion, die sich an das Ganze des Lebens anschmiegt, die den Trieben einer wohlgeordneten Sinnlichkeit gemäß ist, die mit den Staatshandlungen verbunden ist, die um alle Gefühle des Lebens freundlich weilt, ihnen nicht wie eine Hofmeisterin beschwerlich fällt. Eine solche Religion aber ist nur möglich auf dem Boden der Freiheit. „Volksreligion, die große Gesinnungen erzeugt und nährt, geht Hand in Hand mit der Freiheit." Diese Einheit ist das, was Hegel schon ganz früh Volksgeist nennt. Er ist keine mystische Realität hinter den Lebensäußerungen, wie in der romantischen Schule; er ist aber auch nicht ein bloßes Resultat zufälliger Kausalreihen, wie bei Montesquieu, sondern er ist lebendige, sich selbst schaffende Einheit: „Geist des Volkes", sagt er, „Geschichte, Religion, Grad der politischen

Freiheit, lassen sich weder in ihrem Einfluß aufeinander noch nach ihrer Beschaffenheit abgesondert betrachten. Sie sind in ein Band zusammengeflochten". Fehlt die politische Freiheit, so wird die Volksreligion zerstört, nur in einer Republik ist sie darum vollkommen verwirklicht. Das zeigt sich am konkretesten in den Festen eines Volkes, in denen politische Tradition und religiöse Weihe unlöslich verknüpft sein müssen. – Das Fest ist auch insofern charakteristisch, als in ihm der Widerspruch von Vernunft und Sinnlichkeit aufgehoben ist, gegen den Hegel sich schon früh wendet: die Vernunft ist nicht wie ein „Klumpen Salz", der neben den Speisen liegt; sondern wie das Salz die Speisen durchdringt und schmackhaft macht, so befruchtet die Vernunft die ganze menschliche Natur. – Der Gegensatz von Sinnlichkeit und Vernunft ist überwunden in der Liebe: „Das Grundprinzip des empirischen Charakters ist Liebe." Liebe ist uneigennützig, obwohl sie ein „pathologisches" Prinzip des Handelns ist. Sie bindet die einzelnen im Volk, hebt ihre Entgegensetzung auf. Das Volk ist die Wirklichkeit, in der für Hegel von Anfang an das System der Entgegensetzungen, die er als Aufklärung vorfand, überwunden ist.

4.

Das Ideal der Volksreligion war verwirklicht auf griechischem Boden und im republikanischen Rom. Wie kam es, daß das Christentum und mit ihm das Prinzip der Entgegensetzung siegte? Das Christentum siegte nicht, weil die Menschen allmählich zur Vernunft kamen, wie die Aufklärung vielfach meinte, sondern durch eine „Revolution im Geisterreich". Das heißt aber charakteristischerweise nicht: in Gedanken, sondern in der wesentlichen Wirklichkeit, vor allem der politischen. Die antike Volksreligion war eine Religion für freie Völker, und mit dem Verlust der Freiheit mußte auch der Sinn und die Kraft ihrer Religion für die Menschen verlorengehen. Der Staat hörte auf, Produkt der Tätigkeit des Einzelnen zu sein; damit hörte er auf, das Unsichtbare, das Höhere zu sein, wofür der Einzelne arbeitete, sein Absolutes, dem er sich hingab und das zugleich der Endzweck seines Lebens war. In diesem Augenblick war die Menschheit reif, sich eine Welt entgegenzusetzen:

„Als freie Menschen gehorchten sie Gesetzen, die sie sich selbst gegeben, gehorchten sie Menschen, die sie selbst zu ihren Obern gesetzt, führten sie Kriege, die sie selbst beschlossen, gaben ihr Eigentum, ihre Leidenschaften hin, opferten sie tausend Leben für eine Sache, welche die ihrige war – lehrten und lernten nicht, aber übten Tugendmaximen durch Handlungen aus, die sie ganz ihr eigen nennen konnten; im öffentlichen wie im Privat- und häuslichen Leben war jeder ein freier Mann, jeder lebte nach eigenen Gesetzen. Die Idee seines Vaterlandes, seines Staates war das Unsichtbare, das Höhere, wofür er arbeitete, das ihn trieb, dies (war) sein Endzweck der Welt, oder der Endzweck seiner Welt – den er in der Wirklichkeit dargestellt fand, oder selbst darzustellen und zu erhalten mithalf. Vor dieser Idee verschwand seine Individualität, er verlangte nur für jene Erhaltung, Leben und Fortdauer, und konnte dies selbst realisieren; für sein Individuum Fortdauer oder ewiges Leben zu verlangen oder zu erbetteln, konnte ihm nicht, oder nur (selten) einfallen, er konnte nur in tatenlosen, in trägen Augenblicken einen Wunsch, der bloß ihn betraf, etwas stärker empfinden – Cato wandte sich erst zu Platos Phädon, als das, was ihm bisher die höchste Ordnung der Dinge war, seine Welt, seine Republik zerstört war; dann flüchtete er sich zu einer noch höheren Ordnung –."[2]

Die Freiheit zerfiel, weil eine sich isolierende Aristokratie des Reichstums und Kriegsruhmes über die andern herrschte. Der Staat wurde zur Maschine, der Einzelne zum bedeutungslosen Rad. Die Menschheit, die so die Freiheit verloren hatte, war eine verdorbene Menschheit, die die Lehre von der Verdorbenheit der menschlichen Natur erzeugt hat und nun „die Götter mit einem Reichtum ausstattet, der das Eigentum der Menschen nicht mehr war". Es entsteht der objektive Gott, der Gott, der ein reines „Gegenüber" ist, der mit Gegenstandsbegriffen beschrieben wird und den Hegel als Spiegelung einer versklavten Menschheit ansieht, die ihre Freiheit verloren hat:

„So hatte der Despotismus der römischen Fürsten den Geist des Menschen von dem Erdboden verjagt, der Raub der Freiheit hatte ihn gezwungen, sein Ewiges, sein Absolutes in die Gottheit zu flüchten – das Elend, das er verbreitete, Glückseligkeit im Himmel zu suchen und zu erwarten. Die Objektivität der Gottheit ist mit der Verdorbenheit und Sklaverei der Menschen in gleichem Schritte gegangen, und jene ist eigentlich nur eine Offenbarung, nur eine Erscheinung dieses Geistes der Zeiten. ... der Geist der Zeit offenbarte sich in der Objektivität seines Gottes, als er, nicht dem Maße nach in die Unendlichkeit hinaus, sondern in eine uns fremde Welt gesetzt wurde, an deren Gebiet wir keinen Anteil (haben), wo wir durch unser Tun uns nicht anbauen, sondern höchstens hineinbetteln oder hineinzaubern können, als der Mensch selbst ein Nicht-Ich und seine Gottheit ein anderes Nicht-Ich war."[3]

---

[2] a. a. O., S. 221.
[3] a. a. O., S. 227.

Heute, sagt er, ist es an der Zeit, die Schätze, die an den Himmel vergeudet sind, herabzuholen. Aber wird die Zeit die Kraft dazu haben?, fragt er zweifelnd. Er ist nicht Utopist genug, um zu glauben, daß die begriffliche Überwindung des orthodoxen Systems auch seine reale Überwindung nach sich zieht. In einem frühen Brief an Schelling schreibt er: „Die Orthodoxie ist nicht zu erschüttern, solange ihre Profession, mit weltlichen Vorteilen verknüpft, in das Ganze des Staates verwoben ist.“

Auf deutschem Boden gibt es seit Einführung des Christentums keine Volksreligion mehr. Zur Volksreligion gehört religiöse Phantasie; wir haben keine religiöse Phantasie, da wir keine Nation haben:

„Das Christenum hat Walhalla entvölkert, die heiligen Haine umgehauen und die Phantasie des Volks als schändlichen Aberglauben, als ein teuflisches Gift ausgerottet, und uns dafür die Phantasie eines Volks gegeben, dessen Klima, dessen Gesetzgebung, dessen Kultur, dessen Interesse uns fremd, dessen Geschichte mit uns in ganz und gar keiner Verbindung ist. In der Einbildungskraft unseres Volkes lebt ein David, ein Salomon, aber die Helden unseres Vaterlandes schlummern in den Geschichtsbüchern der Gelehrten, und für diese hat ein Alexander, ein Cäsar usw. ebensoviel Interesse als die Geschichte eines Karls des Großen oder Friedrich Barbarossa. Außer etwa Luthern bei den Protestanten, welches könnten auch unsere Helden sein, die wir nie eine Nation waren? ... Die Kriege, welche Millionen Deutsche gefressen haben, waren Kriege der Ehrsucht oder der Unabhängigkeit der Fürsten, die Nation nur Werkzeug, die, wenn sie auch mit Erbitterung und Wut kämpfte, am Ende doch nicht zu sagen wußte: warum? oder was haben wir gewonnen?“[4]

Was an Phantasie im Christentum da ist, bleibt uns fremd und ist durch Dogmatisierung verdorben. Die Unterschicht des Aberglaubens aber bietet keinen Ersatz; denn sie ist Erzeugnis einer unpolitischen Phantasie. Nur politische Phantasie schafft Volksreligion. – Wiederherstellen aber läßt sich ursprüngliche Phantasie nicht. Hegel sagt: „Die verlorene Phantasie einer Nation wiederherzustellen, war von jeher vergeblich. Jene altdeutsche Phantasie findet nichts in unserem Zeitalter, an das sie sich anschmiegen könnte; sie ist uns so fremd als die ossianische oder indianische.“ Der tiefste Grund ist nach Hegel der, daß die mythische Phantasie raumgebunden ist. Daher ihre Lebendigkeit, daher aber auch ihre Grenze. Wo der Raum bedeutungslos wird, wie der palästinensische Raum es nach Hegel für uns ist, da ist die mythenbildende Phantasie gebrochen:

---

[4] a. a. O., S. 215.

„So sehr die Phantasie die Freiheit liebt, so sehr gehört dazu, daß die Religionsphantasie eines Volkes fest sei, daß sie ihr System weniger an bestimmte Zeiten als an gewisse bekannte Orte knüpfe; diese Kenntnis des Orts ist dem Volke gewöhnlich ein Beweis mehr, oder der sicherste, daß die Geschichte, die man davon erzählt, wahr sei. – Daher die lebendige Gegenwart, mit welcher die Mythologie der Griechen in ihren Gemütern war; daher die Stärke des Glaubens der Katholiken an ihre Heiligen und Wundertäter; den Katholiken sind diejenigen Wunder viel gegenwärtiger und wichtiger, die in ihrem Lande verrichtet wurden, als die oft viel größeren, die in andern Ländern, oder die selbst von Christus verrichtet wurden."[5]

Die letzte und großartigste Verkörperung, die nach Hegel das Prinzip der Entgegensetzung gefunden hat, ist das Judentum. In der Gestalt Abrahams stellt Hegel in scharfen Zügen nach den verschiedensten Richtungen das Prinzip der Entgegensetzung dar. Er fragt nach dem Grund der Feindschaft von Mensch und Natur und antwortet im Anschluß an den Sintflutmythos, daß die Natur den Menschen zurückgestoßen habe, ihm feindlich geworden sei im Unterschied von der ursprünglichen Freundlichkeit, die sie ihm bewiesen hat. So zwingt sie ihn, sich gegen sie zu schützen, sie sich zu unterwerfen. Nicht zu einer Versöhnung zwischen Mensch und Natur kommt es, wie bei den Griechen, sondern zu Feindschaft und Unterwerfung. „Sie glaubten an ihren Gott, weil sie mit der Natur völlig entzweit, in ihm die Vereinigung derselben durch Herrschaft fanden." Die Herrschaft geschieht auf doppelte Weise, durch politische Gewalt im Sinne der Gründung von Weltreichen – Hegel knüpft hier an die Nimrodsage an – und durch Setzung einer der Natur gegenüberstehenden Einheit, der Natur und Mensch gleichmäßig unterworfen sind, der monotheistische Gott, der die Natur gedacht und gesetzt hat. Als geschaffen ist sie einheitlich und beherrschbar. Dieses Prinzip der Entgegensetzung von Mensch und Natur, von Gott und Natur, von Gott und Mensch ist in Abraham verkörpert. Der erste Akt, in dem er das wird, was er wird, ist das Zerreißen der Beziehungen der Liebe und des Zusammenlebens, in denen er stand:

„Der erste Akt, durch den Abraham zum Stammvater einer Nation wird, ist eine Trennung, welche die Bande des Zusammenlebens und der Liebe zerreißt, das Ganze der Beziehungen, in denen er mit Menschen und Natur bisher gelebt hatte; diese schönen Beziehungen seiner Jugend (Jos. 24,2) stieß er von sich. . . . Eben der Geist, der Abraham von

---

[5] a. a. O., S. 217.

seiner Verwandtschaft weggeführt hatte, leitete ihn durch die fremden Nationen, mit denen (er) in der Folge seines Lebens zusammenstieß, der Geist, sich in strenger Entgegensetzung gegen alles fest zu erhalten, das Gedachte erhoben zur herrschenden Einheit über die unendliche feindselige Natur, denn Feindseliges kann nur in die Beziehung der Herrschaft kommen –" [6].

Der Gegensatz Abrahams gegen die übrige, in ursprünglicher Einheit gebliebene Menschheit äußert sich namentlich in religiöser Beziehung. Während die heidnischen raumgebundenen Götter einander anerkennen können, liegt in Abrahams „eifersüchtigem" Gott – der allen Räumen gegenübersteht – die „entsetzliche" Forderung des exklusiven Monotheismus. Außer der Beziehung der Herrschaft war noch die des Tausches der übrigen Menschheit gegenüber möglich. Liebe dagegen ist ausgeschlossen. Denn zur Liebe gehört Sinnlichkeit, Fülle, Gegenwart; aber selbst die Liebe zum eigenen Sohn muß geopfert werden zugunsten des unbedingten göttlichen Herrschaftsanspruches. – Der Boden kann Abraham nicht halten; als Nomade zieht er durch unübersehbare Steppen, die kein Geborgenheitsgefühl geben, wie es der Bauer in seiner Bodengebundenheit hat: eine soziologische Grundeinsicht, die ebenso maßgebend für das Verständnis der israelitischen Geschichte wie für die Struktur des heutigen großstädtischen Nomadentums und seiner inneren Gegensätze ist. – Der Gott Abrahams ist monotheistisch, nicht nur, weil er Garant der Einheit der Natur, sondern auch der Einheit seines Selbst ist. Wie er keinen Raum hat, so auch keine Gegenwart. Er blickt über das Gegenwärtige hinaus; wer nur im Gegenwärtigen lebt, muß sein Selbst verlieren. So schaut der Grieche seinen Gott an, im Zufälligen, Spielhaften, im Augenblick:

„Keinen griechischen Gott, ein Spiel mit der Natur, dem er für einzelnes dankt, sondern einen Gott, der ihm Sicherheit seines ungewissen Daseins gegen dieselbe gewährt, der ihn schützt, der Herr seines ganzen Lebens ist. Dies Hinausblicken über das Gegenwärtige, diese Reflexion auf ein Ganzes des Daseins, zu welchem Ganzen auch die Nachkommenschaft gehörte, charakterisiert das Leben Abrahams, und das Bild desselben im Spiegel ist seine Gottheit, die seine Schritte und Handlungen leitet, die ihm Verheißungen für die Zukunft macht, sein Ganzes realisiert ihm darstellt..." [7]

Abraham hat durch das Herausbrechen aus Heimat und Gegenwart eine Zeitrichtung bekommen, seine Zeit ist gerichtete Zeit. Er reflek-

---

[6] a. a. O., S. 245.
[7] a. a. O., S. 369.

tiert auf die Ganzheit seines Daseins, und diese Ganzheit ist eine Ganzheit der Zeit. Es ist die zusammenhängende Lebensrichtung, die auch die Nachkommen mit einschließt und die getragen ist durch den Glauben an Vorsehung. Abraham geht auf Zukünftiges zu, auf das Verheißene. – Hegel nennt diese Religion Religion des Ernstes und des Unglücks. Des Ernstes: denn das Glück will spielen, aber das Unglück ist ernst. Der Gott der Juden ist zu ernsthaft, ihm fehlt die Möglichkeit des Auch-anders-Könnens, also des Spiels; weil ihm die Naturseite fehlt, ist er gebunden an das Gesetz, das er gibt, die Herrschaft, die er ausübt. Ernst ist, was keinen Ausweg läßt, was die Möglichkeiten abschneidet. – Und Religion des Unglücks: Glück ist Liebe, ist Einigung. Glück ist Synthesis, Unglück ist Antithesis, ist Trennung. Auch Schönheit, Leben, Freundschaft gehören zur Vereinigung. In all dem ist Glück, während Trennung, Herrschaft und Knechtschaft Unglück ist. Die Trennung besteht darin, daß wir Objekte werden. Es geschieht mit uns etwas, nicht aus uns. Und wir fliehen hilfesuchend zu dem, was über uns bestimmt. – Auf diesem Boden gibt es nichts Unbeherrschtes, das Bewußtsein hat sich über das Sein, über das Heilige, wie Hegel das Sein nennt, erhoben. Und das mißhandelte Leben droht ständig, in Fanatismus umzuschlagen.

Dieses Prinzip ist auf dem Weg über das Christentum und das späte Rom unser deutsches Schicksal geworden. Wie ist es zu überwinden? Hegel hat in seinen Jugendschriften nie die Überzeugung vertreten, daß das Christentum zur Volksreligion im Sinne seines griechischen Idealbildes werden könne. Er hat das als historisches Schicksal angesehen:

„Zwischen diesen Extremen von dem mannigfaltigen oder verminderten Bewußtsein der Freundschaft, des Hasses oder der Gleichgültigkeit gegen die Welt, zwischen diesen Extremen, die sich innerhalb der Entgegensetzung Gottes und der Welt, des Göttlichen und des Lebens befinden, hat die christliche Kirche vor- und rückwärts den Kreis durchlaufen, aber es ist gegen ihren wesentlichen Charakter, in einer unpersönlichen lebendigen Schönheit Ruhe zu finden; und es ist ihr Schicksal, daß Kirche und Staat, Gottesdienst und Leben, Frömmigkeit und Tugend, geistliches und weltliches Tun nie ins Eins zusammenschmelzen können."[8]

Erst später hat Hegel durch die identitätsphilosophische Interpretation des Christentums einen Weg beschritten, der über die christliche

---

[8] a. a. O., S. 342.

Entgegensetzung zur Welt hinausführen sollte. Die weitere Entwicklung freilich hat nicht dem älteren, sondern dem jüngeren Hegel Recht gegeben – an diesem wie an vielen anderen Punkten.

5.

Das, was in historischer Typisierung zuerst und konkret geschaut war, kommt zu abstrakter Erfassung und Weiterführung in einigen Fragmenten, in denen die Begriffe Leben und Liebe entfaltet werden. Im Mittelpunkt steht der Liebesbegriff. Hegel erweist sich in diesen Fragmenten – auf die wir leider nur andeutungsweise eingehen können – als ein Interpret des Liebesgedankens von höchstem Rang. Das ganze Hegelbild würde sich wandeln, ginge man mehr von diesen Fragmenten als von der „Logik“ oder der „Enzyklopädie“ aus. Oder besser: das in der späteren Entwicklung zu logischer Prägnanz Gebrachte ist dem Gehalt nach nur zu verstehen aus den fragmentarischen, aber lebendigen Gedanken der frühen Entwicklung. Das gleiche gilt auch von dem Lebensbegriff, dessen Behandlung Hegel in die erste Reihe der Lebensphilosophen stellt, freilich in einem der modernen Lebensphilosophie schlechthin überlegenen Sinne.

Das in Abraham typisch Angeschaute erwies sich für Hegel als das Prinzip der Aufklärung, sofern für sie die Entgegensetzung von Subjekt und Objekt konstitutiv ist. Die Welthaltung Abrahams ist Objektivierung. „Begreifen ist beherrschen“, sagt Hegel und faßt damit jüdisches und aufklärerisches Prinzip zusammen. „Die Objekte beleben, heißt sie zu Göttern machen“, fährt er fort. „Eine Gottheit ist Subjekt und Objekt zugleich, man kann nicht von ihr sagen, daß sie Subjekt sei im Gegensatz gegen Objekte.“ Diese Gottheit ist freilich etwas anderes als der Gott Abrahams, sie ist das Lebendige selbst: Natur, die zugleich Freiheit ist. – Leben und Liebe bedeuten also die Auflösung einer selbständigen Objektwelt, die uns gegenübersteht und die wir beherrschen müssen und um deren Beherrschung willen wir einen Herrscher in die Transzendenz setzen. „Nur in der Liebe allein ist man eins mit dem Objekt; es beherrscht nicht und es wird nicht beherrscht.“ „In der Liebe ist das Getrennte noch, aber nicht mehr als Getrenntes.“ Von hier aus verschwindet die Entgegensetzung der übernatürlichen Welt: „Diese Liebe von der Einbildungskraft zum Wesen gemacht, ist die Gottheit.“ Die Gottheit sind wir also selbst, sofern die Liebe oder die lebendige Einheit unser Sein ist:

„Liebe kann nur stattfinden gegen das Gleiche, gegen den Spiegel, gegen das Echo unseres Wesens ...

Das Ideal können wir nicht außer uns setzen, sonst wäre es ein Objekt – nicht in uns allein, sonst wäre es kein Ideal.

Die Religion ist eins mit der Liebe. Der Geliebte ist uns nicht entgegengesetzt, er ist eins mit unserm Wesen; wir sehen nur uns in ihm – und dann ist er doch wieder nicht wir – ein Wunder, das wir nicht zu fassen vermögen."[9]

Ontologisch drückt Hegel das gleiche in dem Satz aus: „Vereinigung und Sein sind gleichbedeutend." Am wichtigsten sind die lebensphilosophischen Formulierungen:

„Wahre Vereinigung, eigentliche Liebe findet nur unter Lebendigen statt, die an Macht sich gleich und also durchaus füreinander Lebendige, von keiner Seite gegeneinander Tote sind. ... in ihr (der Liebe) findet sich das Leben selbst, als eine Verdopplung seiner selbst und Einigkeit desselben. Das Leben hat von der unentwickelten Einigkeit aus, durch die Bildung den Kreis zu einer vollendeten Einigkeit durchlaufen; der unentwickelten Einigkeit stand die Möglichkeit der Trennung und die Welt gegenüber. In der Entwicklung produzierte die Reflexion immer mehr Entgegengesetzes, das im befriedigten Triebe vereinigt wurde, bis sie das Ganze des Menschen selbst ihm entgegensetzte, bis die Liebe die Reflexion in völliger Objektlosigkeit aufhebt, dem Entgegengesetzten allen Charakter eines Fremden raubt und das Leben sich selbst ohne weiteren Mangel findet."[10]

In diesen Sätzen, die das Thema der „Phänomenologie des Geistes" und seine Hauptstufen vorbereiten, hat Hegel das Prinzip des 18. Jahrhunderts als Moment in eine übergreifende Einheit aufgenommen. Reflexion oder Bildung drücken die vollendete Objektivierung der Welt, das System der Entgegensetzungen aus. Auf diesem Umweg kehrt das Leben zu sich selbst zurück. Es verdoppelt sich und vereinigt sich wieder in der Liebe. Wir selbst sind es, in denen es sich verdoppelt und wiederfindet.

Aber noch weiß Hegel, daß diese Einheit unvollkommen ist. Es gibt ja den Tod, die Grenze der Einheit. „Liebende haben Selbständigkeit, eigenes Lebensprinzip heißt nur: sie können sterben." Und es gibt ja die Scham. „Die Liebe ist unwillig über das noch Getrennte, über ein Eigentum; dieses Zürnen der Liebe über Individualität ist die Scham." Und es gibt ja das Eigentum, das auch dann die Liebenden trennt, wenn sie es durch Gütergemeinschaft aufzuheben versuchen. „Und so sind sie noch einer mannigfaltigen Entgegensetzung in dem mannig-

---

[9] a. a. O., S. 377.
[10] a. a. O., S. 379.

faltigen Erwerb und Besitz von Eigentum und Rechten fähig." Hegel war nicht Romantiker genug, um zu glauben, daß namentlich das letzte aufzuheben wäre. Wohl kann die Rechtssphäre gelegentlich durchbrochen werden. Es kann besser sein, zu sündigen, denn als Automat seiner Zeit „rechtlich und gemein, ohne Sünde und ohne Liebe" abzulaufen. Allgemein gesehen aber ist die Trennung durch Recht und Eigentum unser unentrinnbares Schicksal:

„Über die folgende Forderung von Abwerfung der Lebenssorgen und Verachtung der Reichtümer sowie über Mt. 19, 23: wie schwer es ist, daß ein Reicher ins Reich Gottes komme, ist wohl nichts zu sagen; es ist eine Litanei, die nur in Predigten oder in Reimen verziehen wird, denn eine solche Forderung hat keine Wahrheit für uns. Das Schicksal des Eigentums ist uns zu mächtig geworden, als daß Reflexionen darüber erträglich, seine Trennung von uns, uns denkbar wäre. Aber soviel ist doch einzusehen, daß der Besitz von Reichtum, ... Bestimmtheiten in den Menschen bringt ..., die ... kein Ganzes, kein vollständiges Leben zulassen, weil es an Objekte gebunden, Bedingungen seiner außer sich selbst hat, weil dem Leben noch etwas als eigen zugegeben ist, was doch nie sein Eigentum sein kann."[11]

Der Widerspruch der lebensphilosophischen Überwindung des Prinzips der Entgegensetzung zu dem wirklichen Bestehen der Entgegensetzung, vor allem auf dem Boden der bürgerlichen Gesellschaft, ist Hegel völlig bewußt. Aber die Entgegensetzung hat noch eine andere tiefere Seite. Das Leben wird nicht nur objektiviert, es wird auch verletzt. Es gibt Schuld gegen das Leben, durch die das Leben feindlich wird, uns sich unerbittlich in der Maske des Rächers gegen den Verletzenden stellt. Und verletzt wird immer. Die höchste Unschuld kann die höchste Schuld sein, weil sie es nicht wagt, den Widerspruch auf sich zu nehmen und schuldig zu werden:

„Das Schicksal hingegen ist unbestechlich und unbegrenzt, wie das Leben; es kennt keine gegebenen Verhältnisse, keine Verschiedenheiten der Standpunkte, der Lage, keinen Bezirk der Tugend; wo Leben verletzt ist, sei es auch noch so rechtlich, so mit Selbstzufriedenheit geschehen, da tritt das Schicksal auf, und man kann darum sagen, nie hat die Unschuld gelitten, jedes Leiden ist Schuld. Aber die Ehre einer reinen Seele ist um so größer, mit je mehr Bewußtsein sie Leben verletzt hat, um das Höchste zu erhalten, um so viel schwärzer das Verbrechen ist, mit je mehr Bewußtsein eine unreine Seele Leben verletzt."[12]

---

[11] a. a. O., S. 273.
[12] a. a. O., S. 283.

Hegel fragt nun: wie kann das Leben, das mit sich selbst entzweit ist, mit sich selbst versöhnt werden? Es muß versöhnt werden, denn die absolute Selbstentzweiung erträgt das Leben nicht. Es folgen zunächst eine Reihe negativer Antworten. Das Gesetz im Sinne der Kantischen Philosophie ist unfähig, das Leben mit sich selbst zu versöhnen, denn das Gesetz als Gesetz muß feindlich sein und darum Feindschaft erwecken. Der Kampf gegen Kant und gegen das kantisch gedeutete Christentum erreicht im Zusammenhang mit der Schicksalsidee seinen Höhepunkt. Kant unterscheide sich zwar durch das Prinzip der Autonomie vom religiösen Supranaturalismus, aber der Unterschied sei doch nur der, daß der Puritaner „den Herren außer sich", der Kantianer „den Herren in sich" trägt, zugleich aber sein eigner Knecht ist; „für das Besondere, Triebe, Neigungen, pathologische Liebe, Sinnlichkeit... ist das Allgemeine notwendig und ewig ein Fremdes, Objektives." Gegen diese Zerspaltung, die den Geist in zwei Teile zerreißt, wendet sich Hegel mit folgendem charakteristischem Satz: „Da die Pflichtgebote eine Trennung voraussetzen und die Herrschaft des Begriffs in einem Sollen sich ankündigt, so ist dagegen dasjenige, was über diese Trennung erhaben ist, ein *Sein*, eine Modifikation des Lebens".[13] – Aber auch die protestantische Lösung wird abgelehnt, der Rechtfertigungsgedanke, die Paradoxie, daß der Schuldige für unschuldig, der Ungerechte für gerecht erklärt wird. Hegel deutet sie als die „unwahre Vorstellung", die ein anderes Wesen sich von dem Schuldigen mache, und faßt die Bitte um Vergebung als „unredliches Betteln" auf, eine Deutung der Rechtfertigung, die an der Voraussetzung hängt, daß Gott ein uns gegenüberstehendes Objekt ist. – Nur wenn das Gegenüber als Schicksal verstanden ist, als das Eigene, das uns fremd geworden ist, als das Leben, das sich gegen das Leben gewendet hat, ist Versöhnung möglich.

„Der Verbrecher meinte es mit fremdem Leben zu tun zu haben; aber er hat nur sein eigenes Leben zerstört; denn Leben ist von Leben nicht verschieden, weil das Leben in der einigen Gottheit ist; und in seinem Übermut hat er zwar zerstört, aber nur die Freundlichkeit des Lebens: er hat es in einen Feind verkehrt. Erst die Tat hat ein Gesetz erschaffen, dessen Herrschaft nun eintritt."[14]

Drückt sich im Gesetz nur das eigene, wenn auch entfremdete Leben aus, das heißt, tritt an die Stelle des Gesetzes das Schicksal, so ist Versöhnung möglich.

---

[13] a. a. O., S. 266.
[14] a. a. O., S. 280.

„Im Schicksal aber erkennt der Mensch sein eigenes Leben, und sein Flehen zu demselben ist nicht das Flehen zu einem Herrn, sondern ein Wiederkehren und Nahen zu sich selbst. ... Weil auch das Feindliche als Leben gefühlt wird, darin liegt die Möglichkeit der Versöhnung des Schicksals.“[15]

„Dies Gefühl des Lebens, das sich selbst wiederfindet, ist die Liebe, und in ihr versöhnt sich das Schicksal.“[16]

„Das Leben hat in der Liebe das Leben wiedergefunden. Zwischen Sünde und ihre Vergebung tritt so wenig als zwischen Sünde und Strafe ein Fremdes ein; das Leben entzweite sich mit sich selbst und vereinigte sich wieder.“[17]

Die Einheit des Lebens ist stärker als die Verletzung und der Widerspruch; freilich muß man das Schicksal sich auswirken lassen, den Schmerz der Trennung ganz auf sich nehmen. Dann aber ist Versöhnung möglich. Die Synthese ist ursprünglicher als die Antithese.

So hat die Liebe die Entgegensetzung in allen Formen aufgelöst, im Erkennen als Objektivierung, im Handeln als Gesetz, als bürgerliches Recht und Tugendmoral. Das Leben, das sich mit sich entzweit und das theoretische und praktische Gegenüber als scheinbar Fremdes, als Schicksal geschaffen hat, findet sich selbst wieder, versöhnt sich mit sich und erweist darin seine ursprüngliche Einheit. Das Problem der Entgegensetzung scheint gelöst. – Aber, so muß gefragt werden, ist das alles mehr als ein Gedanke? Ist es Wirklichkeit? Wäre es in der Wirklichkeit nicht aufweisbar, so bliebe die Spaltung zwischen Denken und Sein, so bliebe der Primat des Sollens und damit das Recht der Entgegensetzungen, die im Lebens- und Schicksalsgedanken überwunden sind. Welches also ist die Wirklichkeit, in der die Versöhnung mit dem Schicksal aufweisbar ist? – Zunächst in der religiösen Sphäre: Hegel interpretiert den Johannesprolog, um den Ort aufzuweisen, an dem die Identität von Gott und Mensch, die Aufhebung der Entgegensetzung ursprünglich als wirklich erschienen ist. Die Paradoxie der Inkarnationsidee wird ihm zum logischen Prototyp für metaphysisches Denken überhaupt: Widersprüche, die im Reiche der Toten, des Objektiven, berechtigt sind, sind es nicht im Reiche des Lebendigen.

Was im Religiösen urtypisch aufgewiesen ist, wird nun für das Politische wirksam. Nur zögernd tut Hegel diesen Schritt. Noch macht er im Hinblick auf den Zustand des Deutschen Reiches schwermütige Reflexionen zu einer Schrift über die Reichsverfassung.

---

[15] a. a. O., S. 282.
[16] a. a. O., S. 283.
[17] a. a. O., S. 289.

„Die folgenden Blätter sind die Stimme eines Gemüts, das ungern von seiner Hoffnung, den deutschen Staat aus seiner Unbedeutendheit emporgehoben zu sehen, Abschied nimmt, und noch vor dem gänzlichen Scheiden von seinen Hoffnungen seine immer schwächer werdenden Wünsche sich noch einmal lebhaft zurückrufen und seines schwachen Glaubens an die Erfüllung derselben noch einmal im Bilde genießen wollte.“[18]

Etwas später jedoch, gleichfalls in einem Fragment zur Reichsverfassung mit dem Titel „Freiheit und Schicksal“, wendet er den Schicksalsgedanken auf die Geschichte an. Unmöglich ist es zwar, mit Gewalt das Schicksal zu meistern. Der impulsive Revolutionär, der Utopist, zerbricht an der Wirklichkeit; daraus folgt aber nicht, daß man sich mit seiner Zeit einverstanden erklären müsse. Man kann und soll sie unter das Gericht eines Besseren stellen. Und jeder Mensch, dessen Natur zur Idee geformt ist, wird das tun. Er muß aber wissen, daß es unmöglich ist, gegen das Schicksal anzurennen. Forderungen helfen nichts, es sei denn – und das ist die neue große Erkenntnis, die dieses kurze Fragment bietet –, daß das Schicksal sich in sich selber bricht, daß es mit der Macht einer neuen Gestalt über die alte Gestalt hinausgeht, deren Wahrheit aus ihr entflohen ist. Das Schicksal versöhnt mit sich selbst durch den Fortgang der geschichtlichen Gestalten.

„Das Beschränkte kann durch seine eigene Wahrheit, die in ihm liegt, angegriffen und mit dieser in Widerspruch gebracht werden; es gründet seine Herrschaft nicht auf Gewalt Besonderer gegen Besondere, sondern auf Allgemeinheit. Diese Wahrheit, das Recht, die es sich vindiziert, muß ihm genommen und demjenigen Teil des Lebens, das gefordert wird, gegeben werden.“[19]

Schicksal war ursprünglich konzipiert als das Leben, das sich feindlich gegen den Verletzer seiner selbst erhoben hat. Zugleich aber sah Hegel: es wird immer verletzt; es muß verletzt werden. Denn der Versuch, unschuldig zu bleiben, macht gerade schuldig. Also stehen wir immer im Schicksal, also ist Schicksal das Korrelat menschlichen Handelns überhaupt. Damit ist das Schicksal zur allgemeinen geschichtlichen Kategorie erhoben; es ist die Bewegung des Lebens selbst, das ständig Gestalten schafft, sie durch Verletzung ihrer selbst in Zwiespalt und zur Versöhnung in neuen Gestalten treibt. Der abstrakte Gedanke, daß das Schicksal sich als das eigene erweist und darum eine Versöhnung mit ihm möglich ist, wird konkret in dem Gedanken, daß die neue

---

[18] Hegels sämtliche Werke. Hrsg. von Lasson. Bd. 7. S. 138.

[19] a. a. O., S. 140.

Gestalt Ausdruck dieser Versöhnung ist. Schon in den Worten über das Tragen des feindlichen Schicksals, über Buße und Askese als Weg zur Wiederherstellung der Einheit des Lebens mit sich selbst war das für die Sphäre des persönlichen Lebens ausgesprochen. Jetzt wird es auf die Bewegung der Völker übertragen. Die Geschichte ist Entzweiung und Versöhnung des Lebens mit sich selbst, in ihr erhebt sich Schicksal gegen Lebendiges, wirft es in das Sein, in die Unbefriedigung, die Entleerung, und versöhnt es wieder mit sich in neuen Gestalten. Der Fordernde, der das Gegenwärtige verneint, kann nichts tun, als diesen Weg, den das Leben selbst geht, zu erkennen und handelnd mitzuvollziehen. – So hat Hegel am Ende seiner Jugendentwicklung auf dem Weg über den Lebens- und Schicksalsgedanken die real-dialektische Auffassung der Geschichte und des menschlichen geschichtsbewußten Handelns entdeckt. Sie wurde durch Marx ein für Deutschland schicksalsbestimmender Gedanke erster Ordnung.

Damit verbindet sich aber ein zweiter Gedanke, der in allen Phasen der Jugendentwicklung Hegels vorbereitet ist und jetzt zu politisch relevantem Ausdruck kommt.

„Das beschränkte Leben als Macht kann nur dann vom Besseren feindlich mit Macht angegriffen werden, wenn dieses auch zur Macht geworden ist und Gewalt zu fürchten hat. Als Besonderes gegen Besonderes ist die Natur in ihrem wirklichen Leben der einzige Angriff oder Widerlegung des schlechten Lebens, und eine solche kann nicht Gegenstand einer absichtlichen Tätigkeit sein.“[20]

Das Schicksal der Geschichte vollzieht sich durch den Angriff der neuen Macht gegen die alte, eines Besonderen also gegen ein Besonderes. Das Besondere, das angreift, sind die tragenden Kräfte des neuen Lebens, die da sein, eine Macht sein müssen; freilich nicht eine Macht im Sinne absichtlicher Tätigkeit, sondern, wie die schon zitierten Worte zeigen, eine Macht als Träger der Wahrheit, einer Wahrheit, die in der alten Gestalt des Lebens gemeint, aber nicht verwirklicht war. Hegels Machtgedanke hat also von Anfang an das normative Moment in sich, daß nur diejenige Macht sich schicksalsgemäß durchsetzen kann, in der die Wahrheit der entgegenstehenden, in sich gespaltenen Macht aufgenommen ist. Macht und Wahrheit klaffen bei ihm nicht auseinander. Auch diese Seite der Lehre vom „historischen Schicksal“ ist für das deutsche Schicksal maßgebend geworden, und zwar sowohl im Marxismus, wo die proletarische Klasse als Wahrheit und Macht des Kommenden aufgefaßt wird, als auch in Bismarcks

[20] a. a. O., S. 140.

Idee der Realpolitik, in der die Machtstaatsidee zu voller Entfaltung kommt. Hegel selbst ist in der Richtung der Machtstaatsidee weitergegangen. Die innere Konsequenz des realdialektischen Gedankens, die Notwendigkeit, daß jedes Leben durch Verletzung seiner selbst in Zwiespalt mit sich selbst gerät und in einer neuen Gestalt zur Versöhnung kommen kann, hat Marx richtiger und der Wirklichkeit angemessener erfaßt und ist darin Vollstrecker des jungen gegen den späteren Hegel geworden.

Hegels persönliche Entwicklung entspricht der Wendung, die der Schicksalsgedanke genommen hat. Lange hatte er gezögert, aus seiner Einsamkeit und Trennung vom gesellschaftlichen Leben, aus seiner „äußersten Subjektivität" herauszutreten. Er suchte das, wie er einmal schreibt, bei jeder Gelegenheit, die sich in dieser Richtung bot, zu hintertreiben. Endlich tut er den Schritt. In dem freudigen Bewußtsein, in Einheit zu stehen mit dem zugleich zerstörenden und neuschaffenden Schicksal seiner Zeit tritt er an die Öffentlichkeit, um mitzuarbeiten an der Durchsetzung der neuen Gestalt, zu der das geschichtliche Schicksal hintreibt.

„Alle Erscheinungen dieser Zeit zeigen, daß die Befriedigung im alten Leben sich nicht mehr findet; es war eine Beschränkung auf eine ordnungsvolle Herrschaft über sein Eigentum, ein Beschauen und Genuß seiner völlig untertänigen kleinen Welt, und dann auch eine diese Beschränkung versöhnende Selbstvernichtung und Erhebung im Gedanken an den Himmel. Einesteils hat die Not der Zeit jenes Eigentum angegriffen, andernteils ihre Geschenke in Luxus die Beschränkung aufgehoben und in beiden Fällen den Menschen zum Herrn gemacht und seine Macht über die Wirklichkeit zur höchsten. Unter diesem dürren Verstandesleben ist auf einer Seite das böse Gewissen, sein Eigentum, Sachen zum Absoluten zu machen, größer geworden und damit auf der andern das Leiden der Menschen; und ein besseres Leben hat diese Zeit angehaucht."[21]

Aber geschichtliche Wirklichkeit und gedankliche Konsequenz trieben Hegel weiter. Auf die Erschütterung der napoleonischen Kriege folgte die Beruhigung und Stabilisierung der Restaurationszeit. Über den preußischen Staat der Restauration trotz mancher kritischer Einwände grundsätzlich hinauszugehen, findet Hegel keinen Anlaß. Er wird für ihn zum Ort des versöhnten Schicksals. Ebenso führt das Prinzip der ursprünglichen Einheit des Lebens, das unter Schellings Einfluß die Form des Identitätsprinzips angenommen hatte, weiter.

---

[21] a. a. O., S. 140.

Noch war alles in Bewegung, aber der Zwang des Systems, die Identität von Sein und Erkennen, die dadurch gegebene Möglichkeit eines vollendeten Systems, beginnt Erstarrung über das Ganze zu legen. Der vollendeten Wirklichkeit entspricht das vollendete System. Die Entzweiung war nur als überwundene, nicht mehr als drohende da. Das Schicksal wird als unversöhntes nur noch *erinnert*, in der Gegenwart ist es versöhnt und auf die Zukunft wird nicht geblickt. Es ist, als ob Hegel unter der Warnung, die Schellings erstarrte Identität für ihn war, noch einmal vor der Konsequenz des vollendeten Systems zurückschreckt. In der Vorrede zur Phänomenologie schreibt er die gewaltigen Sätze: „Der Tod, wenn wir jene Unwirklichkeit so nennen wollen, ist das Furchtbarste und das Tote festzuhalten, das, was die größte Kraft erfordert. Die kraftlose Schönheit haßt den Verstand, weil er ihr dies zumutet, was sie nicht vermag. Aber nicht das Leben, das sich vor dem Tode scheut und von der Verwüstung rein bewahrt, sondern das ihn erträgt und in ihm sich erhält, ist das Leben des Geistes. Er gewinnt seine Wahrheit nur, indem er in der absoluten Zerrissenheit sich selbst findet. Diese Macht ist er nicht als das Positive, welches von dem Negativen wegsieht, ... sondern er ist diese Macht nur, indem er dem Negativen ins Angesicht schaut, bei ihm verweilt. Dieses Verweilen ist die Zauberkraft, die es in das Sein umkehrt."[22] Aber die Identität war stärker als der Widerspruch. Nicht nur der revolutionäre Impuls der Jugendentwicklung hört auf, auch das dialektische Werden selbst scheint sein Ziel gefunden zu haben. So unwahrscheinlich es nun freilich ist, daß Hegel sich im Ernst an das Ende der Geschichte gestellt hat, so wahrscheinlich er vielmehr darauf verzichtet hat, gedanklich in die Zukunft zu dringen, weil Denken für ihn die höchste Form des Erinnerns ist, (vgl. die Worte über die Eule der Minerva, die in der Dämmerung fliegt, und über die Erinnerung und Schädelstätte des absoluten Geistes) – so hat seine spätere Systematik doch so gewirkt, als wäre das historische Schicksal endgültig versöhnt. Sicher ist, daß er die Kräfte der Entgegensetzung, die schon da waren, nicht mehr gesehen, nicht mehr kritisch fruchtbar gemacht hat.

So war die Versöhnung mit dem Schicksal, die er vollzogen glaubte, scheinhaft, und sie zerbrach. Die Entzweiung, das Prinzip der Entgegensetzung, das Prinzip des 18. Jahrhunderts, erhob sich und kehrte wieder in all den Formen, gegen die Hegel gekämpft hatte. In der Theologie erhob sich der Gott des reinen Gegenüber und mit ihm eine neue Orthodoxie: die religiöse Synthese zerbrach. In der Politik ver-

---

[22] Hegels Werke. Berlin 1841. Phänom. S. 25.

festigte sich die landesfürstliche Gewalt gegenüber der ständischen und bürgerlichen Gesellschaft; die staatspolitische Synthese zerbrach. Die gegenständliche Welterkenntnis, vor allem als Naturwissenschaft, begann ihren großen Weg. Der Positivismus siegte auf der ganzen Linie, und die metaphysische Synthese zerbrach. Die Natur wurde vom Menschen unterworfen wie nie zuvor. Auch hier triumphierten Herrschaft und Knechtschaft, und die romantische Synthese von Mensch und Natur zerbrach. Moral und Sinnlichkeit fielen auseinander, die Synthese der objektiven Sittlichkeit zerbrach. Vor allem aber, wichtiger als all dieses, es zusammenfassend zu der geschichtlich entscheidenden Entgegensetzung, erhob sich in der Gesellschaft der Gegensatz der Klassen. Die Synthese der bürgerlichen Gesellschaft zerbrach. Als Marx mit Hegel und zugleich gegen Hegel diese Selbstentzweiung des Lebens der abendländischen Menschheit entdeckte, wurde er zum echtesten Vollstrecker des jungen Hegel. Er löste die vorzeitige Synthese auf, die der späte Hegel – nicht mehr in Einheit mit den wirklichen Kräften seiner Zeit – formuliert hatte und wies zugleich auf die Möglichkeit einer tieferen, dauernderen Versöhnung hin, als Hegel sie gedacht hat.

6.

Es soll nun versucht werden, im Lichte der Hegelschen Begriffe und des Schicksals dieser Begriffe einige Worte zu unserem deutschen Schicksal zu sagen. Es ist das Recht der Philosophie, dem Gewohnten und Selbstverständlichen – nicht nur des Gedachten, sondern auch des Gefühlten – zu widersprechen und dem Ungewohnten Wort und Begriff zu geben.

Unser Volk hat, wie Hegel scharf gesehen hat, kein ursprüngliches und einheitliches Schicksal gehabt, es ist von Anbeginn an ein Volk der Entgegensetzungen. Sein Schicksal ist bestimmt durch das Prinzip, das Hegel als das jüdische Prinzip abgeleitet und als Moment in seinen Lebensbegriff aufgenommen hat. Vielleicht ist so viel Feindschaft unter uns gegen das Jüdische, weil wir es als eigenes ahnen und fürchten. Keine der Entgegensetzungen, die je unter uns auftauchten, ist ganz überwunden worden. Weder die religiöse, die uns seit der Reformation zerreißt, noch die geistige, die mit dem Humanismus einsetzte, noch die landschaftliche, die in unsere Urzeit zurückgeht, noch die staatspolitische, die seit der Erhebung des Bürgertums sich in der Parteibildung auswirkt, noch die wirtschaftliche, die den Klassengegensatz geschaffen hat. Und jede dieser Entzweiungen findet ihre schärfste Ausprägung, ihre grundsätzlichste und tiefste Durcharbeitung bei uns.

Überdies sind wir der Ort, auf dem auch die großen weltpolitischen Entgegensetzungen aufeinander stoßen, der Kampf zwischen Osten und Westen.

Es ist verständlich, wenn in diesem Volk der Wunsch lebt, einmal ein Ende zu machen mit diesen Entgegensetzungen, eine einheitliche, ganz auf sich gestellte Nation zu werden. Es ist verständlich, wenn heute im Namen eines ungeformten Lebensdranges Kampf angesagt wird allem, was objektiv, was Geist, was Entzweiung ist. Der Sieg des achtzehnten Jahrhunderts in der zweiten Hälfte des neunzehnten war zugleich der Sieg eines objektivierenden Denkens und Handelns noch weit über das hinaus, was Hegel vorfand, als er sich dem achtzehnten Jahrhundert entgegenstellte. Wieder wird dieser Versuch unternommen, wieder ist es die Idee des Volkes, sind es die Begriffe der Ganzheit, des Lebens, des Eros, der Macht, mit denen der Gegenstoß geführt wird, mit weniger Geist, aber getragen von breiteren und tieferen Gesellschaftsschichten als damals.

Aber hüten wir uns, zu solchen zu werden, die nach Hegel gegen das Schicksal anrennen! Versöhnung mit dem Schicksal läßt sich nicht erzwingen. Was in andern Völkern gelungen ist, kann unserm Wesen widersprechen. Einen Mythos unseres Raumes neu zu schaffen ist, wie Hegel richtig und tief gesehen hat, unmöglich. Unsere Geschichte läßt sich nicht zurücknehmen, der Polytheismus des räumlichen Nebeneinander kehrt nicht wieder. Wir sind durch Judentum und Christentum zeitgebundenes Volk geworden. Das jüdische Prinzip ist unser eigenes Schicksal geworden und eine *secessio judaica* wäre eine Trennung von uns selbst. Der Versuch aber, alle Elemente unseres Schicksals in einer Einheit zusammenzuschmelzen und so zu einer Versöhnung nach Art anderer Völker zu gelangen, ist geistig und politisch immer wieder mißlungen. Wir haben die Entgegensetzung in unserem Geiste, wir haben sie in unserem Blute und darum in unserem Schicksal. Aber sollte es nicht die Größe dieses Schicksals sein, die Entgegensetzungen zu tragen, durchzukämpfen, das Leiden des entzweiten Lebens auf uns zu nehmen, um der Wahrheit des Lebens willen uns zu hüten vor voreiligen Synthesen. Sollte es nicht unser Schicksal, unser besonderes deutsches Schicksal sein, das zu leisten für uns und eben damit für alle zu leisten, was nach Hegel das schwerste ist: das Leben zu haben, das den Tod erträgt, in ihm sich erhält, das in der absoluten Zerrissenheit sich selbst findet; ein Volk, das dem Negativen ins Auge schaut und in ihm verweilt. Es ist das ungeheure Schicksal des Judentums, die Raumgebundenheit der menschlichen Völker, ihres dämonischen Polytheismus gebrochen zu haben durch das, was Hegel das Prinzip der Entgegensetzung nennt. Das Christentum hat sich in schweren Kämpfen zu diesem Schicksal und diesem Prinzip bekannt; es hat sich als Fortsetzung und Erfüllung der jüdischen Prophetie und Gemeinde aufgefaßt. Die christlichen Völker dagegen sind wieder und wieder einem raumgebundenen Polytheismus verfallen. Oft genug unterstützt durch theologische Rechtfertiger, die dämonisierte Menschenordnung und göttliche Naturordnung verwechselten. Das ist natürlich und ist auch in der jüdischen Geschichte selbst nicht anders gewesen. Das Prinzip der Entgegensetzung war Entgegensetzung im Judentum selbst. Aber Raumgebundenheit, Unmittelbarkeit, Heidentum ist nicht die Wahrheit menschlichen Seins. Es ist der Boden, aus dem alles Lebendige wächst, über das aber das Leben im menschlichen Sein hinausgekommen ist. Der Mensch kann nicht zurück zur Unmittelbarkeit, die Menschheit kann nicht zurück in eine Lage, in der das Prinzip der Entgegensetzung, die jüdisch-prophetische Brechung der Unmittelbarkeit zurückgenommen ist. Am Schicksal des deutschen Volkes hat sich das wieder und wieder gezeigt, das ist seine Größe und sein Leiden, und dazu muß es sich stellen, heute mehr denn je. Die Bewegungen, die geistigen und politischen, die heute unter Überspringung der realen Gegensätze, vor allem derjenigen des kapitalistischen Systems, eine nationale Einheit, eine Versöhnung, eine „Integration" erzwingen wollen, erfüllen deutsches Schicksal nicht; sie verwirren es und verletzen es und treiben zu Reaktionen des verletzten Schicksals, die den völligen Untergang bedeuten können. Sie müssen, auch wenn sie im ersten Ansturm siegen, an der Scheinhaftigkeit der Versöhnung scheitern.

Diejenigen Gruppen aber, die den Schmerz der Entzweiung tragen, die wissen, daß das Prinzip der Entgegensetzung nicht aufgehoben werden kann, sondern menschliches Sein überhaupt erst möglich macht, die in Einheit mit der prophetischen und christlichen Tradition vor den Götzen des Raumes nicht niederknien, erfüllen die Forderung, die heute an Deutschland gestellt ist: die wachsende Dämonie des Nationalismus in sich zu brechen – auf seinem Raum, in Verbundenheit mit ihm, in Ehrfurcht vor seinen schaffenden Kräften, doch frei zu sein von dem Raum, frei zu sein für die Zeit, das heißt, für die einheitliche auf das Menschheitsziel gerichtete Geschichte. Wer die Entzweiung des Schicksals trägt, kann Schicksal versöhnen, deutsches Schicksal und durch deutsches – Weltschicksal.

ALBRECHT RITSCHL
ZU SEINEM HUNDERTSTEN GEBURTSTAG
(1922)

Am 25. März 1922 sind hundert Jahre vergangen seit dem Tage, an dem Albrecht Ritschl in dem Berlin Hegels und Schleiermachers das Licht der Welt erblickte. Es geziemt den Theologen aller Richtungen, der alten, direkt von ihm abhängigen, wie der jungen, indirekt von seinen Einflüssen umspielten Generation, dieses Tages zu gedenken. Zu machtvoll hat dieser starke Geist in die Entwicklung der evangelischen Theologie, Kirche und Frömmigkeit eingegriffen, als daß es erlaubt wäre, aus Gegnerschaft oder Abneigung an seinem Tage vorüberzugehen. Zu dem Satz, daß seine Theologie „überwunden" sei, haben weder diejenigen ein Recht, die noch davorstehen, die nie den Weg zu beschreiten gewagt haben, den er geführt hat, noch diejenigen, die die Wirkungen seiner Leistung als Selbstverständlichkeit empfangen haben und nicht wissen, *quantae molis erat,* diese „Selbstverständlichkeit" zu erarbeiten. Das Wort von der „überwundenen Ritschlschen Theologie", das zweifellos sein gutes Recht hat, klingt nicht gut im Munde triumphierender Älterer und überlegener Jüngerer. Es hat nur da ein Recht, wo es verbunden ist mit tiefer Dankbarkeit gegen den großen Meister theologischen Denkens. Es ist deswegen im folgenden versucht, aus der geistesgeschichtlichen Lage, in der Ritschl sich befand, seine Leistung verständlich zu machen und zugleich von da aus die Grenzen seiner Bedeutung für die Gegenwart aufzuzeigen.

1.

Das allgemeinste Merkmal der geistigen Lage, aus der heraus Ritschl sein Werk geschaffen hat, ist das Zerbrechen des romantischen Idealismus. Aus dem Widerspruch gegen die Romantik ist darum Ritschl am besten zu begreifen. Dieses ist freilich nur die negative Bestimmung, in der Ritschl mit Materialisten und Naturalisten in gleicher Linie stände, wenn nicht das Positive hinzukäme, der von Kant abhängige ethische Idealismus, und wenn nicht als drittes Element theologischer Art die supranaturalistische Wertung des Urchristentums damit verknüpft wäre. Wir haben also zu fragen: Wie gestaltet sich der Widerspruch gegen den romantischen Idealismus auf dem Boden eines ethischen

Idealismus mit christlich supranaturaler Fundierung? In der Beantwortung dieser Frage können wir Einsicht in die wesentlichen Positionen Ritschls gewinnen.

Die Romantik ist der geniale Versuch, auf dem Boden der autonomen Kulturentwicklung die mittelalterlich theonome Geisteshaltung wiederzugewinnen. Nun ist es aber der theonomen Geisteslage wesentlich, daß alle Funktionen des Geistes, die gesamte Kultur in all ihren Formen, Symbol einer unbedingten Verbundenheit mit dem Unbedingten sind, daß die Formen des Denkens, der Kunst, des sittlichen und politischen Lebens nicht in ihrem Eigenwert und ihrer Eigengeltung von Bedeutung sind, sondern in ihrer Funktion als Ausdruck eines religiös erfüllten Lebens; demgegenüber autonome Zeiten auf die Eigenformen und den Eigenwert der Kulturschöpfungen gerichtet sind und die Richtung auf das Unbedingte nur als logisches, ethisches, politisches Ideal wirksam wird. Der typische Ausdruck dieser Richtung ist die Kantische Philosophie. Sie ist von dem Gehalt des Unbedingten als unmittelbar Gegenwärtigem so weit entfernt wie die jeweilige Verwirklichung des Ideals vom Ideal selbst. Sie ist „Gesetz", das unerfüllbar bleibt, im Gegensatz zur „Gnade", die gegenwärtig ist trotz der unendlichen Spannung zwischen Ideal und Wirklichkeit. Die Romantik suchte auf den Flügeln des ästhetischen Idealismus vom Gesetz zur Gnade zu gelangen, von dem bloß jenseitigen, bloß idealen, zu dem auch diesseitigen, auch realen Unbedingten. So gibt Fichte eine „Anweisung zum seligen Leben", Schleiermacher und Schelling lehren, in allem Endlichen das Unendliche zu schauen, und Hegel führt mit den Mitteln seiner religiösen Logik die Überzeugung durch, daß die Idee stark genug ist, sich zu verwirklichen: ὁ λόγος σὰρξ ἐγένετο, in Natur und Seele, in Geschichte und Gedanke, in Mythos und Staat.

Aber all das blieb Konstruktion; es war Sehnsucht, nicht Schicksal; es war Wille, nicht Geschenk; und eben darum blieb es Romantik und brach zusammen, als es den Anspruch machte, die autonome Bewegung des Geistes zu meistern; und aus dem „ὁ λόγος σὰρξ ἐγένετο" wurde „ὁ λόγος σὰρξ ἐστιν" und nichts als σὰρξ. Lag ein Konstruktionsfehler vor, den man korrigieren könnte, wie es viele jetzt wollen? Der Fehler war, daß überhaupt konstruiert wurde; denn das Unbedingte läßt sich nicht konstruieren. Die Romantik wollte Schicksal machen, sie wollte Gnade erzwingen; daran mußte sie scheitern. Auf dem Boden der autonomen Form bleibt das Unbedingte Ideal. Von der Form her den unbedingten Gehalt herbeizwingen zu wollen, zu sagen, er wäre in *dieser* Logik, in *dieser* Kunst, in *diesem* Staate gegenwärtig, verkennt das Wesen des Unbedingten: es macht seine Gegenwart abhängig von dem „Werk“ einer idealistischen Philosophie, einer romantischen Kunst, eines nationalen Rechtsstaates usw. Der Umschlag im 19. Jahrhundert hat diese „Werke“ zunichte gemacht, offenbarend, daß das Unbedingte von jeder empirischen Form gleich weit entfernt ist und darum jeder – gleich nahestehen kann. Auf dem Boden der Form bleibt das Unbedingte Ideal; und es ist die Größe und der Ernst der Kantischen Philosophie, das erkannt zu haben.

Damit ist ein richtigerer Standpunkt der Beurteilung Ritschls gewonnen, als er in den üblichen Bemerkungen zum Ausdruck kommt, daß Ritschl die Theologie von der Philosophie habe trennen oder daß er die Dogmatik von metaphysischen Spekulationen habe befreien wollen, beides Formeln der Unklarheit und des Mißverstehens. Denn die Theologie von der Philosophie trennen, hieße, sie von der Wissenschaft trennen; und das kann man dem großen Kantischen Theologen wahrlich nicht vorwerfen; und von „metaphysischen Spekulationen“ sprechen am liebsten diejenigen, die noch nie über den Sinn und die Geltung eines wissenschaftlichen Satzes nachgedacht haben. – Ritschl hat mit Hilfe der Kantischen Philosophie die Theologie von der Romantik befreit, sowohl von der reinen wie von der vermittlungs-theologisch abgeschwächten; er hat das Gottesbewußtsein gelöst von der als verhängnisvoll erwiesenen Verflechtung mit einer idealistischen Philosophie, einer romantischen Weltanschauung und einer geschichtsmetaphysischen Selbstvergötterung. Er hat es davor behütet, in die Katastrophe der Romantik mit hineingerissen zu werden. Er hat ihm in der sittlichen Persönlichkeit eine Stätte der Zuflucht vor den Stürmen der damaligen Geistesgeschichte geschaffen. Er hat die Theologie mit dem Ernst und der Selbstbescheidung der Kantischen Geisteshaltung erfüllt. Das ist seine historische und, gegenüber jeder neuen Romantik, seine bleibende Sendung. Das ist zugleich sein echt protestantischer Charakter.

Aber Ritschl war nicht nur Kantischer Philosoph, sondern er war zugleich christlicher Theologe, also Vertreter einer Religion der Gnade. Er konnte unmöglich bei dem ethischen Gesetz der Formphilosophie stehen bleiben. Und er suchte es zu überwinden durch den Geist der Urkunden des Christentums. Der Gnadengedanke wird bei ihm zur Bejahung der Offenbarung der göttlichen Liebe in der historischen Person Jesu. Zu dem rationalen Element der sittlichen Persönlichkeit kommt das supranaturale Element der sittlichen Offenbarung Gottes in Christus. Auch darin liegt ein tiefer und ernster Protest gegen die romantischen Versuche, die Gnade zu schaffen. Sie ist gegeben; und das Symbol ihrer Gegebenheit ist die historische Offenbarung; und die

Form ihrer Gegebenheit ist die ethische Persönlichkeit Jesu in ihrer unbedingten Geltung gegenüber jedem Versuch, an dem Ethischen vorbei die Gnade zu erlangen. Das ist ebenfalls echt protestantisch und von bleibender Geltung in der protestantischen Theologie.

Ritschl war ein Theologe der Not. Wie die älteste Christenheit sich vor den Verfolgungen in Erdhöhlen und Katakomben verborgen hielt, so flüchtete die Theologie seit der Mitte des 19. Jahrhunderts vor der Katastrophe des Geisteslebens, die sie zu erschlagen drohte, auf die Insel des sittlichen Bewußtseins und der neutestamentlichen Geschichte. Es war eine rettende Tat; aber es war zugleich die größte Verkürzung, die das Christentum je erlebt hat. Verkürzungen können eine Erleichterung sein – wenn es Ballast ist, der abgeworfen wird; sie können aber auch eine Schwächung sein – wenn sie Wesentliches abschneiden. Nicht Ritschl fällt die Verantwortung für diese Verkürzung zu; und seine theologischen Gegner, die sie ihm vorwarfen, konnten es meistens nur deshalb tun, weil sie nichts ahnten von der Not des Geistes, weil sie auf ihrem ererbten Besitzstand ruhten und die Aufgabe des Theologen vergessen hatten, aus dem Ringen und Suchen der Zeit heraus das Ewige sichtbar zu machen. Sie waren fast alle Pharisäer des Erkennens, die den Menschen schwere Lasten auferlegten und niemandem helfen konnten, sie zu tragen. Ihnen allen war und ist Ritschl trotz der engen Begrenzungen, die er gezogen hat, überlegen; er hatte den Mut, herauszugehen und mitzusuchen, der jenen fehlte.

2.

Der Gottesbegriff war in der romantischen Philosophie hereingezogen in den Weltbegriff, nachdem er durch den Rationalismus zu einem Korrelat des Weltbegriffs gemacht war. In beiden Fällen war Gott auf die Welt, das Unbedingte auf das Bedingte gegründet. David Friedrich Strauß und Ludwig Feuerbach offenbarten die Konsequenzen einer solchen Stellung; und Ritschl zog die Konsequenz für die Theologie: Loslösung des Gottesbewußtseins vom Weltbewußtsein. Aber er zog sie nicht vollständig: *ein* Punkt des Weltbewußtseins bleibt Fundament des Gottesbewußtseins, das Sittliche. – Dem entspricht der Gottesbegriff Ritschls: Gott ist die Liebe. Damit ist die theoretische Seite des Gottesbegriffs preisgegeben, die ethische aufrechterhalten. Die Gotteserkenntnis ist unabhängig von der Welterkenntnis; aber sie ist abhängig von der Art und Stärke der sittlichen Erkenntnis. Gott ist nicht das Korrelat des theoretischen, sondern des ethischen Bewußtseins. Aber auch dieses ist kein unerschütterliches Fundament. Seine formale

Evidenz ist nicht größer als die des theoretischen; die logische Idee ist so unbedingt und so evident wie die ethische. Inhaltlich aber wurde der ethische Idealismus genau so erschüttert wie der romantische, als der Sozialismus und Nietzsche gleichzeitig ihre radikale Moralanalyse vornahmen. Auch auf ethischem Gebiete zeigte sich, daß hinsichtlich des Unbedingten der Idealismus keinen Vorzug vor dem Naturalismus hat, „auf daß sich kein Geist rühme". Nur das Unbedingte als Form, als ethische Idee kann auf das ethische Bewußtsein begründet werden, oder vielmehr: es ist das ethische Bewußtsein selbst. – Aber Ritschl wollte mehr; er nennt Gott die Liebe. Das biblisch-supranaturale Element macht sich bemerkbar; aber es setzt sich nicht durch, denn jener Satz hat doch nur Sinn, wenn er nicht eine Definition Gottes, sondern eine Aussage über Gott sein soll, d. h. wenn das theoretische Element des Gottesbegriffs vorausgesetzt ist. Sonst bleibt nur wieder die ethische Idee als solche, die Gesetz und nicht Liebe ist. – Die Not der Geisteslage zwang Ritschl zu diesem Verzicht, der wirklich Verzicht ist. So wenig es uns ansteht, Ritschl daraus einen Vorwurf zu machen, so wenig ist es erlaubt, mit manchen seiner Schüler aus der Not eine Tugend zu machen. Denn was verloren gegangen ist, das ist die Möglichkeit, die Majestät Gottes als des Unbedingt-Wirklichen anzuschauen in allem Seienden, in allem Geschehen und in allem Bewußtsein; man muß auf eine Insel fahren, um ihn zu finden; das Meer der übrigen Wirklichkeit aber bleibt den Wettern der Profanisierung und der Chaotik überlassen, wobei vielleicht am schwersten der Verlust des Augustinischen Gedankens wiegt, daß Gott die Wahrheit ist.

Dem Gottesgedanken Ritschls entspricht seine Gnadenlehre. Sie ist der Kernpunkt seiner Dogmatik; an ihr vor allem muß sich seine geistesgeschichtliche Stellung offenbaren. Deutlich ist der antikatholische und antiromantische Standpunkt: Gnade ist Rechtfertigung, und Rechtfertigung ist Vergebung der Sünden. Die ethische Kategorie der Verzeihung ist der normale Ausdruck des Verhältnisses von Gott und Mensch. Das bedeutet die scharfe Absage an jeden magisch-sakramentalen und an jeden ästhetisch-intuitiven Gnadengedanken; einen Weg zu Gott, der an der Anerkennung der Sünde und ihrer Konsequenzen vorbeiginge, gibt es nicht. Und die Wertung der Person Jesu als Offenbarer der sittlich-verzeihenden Liebe Gottes ist in der Tat der schärfste Schutz vor jenen Abwegen. – Und doch liegt auch hier eine außerordentliche Verkürzung vor. Der Begriff der Verzeihung enthält nur eine Seite des Gnadengedankens. Wie in dem Satze „Gott ist Liebe", nicht erkennbar wird, wer die Liebe ist, so ist in dem Satze „Rechtfertigung ist Verzeihung", nicht klar, wer verzeiht. Und wie dort Gott zur formalen ethischen Idee wird, so wird hier die Verzeihung zu einer notwendigen ethischen Funktion. Die Gnade, die nur als Verzeihung gedeutet wird, verliert ihre Paradoxie. Man könnte sie, sobald man ihre ethische Notwendigkeit eingesehen hat, sich selbst erteilen; und dieser wenigstens möglichen Konsequenz entspricht ja auch Ritschls Sündenlehre und sein Protest gegen das Bild vom Zorne Gottes. Wie das Gottesbewußtsein, so gründet sich die Gnade auf den ethischen Idealismus; aber er ist hier wie dort kein tragfähiges Fundament. – Ritschl stand mit seiner Gnadenlehre in berechtigter Abwehr, sowohl gegen die orthodox-mechanistischen Gedanken in Christologie und Versöhnungslehre, die ihrer Form nach einer magisch-sakramentalen Gnadenauffassung entsprechen, als auch gegen die Umdeutung dieser Gedanken im identitätsphilosophischen Sinne, wodurch die ethische Seite der Gnade vernichtet wurde. Verloren aber ging in diesem Abwehrkampf die unbedingte Paradoxie des Verhältnisses von Gott und Mensch sowohl in der Christologie wie in der Rechtfertigung. Er konnte wegen der Ablehnung des theoretischen Elementes im Gottesgedanken die Selbsthingabe Gottes an den Menschen nicht theologisch werten, weder in den christologischen Symbolen noch in den Bildern der Gnadeneinwohnung Gottes: und so bleibt sein Gnadengedanke hinter dem von Paulus, Augustin und Luther zurück und steht jederzeit in Gefahr, in ethischen Rationalismus umzuschlagen, wie die Romantik in logischen.

An den letzten Gedanken schließt sich von selbst Ritschls berühmter Kampf gegen die Mystik an; es ist der Kampf des Protestanten gegen den Katholizismus, des ethischen Idealisten gegen die Romantik. Auch hier ist es nicht angängig, mit den modernen Schlagworten vom „Wiedererwachen der Mystik", von dem „mystischen Kern aller Frömmigkeit" oder gar von einem „gesunden Maß der Mystik" sich über Ritschl zu erheben. Ritschl hatte recht, wenn er jede Mystik ablehnte, die naturalistisch oder ästhetisch begründet ist. Der Kampf, den er in dieser Richtung gegen die ästhetische Romantik geführt hat, muß heute mit der gleichen Energie weitergeführt werden; und er muß ausgedehnt werden auf die anthroposophischen Materialisierungen der Mystik. Wäre derartige Mystik, gemäßigt oder unmäßig, der Kern der Religion, so wäre das Gericht des 19. Jahrhunderts über die Religion gerechtfertigt. Um diese Alternative aber handelt es sich für Ritschl; und darum war auch sein Kampf gegen die Mystik eine Tat des rettenden Rückzuges. Aber der Rückzug ist niemals definitive Rettung. Und das zeigte sich hier besonders deutlich. Die kühle Temperatur, in die die

Ritschlsche Theologie eingetaucht ist, die Herabdrückung des Bittgebetes, das Fehlen von Andacht und Meditation, die Aufhebung der unmittelbaren Beziehung der Gnade auf den Einzelnen, das alles zeigt, daß hier etwas Entscheidendes verlorengegangen ist, etwas so Entscheidendes, daß nach seinem Verlust die Eigenbedeutung des Religiösen dem autonom Ethischen gegenüber zweifelhaft werden kann: es ist das Erfaßtsein von dem Unbedingt-Wirklichen, das weder naturalistisch, noch logisch, noch ästhetisch ist, sondern das Ethos in sich hat und doch um so viel mehr ist als alles Ethische, wie die Gnade mehr ist als das Gesetz.

Damit ist endlich die Reich-Gottes-Idee Ritschls in Frage gezogen. Sie ist bekanntlich im Gegensatz zu der romantischen Gleichsetzung von Reich Gottes und Kultur die Idee des sittlichen Vernunftreiches im Kantischen Sinne. Es ist aufs stärkste anzuerkennen, daß Ritschl in diesem Gedanken den wahrhaft christlichen Protest erhoben hat gegen die idealistische, romantische und reaktionäre Kulturvergötterung, der als Umschlag die realistische und pessimistische Kulturkritik folgten. Gerade hier ist seine rettende Tat am deutlichsten zu erkennen, und gerade hier ist es heute am nötigsten, auch manche seiner Anhänger daran zu erinnern, daß sie jedenfalls ihren Meister schlechthin verleugnen, wenn sie die Idee des Reiches Gottes in das nationale Kulturideal hereinziehen. Das ist Romantik und schadet gegenwärtig der Religion genauso wie ehemals ihre Verflechtung mit der spekulativen Romantik. – Und doch ist auch an diesem Punkt bei Ritschl ein Verlust zu verzeichnen. Das Vernunftreich ist ideal, wie jedes Unbedingte der Form ideal bleibt und als Ideal Gesetz und Ziel unendlicher Annäherung. Das Reich Gottes aber ist zugleich Wirklichkeit; nicht nur im Sinne eines Anfanges, sondern im Sinne eines wirklichen Hereinbrechens „mitten unter uns". Das Unbedingte steht nicht am Ende der Geschichte, so daß es durch die Geschichte bedingt wäre, sondern es steht über der Geschichte, so daß es in die Geschichte in all ihrem Verlauf hereinbricht. Es gibt in jeder Periode „Reich Gottes" und „Reich der Welt". Darum aber ist das Reich Gottes mehr als Reich der Vernunft. Es ist Gegenwart Gottes, es ist Gnade. Es ist mehr als ein supranatural geleitetes, aber seinem Gehalt nach rationales Reich der ethischen Weltbeherrschung. – So schließt sich unsere Betrachtung der vier Punkte, die wir aus Ritschls Theologie herausgehoben haben: Gott, Gnade, Frömmigkeit, Reich Gottes zu einer Einheit zusammen.

Ritschl gleicht einem Feldherrn, der ein durch fremde Schuld geschlagenes Heer an eine enge, aber vorerst sichere Stelle geführt hat. Das geht nicht ab ohne große Verluste. Und es ist keine dauernde

Hilfe; denn auch die begrenzte Stelle kann angegriffen und zur Übergabe gezwungen werden. Aber der Ruhm des Feldherrn, der die schwere Aufgabe des Rückzuges erfüllt hat, ist darum nicht geringer. Und die notwendige Kritik muß sich wenden gegen die Zeitlage, die zu diesem Rückzug zwang, und gegen die Schüler, die in einer neuen Lage die alte Position festhalten wollen, nicht aber gegen den Mann, der die Aufgabe seiner Zeit im Tiefsten erfaßt hat und darum ein Führer geworden ist für viele.

ADOLF VON HARNACK

Eine Würdigung anlässlich seines Todes

(1930)

Wir wollen in dieser Stunde eines Mannes gedenken, der in dem öffentlichen Leben der Vorkriegszeit eine Rolle gespielt hat, wie sie nur selten einem Gelehrten und Forscher zuteil wird und dessen Tod in diesen Tagen ungezählte Schüler, Freunde, ja auch Gegner in aller Welt betrauern. Es ist Adolf von Harnack, der große Berliner Kirchenhistoriker, der ehemalige Generaldirektor der Königlichen Bibliotheken, der langjährige Präses des Evangelisch-sozialen Kongresses, der erste Präsident der Kaiser-Wilhelm-Gesellschaft zur Förderung der Wissenschaften. Schon die Aufzählung dieser Funktionen zeigt die umfassende Bedeutung der Persönlichkeit Harnacks. Aber sie erschöpft sich nicht darin. Harnack war der Repräsentant und Vorkämpfer jener Richtung des Protestantismus, die Protestantismus und Humanismus, Religion und Wissenschaft in Einheit schaut und trotz aller Einsicht in die Spannungen von Christentum und Kultur keinen grundsätzlichen Gegensatz zwischen beiden aufrichtet. Eine Reihe von Kämpfen hatte er um dieser Haltung willen zu bestehen. Schon seine Berufung nach Berlin im Jahre 1888 war das Ergebnis eines schweren Ringens. Die kirchlich-konservativen Kreise, zu deren Sprecher sich der Evangelische Oberkirchenrat machte, protestierten gegen die beabsichtigte Ernennung Harnacks zum Professor für Kirchengeschichte in der Berliner Theologischen Fakultät; der Kultusminister legte die Sache dem Gesamtministerium vor, das unter dem Vorsitz und der Einwirkung Bismarcks sich für die Ernennung entschied; aber noch kostete es Bismarck große Mühe, die religiösen Bedenken des alten Kaisers zu überwinden.

Der zweite Kampf entbrannte, als Harnack im Jahre 1892 sich erst in der Vorlesung, dann in einer Schrift über das apostolische Glaubensbekenntnis äußerte. Dieses Bekenntnis, das im kirchlichen Gebrauch eine ungeheure Rolle spielt, war für viele jüngere Geistliche und Studenten zum Anlaß schwerer Gewissenskonflikte geworden. Sie wandten sich an Harnack, und seine Antwort erregte einen Sturm von Gegenäußerungen. Der Apostolikumsstreit – eine den Protestantismus immer wieder erregende Sache – flammte von neuem und heftiger als je zuvor auf. Harnack hatte gezeigt, wie einzelne Punkte des alten

Bekenntnisses ganz abhängig sind von den Vorstellungen ihrer Zeit, so daß sie dem Menschen unserer Tage nicht mehr zugemutet werden können, und wie es überhaupt auf protestantischem Boden ein Lehrgesetz nicht geben kann. Trotz Bekämpfung setzte sich der Standpunkt durch, daß das Apostolikum nicht als Lehrgesetz zu werten sei, sondern als Bekenntnis, dessen Formen ihrer Zeit angehören, dessen Gehalt mit dem tiefsten Sinn des Christentums übereinstimmt. Die oberste Kirchenbehörde selbst ging zu dieser Auffassung über.

Zum dritten Mal entbrannte der Streit um Harnack, als er im Jahre 1910 seine Vorlesungen über das Wesen des Christentums veröffentlichte. Nie hat ein gemeinverständliches wissenschaftliches Buch einen solchen Erfolg gehabt. In fünfzehn Sprachen ist es übersetzt, 71 000 mal ist es abgedruckt worden. Es war der klassische Ausdruck dessen, was die sogenannte liberale Theologie über Christus und Christentum zu sagen hatte. Naturgemäß mußte es alle Gegner zur Abwehr auf den Plan rufen. Sie war zum Teil äußerst erbittert. Harnack beklagt sich im Vorwort zur dritten Auflage über die Art vieler seiner Gegner mit den Worten: „Muß man denn den Kampf um das Verständnis der Religion auf das niedrigste Niveau herabziehen, um nur nicht in den Geruch des Unglaubens zu kommen?“ Was war es, das die Gegner so traf, was trieb viele zu so fanatischer Abwehr? Das Buch besteht aus zwei Teilen. Der erste, grundlegende Teil handelt von dem Evangelium, d. h. von der Verkündigung Jesu, der zweite von dem Evangelium in der Geschichte, d. h. von der Entfaltung des Evangeliums in den verschiedenen Perioden der christlichen Kirche vom apostolischen Zeitalter bis zum modernen Protestantismus. Schon die Tatsache, daß Harnack das Evangelium mit der Verkündigung Jesu gleichsetzt, war eine Revolution gegenüber der kirchlichen Auffassung. Für die kirchliche Dogmatik war das Evangelium die Verkündigung der Botschaft von Christus, dem gekreuzigten und auferstandenen Gottessohn, dem Erlöser. Für Harnack ist das Evangelium die Verkündigung Jesu von Nazareth. Ihre Grundzüge sind in einem Dreifachen gegeben: Jesus verkündigt das Reich Gottes und sein Kommen. Er verkündet Gott, den Vater, und den unendlichen Wert der Menschenseele. Er verkündet eine bessere Gerechtigkeit als die des Gesetzes und das Gebot der Liebe. Den Gegensatz dieser Auffassung zu der offiziell-kirchlichen hat Harnack in dem klassischen Satz zusammengefaßt: „Nicht der Sohn, sondern nur der Vater gehört in das Evangelium, wie es Jesus verkündigt hat, hinein.“ Obgleich Harnack selbst in seinem späten Aufsatz über das doppelte Evangelium die Schärfe dieser Formulierung eingeschränkt hat, kann sie als typisch für die liberale Theologie und die ganze kirchliche Lage im ausgehenden 19. und beginnenden 20. Jahrhundert im deutschen Protestantismus gelten. Was ist der eigentliche Sinn dieses Satzes? Zwei Welten stoßen in ihm zusammen. Auf der einen Seite die Welt- und Menschenauffassung der Spätantike und des Mittelalters: eine Welt, die gespalten ist in eine übernatürliche und eine natürliche Welt; die übernatürliche wieder gespalten in eine göttliche und eine dämonische Seite. Die Erde ist der Kampfplatz des Göttlichen und Dämonischen; Christus das göttliche Mittelwesen, das den Kampf entscheidet, weil in ihm Gott ganz gegenwärtig geworden, weil er der Mensch gewordene Gott, der ewige Gottessohn ist; die Kirche die Gemeinde derer, die durch seinen Sieg und die Gemeinschaft mit ihm der Herrschaft der Dämonen entrissen sind und die auf seine Wiederkehr und die endgültige Verwandlung der Welt warten – eine großartige, mit mythischer Kraft erfüllte, in Wundern und übernatürlichen Offenbarungen lebende Religion, die zugleich im Unterschied von allen anderen dieser Art die Persönlichkeit Jesu als die Quelle ihrer weltüberwindenden Kraft hat. Das Evangelium dieser Religion kann nur der Glaube an Christus sein. Die Verkündigung Jesu ist demgegenüber verhältnismäßig unwichtig, wie sie es schon für Paulus war. – Und endlich, Harnack und das Christentum, dessen Wesen er aufzeigen will: Nicht der Gegensatz von natürlicher und übernatürlicher Welt ist entscheidend, sondern der von natürlichem und sittlichem Leben. Nicht auf die Gemeinde der Erwählten kommt es an, sondern auf den Wert, den jede Menschenseele hat; nicht auf einen Kampf des Göttlichen mit dem Dämonischen, sondern auf das richtige Bild, das wir von Gott haben – daß er der Vater ist. Nicht die Enderlösung ist wichtig, sondern die Liebe und die aus ihr quellende neue Gerechtigkeit. Es ist alles nüchterner, rationaler, diesseitiger geworden. Das Mythische und Wunderbare fällt weg. Für Dinge wie jungfräuliche Geburt, Auferstehung und Himmelfahrt, Wunder und übernatürliche Kräfte in Jesus ist hier kein Platz mehr. Der Mensch hat sich auf sich selbst gestellt. Das reife Christentum ist zugleich reife Menschlichkeit. „Das Reich kommt, indem es zu den einzelnen kommt, Einzug in ihre Seele hält und sie es ergreifen", sagt Harnack, und er fügt hinzu: „Alles Dramatische im äußeren, weltgeschichtlichen Sinn ist hier verschwunden, versunken ist auch die ganze äußerliche Zukunftshoffnung" – „Und nicht um Engel und Teufel ... handelt es sich, *sondern um Gott und die Seele, um die Seele und Gott*" – klassische Worte, in denen der Geist eines ganzen Zeitalters mit unvergleichlicher Klarheit zum Ausdruck kommt. Es ist der Geist des christlich gefärbten Humanismus, der Geist eines edlen, von Kant und Goethe bestimmten Liberalismus, für den alles Gewicht auf den Einzelnen, seine Innerlichkeit und seine persönliche Formung fällt. Mit Kant wie mit Goethe verbanden Harnack starke Traditionen. Sein Lehrer Albrecht Ritschl, der Göttinger Theologe und Meister der nach ihm benannten weitverbreiteten Theologen-Schule, hatte nach dem Zerfallen der deutschen idealistischen Philosophie wieder an Kant angeknüpft und die Theologie auf Kants Scheidung von Glauben und Wissen und zugleich auf Kants strenge Ethik und auf seine Moraltheologie gegründet. Nüchternheit, Feindseligkeit gegen alle Mystik und Metaphysik, ethische Strenge und wissenschaftliche, namentlich historische Gründlichkeit zeichneten diese Schule aus, deren Größter Adolf von Harnack wurde.

Aber auch zu Goethe hatte Harnack innere Verbindungen. War Goethe doch in der damaligen Zeit das Idealbild des deutschen Bürgertums; freilich sah dieses Bild etwas anders aus als das, was wir jetzt haben, etwas geglätteter, harmonischer, geformter als wir meinen, daß der wirkliche Goethe war. Zwei Vorträge Harnacks über „Die Religion Goethes in der Epoche seiner Vollendung" zeigen, wie nahe er Goethe in der Auffassung des Christentums stand. Der berühmte Satz Goethes kurz vor seinem Tode: „Mag die geistige Kultur nun immer fortschreiten ... über die Hoheit und sittliche Kultur des Christentums, wie sie in den Evangelien schimmert und leuchtet, wird der menschliche Geist nicht hinauskommen" – dieser Satz ist, so kann man sagen, in Harnacks „Wesen des Christentums" zu voller Entfaltung gekommen. Und er selbst, so kann man aus seinen Worten entnehmen, fühlte sich darin als Testamentsvollstrecker Goethes. Kantische Nüchternheit und sein kritischer Ernst, Goethische Persönlichkeitsformung und Allseitigkeit seiner Lebensbeziehungen verbanden sich in Harnacks Theologie mit den ihm gemäßen Elementen der christlichen Verkündigung und schufen eine geistige Form von hoher Vollendung.

Dem allen stand nun eines im Wege: das christliche Dogma. Und damit kommen wir auf Harnacks größte und durchschlagendste Leistung, seine Geschichte des christlichen Dogmas. Es ist ein Werk von bewundernswerter Gelehrsamkeit, Klarheit und oft hinreißender Kraft, das bis auf den heutigen Tag nicht erreicht, geschweige denn überholt ist. Schon seine Grundthese ist charakteristisch: das Dogma, so meint Harnack, ist nicht eine Sache, die mit dem Christentum für alle Zeiten verbunden ist. Es ist eine Schöpfung des griechischen Geistes auf dem Boden des Evangeliums; aber es gehört nicht notwendig zum Evangelium. Im Gegenteil: Es ist ein Gebilde, das für seine Zeit von entscheidender Bedeutung war, das aber in seiner Bedeutung längst erschöpft ist. Harnack behandelt demgemäß ausführlich nur die Entstehung des Dogmas in der alten Kirche und seine Fixierung in den offiziellen Bekenntnissen. Dann spricht er von einem dreifachen Ausgang des Dogmas im tridentinischen Bekenntnis der katholischen Kirche, in der humanistischen Kritik des Glaubens an die Trinität und Menschwerdung, und die in sich gebrochene, widerspruchsvolle Stellung des Protestantismus zum Dogma, der es übernimmt, ohne es von seinen Voraussetzungen aus rechtfertigen zu können. Diese Darstellung ist natürlich ein einziger großer Angriff auf die Gültigkeit des alten Dogmas in den christlichen, vor allem den protestantischen Kirchen. An den griechischen Geist, der nach Harnacks Meinung das Dogma auf christlichem Boden geschaffen hat, ist die christliche Kirche nicht gebunden. Sie kann ihn austreiben, und sie muß es, wenn, wie im Protestantismus, die Bibel alleiniger Maßstab der Lehre ist. Es gibt nichts Erschütternderes für den Glauben an absolute Wahrheiten als die Einsicht, daß sie, die für ewig gehalten wurden, das Ergebnis ganz bestimmter geschichtlicher Bedingungen sind, die so nie wiederkehren. Ist das christliche Dogma von Trinität und Menschwerdung mitgeschaffen durch die griechische Philosophie, so ist es nur dann absolut und ewig, wenn auch die griechische Philosophie absolut und ewig ist. Aber wie könnte das vom christlichen Glauben aus begründet werden? Harnacks Entstehungsgeschichte des christlichen Dogmas hat mehr als irgendein dogmatischer und philosophischer Angriff die Stellung zum Dogma in der protestantischen Theologie bestimmt. Kaum ein jüngerer Theologe ist davon unbeeinflußt geblieben; niemand, der wissenschaftlich und vor allem geschichtlich denken gelernt hat, konnte sich dem Gewicht seiner Darstellung entziehen. Manches freilich sieht für unseren Blick anders aus: Man hat erkannt, daß mehr noch als die griechische Philosophie die im Orient verwurzelte Frömmigkeit der Spätantike auf das Christentum gewirkt hat. Man hat erkannt, daß auch im Protestantismus Dogmen vorhanden sind, daß keine Kirche ohne bestimmte, für sie grundlegende Lehren existieren kann. Man sieht unter führenden Philosophen und Theologen das Verhältnis von Theologie und Philosophie anders, als Harnack es gesehen hat. Man würdigt aus einer anderen religiösen Haltung heraus den Kampf anders, den die alte Kirche um ihr Dogma geführt hat. Aber zu einer Dogmengeschichte, in der Harnacks Leistung übertroffen wäre, hat das alles noch nicht geführt; und die kommende Darstellung der Geschichte des christlichen Denkens wird in erster Linie Auseinandersetzung mit Harnack sein müssen.

So geschlossen die religiöse und geistige Haltung Harnacks war, so sehr er der glänzendste Repräsentant des religiösen Liberalismus und der humanistischen Frömmigkeit der Vorkriegszeit war, man täte ihm Unrecht, wollte man ihn ganz in diese Begriffe einordnen. Er war mehr; wie jeder große Mensch mehr ist als er selbst. Die Erschütterungen des Krieges und der Revolution gingen an ihm nicht spurlos vorüber wie an manchen seiner Altersgenossen. Er zögerte nicht, trotz seiner glänzenden Stellung im Vorkriegsdeutschland, trotz seiner persönlichen Beziehung zum Kaiser, der ihn in den erblichen Adelsstand erhob, sich auf den Boden der neuen Verfassung und in den Dienst des neuen Deutschland zu stellen. Und das war nicht nur äußerlich. Harnack war Mitbegründer des Evangelisch-sozialen Kongresses und sein langjähriger Präses. Er empfand die Verantwortung der Gebildeten für die sozialen Nöte und Probleme; seine Persönlichkeitskultur war nicht aristokratisch und individualistisch gemeint. Er wollte mit dem, was er hatte, auch den ausgestoßenen, geistig und leiblich verelendeten Massen des Volkes dienen. Reiche Arbeit ist im Evangelisch-sozialen Kongreß geleistet worden, freilich eine Arbeit, die von Intellektuellen getragen war und außerhalb der eigentlich proletarischen Bewegung stand. Ihre Grundlage war liberal, nicht sozialistisch. Darum ist die gegenwärtige religiös-sozialistische Bewegung auch über Harnack und den Evangelisch-sozialen Kongreß hinweggegangen und hat sich entschlossen auf die Seite des Proletariats gestellt.

Noch in einer anderen Richtung zeigt sich die Erschütterung, die der Krieg auch für Harnack bedeutet hat, eine Erschütterung, die bis in die Fundamente seiner religiösen Haltung gegangen ist. Das Dokument dafür ist sein spätestes und persönlichstes Werk, das Buch über den Gnostiker Marcion. Viele seiner alten Freunde konnten hier nicht mehr mitgehen. Um so nachhaltiger war der Eindruck auf die jüngere, vom Krieg mitgeformte Generation. Der grundsätzliche Optimismus, mit der noch im „Wesen des Christentums" das Verhältnis von Christentum und Kultur von Harnack gesehen wurde, machte einem tiefen Pessimismus Platz. Marcion, der den Gott der Gnade gegen den der Schöpfung gestellt hatte, wurde seit Harnack zum Symbol einer Auffassung, die immer wieder gegen die Vereinigung von Christentum und Kultur protestiert hat. Harnack schien seinen eigenen christlichen Humanismus in Frage zu stellen. Doch zeigte sich bald, daß das nicht der Fall war. In einer Auseinandersetzung mit dem bedeutendsten Führer der jungen Theologen, Karl Barth, stellte sich Harnack gegen den Radikalismus, mit dem hier Gott und Welt, Christentum und Kultur auseinandergerissen wurden. Und auch dem Religiösen Sozialismus hat er sich nicht angeschlossen. Von seinem Satz „Gott und die Seele, die Seele und Gott" gibt es keinen Weg zu einer Deutung der Gesellschaft, die wieder Ernst macht mit Mächten und Dämonen, wenn sie sie auch nicht in einer übernatürlichen Welt ansiedelt, sondern mitten in dieser Welt als Wirtschaftsformen, politische und rechtliche Einrichtungen, durch die die Gesellschaft zerspalten und ganzen Schichten ihr Lebenssinn genommen wird. Hier liegen Grenzen der Generationen und der Haltung, die auch von Großen ihrer Zeit nicht überschritten werden. Harnack war einer der glänzendsten Repräsentanten seiner Zeit. In ihm vereinigte sich alles, was an Triebkräften geistiger und religiöser Art da war. Eine andere Welt ist es, in der wir leben, eine Welt, in der weniger Glanz, mehr Leiden, Erschütterung und Ringen ist als in der, die ihn zu Großem führte. Und doch hat das, was groß war in einer Zeit, Geltung für alle Zeiten. Und das gilt auch von dem Werk Adolf von Harnacks.

ERNST TROELTSCH

VERSUCH EINER GEISTESGESCHICHTLICHEN WÜRDIGUNG

(1924)

Es scheidet die geistesgeschichtliche Würdigung einer geschichtlichen Erscheinung von der historischen Betrachtung, daß diese den Tatbestand aufnehmen und einfühlend verstehen will, während jene ein produktives Verstehen beabsichtigt durch Einreihung in übergreifende, von eigener Sinnerfassung geleitete geistige Zusammenhänge. Demgemäß soll an dieser Stelle nicht eine Darstellung der Philosophie von Ernst Troeltsch gegeben, sondern es soll versucht werden, den Kern seiner philosophischen Problematik, die zugleich seine Lebensproblematik war, herauszuarbeiten. Wird aber die Aufgabe so gestellt, dann scheint nicht zweifelhaft, wo die bewegende Kraft dieser machtvollen geistigen Gestalt zu suchen ist: in der als entscheidend erkannten und leidenschaftlich erfahrenen Spannung von Absolutem und Relativem. Nicht nur die Dynamik seines Denkens, die ihn über jeden erreichten Standpunkt und jedes behandelte Problemgebiet hinaustrieb, zeugt davon, sondern auch die Zwiespältigkeit seines Schicksals, die ihn zwischen die Theologie als Symbol eines Absolutheitswillens und die Philosophie als Ausdruck der Bedingtheit und Unendlichkeit alles Erkennens stellte. Und auch dafür legt sein Schicksal Zeugnis ab, daß in dem Ringen um diesen Widerspruch das Übergewicht auf seiten des Relativen lag. Es war nicht nur äußerlich begründet, daß er die Theologie verließ. Und doch wäre es falsch, diesen Weg von der Theologie zur Philosophie einfach als Weg vom Absoluten zum Relativen zu deuten. Eher das Gegenteil ist richtig. Nachdem er mit den Waffen der philosophischen Kritik die falschen Absolutheiten in der Theologie beseitigt hatte, kämpfte er auf dem Boden der Philosophie um so leidenschaftlicher um die echte Absolutheit, ohne sie freilich zu finden. Und sehr schnell entwand er sich dem Bann derjenigen Relativität, in den ihn der Zwang zum politischen Handeln eine Zeitlang schlug. So stark sein dynamisches Denken ihn zur Aktivität wies, die der Absolutheit näher scheinende Ruhe der reinen Theorie war der stärkere Trieb in ihm; geschichtsphilosophisches Sehen erschien ihm mehr seine Aufgabe als geschichtswirkendes Handeln.

Wofür uns sein Schicksal zu zeugen scheint, das soll nun aus seinem

Werk begründet werden. Wir betrachten der Reihe nach den Religionsphilosophen, den Sozialphilosophen und den Geschichtsphilosophen in der Spannung von Absolutem und Relativem.

1. Der Religionsphilosoph

Als Troeltsch in die religionsphilosophische Arbeit eingriff, beherrschte der Kampf zwischen Psychologen und Kantianern die Lage. Der Psychologismus war im Vordringen und der naturwissenschaftlich fundierte Kantianismus hatte keine zulänglichen Waffen gegen ihn. Die Auflösung der Religion in die Relativität der psychischen Funktionen und Komplexionen schien unabwendbar. An die Möglichkeit einer ontologischen Begründung der Religion und ihres Absolutheitsanspruches dachte niemand. Die Katastrophe der idealistischen Metaphysik hemmte noch jeden Schritt auf diesem Weg. So schloß sich denn Troeltsch demjenigen Flügel des Kantianismus an, der in die Richtung auf geisteswissenschaftliche Methodik drängte, der Windelband-Rikkertschen Wertphilosophie. Hier schien gegenüber dem unendlichen Geschiebe der natürlichen, auch psychischen Phänomene ein Gebiet unbedingter Geltung sichergestellt und damit die Vereinigung des absoluten und relativen Elementes in der Betrachtung von Kultur und Religion erreicht zu sein. In den Aufsätzen über Psychologie und Erkenntnistheorie sowie über Empirismus und Platonismus in der Religionsphilosophie hat Troeltsch diesen Standpunkt gegenüber der kontinentalen und amerikanischen Religionspsychologie vertreten. Während nun aber bei Windelband das Heilige als die Einheit der Geistesfunktionen erscheint, sucht Troeltsch unter dem Einfluß von Schleiermacher und Ritschl eine eigene Funktion für die Religion zu finden, ein „religiöses *a priori*", wie er es mit berühmt gewordener, wenn auch mißverständlicher Formulierung genannt hat. Was gemeint ist, ist deutlich. Es soll ein Gültiges gegenüber dem bloß Tatsächlichen, und es soll ein Eigentümlich-Religiöses gegenüber dem bloß Kulturellen festgehalten werden. Das Suchen nach der religiösen Wesenheit im platonisch-kantischen Sinne leitet Troeltschs Arbeit. Es ist nur merkwürdig und doch nicht zufällig, daß Troeltsch über die methodische Forderung nicht hinausgekommen ist, daß wir eine deutliche, inhaltliche Charakterisierung des religiösen *a priori* vergeblich suchen. Wird die Religion zu einer Funktion neben anderen gemacht, so ist der ihr innewohnende Anspruch auf Unbedingtheit unerfüllt geblieben, und es läßt sich keine zulängliche inhaltliche Bestimmung für sie finden. Und wird die

Religion primär als Geistesfunktion gewertet, so kann zwar ein formales Geltungsbewußtsein gesichert werden, aber der Anspruch auf Transzendenz im überformalen Sinne bleibt unerfüllt. Das bedeutet aber in beiden Beziehungen: Das Unbedingte ist dem Bedingten geopfert.

Troeltsch hat ein Gefühl dafür gehabt und sich die Frage vorgelegt, ob ein Durchbruch der Transzendenz in die Immanenz denkbar wäre oder ob die Immanenz durch die kategorialen Formen undurchdringlich gegen jede Transzendenz abgeschlossen sei. Er hat sich gegen diese letztere Konsequenz entschieden gewehrt und speziell bezüglich der Kausalität versucht, die Denkbarkeit von Durchbrechungen aufzuweisen. Und er hat auch in seinem wichtigen Aufsatz über die Kontingenz den Ort gezeigt, der nicht nur innerhalb des Systems der reinen Formen jeder Form transzendent ist, sondern auch imstande ist, den Apriorismus an sich aus den Angeln zu heben: eben das Kontingente. Troeltsch selbst hat so weitgehende Konsequenzen nicht gezogen; darum blieben seine Ausführungen über das Hereinbrechen der Transzendenz in das System der reinen Formen Widersprüche, die von dem zeugen, was er wollte und nicht erreichte. Daß er es nicht erreichte, auch später nicht, als seine Geschichtsphilosophie ihm reichere Denkmittel an die Hand gab, zeigt die Art, wie im „Historismus" das Göttliche ausschließlich als Grund und Sinn des Geisteslebens, niemals aber als Durchbruch durch das Geistesleben erscheint.

Vollkommen deutlich wird die Sachlage bei der religionsgeschichtlichen Fragestellung, die Troeltsch in der Schrift über die Absolutheit des Christentums und die Religionsgeschichte behandelt. Hier war er vor die Notwendigkeit gestellt, die falschen Absolutheitsansprüche der empirischen Religionen kritisch aufzulösen. Er ist durch diese fundamentale Kritik für die Theologie von entscheidender Bedeutung geworden. Troeltsch ist die negative Voraussetzung jedes kommenden Aufbaues. Die Offenheit und Rücksichtslosigkeit seiner Aussprache haben reinigend und befreiend gewirkt und falsche Unbedingtheiten in dem System grundsätzlicher Bedingtheit, in das auch die Theologie sich längst gestellt hatte, radikal beseitigt. Seine Ehrlichkeit war seine theologische Größe. Man hat ihn den Dogmatiker der religionsgeschichtlichen Schule genannt. Das aber ist ein Widerspruch in sich, wie jeder eigentlich dogmatische Aufsatz von Troeltsch zeigt. Wer sich in vollem Umfang auf den Boden der religionsgeschichtlichen Relativität gestellt hat, für den ist auf diesem Boden Dogmatik, d. h. normative Gotteserkenntnis, unmöglich geworden. Troeltsch war darum auch entschlossen, die Dogmatik für eine praktisch kirchliche Disziplin zu erklären, ohne ihr darüber hinausgehenden Wahrheitsanspruch zuzuerkennen. Das Christentum deutete er als das historische Schicksal der Mittelmeervölker und der von ihnen abhängigen abendländischen Kultur. Und die christliche Mission hat er, soweit sie im Namen der absoluten Wahrheit arbeitet, abgelehnt. Die falsche Unbedingtheit hat er zerstört, die echte Unbedingtheit auch hier nicht gefunden. Noch seine letzten Aufsätze über den Historismus legen Zeugnis davon ab. Hier sucht er die wahre Religion in der Tiefe aller Religionen, statt jenseits aller Religionen.

2. Der Sozialphilosoph

In seiner Erstlingsschrift über „Natur und Gnade bei Melanchthon und Johann Gerhard" hat Troeltsch ein Thema angepackt, das er nie wieder losgelassen hat und dessen großartigste Ausführung seine „Soziallehren der christlichen Kirchen und Gruppen" sind. Der philosophische Gehalt dieses historischen Ganges durch die abendländische Sozialethik ist gekennzeichnet durch den Begriff des Naturrechts. Die verschiedene Fassung dieses Begriffes, insbesondere der Gegensatz von absolutem und relativem Naturrecht, steht im Mittelpunkt des Interesses. Die Art, wie sich die Kirchen und Sekten als Vertreter des absoluten göttlichen Rechtes mit der Wirklichkeit und ihren Bedingtheiten abfinden, wird aufgedeckt. Dabei stößt die Untersuchung auf die Frage der absoluten religiösen Kultur-Transzendenz, bzw. ihrer Abschwächung und Umbildung und der Folgen für die sozialethische Haltung.

Die Entscheidung, die Troeltsch selbst hier und an anderen Orten gibt, ist, genau wie in der Religionsphilosophie, zunächst bestimmt durch den Protest gegen die falschen Absolutheiten, die er vor allem auf dem Boden der Lutherischen Sozialethik findet. Das irrationale Naturrecht Luthers (ein etwas fragwürdiger Begriff), die vorsehungsmäßige Weihe der vorhandenen Gewalten, der Verzicht auf Weltgestaltung im Geiste des absoluten Naturrechts – diese Dinge, die er mit historisch vielleicht zweifelhaftem Recht bei Luther findet, sind ihm innerlichst fremd. Für das Ideal des preußischen Konservatismus bringt er nur wenig Verständnis auf, insbesondere in der später naturalisierten Form des reinen Machtrealismus empfindet er es als durchaus widerchristlich.

Wie in der Religionsphilosophie gegenüber dem Empirismus und Pragmatismus der Begriff des *a priori* das Element der Unbedingtheit zur Geltung bringt, so in der Sozialphilosophie gegenüber den Tatsächlichkeiten und Willkürlichkeiten der bestehenden Gewalt der Begriff des Naturrechts. Die innere Zustimmung von Troeltsch erhält darum viel mehr als das Luthertum der Calvinismus mit seiner stark gesetzlich theokratischen Sozialethik. Das demokratische Ideal, verbunden mit einer mystisch-individualistischen Grundhaltung, leitet politische Theorie und Praxis von Troeltsch. Es sind die Gedanken und Gefühle der edelsten von dem klassischen Kulturideal geleiteten Demokratie, die er vertritt und in denen er das unbedingte ethische Soll zu erkennen glaubt.

Aber er kann sich nun doch der Einsicht nicht entziehen, daß die demokratische Haltung eine gewisse formale Leere zur Folge hat und mit geschichtlicher Notwendigkeit den Kapitalismus und als Gegenschlag den Sozialismus brachte. Die Beförderung des kapitalistischen Geistes durch die calvinistische Theokratie, die er mit Max Weber behauptete, das Wachsen einer neuen, sehr undemokratischen Gewaltherrschaft des Kapitals – diese Dinge haben ihn in wachsendem Maße mißtrauisch gemacht gegen das liberale Element der Demokratie. Andererseits erlaubte ihm sein Humanitätsideal sowie seine Furcht vor utopischen Absolutheiten nicht, der sozialistischen Demokratie ein volles Ja zu geben. Es war wie in der theoretischen Sphäre: Das System der reinen Formen erwies sich als unzulänglich gegenüber den Irrationalitäten des Seins. Ist die Form rein, so ist sie leer, und jede Willkürmacht kann sie benutzen. Ist sie erfüllt, so fehlt ein unbedingter Maßstab und das Bestehende wird geheiligt. In dem einen wie in dem andereren Fall ist das Unbedingte dem Bedingten geopfert.

Unter dem Eindruck der revolutionären Bewegung in Deutschland und der geistigen Tendenzen, die sie auslöste, hat Troeltsch in seinem „Historismus“ und den Vorträgen darüber den Gedanken einer neuen Gemeinschaftskultur aufgenommen, die dazu bestimmt ist, das demokratische Zeitalter und die in ihr wirkenden Gegensätze zu überwinden. Er hatte ein Bewußtsein um das historische Schicksal, das über den Widerspruch von Willkür und Gesetz hinausdrängt. Aber er fand auch hier nicht den Punkt, wo der Einbruch des Unbedingten zu suchen ist, wo die neue Gemeinschaft geboren werden kann, aus dem, was allein dem Gesetz und der Gesetzlosigkeit überlegen ist, der Gnade. So blieb seine Sozialethik in den Grenzen der Humanität, des Systems, der Formen. Das Bedingte siegte auch hier.

3. Der Geschichtsphilosoph

Zur Vollendung kam das Lebenswerk von Troeltsch, aber auch die Spannung von absolut und relativ in der Geschichtsphilosophie. Sie ist die Seite der Philosophie, die ihm in wachsendem Maße vor allen anderen ans Herz gewachsen ist. Es lag das im Wesen der Sache. Denn die Form der Relativität ist die Zeit und ihr Ort die Geschichte. Die Philosophie der Geschichte aber ist der Versuch, in dem Strom dieser Bedingtheiten einen unbedingten Sinn aufzudecken. Hier, wie nirgends sonst, muß die Entscheidung über das Problem des Relativismus fallen, und hier ist sie auch für Troeltsch gefallen. Erst hier kommen darum auch die religions- und sozialphilosophischen Gedanken zu ihrem Ausklang.

Troeltsch unterscheidet eine formale von einer materialen Geschichtsphilosophie, eine Geschichtslogik und eine Geschichtsdialektik. Schon in der kurzen Darstellung der ersteren finden sich wichtige Bemerkungen, die auf die Lösung, die Troeltsch zu geben hat, vorbereiten. Während er im allgemeinen die Geschichtslogik im Anschluß an Rickert behandelt, geht er doch darin über ihn hinaus, daß er viel nachdrücklicher als jener den kontingenten und den schöpferischen Charakter des Historisch-Individuellen betont und vor allem, daß er den Entwicklungsbegriff zu der entscheidenden historischen Kategorie macht. Darin liegt der Wille, den Rickertschen Gegensatz von formalem Wertsystem und individueller Wirklichkeit zu überwinden – das Ziel des gesamten Werkes.

In dem Aufweis der material-geschichtsphilosophischen Probleme kommt Troeltsch auf Fragen, die unmittelbar ins Metaphysische dringen und die Zeit unter das Licht der Ewigkeit stellen. Er sieht die Grenzen des gesamten Geschichtsverlaufs von der Natur her; er sieht die Erschöpflichkeit jeder geistigen Gestalt, auch der gesamten Menschheit. Er sieht, welcher Widerstand dem Idealismus des Geistes schon von seiten der Naturbasis erwächst, und er stellt damit die Absolutheit des Geistes, d. h. seine eigene idealistische Voraussetzung, in Frage. Der Geschichtsphilosoph kann der Fragwürdigkeit des Geistes vom Unbedingten her nicht entrinnen. Aber mehr als zu Andeutungen kommt es nicht.

Im Hauptteile des Buches wird nun mit einem überwältigend reichen historischen Material der Kampf um den unbedingten Sinn in der Geschichte dargestellt. Auch hier bleibt Troeltsch seiner Aufgabe getreu, zuerst einmal die falschen Absolutheiten zu zerstören. Das absolute Zeitalter Hegels fällt ebenso unter dieses Gericht wie die organologische Beruhigtheit der deutschen historischen Schule. Die Dynamik der Geschichte treibt aus jedem Ruhepunkt einer absoluten Position heraus. Aber sie führt auch nicht zu einem künftigen Ruhepunkt. Die utopische Absolutheit des Marxismus wird ebenso aufgelöst wie das immanente Entwicklungsziel des Positivismus. Damit aber scheint die Philosophie der Geschichte unmöglich zu sein, es scheint nach Art gewisser Lebensphilosophen beim Chaos der Typen und Individualitäten sein Bewenden zu haben; ein brutaler historischer Realismus scheint zu triumphieren.

Troeltsch stellt ihm zunächst die apriorischen Formdenker gegenüber. Er setzt also gegen die Willkür das Gesetz, genau wie in der Religions- und Sozialphilosophie. Aber im Unterschied von dort stellt er sich nicht mehr auf diesen Standpunkt. Zwar nimmt er diesen methodischen Ausgang von hier, aber doch nur, um sofort darüber hinauszukommen. Er sieht, daß mit dem Apriorismus in jeder Form, dem kritischen wie dem phänomenologischen, an die Dynamik der Geschichte nicht heranzukommen ist. Auf ihr liegt aber aller Ton der Geschichtsbetrachtung, und erst, wenn sie verstanden ist, ist der Schritt vom Naturdenken zum Geschichtsdenken gemacht. Andererseits darf in dieser Dynamik das Allgemeine nicht verlorengehen, wenn überhaupt eine Sinndeutung der Geschichte stattfinden soll. Im Zwang dieser Alternative hat Troeltsch den Gedanken der schöpferischen Synthese als Ausweg erfaßt – das Individuelle, das doch zugleich das Allgemeine in sich trägt, in das die bisherige Geschichte einmündet und von dem aus die vergangene Geschichte zu deuten ist. Dadurch rückt die Sinndeutung des Vergangenen in unmittelbare Nähe der Gestaltung des Gegenwärtigen. Die Kluft zwischen Theorie und Praxis ist für die Geschichtsbetrachtung aufgehoben. Sie verschwindet mit dem Gegensatz von bloßer Allgemeinheit der Form und bloßer Einzelheit des Inhaltes. Es gibt keinen Punkt in Troeltschs Denken, in dem er größer und fruchtbarer wäre als hier, wo aus der unerträglich gewordenen Spannung von Gesetz und Zufall die Lösung hervorbricht, die dazu berufen ist, den Wahrheitsgedanken selbst umzugestalten, ihn aus seinem statischen Formalismus in eine lebendige Dynamik hereinzuziehen. Troeltsch selbst fühlt die religiöse Bedeutung dieser Lösung, wenn er andeutet, daß sie mit dem protestantischen Rechtfertigungsgedanken im Zusammenhang steht: Die Überwindung des Gesetzes ist eben die Gnade.

Es ist nun aber zu fragen, ob diese Grundintention von Troeltsch zu voller Auswirkung gekommen ist, ob in der konkreten Durchführung wirklich das Element der Absolutheit zum Ausdruck kommt, das eine

Sinndeutung der Geschichte ermöglicht und nicht wieder verschlungen wird vom Strom der Relativität. Nun kann kein Zweifel darüber bestehen: Dieser Punkt ist auch jetzt nicht gefunden. Die schöpferische Synthese, auf die Troeltsch hinführt, ist der Europäismus, näher betrachtet, eine neue organische Epoche der europäischen Kultur. Denn in dem Wechsel von historischen und kritischen Perioden sieht Troeltsch mit der Schule St. Simons das Prinzip der epochalen Geschichtsbetrachtung. Inwiefern aber ist der Europäismus mehr als ein zufälliges Produkt im Strom der Bedingtheiten? Inwiefern kann von hier aus ein unbedingter, wenn auch konkret dynamischer Sinn der Geschichte gefunden werden? Er kann es nicht – so wenig wie die Schöpfung der europäischen Kultursynthese ein Gegenstand unbedingter sittlicher Hingabe sein kann. Das Ziel muß größer sein und der Maßstab der historischen Sinndeutung muß höher liegen. Nicht quantitativ – das würde nichts ändern –, sondern qualitativ, im Unbedingten selbst. Nur von hier aus hat die schaffende Dynamik einen letzten Sinn und kann auch hinführen zu einer neuen europäischen Kultursynthese. Aber das ist nicht das erste und kann es nicht sein.

Es ist die tiefe Tragik von Troeltschs Lebenswerk, daß er auch in der letzten, gewaltigsten Anstrengung, das Unbedingte im Bedingten zu finden, schließlich versagte. Ja, man kann sagen: Es ist die Tragik der Größten seiner Generation. Jedenfalls ist dieser sein Kampf und seine schließliche Niederlage für uns und für die Zukunft unendlich viel wichtiger als das Werk all derer, die sich in falschen, zerbrechenden Absolutheiten oder in den Wassern der Relativität wohl sein ließen. Die absolute Spannung des Lebens und Denkens, in der er stand, die Spannung von Unbedingtem und Bedingtem, erhebt ihn weit über jene, und auch sein Mißlingen ist größer und fruchtbarer als jenes Gelingen.

Troeltsch hat eine unübersehbare Fülle von Material durchgearbeitet. Er spottet über den vornehmen Ton in der Wissenschaft, der es nicht für notwendig hält, sich mit den Vorgängern auseinanderzusetzen. Er selbst tat es im ausgiebigsten Maße, und er betrachtete es als die notwendige Unterkellerung der eigenen Gedanken. Aber der Keller war ihm nicht das Ganze, wie so vielen seiner Zeitgenossen. Ihm kam es auf den *Bau* an, und dabei geschah es wohl nicht selten, daß die geistesgeschichtlichen Perspektiven schneller und großzügiger gesehen wurden, als historische Genauigkeit es zulassen möchte. Viele seiner Auffassungen über geistige Zusammenhänge werden der Nachprüfung nicht völlig standhalten. Aber daß sie bedeutend genug waren, um zur Nachprüfung aufzufordern, daß sie neue wichtige Gesichtspunkte fast für alle Perioden der abendländischen Geistesgeschichte aufstellten, das ist wieder mehr als die Genauigkeit der Einzelforschung, in der ihm viele überlegen waren. Hier wiederholt sich noch einmal in der Arbeitsweise die Spannung, die ihn aus der Unübersehbarkeit des Bedingten hintrieb zu dem Unbedingten, in dem allein das Erkennen sein Ziel finden kann, wenn es ein Erkennen sein soll, das zugleich Leben und Tat ist. Und das war für Troeltsch Erkennen.

ZUM TODE VON ERNST TROELTSCH

(1923)

Unerwartet und tief erschütternd hat alle Kreise der Wissenschaft und des Geisteslebens die Nachricht von dem plötzlichen Tode Ernst Troeltschs getroffen. Schmerzlich bewegt und doch dankbar, Worte des Dankes gegen den verehrten Meister vor einer weiten Öffentlichkeit sagen zu dürfen, ergreife ich die Feder, um in kurzen Sätzen die Fülle dessen zum Ausdruck zu bringen, was der Verstorbene der deutschen Wissenschaft und dem Geistesleben Europas bedeutet hat. Ohne je seine Vorlesungen gehört zu haben, stehe ich seit bald zwanzig Jahren unter dem Eindruck seines Schaffens und empfinde trotz seltener persönlicher Berührungen, was ich in dieser Zeit von ihm empfangen habe. Von diesem persönlichen Gefühl sind die folgenden Ausführungen getragen, die Ernst Troeltsch als geistigen und wissenschaftlichen Führer würdigen sollen.

Es ist nicht möglich, bei einem Mann wie ihm lediglich von seiner wissenschaftlichen Bedeutung zu reden. Er war mehr als ein großer Gelehrter, nicht nur neben seiner Wissenschaft als Mensch und Politiker, sondern gerade *in* seiner Wissenschaft, in der Spannung, von der alle seine Arbeiten in wachsendem Maße getragen waren, in der erstaunlichen Dynamik, mit der er über jede von ihm erreichte Position hinausstrebte zur Erfassung neuer Möglichkeiten und Wirklichkeiten. So war er das stärkste Spiegelbild des ringenden Überganges aus einem vergangenen in ein kommendes Zeitalter des Geistes. Er war ein Wegbereiter, und mag dieser Weg weit wegführen von dem Punkt, auf dem er selber abbrechen mußte, an ihm vorbei kann der Weg auf keines der Gebiete gehen, in denen er gearbeitet hat. Er ist, wie ich früher auf die Frage nach seiner Stellung in der Theologie oft geantwortet habe, die negative Voraussetzung für jeden kommenden Aufbau. Aber schon er selbst kam in wachsendem Maße über das Vorherrschen des Negativen hinaus und strebte in seinem letzten großen Werk, seiner Geschichtsphilosophie, mit inbrünstiger Sehnsucht und außerordentlicher geistiger Kraft in das Land, das er ahnte und in das er selbst nun nicht mehr führen durfte.

Es sind drei Gebiete, in die er nacheinander mit leidenschaftlicher Energie eingriff und in deren jedem er Entscheidendes geleistet hat.

Wir betrachten zuerst den Religionsphilosophen, dann den Sozialphilosophen und zum Schluß den Geschichtsphilosophen.

Troeltsch ist in seiner ganzen Persönlichkeit eine Widerlegung des Satzes, daß Theologie und Philosophie nichts miteinander zu tun haben. Er war als Theologe Philosoph und blieb als Philosoph Theologe. Daß schließlich der Philosoph stärker wurde als der Theologe, hatte nicht nur äußere Gründe, war nicht nur durch seine Berufung von der theologischen in die philosophische Fakultät bedingt, sondern hatte seinen letzten Grund in der Lage der Theologie. Troeltsch fühlte, daß es unmöglich war, mit den alten Methoden der positiven oder liberalen Theologie weiterzuarbeiten, während in der übrigen Geisteswissenschaft die größten Umwälzungen sich anbahnten. Er war der radikalste und tiefgreifendste Kritiker, den die Theologie seit Jahrzehnten gehabt hatte. Er räumte auf mit zahllosen Halbheiten und veralteten Belastungen. Er stellte sich mitten hinein in die Probleme der religionsgeschichtlichen Forschungen und bestritt dem Christentum das Recht, sich gegenüber dem Strom der allgemeinen Religionsgeschichte auf eine Insel der Absolutheit zu retten. Was Geschichte am Christentum ist, gehört der Geschichte. Mit diesem Grundsatz hat er restlos Ernst gemacht und hat sich den Ruf des „Systematikers der religionsgeschichtlichen Schule“ erworben. Waren die falschen Fundamente weggeräumt, so mußte ein neues Fundament gelegt werden. Jedem neuen theologischen Aufbau mußte eine neue Grundlegung vorausgehen. Troeltsch selbst hat dieses neue Fundament nicht gelegt. Daß er das Ziel nie aus den Augen gelassen, zeigt die Vorrede zu seinem letzten Werk, worin er die Hoffnung ausspricht, in späteren Jahren das System der Religionsphilosophie vollenden zu können. Ob es ihm gegönnt gewesen wäre, wenn ihm ein längeres Leben beschieden war, kann zweifelhaft sein. Seine Kraft lag nicht im schöpferischen System, seine Kraft war die Durcharbeitung der Geistesgeschichte, die wegbereitende Vorarbeit zum System. Und an der letzten Erfassung des Religiösen hinderte ihn der Kulturidealismus, den er von der Heidelberger Philosophie und dem Liberalismus übernommen hatte. Der Standpunkt, von dem aus er die Religion betrachtete, war die Kultur und nicht die Religion. Das war seine Grenze als Theologe und Religionsphilosoph.

Weit über die theologischen und religionsphilosophischen Kreise hinaus ist er wirksam geworden durch seine „Soziallehren der christlichen Kirchen und Gruppen“. Hier spricht der mit Max Weber in enger Arbeitsgemeinschaft lebende Sozialphilosoph. Die Wirkungen dieses Buches, dessen Eindruck auf mich beim ersten Lesen mir unvergeßlich bleiben wird, sind außerordentlich. Zum ersten Male wird hier der sozial-ethische Gesichtspunkt durch die gesamte Kirchengeschichte auf breitester Grundlage durchgeführt. Eine, namentlich auf lutherischem Boden, unerhörte Betrachtung der religiösen Gemeinschaftsbildung gibt zahllosen Dingen ein neues, überraschendes Licht und zwingt das gegen alles energische politische Tun so spröde lutherische Kirchentum zu grundsätzlicher Revision seiner Sozialethik. Auch in diesem großen Werk kommt die innere Dynamik von Troeltschs Geistigkeit zum Ausdruck; und so war es kein Wunder, daß der Philosoph Politiker wurde, der zeitweise an wichtiger amtlicher und parlamentarischer Stelle stand. Aber auch hier zeigt sich die gleiche Grenze wie in der Religionsphilosophie. Der liberale Individualismus und die im Grunde optimistische Kulturphilosophie hinderten an einem vollkommenen Miterleben der ungeheuren sozialen und politischen Krise Europas. Troeltsch sah nicht das Zerbrechen seines Humanitätsideals in den Krisen des Weltkrieges und der Revolutionen. Darum fand er weder als Sozialphilosoph noch als Politiker das erlösende Wort.

Jetzt vor einem Jahre las Troeltsch zum ersten Male sein großes Kolleg über Geschichtsphilosophie. In der ersten Stunde erinnerte er daran, daß seit Hegel an der Berliner Universität eine Geschichtsphilosophie nicht gelesen worden ist. Er fühlte den historischen Moment, und alle, die von dieser Stunde erzählten, standen unter dem Eindruck eines geschichtlichen Augenblicks. Es war in der Tat etwas Entscheidendes, daß nach fast 100 Jahren der Versuch zum ersten Male gemacht wurde, nicht nur eine formale Geschichtslogik zu treiben, sondern deutend und wertend an die Geschichte heranzugehen. Lange hat Troeltsch mit den Problemen der Geschichtsphilosophie gerungen. In seinem großen Werk über die „Probleme des Historismus“, dessen erster Band vor wenigen Wochen abgeschlossen wurde, hat er eine fast unübersehbare Fülle von Material in glänzender Durchdringung und Darstellung verarbeitet. Wieder ist es der Geistesgeschichtler, vor dem wir bewundernd stehen, und wieder ist es die innere, weiter treibende Gewalt der Persönlichkeit, die stärker als von allen anderen Werken von diesem letzten ausstrahlt und das heroische Ringen eines Geistes auf der Scheide zweier Zeitalter offenbart. Probleme werden berührt, von denen zu reden seit Jahrzehnten in der Wissenschaft unerlaubt war, Grenzpfähle zwischen Wissenschaft und Leben werden abgebrochen; und jedes Wort ist getragen von dem Bewußtsein, daß trotz aller Sachlichkeit und Nüchternheit der wissenschaftlichen Form Geisteswissenschaft schöpferische Wissenschaft ist. Aber auch hier wieder, und deutlicher noch als vorher, zeigt sich die Grenze seines Schaffens und seiner Zeit. Es ist schließlich das innerweltliche Ideal der Humanität im Sinne der europäischen Kultur, es ist die vom menschlichen Geist zu leistende Synthese, um die sich für ihn die Menschheitsgeschichte dreht. Es ist ein geschichtlicher Standpunkt, von dem aus die Geschichte beurteilt wird, und nicht *der* übergeschichtliche, der doch allein imstande ist, die Geschichte zu deuten.

Wenn wir von Grenzen in dem Lebenswerk Ernst Troeltschs gesprochen haben, so geschah es in dem Sinne, den er selber andeutet, wenn er in der Vorrede zu seinem letzten Werk auf eine jüngere Generation hinweist, die auf den Gebieten, die er selbst nicht mehr bearbeiten zu können glaubte, im Geiste seiner tiefsten Intention weiterarbeiten würde. Daß wir auf dem Wege, den er bereitet hat, weitergehen, getrieben von der gleichen Sehnsucht nach der neuen Schöpfung, getragen durch die Einheit von Wissenschaftsernst und Lebensspannung, wie er sie in sich trug, das soll der Dank sein, den wir ihm abstatten. Sein Sterben aber kann ich nicht anders schauen als in dem Lichte des Gedankens, den er in seinem letzten Werke ausspricht, daß das menschliche Geistesleben im Zusammenhang stehen muß mit einem über das Irdische hinausgreifenden universalen Geistesleben, einer Geisterwelt, in der nichts Geistiges verlorengehen kann, wenn auch die einzelne Lebenskraft oder die Kraft einer Kultur oder auch eines ganzen Planeten sich erschöpft hat. Zu dieser unerschöpflichen Welt des Geistes gehört auch er.

DER RELIGIONSPHILOSOPH RUDOLF OTTO
(1925)

Es war ein unvergeßliches Ereignis für mich, als im Herbst 1917 das Buch von Rudolf Otto über „Das Heilige" im Lager „Rote Erde" am Hochberg in der Champagne bei mir eintraf. Einige Merkwürdigkeiten der Schreibart, ein völlig unbekannter Verlag machten einen Augenblick stutzig. Dann aber begann ein Staunen, ein inneres Gepacktsein, eine leidenschaftliche Zustimmung, wie man sie bei theologischen Büchern nicht mehr gewohnt war. Man erinnerte sich, daß man als Student von Freunden das erste große Buch des Verfassers über „Naturalistische und religiöse Weltansicht" hatte rühmen hören. Aber man selbst war als Anhänger von Fichte und Hegel weit entfernt von solchen Problemen. Die ersten Kant- und Fichte-Studien in der Prima ließen für die philosophische Naivität von Haeckels Welträtseln nur ein Lächeln übrig. Eine Auseinandersetzung mit dieser Problemsphäre erschien überflüssig. Wie sehr sie in Wirklichkeit der allgemeinen Geisteslage entsprach, zeigte der große Erfolg des 1904 erschienenen Buches, das 1909 eine zweite Auflage erlebte. Und dieser Erfolg war begründet. Schrieb doch der Rezensent einer großen Zeitung, daß man die beste Einsicht in den Stand der darwinistischen Probleme bei – einem Theologen gewinnen könne, eben bei Rudolf Otto; und im letzten Herbst hatte der Verfasser die Genugtuung, bei seiner Amerikareise in verschiedenen Colleges sein Buch als eingeführtes deutsches Übungsbuch wiederzufinden. Schon hier machte sich ein Zug bemerkbar, der für das ganze Ottosche Denken von entscheidender Bedeutung geworden ist: der Sinn für die Originalität der religiösen Sphäre und ihrer Denk- und Anschauungsformen.

In dieser Linie liegt auch die Herausgabe von Schleiermachers „Reden über die Religion", die 1899 geschah und den Erfolg hatte, daß 1920 eine dritte Auflage nötig wurde. Den Protest gegen die Rationalisierung und Moralisierung des Religiösen, den Schleiermacher hier so nachdrücklich erhebt, hat Otto aufgenommen und bis zu seinen letzten Veröffentlichungen mit wachsender Kraft durchgeführt. Daß damit keine Ablehnung der wissenschaftlichen Arbeit verbunden war, zeigte sein Buch über „Leben und Wirken Jesu nach historisch-kritischer Auffassung", erschienen 1902. Es wurde bis 1905 viermal aufgelegt, hat aber auf die Entwicklung der kritisch-neutestamentlichen Forschung keine wesentliche Wirkung gehabt. Ottos Bedeutung liegt nicht auf dem Gebiet der historischen Kleinarbeit, der gegenüber er oft den Verdacht ausspricht, daß sie an dem intuitiv zu erfassenden Leben vorbeigehe und dadurch trotz aller richtigen Einzelbeobachtungen schließlich unwirklich werde.

Die wichtige Rolle, die die Mystik in Ottos Leben und Arbeiten spielen sollte, kündigt sich in seiner Erstlingsarbeit über „Die Anschauung vom heiligen Geiste bei Luther" an. Denn in diesem Thema liegt das Problem, ob und wie in den Ursprüngen des Protestantismus mystische Elemente vorhanden sind und darum die seit langer Zeit übliche und gegenwärtig wieder mächtig vordringende antimystische Deutung Luthers und des Protestantismus im Unrecht ist.

Einen entscheidenden Fortschritt bedeutete für Otto sein Bekanntwerden mit der Philosophie des Kantianers Fries. Die Wiederentdekkung dieses lange Zeit fast vergessenen Zeitgenossen der großen idealistischen Philosophie durch Leonhard Nelson in Göttingen – Otto war seit 1899 Göttinger Privatdozent – erwies sich in sehr widersprechenden Richtungen als erfolgreich. Die eine Auffassung, vertreten durch Nelson und seine Schüler, benutzte Fries' Lehre von der inneren Gewißheit, um einem durch Erkenntnistheorie unbelasteten Rationalismus in der Wissenschaft und mehr noch in Ethik und Politik zum Siege zu verhelfen. Das intuitive Element, das Fries über Kant hinausführt, wird zur Erfassung der unmittelbaren und unerschütterlichen Gewißheit der Vernunftsprinzipien verwendet. Ist diese sichergestellt, so haben die Vernunftprinzipien allein das Wort. Ganz anders war die Wirkung der Friesschen Intuitionslehre auf Otto. In seinem Buche „Die Kant-Friessche Religionsphilosophie" zeigte er im Anschluß an Fries die Durchbruchsstellen durch das System der Vernunft, an denen die Relgionsphilosophie notwendig einsetzen muß. Eine Neuausgabe der Metaphysik des alten Friesianers Apelt unterstützte diese Bestrebungen. Die Intuition, die bei Nelson die Grundlage eines vollendeten Rationalismus abgegeben hatte, führte bei Otto zu einer irrationalistischen Neubegründung der Religionsphilosophie; und während Nelsons Rationalismus sich schließlich im Abstrakten verlor, wurde Ottos Irrationalismus zum fruchtbaren Boden für die Aufnahme einer Fülle lebendiger religionsgeschichtlicher Anschauungen.

Otto gewann sie nicht in erster Linie durch Studium der religionsgeschichtlichen Literatur, sondern durch persönliche Anschauung auf mehreren Reisen, die ihn ebenso in den Bereich der griechisch-russischen wie der mohammedanischen Frömmigkeit führten und in einer Indienfahrt ihren Höhepunkt fanden. (Nach dem Kriege kam eine Amerikareise als Ergänzung hinzu.) Eine außergewöhnliche Sprachbegabung, die es ihm ermöglichte, nicht nur fast alle westeuropäischen Sprachen zu beherrschen, sondern auch im Sanskrit zu Hause zu sein, Russisch zu lesen usw., erleichterte ihm das Eindringen in den Geist der Religionen außerordentlich. Eine Frucht dieser Sprachkenntnisse sind die zum Teil später erschienenen „Texte zur indischen Gottesmystik“: *Siddanta des Rāmānuja*[1] und vor allem *Visnu-Nārāyuna*[2] mit vorzüglichen Einleitungen. Damit waren die Grundlagen gegeben für sein Hauptwerk „Das Heilige“[3], dazu als Ergänzung „Aufsätze, das Numinose betreffend“[4]. Dieses Buch begründete die eigentliche Bedeutung Ottos für die Geschichte der protestantischen Theologie. Es begründete zugleich seinen Weltruf, der zahlreiche Ausländer, namentlich Ostasiaten, unter sein Marburger Katheder gezogen hat.

Das Heilige ist nach Otto aller Wirklichkeit, auch dem Sittlichen gegenüber, als das „Ganz Andere“ zu bestimmen. Ein Bewußtsein, daß etwas schlechthin Fremdes, Unableitbares, Nichteinzuordnendes gemeint ist, begleitet jeden religiösen Akt. Nur mit negativen Ausdrücken kann man davon reden, in heiligen Urworten muß man davon stammeln. Und doch ist es nichts Negatives, vielmehr das Allerpositivste, das „Numinose“ (von dem lateinischen *numen* – Gottheit), was in der Religion angeschaut und zum Gegenstand der „Divination“ wird. Welches sind nun die Merkmale, die das Numinose kennzeichnen? Otto hebt ein Dreifaches hervor: Das Numinose ist erstens das *Mysterium*, das Geheimnis, das wesensmäßig und notwendig Geheimnis bleibt und durch keine Begriffsarbeit diesen Charakter verlieren kann. Zweitens ist es das *Tremendum*, das, vor dem man in Schrecken und Grauen gerät, wo immer es auftritt, das Unheimliche, das Furchtbare, der Zorn oder das verzehrende Feuer, vor dem man vergeht. Und es ist drittens das *Fascinosum*, das Anziehende, Beseligende, das, mit dem man sich einen möchte, und ohne das man in Unruhe und Leere bleibt. *Mysterium tremendum et fascinosum*, das ist das Heilige, das Numinose. Als solches erweist es sich in der gesamten Religionsgeschichte einschließlich Christentum und Protestantismus, als solches wird es aufgezeigt an zahlreichen, höchst anschaulichen Beispielen in Mythos und Dogma, in Kultus und Liturgie, in der Gestalt der indischen Durga wie in Luthers

---

[1] I. C. B. Mohr, Tübingen. 2. Aufl. 1923.
[2] Diederichs, Jena 1917.
[3] Trewendt u. Granier, Breslau 1917.
[4] Perthes, Gotha 1923.

gnädigem Gott, in dem Rauschtrank der Brahmanen wie in dem schweigenden Dienst der Quäker. Damit ist der Gegenstand der Religion dem Beweisen und Widerlegen, aber auch dem sittlichen Wollen und Arbeiten entzogen. Er ist da oder er ist nicht da; er bricht durch oder er bricht nicht durch, aber er kann weder erkennend noch handelnd erzwungen werden. Er ist eine Urgegebenheit, die jenseits der rationalen Sphäre liegt. Und doch kann er nicht ohne Beziehung zu ihr bleiben. Diese Beziehung deutet Otto so, daß er den rationalen Begriffen und Handlungen in Wissenschaft und Sittlichkeit die Aufgabe zuerteilt, „Idiogramme" für das Heilige zu sein. Unter Idiogrammen versteht er Begriffe, die etwas anderes meinen, als sie unmittelbar ausdrücken, die also geeignet sind, ein Hinweis auf das Ganz-Andere, auf das Numinose, zu sein. Nun geschieht es im Ablauf der Religionsgeschichte, daß diese Begriffe und Handlungen immer mehr ihre ursprüngliche Irrationalität verlieren, daß der Mythos logisiert, der Kultus ethisiert wird. Diese Entwicklung ist an sich notwendig und hat im Christentum ihren Höhepunkt erreicht. Zugleich aber birgt sie die Gefahr in sich, daß der numinose Untergrund und Sinn all dieser Begriffe und Handlungen verlorengeht und sie nicht mehr als Idiogramme, sondern eigentlich genommen werden. Dadurch werden sie in die rationale Sphäre hereingezogen und verlieren mit ihrem echten religiösen Sinn ihre Lebens- und Überzeugungskraft. Dann ist ein neues Aufbrechen des numinosen Grundes notwendig.

Mit diesen letzten Bemerkungen ist nun die geistesgeschichtliche Bedeutung der Ottoschen Gedanken selbst berührt. Sie sind für die Theologie ein solches Durchbrechen des Ganz-Anderen geworden. Sie haben die theologische und religionsphilosophische Arbeit aus den Schlingen der rationalen Probleme, aus dem Verfall an Logik und Ethik gerettet. Sie haben eine neue Grundlage geschaffen, auf der aufgebaut werden konnte und auf der auch mancher Gegner Ottos mit oder ohne sein Wissen baut. Wer aber, wie der Verfasser dieser Zeilen, die Befreiung erlebt hat, die das Buch vom Heiligen ihm gab, der kann auch da, wo er glaubt, weitergehen zu müssen, wie z. B. in der Bestimmung des Verhältnisses von Rationalem und Irrationalem, von Jenseitigkeit und Diesseitigkeit des Numinosen, den ersten Durchbruch nicht vergessen. – Man hat in guter Absicht Ottos Buch eine religionspsychologische Untersuchung genannt. Von nichts ist sie weiter entfernt. Sie ist eine Wesensschau des Heiligen im besten Geiste historisch befruchteter Phänomenologie.

Damit mag ein Eindruck von der wissenschaftlichen Bedeutung Ottos gegeben sein. Wenn unsere Ausführung bei denen, die ihn noch nicht kennen, zu dem Entschluß führen würde, wenigstens zu seinem Hauptwerk zu greifen (das verhältnismäßig kurz ist und vorzüglich geschrieben), so wären diese knappen Andeutungen nicht zwecklos gewesen. Doch ist die Bedeutung Ottos damit nicht erschöpft. Von seiner Persönlichkeit, der eigentümlichen Verbindung trockenen Humors des geborenen Hannoveraners mit der Tiefe und dem Ernst mystischer Schau- und Erlebniskraft, kann jeder reden, der ihn kennt und für den Umgang mit ihm dankbar ist – und dazu gehört vielerlei Volks aus aller Welt.

Auch auf praktischem Gebiet hat er mit seiner allseitigen Offenheit und Eindrucksfähigkeit gewirkt. Als Politiker gehörte er dem Preußischen Landtag von 1913–1918 in der demokratischen Fraktion an. Die Probleme des Sozialismus und der religiösen Beeinflussung der Arbeiterbewegung beschäftigen ihn tief. Der „religiöse Menschheitsbund“, der einem gegenseitigen Verstehen der großen Kulturreligionen aufgrund persönlicher Beziehungen dienen soll, ist sein Werk. Von der Erfassung des Numinosen aus widmet er praktisch und theoretisch der protestantischen Kultreform hingebende Arbeit. – Aber das, was entscheidend ist und ihn zu einer der wichtigsten Gestalten der gegenwärtigen Theologie macht, ist sein Buch über das Heilige, für das ihm eine ganze Generation Dank schuldet.

DIE KATEGORIE DES „HEILIGEN“ BEI RUDOLF OTTO

(1923)

Vor kurzem ist die zehnte Auflage von Rudolf Otto „Das Heilige“ erschienen. An und für sich müßte einem Buch wie dem Otto'schen gegenüber diese Mitteilung genügen. Man braucht nicht davon zu sprechen; denn es hat für sich selber gesprochen; es ist nach des Rezensenten fester Überzeugung das Buch des Durchbruchs auf religionsphilosophischem Gebiet und nicht nur des Durchbruchs, sondern auch der Führung bis auf den heutigen Tag. Wer, wie der Rezensent, im Felde den ersten machtvollen Eindruck der Otto'schen Analyse des Heiligen erlebt hat, wer wie er in seinen eigenen Konzeptionen dauernd mitbestimmt ist durch diesen Eindruck, für den ist es zunächst einmal eine Dankespflicht, von der Schönheit und Kraft des Buches zu zeugen.

Ein Durchbruch war es in der Tat, als unter all den rationalen Erstarrungen und Belastungen, die nicht nur das kirchliche, sondern auch das philosophisch-idealistische Bewußtsein der letzten Jahrzehnte mit sich trug, das Urfeuer des Lebendigen sich regte und jene Schichten der Verhärtung zu zittern und zu zerreißen begannen. Die Wirkung dieser Erschütterungen zeigt sich allenthalben in der religions-philosophischen Literatur. Niemand, der über diese Dinge seitdem geschrieben hat, konnte und durfte sich dem Eindruck entziehen, daß hier neue Wege sichtbar wurden; und bis in die Sphäre der persönlichen Frömmigkeit hinein drangen an vielen Stellen die befreienden und erhebenden Wirkungen der Otto'schen „Divination des Numinosen“.

Aber nicht dieses alles zu sagen, diesen Dank abzustatten ist der Zweck dieser Zeilen. Vielmehr soll die Frage gestellt werden, an welchem Punkte des Otto'schen Buches die Weiterarbeit anknüpfen muß, wie wir auf der Otto'schen Leistung aufzubauen haben.

Otto gibt seinem Buch den Untertitel „Über das Irrationale in der Idee des Göttlichen und sein Verhältnis zum Rationalen“. Es scheint mir nun, als ob die erste Hälfte dieser Überschrift in fast vollkommener Weise verwirklicht ist, während bei der zweiten eine Reihe ungelöster Probleme bleiben, die zur Weiterarbeit zwingen. Man kommt nicht ganz von dem Eindruck los, als ob das, was Otto das Rationale nennt, zu dem Irrationalen als ein Äußerliches hinzukommt. Otto selbst fühlt das und betrachtet es als eine Irrationalität, die dem

Religiösen anhaftet, aber er weist nicht die Wesensbeziehung auf, die zwischen dem Mysterium und der rationalen Form besteht.

Das ist zunächst in seiner Methode begründet. Otto zeigt deutlich die Kraft, aber auch die Grenze der Phänomenologie. Es ist nämlich nicht möglich, auf phänomenologischem Wege in die Geltungssphäre einzudringen. Hierfür kann ein kritisches Element im Kantischen Sinne nicht entbehrt werden. Nicht eine rein-intuitive, sondern eine kritisch-intuitive Methode ist das methodische Ideal. Otto selbst geht ja in dieser Richtung, wenn er von der religiösen Disposition spricht und das Heilige zu einer Kategorie *a priori* macht. Ein religiöses *a priori* aber kann nicht unvermittelt neben den übrigen Aprioris stehen, auch dann nicht, wenn sein Inhalt das „ganz Andere“ ist. Es muß gezeigt werden, in welchem Wesensverhältnis dieses „ganz Andere“ zu den übrigen Formen des Bewußtseins steht. Denn stände es in keinem, oder auch nur in einem nachträglichen Verhältnis, so wäre die Einheit des Bewußtseins zersprengt, und nicht „wir“ wären es, die das Heilige erlebten.

Es gibt nun aber einen Begriff, der diese ursprüngliche Wesensbeziehung vom Heiligen und den sonstigen Werten zum Ausdruck bringt, den Begriff des Unbedingten. Es ist nicht richtig, wenn Otto meint, daß dieser Begriff sich bloß quantitativ von dem des Bedingten unterscheidet, vielmehr enthält er die ganze Gewalt des qualitativ „Anderen“, „Fremden“ in sich. Umgekehrt ist der Begriff des „ganz Anderen“ nicht ausreichend zur Charakterisierung des Heiligen, da es sich ja nicht um ein beliebiges Anderes handelt, sondern um ein solches, das für mich von entscheidender Bedeutung ist, dem ich mich unter keinen Umständen entziehen kann, d. h. eben: ein Unbedingtes. Der Begriff des Unbedingten ist also nicht, wie Otto meint, ein Schema der Rationalisierung, sondern ein Wesenselement des Heiligen selber. Sobald das erkannt ist, ergibt sich auch die Wesensbeziehung zu der Sphäre der rationalen Werte. Das Unbedingte ist nicht nur *a posteriori* durch eine Schematisierung, sondern *a priori* durch Wesensbeziehung das fundierende Element alles Wertbewußtseins, aller Geistwirklichkeit. Das Heilige ist wesensmäßig nicht nur das „Mysterium des Grundes“, sondern auch das „Mysterium des Lichtes“, denn der Grund kommt im Licht zu sich selbst. Das Unbedingte des Gehaltes und das Unbedingte der Form gehören wesenhaft zusammen.

Das ist vor allem wichtig für die persönliche Stellung zum Heiligen. Ist das Heilige wesenhaft nur das ganz Andere im Sinn des *Mysterium tremendum et fascinosum,* so ist eine ästhetische Haltung ihm gegenüber möglich, durch die es in den Dienst der subjektiven Gefühlsbewegtheit gestellt wird. Nur wenn schon seine Wesenserfassung unter der Unbedingtheit des Geltens steht, ist die Gefahr der ästhetisierenden Mystik überwunden.

Ferner folgt aus der Bestimmung des Heiligen als des Unbedingten eine neue Auffassung des Verhältnisses von Religion und Kultur. Es wird bestritten, daß irgend eine Kulturerscheinung schlechthin außerhalb der heiligen Sphäre steht, denn sobald es eine *Kultur*erscheinung, d. h. geistig geformt ist, trägt sie in sich die Anerkennung des Heiligen als unbedingt Geltendem. Und mag ein rationales Formsystem noch so sehr das ekstatische Element vergessen, das in der Unbedingtheit des Geltens steckt, in Wahrheit lebt alle Ratio doch davon. Und umgekehrt kann das Heilige in keinem Augenblick anders gefaßt werden als in Formen, die das Geltungsbewußtsein in sich tragen. Mag die Weltauffassung der Primitiven vom Standpunkt unserer technischen Rationalisierung aus noch so „roh“ erscheinen, sie ist Weltanschauung und ist Lebensform und trägt in jedem religiösen Akt das gesamte kulturelle Geltungsbewußtsein in sich. Denn der Mensch ist Mensch, nicht nur durch den „Kopf“ des Religiösen, sondern auch durch den „Leib“ der Kultur-Form, und er ist eins nicht ohne das andere. Das aber bleibt unzweifelhaft: Im engeren Sinne „religiös“ ist ein Bewußtsein in dem Maße, als das Mysterium an die Schranken der Form stößt und sie wieder und wieder durchstößt und sie zwingt, sich in einer höheren ekstatischeren Form zu verwirklichen. Denn nicht die Form als solche ist das Heilige, sondern das Unbedingte, das sich in die Form ergießt und zugleich jede Form sprengt, die es sich gegeben hat. Die rationalen Formen sind eben nicht nur rational, sondern in jeder von ihnen (und um so mehr, je weiter sie vom Formalismus entfernt sind) ist das Mysterium des „Grundes“ enthalten, auf dem alles Wirkliche ruht. Jede Form ist einerseits Oberfläche und andererseits Ausdruck des Grundes, aus dem sie hervorwächst und in dem sie versinkt. Das gilt für jede einzelne Form wie für die Totalität aller Formen.

Aus solcher Auffassung kann eine einheitliche Analyse sämtlicher religiöser und kultureller Ausdrucksformen hervorgehen, durch welche die verhängnisvolle Nebenordnung von Religion und Kultur, von Irrationalem und Rationalem, von Heiligem und Profanem aufgehoben ist und das Heilige als das Unbedingte zu dem tragenden und zugleich verzehrenden Feuer aller Kultur wird. Erst in einer solchen zukunftsgerichteten Divination würde der Durchbruch, den Ottos Analyse des Heiligen bedeutet, zu voller Auswirkung kommen.

KARL BARTH

(1926)

1. Historisches

Die weitaus wichtigste Bewegung der gegenwärtigen deutsch-protestantischen Theologie ist verbunden mit dem Namen des ehemaligen schweizerischen Pfarrers, jetzt Göttinger Professors Karl Barth. Sein Römerbriefkommentar, dessen erste Auflage im Jahre 1918 erschien, ist ein Markstein in der Entwicklung der evangelischen Theologie.

In Bad Boll in Württemberg hatten zwei prophetische Persönlichkeiten, der Vater und der Sohn Blumhardt, gezeigt, daß es nach dem Sinne der ersten Kirche im Christentum nicht auf Kirche und Frömmigkeit, sondern auf den die Welt umschaffenden göttlichen Geist ankommt. Wie die Genannten selbst in ihrer Kraft, Dämonen auszutreiben, körperlich und seelisch zu heilen, ein Stück des kommenden Reiches Gottes sahen, so wurde unter ihrem Einfluß der Gedanke einer diesseitigen, in die Natur einbrechenden und sie umschaffenden Verwirklichung des Reiches Gottes von Bedeutung. Die Enderwartung tritt in den Vordergrund, aber nicht als abstrakte Lehre, sondern als lebendiger Gegenwartsglaube, gesättigt mit den konkreten Farben der biblischen Vorstellungswelt. Kirche, Frömmigkeit, Einzelseele, menschliches Tun traten demgegenüber in den Hintergrund. Es geht nicht mehr um menschliches Verhalten, sondern um göttliche Tat. Gott und Welt werden ohne Vermittlung der Kirche und Frömmigkeit aufeinander bezogen.

Diesen entscheidenden Gesichtspunkt nahm die Schweizer religiös-soziale Bewegung auf. An erster Stelle steht hier Ragaz, der das Kommen des Reiches Gottes auf die Erde im Geiste der alten Prophetie verkündigte, dabei aber an die konkreten Bewegungen der Zeit, vor allem an den Sozialismus, anknüpfte. In ihm und seinen Zukunftserwartungen sah er zwar nicht die Erfüllung der prophetischen Hoffnungen, wohl aber sah er in ihr die stärkste Kraft, die sich gegen den Geist der Zeit mit seinem Verhaftetsein an die Endlichkeit wendet und eine neue Welt fordert. Was ihn mit dem Sozialismus verband, waren also weniger dessen positive, sondern mehr seine kritischen, verneinenden Tendenzen – verneinend nämlich die von Gott abgefallene Gesellschaft in und außer der Kirche.

Dabei konnte es nicht ausbleiben, daß der Sozialismus oder der Pazifismus oder Rußland oder der Völkerbund oder was gerade als Zeichen des hereinbrechenden Gottesreiches gewertet wurde, eine Art Weihe und Heiligkeit erhielt, der vergleichbar, die vorher die Kirche gehabt hatte und die man dieser so leidenschaftlich bestritt. Hier setzt nun die theologische Wendung ein, die von Kutter vorbereitet und von Barth unter starkem Einfluß von Kierkegaard in monumentaler Weise zum Ausdruck gebracht wurde. Es gibt keine irdische Bewegung, weder eine kirchliche noch eine unkirchliche, weder eine fromme, noch eine profane, weder eine christliche, noch eine sozialistische, die als solche vor Gott etwas wäre, die irgendeine Heiligkeit, eine Weihe, einen Anspruch vor Gott hätte. Sicherlich – die Kirche hat nichts voraus, aber auch der Sozialismus hat nichts voraus, aufgrund dessen er sich rühmen könnte. Beide stehen unter dem Gericht, das vom Ewigen her über alles Zeitliche ergeht. Von hier aus ergab sich nun eine Fülle theologischer Folgerungen, die wir weiter unten darstellen wollen. Das ständige Nein, das von Gott her über die Welt gesprochen wird, die machtvolle Verkündigung des Gerichts, der Krisis, die höchst paradoxe Form, in der das geschieht, hat der Richtung den Namen *Dialektische Theologie* eingebracht. Sie selbst fühlt sich als Erbe des reformatorischen Denkens, und in bestimmter Beziehung mit Recht; denn keine Richtung bringt gegenwärtig mit gleicher Kraft das protestantische Grundprinzip zum Ausdruck.

Eine Reihe hervorragender Köpfe schloß sich der Bewegung an, eine reiche Literatur entstand, in der die Grundgedanken der dialektischen Theologie ausgebreitet und verteidigt wurden. Die Zeitschrift „Zwischen den Zeiten“, in Gemeinschaft mit Barth, Gogarten und Thurneysen von Merz herausgegeben, wurde zum Mittelpunkt der Darstellung und Auseinandersetzung. Doch auch an Gegenbewegungen fehlt es nicht. Aber auch diese Angriffe zeugen für den Geist, für die Größe und Bedeutung der Bewegung. Sie ist noch immer das stärkste und für die nächste Zukunft wichtigste Element der gegenwärtigen protestantischen Theologie.

2. Systematisches

Mehr noch als jede andere Theologie ist die dialektische durch ihre Fassung des Gottesgedankens bestimmt. Von ihm aus wollen wir unsere systematische Darstellung aufbauen, und zwar rein positiv ohne Einmischung kritischer Reflexion.

In Barths Gottesgedanken ist die ganze Kraft und überweltliche

Majestät der calvinistischen Gottesauffassung lebendig. Jede Berührung von Gott und Welt, jedes unmittelbare Anschauen des Göttlichen in Natur und Geschichte, jedes Haben Gottes in Kultus oder Mystik wird aufs schärfste bekämpft. Zwischen Gott und Welt befindet sich „der Hohlraum", der Gott vor den Blicken des Menschen verbirgt, der es unmöglich macht, daß der Mensch als Mensch Gott sieht und von ihm redet. Vor dieser Unerkennbarkeit und vollkommenen Jenseitigkeit Gottes tritt der Schöpfungsgedanke zurück. Von der ursprünglichen Schöpfungsabsicht Gottes wissen wir nichts. Was uns der Begriff der Schöpfung zu sagen hat, ist dieses, daß wir Kreatur sind und als Kreatur vollkommen geschieden von dem Schöpfer. Auch der Schöpfungsgedanke entfernt unsere Existenz und die der ganzen Welt von Gott, statt sie mit ihm zu verbinden.

Zwischen Gott und Welt steht die Sünde, oder mehr im Sinne Barths ausgedrückt: das Gericht. Die Welt steht unter dem Gericht, unter der *Krisis*, wie der berühmt gewordene Terminus lautet. Alle Aussagen über den Zustand des Menschen sind darum Aussagen über sein Stehen unter der Krisis. Dieses Wort, das in der literarischen Sprache der Nachkriegsjahre im Sinne von Kulturkrisis eine fast schlagwortartige Bedeutung gewonnen hatte, erhält nun hier in der religiösen Betrachtung eine völlig neue Tiefendimension: Krisis ist nicht mehr gleich Zeitwende – das kann sie freilich auch sein –, sondern sie ist zuerst und wesentlich Gericht der Ewigkeit über die Zeit, über jede Zeit und alles Zeitliche. Nach zwei Seiten hin wird die Verkündigung des Gerichtes gewendet, nach Seiten der autonomen Kultur und nach Seiten der Religion.

Autonomie wird aufgefaßt als Selbstherrlichkeit des Menschen, als Versuch, in seinen eigenen Formen zu leben und in ihnen unmittelbar etwas vor Gott zu sein. Der Humanismus ist in Theorie und Praxis die Durchführung der menschlichen Autonomie. Das humanistische Ideal, klassisch durchgeführt von Goethe und im deutschen Idealismus, steht in schneidendem Gegensatz zur reformatorischen Verkündung, in der die Autonomie des Menschen vor der göttlichen Majestät in Stücke brach. Der Kampf Luthers mit Erasmus wird als ein Urbild dieses Gegensatzes in den Vordergrund der Lutherbetrachtung gerückt. Hegel und die Identitätsphilosophie erscheinen schlechthin als widergöttliche menschliche Hybris. Jedem Versuch, Gott in der unmittelbar menschlichen Lage zu sehen, wird die Forderung entgegengestellt, in der menschlichen Lage nichts, aber auch gar nichts als das Gericht über den Menschen zu sehen. Auch die Romantik fällt unter diese völlige Verneinung. Ist doch auch in ihr der Versuch gemacht, in den Formen der ästhetisch verklärten Wirklichkeit das Göttliche unmittelbar zu ergreifen. Und das gilt nicht nur für die theoretisch anschauende, sondern auch für die praktisch gestaltende Romantik. Alle Überschwänglichkeiten der Nachkriegsbewegungen beruhen auf dem Glauben, daß ein göttlicherer Zustand der Gesellschaft erreicht werden könne, daß etwas Heiligeres als die bürgerliche Gesellschaft samt Krieg und Kapitalismus im Kommen sei. Wo diese Hoffnungen auftauchen, in Jugendbewegung und Sozialismus, in Expressionismus und nationaler Romantik, werden sie unter die Krisis gestellt. Die gesamte Geschichte mit ihren Höhen und Tiefen, die nicht bestritten werden, ist menschliche Angelegenheit. In der Geschichte ist der Mensch allein. Sie ist seine Aufgabe. Er soll aber nicht wähnen, an irgendeinem Ort der Geschichte, der Vergangenheit oder Zukunft, das Göttliche anschauen oder fassen zu können. Nur eine Haltung in Theorie und Praxis wird der menschlichen Autonomie gestattet, die kritische. Die Theologie der Krisis hat eine natürliche Neigung, sich mit der kritischen Philosophie zu verbinden. Daß Philosophie nicht anders sein könne als kritisch, ist ein Grundsatz der ganzen Bewegung, der sie in die Nähe des in der Philosophie selbst weithin überwundenen philosophischen Kritizismus treibt. Ebenso in der praktischen Sphäre. Die kritischen Bewegungen wie der Sozialismus, aber auch die Kritik am Sozialismus, werden bejaht, doch nur insofern sie die Krisis auch über sich selbst bejahen. Der Begriff der Grenze spielt philosophisch wie ethisch eine erhebliche Rolle. Die höchste Leistung der Kultur ist die Feststellung ihrer eigenen Grenzen.

Wird so die Kultur allseitig unter die Krisis gestellt und nur das in ihr bejaht, was selbst kritisch ist, so gilt doch das Gericht, das Nein von Gott aus, nicht weniger, sondern noch mehr für die Religion. Der Begriff der Religion bekommt bei Barth einen eigentümlichen Klang. Religion ist eine menschliche Möglichkeit, ein menschlicher Versuch, zu Gott zu kommen. Alle Größe und aller Tiefsinn der Religion gehören im Grunde der Autonomie an; sie sind Formen menschlicher Selbstherrlichkeit. Auch die christliche Religion ist als Religion ein Stück menschlicher Geschichte, eine menschliche Möglichkeit.

Und doch gibt es einen Weg, den Weg der göttlichen Offenbarung. Aber er ist nichts, was man fassen könnte, nichts Anschauliches, nichts Ableitbares, nichts, was man auch nur denken könnte; er ist die absolute Paradoxie. Offenbarung ist das gänzlich Überraschende, das, was in keine Religionsgeschichte eingereiht, durch keine Apologetik begründet, durch keine Polemik widerlegt werden kann; es ist das Einmalige, Kontingente, von keiner Allgemeinheit her Begreifliche. Offenbarung zerbricht die Autonomie. Denn in ihr tritt unseren menschlichen Möglichkeiten die göttliche, für uns unmögliche Möglichkeit entgegen. Und sie tritt uns entgegen als Mensch, als Einzelner, also so, daß wir auf alles Allgemeine verzichten müssen, so daß wir da gepackt werden, wo es um unser Sein oder Nichtsein geht.

Aus diesem Charakter der Offenbarung ergibt sich nun auch der Charakter der Frömmigkeit. Sie ist Glaube und nichts als Glaube. Sie ist kein Schauen, denn die Offenbarung ist unanschaulich; sie ist kein Denken, denn die Offenbarung ist unableitbar; sie ist kein Erfahren, denn die Offenbarung ist außer uns. Sie ist Glaube, ein Sprung also, ein Wagnis, ja besser noch ein Verhalten, das nicht unser Verhalten ist, das keiner menschlichen Möglichkeit entspricht, das jenseits unserer Wirklichkeit liegt.

3. Kritisches

Die überragende Bedeutung dieser Theologie beruht auf der Kraft, mit der sie das protestantische Grundprinzip, die Rechtfertigung allein aus dem Glauben, in neuer und großartiger Weise zum Ausdruck gebracht hat. Sie hat dabei eine prophetische, erschütternde, umwälzende Kraft entfaltet, wie sie seit langer Zeit keiner theologischen Richtung beschieden war. Sie hat durch ihre radikal-protestantische Haltung den echten Sinn des protestantischen Protestes gegen die Religion aufgedeckt und damit zahlreichen Halbheiten ein Ende gemacht.

Dennoch geht es nicht an, die Darstellung ganz ohne kritisches Wort zu lassen. Wir können zusammenfassend sagen, daß es unmöglich ist, das göttliche Nein ohne das göttliche Ja zu verkünden und zu vernehmen. Denn schon in der Verkündigung des Nein, insofern sie Wahrheit zu sein beansprucht, liegt ein Ja zum Besitz dieser Wahrheit, und in dem Hören des Nein, sofern es direkte Stellung zu Gott sein soll, liegt ein Ja zu dieser Stellung als der rechten. Die Dialektik kann sich zwar dialektisch, d. h. mit Worten, aufheben, nicht aber real. Insofern sie da ist, hat sie ein Ja zu sich, das durch keine dialektische Versicherung ungültig gemacht werden kann. Wir können das gleiche auch am Glaubensbegriff deutlich machen: Man kann zwar sagen, der Glaube ist eine unmögliche Möglichkeit, er steht jenseits von mir, ich glaube an meinen Glauben oder ähnliches, aber man kommt nicht darum herum, daß ich es bin, der glaubt oder nicht glaubt, daß es also diesen Gegensatz in der Wirklichkeit der Menschen gibt und nicht in der Transzendenz. Zwar ist es falsch, im Glauben selbst auf seinen Glauben zu achten; der Glaube achtet nur auf Gott und sein Tun. Aber der theologische Akt ist kein Glaubensakt, sondern die Beobachtung des Glaubensaktes, und beides darf nicht verwechselt werden.

Aus dieser grundsätzlichen Kritik an der einseitig negativen Dialektik (die darin eigentlich nicht Dialektik genannt zu werden verdient) ergibt sich nun eine Reihe von Folgerungen, die weniger gegen die religiöse Grundabsicht als gegen die theologische Durchführung der dialektischen Theologie gewendet sind. Es ist nicht angängig, den Schöpfungsgedanken nur negativ zu fassen. Die Dinge können ihren Ursprung nicht so verleugnen, daß sie in keiner Weise mehr Hinweis auf ihn wären. Das gleiche gilt vom Menschen und der Geschichte. Die Autonomie braucht nicht nur Hybris zu sein, sondern kann auch Anerkennung und Befolgung der göttlich-natürlichen Gesetze sein, die das Seiende tragen. Und Religion braucht nicht nur menschliche Möglichkeit zu sein, sie kann auch gläubige Antwort auf die göttliche Möglichkeit, auf die Offenbarung sein. Sie muß es nicht sein, aber sie kann es sein. Wie könnte sonst die Kunde von der Offenbarung in der Geschichte fortgepflanzt werden? Und die Offenbarung selbst dürfte nicht nach vorwärts und rückwärts einfach isoliert werden. Sonst wird sie doch zu einem fixierten Zeitabschnitt, zu einem Stück Geschichte, das zum mindesten so weit anschaulich ist, wie man die Jahre ihrer zeitlichen Erscheinung angeben kann. Damit aber wird das dialektische Prinzip preisgegeben. Und es ist jetzt schon so, daß die Orthodoxie für ihre sehr undialektische Lehre von den historischen Heilstatsachen, von der Schriftautorität, vom inspirierten Kanon, von der Gültigkeit des altkirchlichen Dogmas usw. die dialektische Theologie in Anspruch nimmt und sich dabei zum Teil auf recht beweiskräftige Äußerungen ihrer Vertreter berufen kann. Das muß aber zweifellos als eine Fehlentwicklung der ganzen Bewegung beurteilt werden. Denn es führt zu neuen menschlichen und kirchlichen Fixierungen, die in schroffem Gegensatz zum Ausgangspunkt stehen.

Auch für die praktische Haltung in Religion und Kultur wird die dialektische Auffassung Einschränkungen vornehmen müssen. Die kirchliche Wortverkündigung soll doch vernehmbar sein. Damit sie es aber sei – dazu gehören nicht nur Worte und Gedanken, sondern auch Taten und Anschauungen, Gemeinschaften und konkrete Lagen; solche nämlich, die selbst Hinweise sind auf das Jenseitige und nicht bloß Hinweise auf sich und ihre endliche Form. Dadurch wird auch die Kultur unmittelbar wichtig für den Glauben. Es ist nicht gleichgültig, ob sie von einer Autonomie erfüllt ist, die Hybris genannt werden muß, oder von einer solchen, die Gehorsam ist und Bereitschaft zur Aufnahme des Ewigen. Und wenn es auch wahr ist, daß dieses alles, die Kultur und die Religion, nicht Reich Gottes ist, so steht es doch auch nicht einfach im Gegensatz zu ihm. Das Reich Gottes kommt auch in

Kultur und Religion – und beide leben von ihm –, freilich als das immer nur Kommende, nie Daseiende, nie Faßbare.

Die Barthsche Bewegung gehört zu den großen Ereignissen in der Geschichte der protestantischen Theologie, ja, sie hat eine Seite, die mehr ist als Theologie, und diese ist das Stärkste an ihr. Wohl sind ihre theologischen Grenzen deutlich, aber wichtiger als die Grenze ist die innere Mächtigkeit der Bewegung, denn sie ist erfüllt von dem Bewußtsein um das, was größer ist als Theologie und Frömmigkeit, als Kultur und Kirche, und vor dem das Nein zu alle diesem die erste und bleibende Haltung ist.

B. Rezensionen

REVOLUTION UND KIRCHE

Zum gleichnamigen Buch verschiedener Autoren (1919)

Unter dem Titel: „Revolution und Kirche; zur Neuordnung des Kirchenwesens im deutschen Volksstaat“[1] ist im Verlag von Georg Reimer ein Sammelwerk erschienen. Mitarbeiter sind eine Reihe von theologischen Universitätsprofessoren, Juristen und einige praktische Geistliche; auch einige katholische Mitarbeiter finden sich; doch sind weitaus die meisten Beiträge evangelisch, wegen der „viel schwierigeren und delikateren Lage der evangelischen Kirche“, wie es im Vorwort heißt. Das Buch zerfällt in vier Teile. Im ersten Abschnitt wird das Verhältnis zwischen Staat und Kirche und seine Veränderung durch die Revolution von Thimme, Bousset, Baumgarten, Muth und Rade in einzelnen Beiträgen besprochen. Zu Abschnitt II über die äußere und innere Neuorganisation nehmen von Brandt, Niedner, Schian, Dibelius, Titius das Wort. Im dritten Abschnitt sprechen Mahling, Cordes, Heim, Otto über die Folgen der Trennung für das innere Leben der evangelischen Kirche, und endlich behandeln im IV. Abschnitt Troeltsch, Rolffs, Johannes Meyer, Deißmann das Problem: Die Kirche und das Unterrichtswesen. Ein Schlußwort von Rolffs gibt eine kurze Zusammenfassung.

Es ist eine Fülle von Stoff, der in diesem Rahmen geboten wird, viel zu viel, als daß eine kurze Besprechung sich mit jedem einzelnen Aufsatz auseinandersetzen könnte. Und dieser Stoff ist durchgearbeitet, nicht erst seit dem 9. November, sondern in langer Lebensarbeit an den religiösen und kirchlichen Problemen. Es sind wirkliche Autoritäten, die hier das Wort ergreifen, Autoritäten nicht hoher kirchlicher Instanzen, die, wie es in einem Beitrag mit Recht heißt, nur zu oft die Fühlung mit den wirklichen Kräften der Zeit verlieren, sondern Autoritäten des Gedankens und der kirchenpolitischen Praxis, Männer, die zum Teil schon seit Jahrzehnten für eine Erneuerung des evangelischen Kirchentums gekämpft haben und darum den Problemen der Revolutionszeit nicht unvorbereitet gegenüberstanden. Es herrscht durchaus ein Geist, der Ja sagt zu den neuen Entwicklungen und Notwendigkeiten, nirgends ein sehnsüchtiges Zurückschauen auf die Vergangenheit.

[1] Hrsg. v. F. Thimme u. E. Rolffs. Berlin 1919.

Das zeigt sich gleich im ersten Abschnitt in den Aufsätzen von Bousset über „Die Stellung der evangelischen Kirchen im öffentlichen Leben bei Ausbruch der Revolution“ und von Baumgarten über „Das Ende der Staatskirche – das Ergebnis der geschichtlichen Entwicklung“. Bousset zeigt, wie die evangelischen Kirchen bürokratische Obrigkeitskirchen einerseits, patriarchalische Pastorenkirchen anderseits waren, wie durch die kirchlich-theologische Reaktion das liberale Bürgertum abgestoßen und der Bund der herrschenden pietistischen Orthodoxie mit der politischen Reaktion in kirchenfeindliche Stellung gedrängt wurde, wie endlich der Vorwurf der Sozialdemokratie, daß die Kirchen gefügige Werkzeuge des Obrigkeitsstaates waren und statt zu versöhnen, den Kampf gegen die „vaterlandslosen Gesellen“ mit allem Eifer aufnahmen, durchaus berechtigt ist. – Baumgarten zeigt, daß der Notbau des landesherrlichen Kirchenregiments nicht nur äußerlich zusammengebrochen ist durch die Beseitigung der Landesherren, sondern daß hier die Frucht einer langen Entwicklung vorliegt, in der das Bewußtsein der einheitlichen Christenheit in Staat und Kirche verlorengegangen ist. Ein „Zurück hinter die Linie der Revolution“ kann es nicht mehr geben, denn die Voraussetzung des Staatskirchentums ist innerlich zerbrochen. Ähnlich ist auch die Stimmung in dem ersten Aufsatz des Abschnittes von Thimme „Das Verhältnis der revolutionären Gewalten zu Religion und Kirchen“, eine besonders lehrreiche und lesenswerte Darstellung des Verhältnisses der Sozialdemokratie zum Christentum. Trotz aller Ablehnung des radikalen Vorgehens der ersten revolutionären Machthaber wird auch hier offen zugestanden, in welchem Maße sich namentlich die evangelische Kirche ins Schlepptau der wechselnden Staatspolitik gegenüber der Sozialdemokratie hat nehmen lassen. Auch finden sich hier scharfe Worte gegen die „Kriegstheologen“, die, statt an der Völkerversöhnung mitzuarbeiten, die unmöglichsten Friedensbedingungen aufstellten. Im ganzen wird die Hoffnung auf eine Annäherung zwischen Religion und Sozialismus angekündigt; auch hier also neuer vorwärtstreibender Geist.

Sehr viel weniger radikal ist der zweite Abschnitt, der die positiven Probleme der Trennung von Kirche und Staat und Kirchenverfassung behandelt. Das liegt in der Natur der Sache. Denn es ist nicht zu bezweifeln, daß es eine absolute Trennung von Kirche und Staat überhaupt nicht gibt und es sich immer nur um ein Mehr oder Weniger handelt. Während der Vertreter der katholischen Kirche, Dr. von Brandt, für möglichste Beibehaltung des gegenwärtigen Zustandes eintritt, setzt der Vertreter der evangelischen Kirche, D. Dr. Niedner, die vollzogene Trennung voraus und fragt nach den rechtlichen und finanziellen Konsequenzen. Auch er hält übrigens die Beseitigung der Staatszuschüsse für eine unberechtigte Aufhebung „wohlerworbener Rechte“ und will gleichfalls möglichst konservativ vorgehen, fordert vor allem genaue Kenntnis der vorhandenen Rechtslage.

Energischer zum Neuen drängt der wichtige Aufsatz von Schian über „Die Neugestaltung der Kirchenverfassung“. Weder Obrigkeits- noch Pastorenkirche (die hochkirchliche Bewegung, die ein evangelisches Episkopat fordert, wird abgelehnt), sondern demokratischer Aufbau aus der Einzelgemeinde ist die Forderung! Freilich warnt Schian davor, den Radikalismus der politischen Demokratie einfach in die Kirche zu übernehmen; höhere Altersgrenze für Wähler, noch höhere, dazu kirchliche Qualifikationen für zu Wählende, ein allgemeiner finanzieller Beitrag auch der Minderbemittelten seien unerläßliche Forderungen. Dagegen dürfe die Mitgliedschaft nicht von einer Willenserklärung abhängig gemacht werden, da dieses die Volkskirche aufheben würde, an der auch Schian energisch festhält. Die Gemeindeorgane sollen bleiben wie bisher; hinzukommen soll ein Arbeitsausschuß, der den Namen „Gemeindepflege“ erhalten könnte und für das innere, sittlich-religiöse Leben zu sorgen hätte. Die Gesamtkirche wird regiert durch die aus Urwahlen aller Wahlberechtigten hervorgegangene Landessynode, die den Oberkirchenrat und die sonstigen Organe der Gesamtkirche wählt. Diese sollen nicht nur Verwaltungsbehörden, sondern führende, vorwärtstreibende Arbeitsgemeinschaften sein.

Von den revolutionären Bildungen in der Kirche berichtet Dibelius, von den Volkskirchenräten, dem Volkskirchenbunde und Volkskirchendienst. Am meisten Erfolg hat der Volkskirchenbund gehabt, in drei Monaten eine halbe Million Mitglieder. Welches aber seine Aufgaben sein werden, ist noch unklar; Dibelius spricht von einem evangelischen Gegenstück zum katholischen Volksverein. (Ob aber das Bedürfnis nach einem solchen in einer wirklich demokratisch aufgebauten Kirche da sein wird, erscheint mir zweifelhaft.)

In dem dritten Abschnitt möchte ich hervorheben die Aufsätze von Mahling über die „Verinnerlichung der Kirche und die Wahrung ihrer Einheit als Volkskirche“ und von Otto „Die Missionspflicht der Kirche gegenüber der religionslosen Gesellschaft“; hier wird das Problem wesentlich vertieft und verinnerlicht. Mahling stellt sich deutlich auf den Boden eines idealistischen Sozialismus. „Wir sind an einem Wendepunkt der Zeiten“, wir stehen „an der Eingangspforte zur neuen Zeit, an dem Tore des Sozialismus der Zukunft“, „Jede Gemeinde muß die Verwirklichung eines wahren Sozialismus im kleinen sein“. Ziel der Entwicklung ist eine Menschheit, „die einen wahrhaften geistigen Sozialismus der Völkerbefreiung und Volksbeglückung darstellt". Die Kirche müßte die beste Bundesgenossin des Sozialismus sein; denn es kommt auf die Menschen an, die den Sozialismus verwirklichen. Die aber können nicht werden ohne Religion. Die Kirche konnte dieser Aufgabe nicht gerecht werden, weil sie nicht innerlich, nicht frei, nicht wahr, nicht liebevoll genug war; in diesen vier Punkten muß es anders werden; die Kirche muß mitarbeiten „am Sozialismus der Zukunft".

Den Höhepunkt dieses Abschnittes, und meiner Überzeugung nach des ganzen Buches, bildet der Beitrag von Otto; hier weht es wie ein Sturmwind, und rechts und links fallen dürre Äste zu Boden. Unter dem Gesichtspunkt der Wiedergewinnung der religionslosen Gesellschaft wird ein allseitiges Reformprogramm entwickelt. Abgesehen von dem Wachsen neuer religiöser Kräfte ist die wichtigste Bedingung für die Beeinflussung der Gesellschaft die Gesellschaftsreform, die soziale Neugestaltung. Der Kampf um das Dasein in den modernen kapitalistischen Gesellschaftsformen macht den Ruf zur Religion sinnlos; es muß wieder Muße geschaffen werden, und zwar für alle Klassen, es muß Zeit und Kraft übrigbleiben für höheres Geistesleben. Ehe dieses Ideal erreicht ist, muß die soziale Tätigkeit ausgebaut werden und die Kirche sich auch im Geistigen ins Volk begeben und mit den sozialistischen Massen Fühlung nehmen, sie nach Möglichkeit in ihre Arbeit hineinziehen, sie auffordern, von ihrem Wahlrecht Gebrauch zu machen, ohne Furcht vor vorübergehenden Mißständen. – Weiter ist nötig das Aufgeben der Naivität des kirchlichen Unterrichts, „religiöser Fortbildungsunterricht", Behandlung von Weltanschauungsfragen, ernsthafte, wissenschaftliche Theorie statt stimmungsmäßiger Apologetik. – Als religiöse Kraftquelle besonderer Art sind kleine Gemeinschaften zu werten, in denen es zu einer Methodik des religiösen Erlebens kommt, die *Retraites* bilden für den überhasteten Menschen und in denen kontemplative Praxis geübt wird. – Die kirchliche Verkündigung aber wird andere Formen annehmen müssen; es wird ein weitgehender Individualismus gestattet werden; die alten schroffen Gegensätze von positiv und liberal werden überschnitten und gemildert werden müssen durch ethische, kultische und Verfassungsgegensätze. – Das kirchliche Amt muß beweglicher gemacht werden, die Predigtproduktion des einzelnen Pfarrers weit herabgesetzt und dadurch verbessert werden, es muß Austausch stattfinden und ein *clerus minor* für Amtshandlungen, Seelsorge usw. herangebildet werden, das theologische Studium muß von dem Historizismus befreit und in die lebendige Kultur der Gegenwart gestellt und nicht nur theoretisch, sondern auch praktisch betrieben werden. – Die Schule muß in Weltanschauungsfragen einführen; eine philosophische Propädeutik etwa im Anschluß an die „Kritik der reinen Vernunft" würde eine Wiederkehr des Materialismus unmöglich machen. – Der Gemeindekultus muß modern werden, aus den Quellen der Gegenwart schöpfen, den Zeitumständen nach Ort und Form angepaßt sein. – Endlich wird die Trennung von Kirche und Staat und die innere Demokratisierung der Kirche ihr das Interesse weithin wiedergewinnen.

Der Aufsatz von Troeltsch über den „Religionsunterricht und die Trennung von Staat und Kirchen" ist ein Meisterstück klug abwägender Politik. Auf eine wirklich befriedigende Lösung verzichtet Troeltsch; ihre Unmöglichkeit ist eine Auswirkung der problematischen Zeitverhältnisse. Klar sind nur zwei Punkte: der dogmatische und kirchliche Gesinnungsunterricht gehört der Kirche; Schule und Bildung aber können das religiöse Element nicht entbehren; es kommt also grundsätzlich an auf eine historische Religionsdarstellung für die Schule und eine dogmatische für die Kirchen. Daneben aber müßte Freiheit bestehen, auf den historischen Religionsunterricht zu verzichten und sich ganz von der Kirche vorbilden zu lassen, und umgekehrt müßte auf dem Lande weithin der bewußt konfessionelle Unterricht erhalten bleiben.

Damit schließe ich den Bericht, der die Fülle des Stoffes gezeigt haben wird, der hier verarbeitet ist, und einigermaßen auch den Geist, in dem das geschehen ist – ein vorwärtsstrebender und doch konservativ abwägender, wissenschaftlich durchgebildeter und doch religiös lebendiger Geist. Ein einziges Bedenken sei mir gestattet: Es richtet sich nicht gegen die Ausführungen selbst, denen man weithin seine Zustimmung nicht wird versagen können, sondern gegen die Voraussetzung, auf die sich alle Ausführungen gründen: daß nämlich ein einheitliches religiöses Prinzip vorliegt, von dem aus der Neubau der Kirche erfolgen könnte. An einigen Stellen wird die von den Professoren Heim und Schmitz vorgeschlagene Bekenntnisformel „Jesus ist der Herr" als geeignete Grundlage für eine evangelische Kirche erwähnt. Zweifellos würde dieses Bekenntnis als das älteste und einfachste der Christenheit die Nöte des gegenwärtig noch bestehenden rechtlichen Bekenntniszwanges weitgehend beseitigen; aber sie würde dafür den einen zu wenig und den andern noch nicht wenig genug sein. Das ist nicht bloß Theorie. Es ist wohl kein Zufall, daß die Mehrzahl der evangelischen Mitarbeiter der theologischen Linken nahesteht oder den Gemeinschaftskreisen, die dogmatisch offener sind als die Orthodoxie. Daher der Optimismus in bezug auf den Bestand der einheitlichen Kirche. Die kirchliche Rechte aber, darüber kann kein Zweifel sein, will die

Bekenntnisgemeinschaft aufrechterhalten, selbst um den Preis des Zerbrechens der Volkskirche, und man wird diesen Standpunkt unter rein religiösem Gesichtspunkte würdigen müssen. Ob ihr dazu aber jene alte, sozusagen vorkonfessionelle Formel ausreichend erscheinen wird, ist höchst unwahrscheinlich. – Andererseits kann diese Formel diejenigen abstoßen, für die die Autonomie im Geistesleben das höchste, befreiende Erlebnis geworden ist. Für sie kann die Formel „Christus der Herr" einen stark heteronomen Klang nicht verlieren; es müßte dann auch gefragt werden: Welcher Christus? Der historische Jesus als empirische Persönlichkeit? Unmöglich schon wegen der Problematik der historischen Überlieferung. Oder der biblische Christus, d. h. das ursprüngliche Glaubensobjekt der Gemeinde, oder der Geist Christi in der Geschichte, oder das gegenwärtige Erlebnis des erhöhten Herrn? Das Prinzip der Autonomie aber treibt zu einer Mystik, die sich auch all diesen Formen gegenüber selbständig weiß und für die auch Christus nicht schlechterdings im Mittelpunkt des religiösen Bewußtseins steht, oft sogar sehr in der Peripherie. Soll diese Form ausgeschlossen sein? Man könnte es verlangen, aber dann erhebt sich die große Schicksalsfrage: Hat die Kirche dann noch die Zukunft? Denn, um es mit Hammacher zu formulieren, das Wesen der gegenwärtigen Kultur ist „Werden zur Mystik". Die Jugend will die Religion als überkonfessionelle, autonome Mystik. Wenn aber dieses die Entwicklung ist, wankt dann nicht all den Verfassungs- und Erneuerungsvorschlägen der Boden unter den Füßen? Wird dann nicht in noch ganz anderem Maß etwas Neues werden müssen, als es hier vorgesehen ist; wird nicht eine dritte Periode des Christentums über Katholizismus und Protestantismus hinaus anbrechen? Ist nicht dieses auch der Sinn der „Weltenwende", an die uns Weltkrieg und Revolution gestellt haben? – Das alles soll keine Kritik sein an der Arbeit, die hier geleistet ist, die notwendig und wertvoll und für den Augenblick unentbehrlich ist, aber es soll zeigen, daß damit die letzten Tiefen, die in dem Thema „Revolution und Kirche" verborgen liegen, noch nicht berührt sind und daß aller Reform und Gestaltung der Geist vorhergehen muß, der Formen schafft. Welches wird dieser Geist sein? Nur die Zukunft kann antworten!

RECHTSPHILOSOPHIE

Zu einem Lehrbuch von Rudolf Stammler
(1922)

Es ist für den theologischen Rezensenten nicht leicht, einem Werk[1] wie dem vorliegenden gegenüber die rechte Stellung zu gewinnen. Möglich ist es für einen Nicht-Juristen überhaupt nur durch die allgemein-philosophischen Grundlagen und die ethischen und geschichtsphilosophischen Elemente, die das Buch in reichem Maße enthält. Sie aber zwingen zu einer Stellungnahme; denn wie jedes systematisch durchgestaltete Sondergebiet der Philosophie ein Ausdruck des im Hintergrund stehenden Gesamtsystems ist, so wirkt es auch ein auf alle anderen Gebiete und zeigt allenthalben die Gelenke, die es mit den übrigen Gliedern verbinden. Das ist die allgemein-philosophische und darum auch theologische Bedeutung eines großen systematischen Werkes wie Stammlers Rechtsphilosophie.

Es gibt in wenigen Gebieten der Philosophie Werke von solcher Geschlossenheit und systematischen Kraft wie das vorliegende. Jeder Abschnitt, ja jeder Satz ist durchdrungen und getragen von dem kritischen Grundprinzip, auf dem alles aufgebaut ist. Es kann kein Zweifel sein: die kantisch-neukantische Richtung der Rechtsphilosophie hat in Stammlers Werk eine Vollendung erreicht, die kaum überboten werden kann. Das bezieht sich zunächst auf die Klarheit und formale Schärfe, die jeden Satz und jede Definition auszeichnet. Hier ist kaum etwas „unausgedacht" – ein Lieblingswort Stammlers, das für seine Art höchst bezeichnend ist. Der formalen Klarheit entspricht die fachliche Evidenz, mit der die kritische Grundlegung der Rechtsphilosophie gegeben ist. Der Rechtsbegriff bedeutet, wie alle konstitutiven Wissenschaftsbegriffe, „nichts als ein Verfahren des Ordnens". Nun gehört das Recht in die Sphäre des „verbindenden Wollens" im Unterschied von dem Sittlichen, das sich auf die Ordnung des Innenlebens und seiner Wünsche bezieht. Es unterscheidet sich von der Konvention durch die Selbstherrlichkeit, mit der es über den einzelnen Willen steht und sich ihnen gegenüber durchsetzen will, und hat als „unumstößlich Bleibendes" die Eigenschaft der Unverletzlichkeit: „das unverletzbar selbstherrlich verbindende Wollen", das ist der Begriff des Rechts. – Die

[1] Lehrbuch der Rechtsphilosophie. Berlin 1922.

Idee aber des Rechts, die Gerechtigkeit als unendliche Aufgabe, ist ein reines Wollen, d. h. ein Wollen, das frei ist von jeder zufälligen endlichen Willensbestimmung; also ein Sollen, und zwar ein Sollen für die Sphäre des verbindenden Wollens, und das ist die Idee einer reinen Gemeinschaft, d. h. einer Gemeinschaft, in der kein begrenzter einzelner Zweck herrscht, sondern nur der Zweck der Einheit selbst. „Gerechtigkeit ist das Richten eines besonderen rechtlichen Wollens im Sinne reiner Gemeinschaft."

Aus diesen grundlegenden Bestimmungen ergeben sich nun bedeutungsvolle Folgerungen: vor allem die unbedingte Autonomie des Rechts, sowohl was die Begründung, als auch was die Durchführung betrifft. Besonders wichtig ist die Kritik der ökonomischen Geschichtsauffassung, sofern sie das Recht aus der Wirtschaft ableitet, anstatt zu sehen, daß „Wirtschaft" immer schon geordnetes Zusammenwirken, also jede Spezialwirtschaft die Ausführung einer bestimmten Rechtsordnung ist. Unmöglich ist auch die Gründung des Rechts auf die Macht, auf den Vertrag usw., da jeder derartige Begriff das geordnete, verbundene Handeln schon immer voraussetzt. Ebenso ist die Autonomie der Rechts*idee* deutlich: Es kann keinen empirischen Inhalt geben, wie das Glück aller, die Kultur, die Gleichheit oder dergl., die der Rechtsidee einen Inhalt über die Idee der reinen Gemeinschaft hinaus geben könnte. Alle diese Dinge stehen *unter* der Rechtsidee und sind von ihr je nach der Zeit- und Gesellschaftslage zu richten und zu werten.

Mit einem Blick auf die Geschichte als Vorwärtsentwicklung zu dem Ideal der reinen Gemeinschaft und mit der Forderung des Einmündens der Rechtsphilosophie in die Religionsphilosophie als Betrachtung der letzten Einheit von Kausalität und Teleologie schließt das Buch, dessen Inhalt mit den gegebenen Andeutungen freilich nicht im entferntesten erschöpft ist.

Eine Beurteilung des Werkes kann nichts sein als eine Beurteilung der Leistung und der Grenzen kritischer Philosophie überhaupt. Denn wir haben es hier mit einer als „Idealtypus" zu wertenden Leistung zu tun. Evident ist gezeigt, daß das Recht die Sphäre des sozialen Handelns als bedingende Form ermöglicht und daß diese Form autonom jeder empirischen Wirklichkeit mit unbedingter Geltung gegenübersteht. Evident ist ferner gezeigt, daß jedes soziale Ideal die Form des reinen sozialen Sollens oder der reinen Gemeinschaft haben muß. Aber es fragt sich, ob damit mehr gesagt ist, als daß jede Rechtsordnung den Begriff des Rechts erfüllen soll; es scheint, als ob es in der Konsequenz des formalen Ansatzes liegt, daß er über die reine Form der „Ordnung" auch da nicht hinauskommt, wo er das Ideal zeigen will. Nicht in der strengen Durchführung der formalen Begriffe, sondern in der Beschränkung auf sie auch da, wo sinngemäß über sie hinausgegangen werden müßte, liegt der „Formalismus“ und damit die Grenze dieser neu-kantischen Rechtsphilosophie.

Schon die Abgrenzung von Sittlichkeit und Recht muß Bedenken erwecken. Daß Sittlichkeit die Ordnung der inneren Regelungen sei, ist eine Beschränkung, die die Tatsache übersieht, daß es sittlich-richtiges Handeln von Mensch zu Mensch gibt, das der Sphäre des Rechts enthoben bleibt. Die Pflicht z. B., einem seelisch leidenden Menschen zu helfen, zielt auf „Ordnung“ des gemeinsamen Lebens, die nichts mit Recht zu tun hat; es gibt also ein sittlich Richtiges und ein rechtlich Richtiges in bezug auf die soziale Sphäre, die nebeneinander, ja unter Umständen gegeneinander stehen. Völlig unmöglich aber muß die Art genannt werden, wie die Liebe bei Stammler als „des Gesetzes Erfüllung“ erscheint. „Liebe ist der Ausdruck für die Hingebung an das Richtige und zwar in der Ordnung des eigenen Innenlebens (Friede mit sich und Gott) und in der Ordnung des Gemeinschaftslebens (Ideal der reinen Gemeinschaft). Was richtig ist, wird abgesehen von der Liebe erkannt. Sie selbst ist das psychologische Motiv, das die Verwirklichung der Gerechtigkeit ermöglicht, wie die Macht psychologisch die Selbstherrlichkeit und Unverletzbarkeit des Rechtes trägt. Liebe wie Macht sind „Ergänzungen“ der Rechtsidee und des Rechtsbegriffs von der psychologischen Seite her.“ Diesen Gedanken liegt das typisch Kantische Vorbeigehen an dem zugrunde, was nicht Bewußtseinsform, nicht Ordnungsform, aber auch nicht Bewußtseinsstoff, sondern formerfüllender und -durchbrechender Bewußtseinsgehalt ist. Das Fehlen dieser Intuition, die Kant zu seiner Kritik von Gebet und Gnade geführt hat, treibt Stammler zu einer Entleerung der Liebesidee. Sie wird gleichgesetzt dem völligen Gehorsam gegen das Gesetz. Das „Überschwengliche“, das „Paradoxe“, das sie in jeder lebendigen Religion hat, wird abgestreift. Sie wird auf das Maß der richtigen Gesellschaftsform zurückgeführt.

Ähnlich liegt es bei der Bestimmung des Gemeinschaftsbegriffs. Wie die ganze Konstruktion des Rechts vom Einzelnen ausgeht und in dem die Einzelnen „verbindenden“ Wollen die Einheit sucht, so ruht auch der Gemeinschaftsbegriff auf dem Gesellschaftsbegriff, über den hinaus er nur das Merkmal der Idealität hat: Gemeinschaft gleich ideale, d. h. vollkommen geformte Gesellschaft. Damit geht wieder verloren, was jenseits der Form liegt, die irrationalen Einheiten übergreifender Art. Aus Gesellschaft kann nie Gemeinschaft werden durch Vervollkommnung; denn „Gemeinschaft" ruht *a priori* auf einem anderen Boden und in einer tieferen Schicht als der des „Verbindens".

Das führt zu Stammlers Geschichtsphilosophie und den konkret politischen Ideen, die er dann und wann ausspricht. Es sind zwei Begriffe, die in Betracht kommen: die „Entwicklung" und die „geschichtliche Lage". Stammler ist vorsichtiger Anhänger des entwicklungsgeschichtlichen Fortschrittsgedankens. Von dem Gegensatz aus der absoluten idealen Form und der zu bestimmenden Wirklichkeit ist das nicht anders zu erwarten. Das geschichtliche Geschehen ist im einzelnen und im ganzen eine Annäherung an das absolute und unendliche Ideal. Die Idee der Zeitenfülle, auf der z. B. das Neue Testament ruht, oder der Gedanke einer schöpferisch gesetzten „zu Gott unmittelbaren" Epoche ist ebenso unmöglich von den exklusiven Formbegriffen aus, wie es eine Erfassung von Liebe, Gemeinschaft, Gnade oder dergl. ist. – Dem entspricht nun endlich die vollkommene Unmöglichkeit, von der absoluten Form aus ein Werturteil über bestehendes und gefordertes Recht abzugeben. Stammler übersieht, daß jede „geschichtliche Lage" schon selbst eine geistige Schöpfung ist, und wenn sie nicht willkürlich subjektiv bleiben soll, die Orientierung an einer inhaltlichen Geschichtsphilosophie verlangt. Hier ist ein Punkt, wo die kritische Position selbst über den reinen Formalismus hinausdrängt.

Wenn wir das Stammlersche Werk religionsgeschichtlich einordnen wollen, so ist ganz evident der Zusammenhang mit dem Lutherischen Protestantismus in seiner rationalen Ausformung: das Ausgehen von dem Einzelnen durch den Begriff des verbindenden Wollens, die weitgehende Ausscheidung aller mystisch-irrationalen Elemente in Recht, Sittlichkeit, Geschichte, die konservative Haltung gegenüber den gegebenen Rechtsordnungen, aber auch die Befreiung der Rechtsidee aus jeder Heteronomie. So ist aus dieser neu-kantischen Rechtsphilosophie die Größe der protestantisch-lutherischen Grundstellung sichtbar, zugleich aber ihre in der Geschichte so oft bewiesene Unzulänglichkeit gegenüber den konkreten Problemen des sozialen Lebens.

DER HISTORISMUS UND SEINE PROBLEME
ZUM GLEICHNAMIGEN BUCH VON ERNST TROELTSCH
(1924)

Nun ist bald ein Jahr vergangen, seit Ernst Troeltsch von uns genommen ist. Eine Anzeige im üblichen Sinne kommt für sein Buch[1] – das letzte seiner Werke – nicht mehr in Frage. Es ist längst bekannt und übt seine Wirkungen aus, wie alle Schriften des Verfassers. Unsere Aufgabe kann es nur sein, einerseits denen, die das Buch noch nicht gelesen haben und vielleicht in nächster Zeit keine Gelegenheit haben, es zu lesen, einen Eindruck von der Fülle und Bedeutsamkeit seines Inhaltes zu vermitteln, andererseits in eine Diskussion einzelner Punkte einzutreten, um auf diese Weise an der Fortführung der von Troeltsch angeregten Probleme mitzuarbeiten.

Das ist um so mehr eine Pflicht, als Troeltsch selbst auf die Mitarbeit und Weiterarbeit der jüngeren Generation in seinem Vorwort hingewiesen hat und sein Werk, wie alle seine Werke, des letzten positiven Abschlusses entbehrt: der angekündigte vierte Band, die inhaltliche Ausführung der Geschichtsphilosophie, fehlt.

I. Das erste Kapitel handelt von dem Wiedererwachen der Geschichtsphilosophie. Troeltsch hat es als einen historischen Moment empfunden, als er vor etwa zwei Jahren zum ersten Male seine Vorlesung über Geschichtsphilosophie hielt. (Es war fast hundert Jahre her, seitdem zum letzten Mal eine derartige Vorlesung an der Berliner Universität angekündigt wurde.) Aus der Krisis der Gegenwart, die insonderheit Krisis des Historismus ist, geht der neue Anstoß zur geschichtsphilosophischen Problematik hervor. In den ungeheuren Spannungen des gegenwärtigen historischen Erlebens ist eine Geschichtsbewußtheit geboren, die etwas wesentlich anderes ist als geschichtlicher Sinn. Sie ist das Bewußtsein, in der Geschichte zu stehen, für die kommende Geschichte verantwortlich zu sein und darum zurückblicken zu müssen, deutend und sinngebend, auf die vergangene Geschichte. Namentlich die Jugend ist getragen von einem solchen Geschichtsbewußtsein und drängt von da aus zur Geschichtsphilosophie.

Troeltsch nennt die geschichtliche Betrachtung der Wirklichkeit „Historismus“ im Unterschied von der naturwissenschaftlichen Be-

---

[1] Tübingen 1922.

trachtung der Welt, dem „Naturalismus". Von beiden Begriffen will er den schlechten Nebensinn lösen und sie als die beiden großen Wissenschaftsschöpfungen der modernen Welt in ihrem Verhältnis zueinander und in ihrer gemeinsamen Wurzel betrachten. Dadurch wird der Titel des Werkes verständlich. Historismus ist für Troeltsch ein Kampfbegriff, der von vornherein dem Naturalismus gegenüber die volle Gleichberechtigung der historischen Wirklichkeit zum Ausdruck bringen will. Freilich wird es kaum möglich sein, den Begriff dauernd von seinem schlechten Nebensinn zu befreien, abgesehen davon, daß die philosophische Arbeit doch niemals bei dem endgültigen Dualismus zweier Wirklichkeitsbetrachtungen stehenbleiben kann und versuchen muß, irgendwie über beide Standpunkte hinauszukommen. – Der Gegenstand, von dem Troeltsch in Wahrheit handelt, ist die Geschichtsphilosophie, und zwar in doppeltem Sinne: die formale Geschichtsphilosophie oder Geschichtslogik und die materiale Geschichtsphilosophie oder Geschichtsdeutung. Die Probleme beider, ihr Verhältnis zueinander und zur Naturphilosophie bilden den Hauptinhalt des ersten, grundlegenden Kapitels.

Eine Sinndeutung der Geschichte ist nicht möglich ohne einen Maßstab der Sinndeutung. Darum spricht das zweite Kapitel über Maßstäbe zur Beurteilung historischer Dinge usw. Troeltsch unterscheidet einen ersten und einen zweiten Maßstab. Den ersten Maßstab verwendet die Historie, wenn sie historische Sinneinheiten aus ihrem eigenen immanenten Sinn versteht. Aber dieser Maßstab ist unzureichend, denn jede historische Darstellung enthält einen übergreifenden Entwicklungsbegriff; und es erhebt sich die Frage, woher der Maßstab für die Sinndeutung der historischen Entwicklung als solcher zu nehmen ist. Troeltsch weist an zahlreichen Philosophen nach, daß es unmöglich ist, einen allgemeingültigen Maßstab zu finden, wenn man gleichzeitig die Individualität des Historischen festhalten will. Jeder derartige Versuch ergibt künstliche Synthesen, in denen entweder eine der beiden Seiten geopfert wird oder die bei dem Versuch der Realisierung auseinanderbrechen. Es gibt nur einen wirklichen Maßstab, an dem auch in Wahrheit alle große Historie orientiert ist, die *gegenwärtige Kultursynthese*, ganz gleich, ob sie mehr als gegeben oder mehr als gefordert empfunden wird. Nicht ein abstrakter Wert, sondern die individuelle, schöpferische Wertverwirklichung ist die Lösung, sowohl des Wert- wie des Geschichtsproblems. Einer solchen Synthese kommt freilich nicht die rationale Objektivität des Allgemeingültigen und Absoluten zu, wohl aber die historische Objektivität, die aus der Fülle der Vergangenheit die neue Zukunft schafft. Eine andere Objektivität aber gibt es letztlich überhaupt nicht. Auch das scheinbar so unerschütterliche *a priori* Kants ist der historischen Dynamik unterworfen.

Das dritte Kapitel handelt von dem historischen Entwicklungsbegriff und der Universalgeschichte. Es ist das längste und materialreichste Kapitel. Eine fast unbegreifliche Fülle historischen Stoffes ist hier verarbeitet. Und man glaubt es Troeltsch, wenn er sagt, daß er die vorhandenen Lehren nicht von einem fertigen Standpunkt aus mustere, sondern daß sie ihm die Grundlage sind, aus dem seine eigenen Lösungen unmittelbar hervorwachsen. Gerade diese Gesättigtheit mit geschichtlicher Anschauung in aller Schärfe der philosophischen Begriffsbildung ist die Größe seines Denkens. – Die Darstellung setzt ein mit der Hegelschen Dialektik und führt über die Organologie der deutschen historischen Schule zu Marx und dem Positivismus. Sie weist auf, wie in dem dialektischen Problem das historische Entwicklungsproblem steckt, ganz gleich, ob die Dialektik logisch bei Hegel oder ökonomisch bei Marx gefaßt ist. Weiter wird gezeigt, wie auch in den Antipoden der Hegelschen Dialektik, bei Comte und seinen Nachfolgern, trotz aller soziologischen Fundierung in der historischen Dynamik ein dialektisches Element, eben der historische Entwicklungsbegriff, steckt und wie selbst die „Organologie" trotz ihrer Richtung auf die individuellen Gestalten der Geschichte den Hintergrund einer Universalgeschichte nicht ganz entbehren konnte. Überall aber bricht dasselbe Problem hervor: die Unmöglichkeit, ein allgemeingültiges Entwicklungsziel mit der historischen Individualität zu vereinigen.

Die Darstellung setzt dann von neuem ein bei der Entwicklungsidee des „historischen Realismus" seit der Mitte des vorigen Jahrhunderts. Hier werden einander gegenübergestellt die aprioristischen Formdenker und die psychologischen wie metaphysischen Lebensphilosophen. Je näher der Gegenwart, desto eindringlicher und ausführlicher wird die Besprechung der einzelnen Denker. Aber auch hier zieht sich das Grundproblem durch die ganze Darstellung hindurch: Die bloße Lebensphilosophie bringt es nicht zu einem Entwicklungsziel, der Apriorismus nicht zum Individuellen der Geschichte. Wirklichkeit und Wert, Sein und Sollen klaffen immer wieder auseinander.

Die Lösung kann nur eine autonome Geschichtslogik bringen, die im Grunde eine Erkenntnistheorie der Geschichte ist und nach Art von Leibniz und Malebranche die Identität der endlichen Geister mit dem Unendlichen voraussetzt. Nur von hier aus ist auch das Grundproblem alles historischen Verstehens, das Erkennen fremden Seelenlebens, zu lösen.

In dem Schlußkapitel über den Aufbau der europäischen Kulturgeschichte gibt Troeltsch dann die Richtlinien seiner eigenen Geschichtsphilosophie. Ihr Gegenstand kann für uns freilich nur die Betrachtung des „Europäismus“, seiner Entstehung und seiner Gegenwartssynthese sein. Von einer Menschheitsentwicklung wissen wir nichts, und die fremden Kulturen bleiben uns unfaßbar. Troeltsch versucht darum den Europäismus als Sinntotalität abzugrenzen und die großen Kulturströme, die in ihn einmünden, aufzuweisen. Schließlich zeigt er in dem Gegensatz von Gesellschafts- und Gemeinschaftsperioden ein wirtschaftlich und sozial begründetes Prinzip der historischen Periodisierung auf und deutet an, daß er die gegenwärtige Lage unter dem Gesichtspunkt der „Redintegration“, d. h. der Wiederherstellung einer Gemeinschaftssynthese aus einer Gesellschaftszersplitterung, in Analogie mit der Entwicklung der Spätantike sieht.

II. In seiner Geschichtslogik (Formale Geschichtsphilosophie) geht Troeltsch aus von dem Rickertschen Gegensatz der individualisierenden und generalisierenden Methode. Die Geschichte hat es mit dem Individuellen, Einmaligen, Ursprünglichen zu tun. Aber das Individuelle, das die Geschichte betrachtet, ist nicht ein einzelnes, sondern es ist ein individueller Sinnzusammenhang, es ist *individuelle Totalität.* Zweifellos ist dieser Begriff gegenüber Rickert ein wesentlicher Fortschritt. Die Einsicht, daß die historischen Objekte Totalitäten sind, führt über den allzu dürftigen Gegensatz von Individuellem und Generellem hinaus. Sie gibt die Möglichkeit, eine Gruppe von Wirklichkeiten zu erfassen, die weder der einen noch der anderen Seite des Gegensatzes zugehören, sondern die immer zugleich individuelle und generelle Elemente in sich tragen. Es ist die Gruppe der *Gestalten*, die auf diese Weise zu charakterisieren wäre. Totalitäten sind Gestalten, seien es biologische, seien es psychologische, seien es soziologische. Zwischen Naturalismus und Historismus im Sinne von Troeltsch würde sich auf diese Weise eine Betrachtung der Wirklichkeit einschieben, die man vielleicht analogisch als Typologismus bezeichnen könnte und die genau wie die beiden anderen sich keineswegs auf die genannten Wissenschaften beschränken, sondern auch tief in die physikalische und historische Sphäre eingreifen würde. Troeltsch hat für das Vorhandensein dieser Gruppe ein Gefühl gehabt. Er fordert von dem Geschichtsphilosophen Rücksichtnahme auf die Biologie, und ein großer Teil seiner historisch-kritischen Darlegungen sind Auseinandersetzungen mit dem Typologismus. Aber er war noch zu sehr durch die Rickertsche Alternative gebunden, als daß er die entscheidende Bedeutung der Gestaltgruppe und Gestaltmethode erkennen konnte.

Sobald der Gestaltbegriff erfaßt ist, ergeben sich wichtige Folgen für die Geschichtslogik. Individuelle Totalität hört auf, die für das historische Geschehen maßgebliche Kategorie zu sein. Die geschichtliche Betrachtung unterscheidet sich gerade von der Gestaltbeschreibung dadurch, daß sie ihren Gegenstand nicht als geschlossene Gestalt, sondern als Durchgangs- und Schnittpunkt zahlloser Entwicklungs- oder Folgelinien betrachtet. Troeltsch selbst spricht von dem Durchbruch des geschichtlichen Geistes durch alles psychologisch und soziologisch Typische. Aber gerade dieser entscheidende Durchbruchscharakter der historischen Dynamik führt über die Kategorie der individuellen Totalität hinaus. Die historischen Sinnzusammenhänge sind immer allseitig offen, selbst in der Biographie. Jeder historische Begriff weist auf eine im Unendlichen nach rückwärts und vorwärts verlaufende Folgereihe und auf unendlich viele nach allen Seiten sie durchkreuzende andersartige Entwicklungslinien. Jeder historische Begriff ist ein Knotenpunkt in dem Netz der zeitlichen Sinnzusammenhänge.

Befreit somit der Gestaltbegriff die Geschichtslogik von Problemen, die der Logik der Gestaltswissenschaften angehören, so gibt er andererseits Lösungsmöglichkeiten für die bedeutungsvollen Probleme, die Troeltsch in der materialen Geschichtsphilosophie anrührt. Das quantitative Mißverhältnis von Natur und Geist, das Problem des Unbewußten, die Notwendigkeit, eine Vielzahl der Geisterreiche anzunehmen, die Idee eines universalen kosmischen Lebens, in dem das historische Leben verankert ist, all diese Probleme gewinnen ein anderes Aussehen, sobald sie durch den Gestaltbegriff aus der Rickertschen Alternative erlöst werden. Die Anwendung der Gestaltbetrachtung auf das kosmische Leben, die eine notwendige Voraussetzung sowohl der gesetzeswissenschaftlichen wie der historischen Betrachtung ist, gibt die Möglichkeit, die materiale Geschichtsphilosophie von Problemen zu entlasten, die sie von sich aus nicht lösen kann. Auch gibt der Gestaltbegriff von vornherein eine Entscheidung über das zentrale Problem der Universalgeschichte: Historische Zusammenhänge sind nur insoweit möglich, als Gestaltzusammenhänge vorliegen. Wo sie fehlen, gibt es auch keine übergreifende Geschichtsbetrachtung. Die menschheitliche Universalgeschichte ist bedingt durch das Wachsen einer menschheitlichen soziologischen Gestalt.

Müssen wir also in der Geschichtslogik und den darauf aufgebauten Teilen der materialen Geschichtsphilosophie einen Rest unüberwundener Abhängigkeit Troeltschs von dem physikalisch bedingten neukantischen Denken feststellen und Wege zur Überwindung dieser Begrenzungen suchen, so können wir uns andrerseits rückhaltlos auf den Boden der von Troeltsch gegebenen historischen Sinndeutungslehre stellen. Die Idee der *gegenwärtigen Kultursynthese* als Maßstab der historischen Sinndeutung, die Idee des *Individuell-Schöpferischen*, die Auffassung des deutenden *a priori* als eines Wagnisses, die fundamentale Umgestaltung der Wertlehre durch den Gedanken der Wertrelativität und individuellen Wertrealisierung – das alles sind Gedanken, die dem geschichtsphilosophischen Geist überhaupt erst die Bahn frei machen. Und Troeltsch ist völlig im Recht, wenn er sich für die Idee des individuellen Schöpfertums auf die protestantische Lehre von der Rechtfertigung aus dem Glauben beruft. Es ist protestantischer Geist, der das Bewußtsein der historischen Dynamik geschaffen hat. (Es ist merkwürdig, wie wenig sich Troeltsch in seiner Analyse der Phänomenologie, speziell Schelers, des absoluten Gegensatzes bewußt ist, der ihn von der Phänomenologie und ihrem statisch-mittelalterlichen Geist trennt.)

Der gegnerischen Auffassung wird es naheliegen, dem dynamischen Wahrheitsgedanken, wie ihn Troeltsch im Gegensatz zu Rationalismus und Phänomenologie verkündigt, den Vorwurf des Relativismus und der damit notwendig gegebenen Selbstaufhebung zu machen. Hier ist in der Tat ein Punkt, in dem Troeltsch nicht ausreichend geschützt ist; und zwar deswegen nicht, weil er es schließlich doch nicht wagt, sich dahin zu erheben, wohin ihn die Berufung auf die protestantische Rechtfertigungslehre führen müßte, zu einer eigentlichen, auf das Unbedingte gerichteten *Geschichtsmetaphysik*. Troeltsch fürchtet sich nicht etwa vor Metaphysik, er bekennt sich offen zu der von Leibniz und Malebranche gelehrten Identität des unendlichen und endlichen Geistes. Aber das ist bei ihm doch schließlich nur eine erkenntnistheoretische Konsequenz, keine metaphysische Haltung. Wenn er von der „Notwendigkeit eines Zuschusses des Glaubens an eine göttliche Idee" im Geschichtsprozeß spricht, so zeigt sich in solchen Formulierungen, daß das Metaphysische nur sekundär bei ihm ist. – Aber das Metaphysische ist niemals ein „Zuschuß", sondern es ist entweder das Fundament oder es ist nichts. Und fehlt es, so schwebt der ganze Bau in der Luft. Das Wort vom individuellen Schöpfertum kann die Wirkung haben, die schöpferische Kraft zu zerstören, wenn es die Forderung bedeutet, aus unendlichen Relativitäten eine neue Relativität zu komponieren, wenn es nicht den Punkt in sich trägt, wo das Relative seine Rechtfertigung im religiösen Sinne des Wortes empfängt. Wohl hat Troeltsch recht, wenn er sagt, daß wir nur uns selbst verstehen können, daß unsere Geschichtsdeutung so weit reicht wie unsere schaffende Kraft. Wohl hat er recht, wenn er infolgedessen die Geschichtsdeutung beschränkt auf den europäischen Kulturkreis, aus dem allein unsere Ge-

genwartsaufgabe hervorwachsen kann. Aber er hat unrecht, wenn er bei der *empirischen Wirklichkeit des Europäismus* stehen bleibt und auf eine echte, metaphysische Geschichtsanschauung verzichtet, in welcher die konkrete Wirklichkeit der europäischen Kultur und unserer gegenwärtigen Kulturaufgabe erst einen letzten Sinn finden kann. Eine solche metaphysische Geschichtsauffassung hat nichts mit Universalgeschichte zu tun. Vielmehr ist sie die Vollendung eines Gedankens, den auch Troeltsch in seiner Geschichtslogik andeutet, des Gedankens, daß die geschichtlichen Begriffe Symbole sind. Geschichtsmetaphysik im echten Sinne ist *Geschichtssymbolik*. Sie schaut in repräsentativen, symbolkräftigen Wirklichkeiten der Geschichte einen Sinn alles Geschehens an, der frei ist von relativistischen Belastungen und in unmittelbarer Einheit steht mit einem Ethos, das selbst im Unbedingten wurzelt. Die gegenwärtige Kultursynthese ist ein ethisches Ziel und Maßstab einer Geschichtsmetaphysik nur insofern, als in ihr der Sinn aller Kultursynthese, der unbedingte Sinn des Handelns und Schaffens überhaupt – relativ zwar, aber doch „gerechtfertigt" – erfüllt wird.

Von hier aus bekommt auch das Problem der Periodisierung einen neuen Sinn. Geschichtsmetaphysische Periodisierung hat symbolische, nicht empirische Bedeutung. Wenn Troeltsch Perioden der Gemeinschaft und der Gesellschaft unterscheidet und die Gegenwart als Entwicklung zu einer neuen Gemeinschaftsperiode, als religiöse Redintegrationsentwicklung deutet, so ist das zum mindesten sehr fragwürdig, wenn es irgendwie empirisch gemeint sein soll. Vor allem wäre nicht einzusehen, warum eine Redintegration ethisches Ziel sein sollte. Sobald aber diese Gedanken aus dem Empirischen ins Geschichtsmetaphysische, Symbolische übertragen sind, gewinnen sie entscheidende Bedeutung. Die „Redintegration" oder besser, die Synthese der autonomen Kulturformen und des autonomen Gesellschaftslebens in einer religiös-theonomen Einheit, ist das sozial-ethische Ziel schlechthin. Und seine Verwirklichung in der unendlichen Spannung von Autonomie und Theonomie ist das große Thema der Geschichte in allen Völkern. Gewisse Zeiten, wie die Spätantike einerseits, das Mittelalter andererseits, können symbolisch den einen der beiden Pole repräsentieren. Und aus ihrer Anschauung können Motive für die Gestaltung der eigenen kulturellen Lage hervorgehen. Das alles hat dann aber nichts mehr mit empirischer Periodisierung der Geschichte zu tun und enthält kein wissenschaftliches Urteil über die Gegenwart. Es ist nicht mehr geschichtswissenschaftliche und auch nicht geschichtsphilosophische Arbeit, die dabei in Frage steht, sondern geschichtsmetaphysische, d. h. im Grunde ethisch-prophetische Haltung, die uns freilich unendlich viel mehr nottut als jene und an deren Pforten geführt zu haben, der tiefste Sinn des Troeltschen Lebenswerkes ist. Die Aufgaben der Periodisierung usw., von denen Troeltsch spricht, bleiben dennoch bestehen. Es sind die Aufgaben der großen Geschichtsdarstellung und der sie tragenden normativ gerichteten Geistesgeschichte, zu der grundlegend eine Geistesgeschichte des Wirtschafts- und Gesellschaftswillens gehört. Aber dieses alles bekommt seine letzte Realität, seinen unbedingten Sinn und seinen tiefsten Lebensernst doch erst durch die geschichtsmetaphysische Haltung, die sich in ihr konkret und individuell verwirklicht.[2]

---

[2] Vgl. zu dem Ganzen mein Ernst Troeltsch gewidmetes Buch: Das System der Wissenschaften nach Gegenständen und Methoden. Ges. Werke. Bd. 1.

ZUM PROBLEM DER EVANGELISCHEN SOZIALETHIK

Zum gleichnamigen Aufsatz von Wilhelm Loew

(1926)

Unter diesem Titel hat unser Freund Wilhelm Loew einen Aufsatz[1] geschrieben, dem wir in seinen kritischen Teilen weithin zustimmen, dessen Ergebnis aber zu erheblichen Bedenken Anlaß geben muß. Im Anschluß an Brunstäd, Wünsch, Erich Förster und Heinz Marr sucht Loew negativ und positiv zu zeigen, daß das Problem der evangelischen Sozialethik jedenfalls nicht durch Entwurf eines Kultursystems mit der Religion als tragendem Fundament gelöst werden kann. Jeder derartige Versuch läuft darauf hinaus, daß die Welt, die vorhandene oder die geforderte, aus sich gerechtfertigt, also nicht unter das Gericht gestellt wird, das dem evangelischen Rechtfertigungsgedanken entspricht. Sehr deutlich wird das in der z. T. vorzüglichen Kritik von Brunstäds Buch „Deutschland und der Sozialismus". Brunstäd bemüht sich hier wie in seiner „Idee der Religion" um die Bekämpfung des Materialismus – des bürgerlichen wie des sozialistischen – mit Recht. Und er tut es vom idealistischen – nach Loew romantisch-idealistischen – Standpunkt aus, in der Meinung, damit eine unmittelbar christliche Aufgabe zu erfüllen. Er merkt aber nicht, in welchem Maße er als Vertreter des Idealismus zugleich Vertreter einer bestimmten Machtgruppe, also einer Ideologie, ist. Jedenfalls hat er kein Recht, diesen Kampf für den Idealismus einfach als christliches Anliegen hinzustellen, und die Kirche hat kein Recht, die Waffen dieses Kampfes einfach zu den ihren zu machen. Für das Christentum ist der Gegensatz von Idealismus und Materialismus letztlich eine gleichgültige, unernste Sache. Denn Gott steht der Welt als Ganzer gegenüber und richtet sie, die Natur und den Geist, das Materiale und das Ideale. Und wenn der Marxismus die materielle Gebundenheit des Menschen machtvoll zum Bewußtsein gebracht hat, so hat er damit trotz seiner schlechten Ontologie geradezu eine christliche Erkenntnis dem Idealismus gegenüber vertreten: die Trostlosigkeit der wirklichen Lage, die Gottferne der Geschichte. Etwas fragwürdiger in der Formulierung – wenn auch der Glätte und Gewandtheit der Brunstädschen Systematik gegenüber verständlich – ist der Satz: „Ob nicht gerade die Ausbrüche verwirrten

[1] In: Zwischen den Zeiten. 1926. No. 1.

Denkens für die Erkenntnis der wirklichen Lage zwischen Welt und Gott bezeichnender sein könnten als die besten Weltbilder! Und darum ernster zu nehmen als die richtigste Philosophie!" Vergleicht man dazu, wie ernst Loew und die ihm Nahestehenden die ihrer Meinung nach richtige Philosophie, die Kantische, nehmen, so wird man in diesem Satz zum mindesten eine bedenkliche Überspitzung finden müssen, wobei an das Paulinische Wort zu erinnern ist, daß Gott nicht ein Gott der Unordnung, sondern der Ordnung ist. Sicher könnten es Gipfelpunkte in der Geschichte des Denkens sein, wenn auf ein System des Lebens und Erkennens in voller Erkenntnis verzichtet wird; aber ob sie es auch wären, wenn nicht die Systeme, aus deren Antinomik sie hervorgebrochen sind, vorhergegangen wären? – Eine Zwischenbemerkung, die aber zugleich das Folgende illustriert, sei mir hier gestattet: Bei den meisten Anhängern der dialektischen Theologie – auch für den Artikel von Bultmann in dem gleichen Heft von „Zwischen den Zeiten" gilt das – findet sich ein eigentümlich widerspruchsvolles Verhalten zur Philosophie, das sowohl sprachlich wie sachlich zum Ausdruck kommt. Sehr häufig wird Philosophie mit Spekulation, Metaphysik, Weltanschauung, Romantik, System und ähnlichen Worten in stark negativem Sinne dem Christentum gegenübergestellt, und zwar gewöhnlich mit der Motivierung, daß es sich in all jenen Haltungen um das Ausweichen in eine verantwortungslose Allgemeinheit handle, um die Flucht vor dem, was unsere Existenz unbedingt angeht. Andererseits werden nicht nur ständig von der Philosophie erarbeitete Begriffe benutzt, sondern es wird auch eine bestimmte, die Kantische, Philosophie als das Korrelat zur Theologie überaus positiv gewertet. Da ist zu fragen: Erfolgt diese Wertung aus Philosophie oder aus Theologie? Im zweiten Falle würde von der Offenbarung her eine philosophische Richtung eine positive Wertung erfahren, also nicht in der gleichen Weise wie die übrigen unter die Krisis gestellt werden. Ist das wirklich ernsthaft dadurch zu rechtfertigen, daß die kritische Philosophie im Endlichen Künderin der Krisis ist? Es liegt hier der gleiche Tatbestand vor wie in der Stellung der dialektischen Theologie zu sich selbst: Sie hat noch nie wirklich, nämlich konkret und undialektisch, zeigen können, wie sie sich selbst unter das Gericht stellt, sondern immer nur wieder dialektisch, eben damit aber sich selbst – wider Willen – ausnehmend. Oder es ist Philosophie, die zur Bejahung des Kritizismus führt. Dann aber stellt sich die dialektische Theologie zu den Philosophen aller Richtungen und läßt sich mit ihnen in ein ernsthaftes und doch das Allgemeine betreffendes Gespräch ein. Dann aber muß sie jede ernsthafte Richtung ernst nehmen, z. B. auch eine solche, welche meint, daß es keine Philosophie ohne Metaphysik gibt und daß auch der Kritizismus eine Metaphysik voraussetzt oder eine solche, die den Systemgedanken in der Philosophie für unentbehrlich hält. Auch wenn in dieser Unterhaltung die positive Entscheidung für die kritische Philosophie fällt, so ist es dann nicht mehr möglich, von der theologischen Warte her die abgelehnten Richtungen zu entwerten; denn sie sind ja durch Ja und Nein in den eigenen Denkprozeß aufgenommen. Es wäre dringend erwünscht und auch für das sozialethische Problem wichtig, wenn zu dieser Frage von seiten der dialektischen Theologie einmal gründlich Stellung genommen würde.

Die positive Lösung, die Loew gibt, dreht sich um den lutherischen Berufsgedanken. Unter Beruf will er nicht die Art der Einordnung des Einzelnen in die Gesellschaft, sondern das sittliche Gerufensein im konkreten Augenblick verstehen. Die Handlung, die gefordert ist, kann nicht geschehen auf Grund eines allgemeinen Ideals, nicht einmal auf Grund eines sicher leitenden Gewissens, sondern auf Grund eines Wagnisses des Glaubens, das in der Furcht Gottes geschieht. Dagegen „die Utopisten entfliehen mit ihren Gedanken in einen Weltverbesserungsprozeß, bei dem sie selbst unbeteiligt bleiben dürfen, wie sie sind". Vom Evangelium aus „wird man die Utopie einer theonomen Ordnung über Bord werfen müssen". Sie ist widersinnig „Denn was zeitlich ist, wird niemals ewig." Die konkrete Situation ganz ernst nehmen und aus ihr heraus die wagende Entscheidung treffen im Bewußtsein, daß Gott sein Wort über die Welt gesprochen hat – das ist evangelische Sozialethik.

Die herbe Größe dieser Gedanken, die den Einzelnen ganz auf sich selbst und zugleich ganz unter Gott stellen, die ein Entfliehen ins Allgemeine unmöglich machen, ist offenbar. Aber wir müssen fragen, welche Realität sie haben, ob in ihnen, wie ihre eigene Forderung lautet, die wirkliche Lage ganz ernst genommen ist. Das scheint mir aber nicht ausreichend der Fall zu sein: das Pathos für die Nüchternheit und Konkretheit ist auch Pathos und kann zur Unnüchternheit und Abstraktheit führen. Und diese Gefahr scheint mir bei Loew und anderen, die ähnlich denken, nicht vermieden zu sein. Die folgenden Erwägungen sollen zeigen, daß die Beschreibung der konkreten Situation, wie sie dort gegeben wird, die Sache nicht trifft.

1. Es ist fast schon zu einem Dogma geworden, daß das Allgemeine der Ort ist, auf den wir uns flüchten, um dem unbedingten Ernst unseres Stehens als Sünder und Verantwortliche vor Gott zu entgehen. Sich ins Allgemeine stellen heißt, sich außerhalb der Verantwortung, außerhalb des Gerichts stellen. Dieser Satz *kann* richtig sein, aber er

muß es nicht. Denn das Allgemeine ist immer auch ein Element unserer Konkretheit. Unser Sünder-Sein enthält in sich das *Sein*, das Teilhaben an der Seinsfülle, das Geschaffensein. Alles Sein aber ist getragen durch Gesetze, Gestalten, Zusammenhänge, also durch das, was als Allgemeines erkannt wird. Auch unser Sein ist in jedem Augenblick getragen durch die Wesensformen, die das Sein überhaupt und unser besonderes Menschsein konstituieren. Es ist eine Abstraktion, wenn das Nur-Existentielle davon unterschieden wird, eine berechtigte Abstraktion, aber keine Beschreibung unserer konkreten Lage. Denn auch unser Sünder-Sein würde ja nie Konkretheit gewinnen, wenn es sich nicht ständig in uns verwirklichte als Wesenswidrigkeit, die sich fühlbar macht in jeder Wesensbeziehung, in der wir stehen. Darum ist der Mensch, der in der Rechtfertigung unter das Urteil dessen gestellt worden ist, der alle Wesenheit trägt, darauf gerichtet, die Wesenswidrigkeit auch in seiner konkreten Existenz zu überwinden: so die wesenswidrige Verwirrung des Denkens, so die wesenswidrige Verderbnis des Handelns. Darin aber steckt die Richtung auf die Einheit des Erkennens und den Aufbau der sittlichen Welt. Diese Richtung ist konkret in jedem Moment unseres Stehens vor Gott enthalten. Es ist abstrakt, unsere Existenz ohne sie zu beschreiben. – Der Begriff des Berufes bleibt darum unzulänglich, wenn er nicht zu dieser Wesenswelt in Beziehung gesetzt wird. Nicht Einordnung in die tatsächliche Gesellschaft ist Beruf im vollen Sinne – darin hat Loew recht –, wohl aber Einordnung in den Wesenszusammenhang der Dinge, zu dessen Erfassung und Verwirklichung jeder an seinem Platz berufen ist. Nun ist freilich der Prozeß der Wesensverwirklichung nicht die mechanische Anwendung eines Allgemeinen auf das Besondere. Das Allgemeine kommt nur im Konkreten zur Existenz, und zwar durch ständige konkrete Entscheidungen. Aber diese Entscheidungen sind doch geistig und nicht willkürlich und zufällig. Sie haben ein Element des Allgemeinen in sich, ohne das sie wesenlos wären. Darum ist es zwar berechtigt – und einer ethischen Gesetzlichkeit gegenüber durchaus wichtig –, vom sittlichen Wagnis zu reden. Das sittliche Wagnis aber ist nicht sittliche Willkür, sondern es bricht heraus aus einer Wesenserfassung und Gewissensformung, die durch Tradition und eigene Geschichte geschaffen ist und die im Wagnis nicht einfach verleugnet wird. Zwar wird sie durchbrochen, aber nicht, weil sie das Allgemeine ist, sondern weil sie sich als unzulänglich erweist, weil sie zu Wesenswidrigkeiten führt, die als solche von einer übergeordneten Wesenserfassung aus erlebt werden. Jedes Wagnis enthält aber in sich einen Sinn, der selbst wieder allgemein ausdrückbar ist und die Grundlage künftiger Entscheidungen werden kann.

2. In diesen Gedanken ist nur vom Einzelnen und seiner Entscheidung die Rede. Und es scheint fast so, als ob Loew meint, daß in der Ethik nur von ihm die Rede sein kann. Nun ist aber klar, daß das Allgemeine niemals nur vom Einzelnen erfaßt wird, sondern immer von der Gemeinschaft. Die Sprache, in der sich die Wesenserfassung durch den Geist ausdrückt, ist das wichtigste Zeugnis dafür. Das ist darin begründet, daß nur in der Gemeinschaft der Wesenszusammenhang dem Einzelnen mit unbedingtem Anspruch entgegentritt. Durch die ethische Sprache wird das Ethos der Gemeinschaft dem Einzelnen mitgeteilt und eingeprägt. Ihr verdankt er die innere Formung, aus der heraus allein ein sittliches Wagnis wesenhaft ist. Nimmt diese Sprache wissenschaftlichen Charakter an, so bringt sie ethische Wesenszusammenhänge methodisch zum Ausdruck und kann sich schließlich – der Intention jeder Begriffsbildung folgend – zur systematischen Einheit erheben. Dieser ganze Vorgang ist *eine* Form der Bewußtmachung des in jedem sittlichen Akt einer Gemeinschaft und ihren Gliedern innewohnenden Sinnes. Er steht in keiner Weise mit dem Wagnischarakter der konkreten sittlichen Handlung in Widerspruch, kann sogar selbst der Ausdruck eines solchen Wagnisses sein. Es ist nicht angängig, sich demgegenüber auf Kants ethischen Formalismus zu berufen: Seine Kritik der praktischen Vernunft ist die Herausarbeitung der jedem sittlichen Akt innewohnenden Kategorien, die ihn formal zu einem sittlichen machen. Diese Aufgabe steht grundsätzlich mit der anderen, die inhaltlichen Wesensbeziehungen der sittlichen Welt aufzudecken, ebensowenig in Widerspruch wie der Aufbau der Wissenschaft mit der Kritik der reinen Vernunft

3. Noch einen Schritt weiter führt die Erwägung, daß ein großer Teil der sozialethischen Probleme überhaupt nicht so sehr als Ethik, die den Einzelnen angeht, sondern vielmehr das Recht, das den Einzelnen zwingt, in Erscheinung tritt. In jedem Recht steckt ein Ethos, zugleich aber bedeutet das Recht die Abwälzung einer Reihe ethischer Probleme aus dem Zentrum der persönlichen Entscheidung und ihre Objektivierung nach Art eines zwingenden Naturgesetzes. Die Erfassung des Wesenszusammenhanges hat sich in einer Institution niedergeschlagen, die dennoch infolge ihrer zwingenden Gegenständlichkeit von allergrößter Bedeutung für die Formung des sittlichen Bewußtseins und die Gestaltung der sittlichen Welt ist. Hier triumphiert das Allgemeine völlig. Das sittliche Wagnis ist in der Institution selbst ausgeschlossen. Nur in der Einrichtung und Umwandlung hat es seinen Platz, aber immer nur, soweit es eingegangen ist in eine allgemeine, für die politische Willensbildung und damit Rechtssetzung anwendbare Form. Hier liegen die

Wurzeln der politischen „Ideologien“, ihres Mißbrauches als Deckmantel reinen Machtwillens und ihres Gebrauches als Ausdruck grundlegender Richtungen der Wesenserfassung.

4. Das Gesagte zeigt deutlich: der individuelle Berufsgedanke ist ohne Beziehung zum Allgemeinen, zur sittlichen Wesenswelt, nicht imstande, Grundlage einer Ethik zu werden. Eine protestantische Sozialethik kann von hier aus nicht begründet werden. Für eine wirkliche Begründung müssen folgende Gesichtspunkte maßgebend sein: Es ist anzuerkennen, daß eine absolute Auffassung der Wesenswelt nicht existiert und nicht existieren kann, weil das „Wesen“ selbst keine statische Größe ist, weil es vielmehr zu ihm gehört, sich dynamisch in der Existenz zu verwirklichen. Weder ein thomistischer noch ein rationalistischer Aufbau einer absoluten Sozialethik kann vom Christentum her bejaht werden. Jede wirkliche Wesenserfassung und darum jede wirkliche Ethik ist konkret, steht im Kairos, im bestimmten, erfüllten Zeitmoment. Ihre Allgemeinheit enthält in sich das konkrete Wagnis. Es ist kein abstraktes, von der Zeit und der gegenwärtigen Lage losgelöstes Allgemeines, das mit dem Anspruch auf Absolutheit auftreten könnte. Das gilt für den einzelnen Ethiker und für das allgemeine ethische Bewußtsein einer sozialen Gruppe. – Das gilt auch für die Kirche. Insofern sie eine besondere soziale Gruppe ist, steht sie unter diesem Gesetz der dynamischen Wahrheit, auch in ihrer Ethik. Aber die Kirche ist ihrem Wesen nach noch mehr als eine soziale Gruppe. Sie hat eine Botschaft, mit der sie auch gegen sich wie gegen jede andere geistige und soziale Wirklichkeit steht, die Botschaft des „Endes“. Und daran hat sie einen Maßstab, mit dem sie jede Ethik richten, erschüttern und umwenden kann. Jede Wesenswirklichkeit hat zwei Seiten in sich: die eine, die hinweist auf ihren Ursprung im Grund und Abgrund alles Wesens, und die andere, die hinweist auf ihre Besonderung, auf ihr Stehen im Wesenszusammenhang, auf ihre Endlichkeit. Die Wesenserfassung und Wesensverwirklichung kann nun gerichtet sein auf das Wesen, insofern es den Ausdruck seines schöpferischen Ursprunges und seiner jenseitigen Vollendung in sich trägt, also Hinweis ist auf das Ewige. Sie kann auch gerichtet sein auf das Wesen, insofern es den Ausdruck seiner Eigenform, seines Formzusammenhanges, seiner Endlichkeit aufzeigt. Dieser Unterschied ist nicht zu verkennen. Ob ein Ethos Hinweis auf Gott oder Hinweis auf die Welt ist, das ist nicht indifferent, das ist entscheidend für unsere konkrete Existenz. Oder will Loew im Ernst behaupten, daß die „dialektische Theologie“ nicht in höherem Maße ein Hinweis ist auf das Ewige als die liberale oder die romantische Theologie? Macht er aber *diesen* Unterschied, so hat er den Unterschied an-

erkannt, der in dem Begriff der Theonomie einen vielleicht unzulänglichen, aber notwendigen Ausdruck gefunden hat. Von einem substantiellen Einwohnen des Göttlichen in der Welt ist in diesem Begriff keine Rede. Ebensowenig davon, daß in ihm das Ewige zeitlich würde. Das alles wäre ja geradezu Selbstbehauptung, Selbstrechtfertigung des Endlichen, Verdeckung der Tatsache, daß es in der Wesenswidrigkeit, in der Sünde steht. Wohl aber ist mit der Idee der Theonomie der evangelischen Botschaft eine Norm für das Gericht gegeben, das sie in der Ethik konkret und nicht nur dialektisch ausüben muß. Freilich kann sie diese Norm nicht handhaben wie ein Gesetzbuch. Ihre Anwendung ist immer Wagnis. Es scheint mir aber an der Zeit zu sein, daß die Kirche, daß die Christenheit dieses Wagnis wagt. Zur Zeit ist es so, daß sie entweder vor lauter dialektischer Selbstaufhebung das wesenswidrige, dämonisierte Ethos der gegenwärtigen Gesellschaft unerschüttert läßt und es dadurch unbewußt stärkt oder daß sie es mit lahmen Erklärungen gegen seine Auswüchse und mit behenden Erklärungen gegen seine Bekämpfer bewußt unterstützt. Damit aber verfehlt die Kirche ihren „Beruf" und jeder Einzelne mit ihr. Denn der Einzelne, so sehr er sich auch von der sozialethischen „Allgemeinheit" auf seinen konkreten Beruf zurückziehen mag, bleibt doch mit jeder seiner Handlungen dem Allgemeinen verantwortlich verhaftet, ja unter Umständen vermehrt er dessen Verderbnis gerade durch seine individuell-wertvollsten Handlungen. Eine evangelische Sozialethik ist von Romantik und Utopie – darin sind wir mit Loew einig – gleich weit entfernt, wie von dialektischer Indifferenz – darin unterscheiden wir uns von Loew. – Sie will keine ewigen Institutionen, keinen ewigen Aufbau, aber sie will symbolkräftige Institutionen und einen Aufbau, der hinweist auf den tragenden Grund alles Wesens.

CHRISTENTUM UND IDEALISMUS

Zum Verständnis der Diskussionslage (F. Brunstäd, E. Brunner, W. Lütgert, E. Hirsch).

(1927)

Der Kampf der Theologie um das Verhältnis von Christentum und Idealismus, der in den letzten Jahren mit größter Schärfe entbrannt ist, erhält seine Bedeutsamkeit dadurch, daß in ihm der Begriff des Idealismus weit über seine erkenntnistheoretisch-philosophische Grundbedeutung hinausgehoben und zum Namen für die deutsche Geisteslage der klassisch-romantischen Zeit überhaupt geworden ist. Denn damit hat das Problem eine ganz universale und zugleich ganz konkrete, lebensnahe Wichtigkeit bekommen. In ihm steht zur Frage das Verhältnis von Christentum und Philosophie, von Offenbarung und Autonomie überhaupt; und zugleich steckt in ihm die Frage nach unserer gegenwärtigen protestantisch-deutschen Geisteslage, die ja positiv und negativ durchaus vom Idealismus her bestimmt ist. So erklärt es sich, daß in den meisten Beiträgen ein allgemein-theologischer und ein gegenwartsbezogener, ein kritischer und ein gestaltender Impuls sich verbinden. Dadurch erhält der Kampf eine unmittelbare Aktualität und eine in politischen Strebungen wurzelnde Leidenschaft.

Um dem Doppelzweck dieses Aufsatzes gerecht zu werden, nämlich Berichterstattung über vorhandene Beiträge und zugleich sachliche Ausführungen zu geben, ist es zweckmäßig, die in Frage kommenden Schriften schematisch nach ihrer allgemeinen Stellungnahme zu ordnen. Unter diesem Gesichtspunkt treten gegeneinander das Buch von Friedrich Brunstäd „Die Idee der Religion, Prinzipien der Religionsphilosophie“ und zwei Aufsätze von Emil Brunner unter dem Titel „Philosophie und Offenbarung“[2]. Jede dieser Schriften kann als Ausdruck einer extremen Lösung des Problems gewertet werden: Brunstäd als Vertreter einer vollkommenen Zusammenschau von Christentum und Idealismus; Brunner als Vertreter einer ebenso entschiedenen Gegenüberstellung beider Größen.

---

[1] Halle 1922.
[2] Tübingen 1925.

1.

Das Brunstädsche Buch verdankt seinen Reiz und seine starke Wirksamkeit der dialektischen Gewandtheit des Verfassers. Es hat von Anfang bis zu Ende eine zwingende Kraft der Gedankenführung und kann, wenn überhaupt, nur von den ersten Voraussetzungen aus angegriffen werden. Eingestandenermaßen ist es die Hegelsche Form des Idealismus, die dem Buch zugrunde liegt. Selbstverständlich wird Hegel nicht einfach übernommen. Brunstäd spricht vom kritischen Idealismus, um sich gegen metaphysische Irrwege des alten Idealismus abzugrenzen. Er geht aus vom Erlebnis des Wertwiderspruchs; er spricht lieber vom Unbedingt-Persönlichen als vom absoluten Geist, und er legt Wert darauf, daß das Unbedingt-Persönliche zugleich als Unbedingt-Individuelles gedacht wird. Darin liegt zweifellos die Tendenz, über das abstrakte, erkenntnistheoretische Ich und über den prozeßhaften Geist zu der Tiefe und Lebendigkeit des Irrational-Persönlichen durchzudringen. Aber diese Tendenz kommt nicht zur Entfaltung. Sie ist ohne realistischen Einschlag nicht durchzuführen. Und weil dieser fehlt, bleibt die idealistische Grundhaltung für die gesamte Durchführung maßgebend.

Der entscheidende Teil der Brunstädschen Schrift ist die Auseinandersetzung zwischen kritischem Idealismus und Realismus. Sie wird für ihn zur Auseinandersetzung zwischen gläubiger und ungläubiger Philosophie. Der positivistische Realismus ist ein Ausdruck des Haftens des Geistes an der Vereinzelung und Zerspaltenheit des Seins im Gegensatz zu dem idealistischen Gerichtetsein auf die unbedingte Synthesis. Denn die unbedingte Synthesis, die den Charakter des Unbedingt-Persönlichen hat, ist Gott. Der Idealismus ist damit als die eigentlich religiöse, gläubige Philosophie charakterisiert. Idealistische und gläubige Hinwendung zum Unbedingten sind dem Wesen nach identisch, wenn sich auch in der Bewußtseinsform der Unterschied von Erleben und wissenschaftlichem Erkennen auftut. Vorausgesetzt ist natürlich, daß die idealistische Philosophie nicht durch Reflexion erreicht werden kann, sondern nur durch das Ich-Erlebnis, durch die Erfassung der Unbedingtheit des Persönlichen. Unbedingt heißt: „nicht-dinghaft". Die Überwindung des dinghaften Denkens ist zugleich die Erfassung des Unbedingten. „Als Ich stehe ich im Unbedingten." Der Akt also, in dem ich die Unbedingtheit des Persönlichen in mir erfasse, ist der gleiche Akt, in dem ich das Unbedingt-Persönliche, Gott, erfasse. Glaube und Erfassung des Ich als Ich sind identisch, alt-idealistisch gesprochen, Glaube und intellektuelle Anschauung fallen zusammen.

Dem entspricht der Gottesgedanke: „Überweltlich heißt: synthetisch-apriorisch". Gott ist überweltlich; denn er ist die unbedingt-synthetische Einheit. Welt aber ist „Inbegriff der selbständigen Vielheit ..." – Dem entspricht der Offenbarungsgedanke „Die menschliche Entwicklung ist selbst fortschreitende Offenbarung Gottes. Der Mensch ist aber nicht bloß ein natürliches Wesen, er ist Anlage zur Bewußtheit, er ist Persönlichkeit, er ist Ich." Also die Ichhaftigkeit ist Übernatürlichkeit des Menschen, und die Entwicklung zum persönlichen Leben, zur Freiheit, ist Offenbarung. – Dem entspricht der Kulturbegriff: Kultur ist Inbegriff der Wertverwirklichung. Sie ist nur möglich auf dem Boden des gelösten Wertwiderstreites, also der Religion. „Religion ist letzter Grund und Ziel der Kultur." Religionslose, also realistisch-positivistische Kultur ist auf die Dauer unmöglich. Sie zerfällt, oder sie geht über in Idealismus. Kants Kritik ist der prinzipielle Übergang von der Aufklärung zur Erweckung. (In Brunstäds Buch „Deutschland und der Sozialismus" wird dieser Dreitakt von ursprünglicher Religion, Aufklärung und Idealismus zum Verständnis der deutschen Geschichte, zur Kritik des Sozialismus und zur gegenwärtigen politischen Zielsetzung benutzt.) – Dem entspricht endlich die religiöse Haltung im Politischen: Der nationale Machtstaat wird zum eigentlichen Träger der im Religiösen begründeten Wertverwirklichung. Die Gemeinschaft des Gewissens, der unbedingten Persönlichkeit ist gegeben in der Nation. Innewerden der ursprünglichen Verbundenheit der einzelnen im Volkstum ist begründet im Innewerden der unbedingten Persönlichkeit, also in der religiösen Erfahrung. Die Gemeinde hat den Sinn, das nationale Gemeinwesen auf diesen seinen Ursprung zurückzuführen. Der Gedanke an übergreifende Zusammenhänge der Gemeinde, an menschheitliche Synthesen, wird der spätantiken Verfallszeit zugewiesen.

Es erschien mir wichtig, die Gedankengänge Brunstäds herauszuarbeiten, weil sie überraschend eindeutig und theologisch ungebrochen sind und weil sie gegenwärtig durch die religiös-soziale Wirksamkeit des Verfassers einen großen Einfluß – auch politisch – auf die evangelische Kirche ausüben.

Die erste Frage, die wir zu stellen haben, ist diese: Ist es berechtigt, die idealistische Philosophie der realistischen gegenüber als die gläubige gegenüber der ungläubigen aufzufassen? Noch allgemeiner: Ist es berechtigt, daß der Glaube unmittelbar Partei nimmt im Streit der Philosophien, ja der Erkenntnistheorien? Wird damit nicht sein Schicksal abhängig von dem Ausgang dieses Kampfes? Oder ist dieser Kampf im voraus entschieden durch den Glauben, und zwar zugunsten des

Idealismus? Und etwa entsprechend im Politischen zugunsten des nationalen Machtstaatwillens? Und wenn sich herausstellen sollte, daß der Idealismus eine speziell deutsche Ausformung des philosophischen Gedankens ist, votiert der Glaube etwa unmittelbar für das deutsche Berufungsbewußtsein einschließlich seiner machtstaatlichen Verwirklichung? Und endlich, wenn sich herausstellen sollte, daß der Idealismus aufs beste zusammenstimmt mit dem Herrschaftswillen bestimmter Gruppen im Volke, ist auch dieser vom Glauben her sanktioniert? Schon diese Vorfragen zeigen, zu welchem Abgrund die ausschließliche Verbindung einer bestimmten philosophischen Haltung mit der Glaubenshaltung treibt!

Und positiv: Ist es einer rein kritischen oder einer realistischen Philosophie und Erkenntnistheorie sinngemäß unmöglich, dem Glaubensinhalt Ausdruck zu verleihen? Für die erste Richtung braucht nur darauf hingewiesen zu werden, daß diejenige theologische Gruppe, der Brunstäds Schrift angehört, ausschließlich die kritische Philosophie als mit dem Glaubensinteresse verträglich betrachtet. Der Realismus aber ist durchaus nicht gezwungen, sich auf das „absolute Ding" des zum idealistischen Popanz gewordenen „Spinozismus" festlegen zu lassen. Es ist ein Realismus denkbar und wirklich, der das Unbedingte nicht als Ding, aber auch nicht als Ding-schaffende Synthesis auffaßt, sondern als das transzendente Sein, das jenseits dieser Alternative steht. Bei dem wirklichen Spinoza, bei dem späteren Fichte u. a. findet sich derartiges. (Ein wertvoller, infolge seines irreführenden Titels leider zu wenig beachteter Beitrag zu einer realistischen Religionsphilosophie ist das Buch von Wilhelm Bruhn-Kiel „Der Vernunftcharakter der Religion"[3].) Aber selbst der Positivismus kann nicht einfach vom Glauben her negativ gewertet werden. Insofern er jede Einmischung transzendenter Gegenstände in das Welterkennen ablehnt, steht er in der gleichen Opposition gegen das „absolute Ding" wie der Idealismus. Insofern er sich aber scheut, die Gesamtheit der Wirklichkeitsrelationen in einer unbedingten, personalen Synthesis gegründet sein zu lassen, bringt er die Fragwürdigkeit des synthetischen Denkens und den Widerspruch zum Ausdruck, der diesem ständig aus der Unerschöpflichkeit des unbedingten Seins und der Zerspaltenheit des Tatsächlichen erwächst. Dadurch zwingt er das Denken, das Unbedingte, wenn überhaupt, so jenseits der Synthesis der Seinsrelationen zu suchen. Ja, es besteht keine Nötigung, selbst den Materialismus in grundsätzlichen Gegensatz zum Glauben zu bringen. Insofern er nur einseitig physika-

---

[3] Leipzig 1921.

lische Wirklichkeitsdeutung ist, insofern er darum die in jedem Atom und jedem Gesetz erschaubare Seinstranszendenz nicht bestreitet – daß er das tatsächlich und widerrechtlich getan hat, erklärt sich aus der historischen Situation –, enthält er keinen unmittelbaren Widerspruch zum Glauben.

Der Idealismus hat also keine prinzipielle Vorzugsstellung vom Glauben aus, ja er hat besondere Gefahren – entsprechend den Gefahren der übrigen Standpunkte. Schelling, also ein Hauptführer des Idealismus, hat in seiner späteren Periode die Philosophie der absoluten Synthesis „negative Philosophie" genannt, weil sie nicht an die Realität der göttlichen Offenbarung herankommt. Er selbst hat einen transzendenten Realismus gesucht, der trotz aller Fragwürdigkeit der Durchführung jedenfalls der Überschwenglichkeit, Herrlichkeit und Weltüberlegenheit des Göttlichen weit mehr gerecht wird als der Hegelsche Idealismus auch in der Form, die Brunstäd ihm gegeben hat.

Dem Sinn der letzten Ausführungen würde ich durch ein eigenes Wort so Ausdruck geben: Theonome Philosophie bedeutet nicht Entscheidung für eine bestimmte, dem Glauben angemessene Philosophie. Eine solche gibt es nicht. Sondern Theonomie bedeutet Sichtbarmachung der inneren Transzendenz jedes letzten – und nicht nur letzten – philosophischen Begriffs und damit die Sichtbarmachung der inneren Transzendenz des Seins selbst, ganz gleich, ob erkenntnistheoretische Gründe dazu treiben, es idealistisch oder realistisch, spiritualistisch, vitalistisch oder materialistisch zu deuten. Bekämpft wird von der Theonomie her nur jede Philosophie, die sich grundsätzlich dieser Erschütterung entziehen will, in der das Sein und die Begriffe vom Sein für den Glauben stehen. Für die Religionsphilosophie ergibt sich daraus die Aufgabe, diesen Charakter des Seins und der letzten Seinsbegriffe zum Gegenstand einer besonderen Betrachtung zu machen. Sie darf sich als Religionsphilosophie mit keiner philosophischen Sonderlösung identifizieren, was nicht ausschließt, daß der eigene philosophische Standpunkt sich in der Art der Lösung bemerkbar macht. Sie darf keinen höchsten Weltbegriff einfach mit dem Gottesbegriff gleichsetzen, den Gottesbegriff an eine Philosophie „verkaufen"[4]. Sie muß aber den positiven und negativen Ansatzpunkt für den Durchbruch der Transzendenz in Welt und Kultur unter Voraussetzung jeder Philosophie aufweisen[5].

---

[4] Vgl. Theol. Bl. 1926. Nr. 9. Sp. 242 („*Barathrum*").
[5] Vgl. Theol. Bl. 1926. Nr. 10. Sp. 270 („*Barathrum*"), das Zitat aus meiner Schrift: Kirche und Kultur.

Sie darf nicht Weltanschauung treiben[6], aber sie muß zeigen, wie die Anschauung der Welt wegweisen kann zu dem, was die Welt trägt und richtet.

Von diesen Voraussetzungen aus muß die Verbindung von Idealismus und Christentum, wie sie Brunstäd vornimmt, abgelehnt werden. Das gilt von dem Glaubensbegriff, denn Glaube führt hinaus über die Selbsterfassung des Unbedingt-Persönlichen zu dem, was mehr ist als auch der Geist. Das gilt von dem Gottesbegriff, denn Gottes Transzendenz reicht weiter als die Transzendenz der unbedingten Synthesis gegenüber der Vielheit. Das gilt von dem Offenbarungsbegriff, denn Offenbarung ist mehr als Entwicklung des Geistes zur Freiheit. Sie ist Durchbruch, Erschütterung, Umwendung dieser Entwicklung. Das gilt von der Auffassung der Gemeinde, denn in der Gemeinde ist immer auch der Widerspruch gegen die national-religiöse Selbstbesinnung, ist immer auch Streben nach menschheitlicher Entfaltung, nicht als Selbstzweck, aber als Symbol der Universalität des Reiches Gottes.

Zusammenfassend kann gesagt werden: Der Versuch, den Idealismus zum Range einer christlichen Glaubensphilosophie zu erheben, scheitert an der Unbedingtheit der göttlichen Transzendenz.

2

Die Unbedingtheit der göttlichen Transzendenz ist es, von der aus Brunner das Verhältnis von Philosophie und Offenbarung bestimmt. Es ist zu bedauern, daß die Äußerungen über diesen Gegenstand nicht nur bei Brunner, sondern auch bei den übrigen Vertretern der „dialektischen Theologie" so sporadisch sind und so wenig auf Einzelfragen eingehen, daß man ständig in Gefahr kommt, die wirkliche Meinung des Gesagten zu verfehlen. Trotz dieses Bedenkens soll der Versuch gemacht werden, im Anschluß an Brunners Schrift seine Stellung zum Idealismus darzustellen und zu beurteilen.

Brunner geht von der Aufgabe der Philosophie aus, nach dem zu fragen, was alle Wissenschaften voraussetzen. Er führt bis zu dem Punkt, wo die Philosophie selbst nicht mehr fragen kann, bei der Frage nach der Vernunft. Die Vernunft kann sich nicht selbst in Frage stellen. Und doch muß sie etwas voraussetzen, das sie nicht erreichen kann: einen Ursprung ihrer Gesetze, einen Grund ihrer Erkenntnisse, eine Wahrheit in ihren Wahrheiten; und ebenso im Handeln: ein letztes Sinnvolles, eigentlich Gemeintes, Absolutes, das nie erreicht wird. Dadurch wird die Beziehung zu dem Urgrund praktisch und gewinnt ihre Schärfe in der Frage, die an uns gestellt ist: Kannst du dich rechtferti-

[6] Vgl. Karl Barth in: Zwischen den Zeiten. 1926. H. 5. S. 369, Anm.

gen? Diese Frage muß ehrlicherweise mit Nein beantwortet werden; und damit ist jeder Versuch abgeschnitten, von sich aus erkennend und handelnd das Absolute zu erreichen. Nur ein göttliches Ereignis, eine Tat, ein Eingriff Gottes – „als unser Gedanke reiner Wahnsinn“ – kann uns das geben, was wir suchen, die Rechtfertigung. Nur die Offenbarung kann es uns geben; und so erhebt sich das Problem: Vernunft und Offenbarung.

Jetzt erst wendet sich Brunner dem Idealismus zu, gegen dessen Offenbarungsbegriff er ankämpft. Der Idealismus versteht unter Offenbarung „das Durchschimmern des göttlichen Urgrundes aller Erscheinungen in den Erscheinungen“, die Möglichkeit, „das Sichtbare als Symbol und Gleichnis des Unsichtbaren wahrzunehmen“. Dieser Auffassung steht die christliche scharf entgegen: die absolute Distanz zwischen Gott und Welt, die Einmaligkeit, Kontingenz der Offenbarung, der Bruch, die Diskontinuität zu allem Menschlichen, der Protest gegen alle Identitäten und Verschmelzungen zwischen göttlichem und menschlichem Geist. Daraus ergibt sich, daß der christliche Glaube feindlich zu aller Vernunft steht, die sich nicht kritisch in ihren Grenzen hält, sondern von sich aus – auch auf intuitivem Wege – zu Gott kommen will. „Durchaus anerkennend verhält sich der Glaube dagegen zur kritischen Vernunft, die ihre Grenzen kennt.“

Der zweite Aufsatz über „Gnosis und Glaube“ bringt interessante Ergänzungen. Das Denken hält sich am „Geländer der Notwendigkeit“. Gott aber ist Freiheit. Er ist es als Schöpfer, und er ist es als der, der in Christus Mensch wird. Das ist absolut kontingent, Torheit und Ärgernis, nur zu glauben. Die Gnosis aber will schauen. Sie will von sich aus die Kluft der Sünde überbrücken. Sie ist das genaue Analogon zur Werkgerechtigkeit und zwar in all ihren Formen, als Mystik, Irrationalismus, Rationalismus, Metaphysik und Spekulation. Diese Unterschiede sind bedeutungslos gegenüber dem Standpunkt des Glaubens. Berechtigt ist nur eine kritische Philosophie (die nicht eine Schule, sondern eine Haltung ist). Denn „kritische Philosophie ist die bußfertige Gesinnung in der Sprache des Philosophen ausgedrückt“. Freilich ist eine solche Gesinnung nicht ganz dem philosophischen Stil gemäß. „Denn in der Philosophie schreitet der Mensch auf seinem Wege. Aber im Glauben, den doch die Theologie ausdrücken will, ist die Bewegung des Menschen zum Stehen gekommen, weil Gott ihm begegnet.“

Dieses Schlußurteil der ganzen Schrift ist geeignet, Ausgangspunkt der Beurteilung zu werden. Es ist zunächst zu fragen, ob dieser Satz von jeder Philosophie gilt; also auch von der im vorher zitierten Satz bußfertig genannten kritischen Philosophie. Offenbar sind beide Sätze nicht zu vereinigen. Denn wenn Stolz der Stil der Philosophie ist, im Unterschied von der Demut, die der Theologie gebührt, so ist bußfertige, also kritische Philosophie stilwidrig. Und doch ist sie es, die die Anerkennung der Theologie allein erringen, ja mit der die Theologie ein gut Stück Weges gehen kann. Wir sind also überraschenderweise nach der unüberbrückbaren Kluft zwischen Glaube und Philosophie zu einer, wenn nicht gläubigen, so doch wenigstens bußfertigen Philosophie gekommen. Da aber das philosophische Bewußtsein die gesamte theoretische und praktische Kultur zu durchdringen berufen ist, so wären wir damit zu der Möglichkeit einer durch sich bußfertigen Kultur gelangt. Wie aber steht es mit dem Verhältnis von Buße und Glaube? Spricht Brunner damit nicht tatsächlich von einer gläubigen Philosophie und Kultur? Denn dieses sollte doch wohl nicht bestritten werden: Ohne Glaube gibt es Verzweiflung, aber keine Buße. In der inneren Konsequenz der ihren eigenen Weg gehenden Philosophie liegt die Skepsis, die Verzweiflung in der Sprache der Philosophie. Dieses ist freilich keine grundsätzliche, aber eine tatsächliche und zwar eine erschütternd tatsächliche Haltung: die tragische Katastrophe der autonomen Entwicklung des Griechentums. Denn was nachher kam, war getragen von Mystik. Die Bußfertigkeit der Philosophie ist nur möglich als Ausdruck ihrer Gläubigkeit.

Betrachten wir die drei von Brunner genannten Vertreter der kritischen Philosophie: Plato, Cartesius, Kant, so ist klar, daß nicht einmal die Natorpsche Platoauffassung ausreichend ist, um den Namen „kritisch" für das Wesentliche dieser drei angemessen erscheinen zu lassen. Der Aufweis der Grenzen ist bei allen zugleich ein Aufweis dessen, was jenseits der Grenzen liegt. Das ist auch gar nicht anders möglich, da eine Grenze nie von einer Seite allein bestimmt werden kann. Es ist im Logischen wie im Religiösen: Buße ohne Glaube ist unmöglich. Nun bestreitet Brunner nicht, daß auch diese Philosophen ihre höchste Idee Gott nannten; aber er zweifelt, ob sie ein Recht dazu hatten, d. h., er zweifelt selbst, ob sie in seinem Sinne kritisch-bußfertig sind. Damit aber wird die ganze Unterscheidung der Philosophien wertlos. Eine kritische Philosophie in seinem Sinne, zu der sich die Theologie in seinem Sinne anerkennend verhalten könnte, gibt es nicht, es sei denn die Verzweiflung der Philosophie an sich selbst. (Daß außerdem der erkenntnistheoretische Kritizismus nur den Namen mit der Krisis-Lehre der dialektischen Theologie gemeinsam hat, ist evident.)

Die bußfertige Philosophie Brunners ist ebenso unmöglich wie die gläubige Philosophie Brunstäds.

Die Nennung von Plato, Cartesius und Kant ergibt nun noch eine andere kritische Einsicht. Brunner unterscheidet den metaphysischen, den postulierenden und den intuitiven Weg, die Kluft von Gott und Mensch im Erkennen zu überwinden. (Es ist merkwürdig, daß dieses die drei Wege seiner Vertreter der kritischen Philosophie sind: Cartesius ist Metaphysiker im Sinne rationaler Deduktion, Kant gründet die Gotteserkenntnis auf Postulate, Plato auf Ideenschau.) Brunner lehnt die drei Wege ab, weil sie eine notwendige Beziehung zwischen Gott und Mensch aufweisen und einen notwendigen Weg zur Gotteserkenntnis herstellen wollen. Die Notwendigkeit im Denken entspricht aber dem Werk im Handeln und führt zu einem erdachten Gott, also zu einem, der es nicht in Wahrheit ist – eine zweifellos richtige und wertvolle Analogie. Die Frage ist nur, ob die Philosophie tatsächlich an „das Geländer der Notwendigkeit" gebunden ist oder ob nicht jeder echten Philosophie ein Element der Freiheit innewohnt und damit ein Anknüpfungspunkt für das gegeben ist, was Brunner als bußfertig bezeichnet und das, wenn man die Analogie mit dem Werk durchführt, auf Gnade hinweist! Es würde also die Behauptung aufgestellt werden, daß ebenso wie es ein Handeln geben kann, das nicht nur „Werk" ist, sondern aus dem Geist geboren, es so auch ein Denken geben kann, das nicht nur der Ratio und ihrer Notwendigkeit, sondern auch dem Geist und seiner Freiheit entstammt. Ob und wo in einer Philosophie sich derartiges findet, kann natürlich wieder nicht rational festgestellt werden, sondern zeigt sich nur dem Urteil, das selbst vom Geist getragen ist. Daß eine solche Auffassung der Selbstbeurteilung der schöpferischen Philosophie entspricht, dürfte nicht zu bestreiten sein. Jedenfalls hat der Idealismus sie durchweg gehabt, und die altkirchliche Theologie hat das Recht, sie zu haben (unter Abzug der dämonischen Elemente), auch Plato und der Stoa zugestanden. Weder alles Werk, noch alle Gnosis stehen außerhalb der Gnade, obgleich kein Werk und keine Gnosis außerhalb des Gerichtes stehen (auch nicht die kritische Haltung in der Philosophie). Das konkrete Gericht aber, das wir als Theologen und Nichttheologen an unserem Werk und dem Werk der Kultur und an unserem Erkennen und dem Erkennen der Philosophen zu vollziehen haben, ist die Scheidung und Ausscheidung der dämonischen Elemente, d. h. desjenigen an Begriffen und Gestaltungen, in dem ein Menschliches, Endliches sich mit gottheitlichem Anspruch der Krisis entziehen will. Dieses konkrete „Gericht" ist der wirkliche Dienst, den wir der Philosophie und Kultur schuldig sind, nicht das abstrakte, das mit seinen scharfgeschliffenen Antithesen alles – beim Alten läßt und schließlich sehr gegen seinen Willen (da man doch nicht ganz in der Luft schweben kann) auf eine sehr konkrete und sehr begrenzte philosophische Position niedersinkt. Und das scheint mir auch dem demütigen Stil der Theologie angemessen zu sein. Denn der Glaubensstandpunkt, der zum Standpunkt wird – und als solcher tritt er in der abstrakten Dialektik trotz allen dialektischen Sträubens auf –, ist jedem anderen Standpunkt gegenüber Hybris, insofern er konkret (im Widerspruch mit seiner Dialektik) die Unbedingtheit der Glaubenshaltung für sich als Standpunkt in Anspruch nimmt. Die Glaubenshaltung aber ist nicht ein möglicher – auch nicht paradox möglicher – Standpunkt, sondern sie ist die jeden Standpunkt erschütternde, richtende und umwendende Dynamis.

Dieses konkrete Richten und Scheiden aus der Dynamis des Unbedingten, Transzendenten – die freilich in niemandes Macht steht – ist dem Idealismus gegenüber die dem Christentum gemäße Haltung. Um sie mühen sich die Arbeiten von Wilhelm Lütgert und Emanuel Hirsch.

3

Die Würdigung einer so umfassenden Darstellung, wie sie das Buch von W. Lütgert[7] bietet, aus einem begrenzten Gesichtspunkt, wie er hier nur in Frage kommt, ist bedenklich, zumal das entscheidende Wort über eine historische Arbeit dem Historiker zusteht. Immerhin gibt es einen Punkt, wo Historiker und Systematiker zusammentreffen, in der Frage: Ist der systematische Quellpunkt, aus dem die idealitische Philosophie geboren ist, gesehen oder nicht?

Die Abschnitte über Kant und Fichte müssen darauf die Antwort geben. Beide Kapitel haben nun ein Gemeinsames: Sie sprechen *über* ihren Gegenstand, aber nicht *aus* ihrem Gegenstand. Sie zeigen Merkmale auf, die erscheinen, wenn man aus der Vergangenheit auf ihn hinblickt, oder wenn man aus der Folgezeit auf ihn zurückblickt; aber sie schaffen keine lebendige Struktur der Sache. Es ist ein kritisches, kein einfühlendes Verstehen. Fast in jedem Urteil über Kant und Fichte macht sich dieses – oft sehr scharfsichtige – „von außen“ bemerkbar. Der eigene Standpunkt, von dem aus gesehen wird, ist nicht aus dem Ringen mit dem Idealismus geboren, sondern aus anderen Traditionen und Kämpfen. Er tritt als ein fertiger dem Idealismus gegenüber. Das ist die gleiche Lage, die Schlatters Buch über den religiösen Ertrag der philosophischen Arbeit seit Cartesius so wenig Wirkung gestattet hat:

---

[7] Die Religion des deutschen Idealismus und ihr Ende. 3 Bände. Gütersloh 1923–1925.

Der Gegner fühlt sich nicht getroffen, weil sein tiefster Impuls nicht erlebt ist. Darunter leidet die ganze Auseinandersetzung zwischen der biblizistischen Theologie und dem Idealismus.

Zur Begründung dieses Urteils möchte ich auf einige Punkte hinweisen. Die Darstellung Kants ist an der Frage orientiert: Inwieweit ist Kant noch Aufklärer und demgemäß fern von der reformatorischen oder biblischen Religion? Diese Fragestellung aber verbaut den Weg zu Kant. Es ist das Recht jeder geistigen Schöpfung, an der Lage gemessen zu werden, aus der sie geboren ist, und es ist das Recht jeder geistigen Lage, im Zusammenhang der Geistesgeschichte verstanden zu werden, aus der sie geworden ist und die von ihr weitergeführt wird. Das schließt nicht aus, daß an die Geistesgeschichte selbst wieder ein letzter Maßstab gelegt wird. Der Begriff der *Geistes*geschichte schließt das vielmehr ein. Dagegen ist es unberechtigt, irgendeine Geisteslage direkt oder unvermittelt von einer anderen, die als normativ vorausgesetzt ist, zu beurteilen und dann notwendigerweise zu verurteilen.

Es kommt ein zweites hinzu, das die methodische Haltung der Kant- und Fichte-Darstellung betrifft. Thema ist die *Religion* des Idealismus. Daß dieses Thema so durchgeführt wird, wie Lütgert es tut, daß auch die logischen, erkenntnistheoretischen, natur- und kunstphilosophischen Gedanken auf ihren religiösen Gehalt hin untersucht werden, ist wertvoll und notwendig. Gefährlich wird es nur, wenn die autonomen Motive, die zu diesen Begriffsbildungen geführt haben, unberücksichtigt bleiben. Dann erhält die religiöse Analyse und die darauf sich gründende Kritik einen heteronomen Charakter (entsprechend der heteronomen Kritik einer Geisteslage durch die andere). Das gilt vor allem von dem erkenntnistheoretischen Motiv der idealistischen Bewegung, von der Frage nach der Möglichkeit, die Wahrheit zu erkennen. Die Überzeugung, daß aus dieser Frage, formell aus Kants Frage nach der Möglichkeit synthetischer Urteile *a priori*, der philosophische Idealismus hervorgegangen ist, kann nicht durch Berufung auf Fichte widerlegt werden. Denn wenn er auch die Entscheidung über Dogmatismus und Idealismus davon abhängig sein läßt, was für ein Mensch man sei, so ist das Problem, das nur durch Freiheit oder Entscheidung kommt, doch nicht die Freiheit, sondern die Wahrheit. Allerdings zeigt sich hier mit völliger Klarheit, daß es unmöglich ist, die idealistische Vernunft an das „Geländer der Notwendigkeit" zu fesseln, daß Wahrheit und Freiheit nicht zu trennen sind. Aber daß es in der gesamten idealistischen Philosophie trotz ihres Primates der praktischen Vernunft um Wahrheit geht, scheint mir nicht irgendwie zweifelhaft zu sein. Es ist die Wahrheit, die nicht in einem unerreichbaren, transsubjektiven Ding liegt – die notwendige Wurzel des skeptischen Denkens –, sondern es ist die Wahrheit, die der Geist in sich selbst, in seiner eigenen schöpferischen Tiefe findet und darum durch empirisches Erkennen in der Dingwelt wiederfindet. Solange der Theologe die sachliche Not dieses Problems nicht durchgelebt und durchgelitten hat, solange er nicht die Leidenschaft kennt, die der idealistischen Lösung ihr Pathos und ihre Durchschlagskraft gibt, solange hätte er nur dann ein Recht, als religiöser Kritiker des Idealismus aufzutreten, wenn er zugleich eine stärkere, durchschlagende Lösung jenes Problems anzubieten hätte. Vielleicht ist es richtig beobachtet, daß unsere Entwicklung zur Zeit einem neuen Realismus entgegenführt. Ist es so, dann beurteile, bekämpfe und überwinde man von hier aus die erkenntnistheoretische Position des Idealismus, aber durch innerphilosophische Debatten, nicht aus – wenn auch noch so berechtigten – theologischen Konsequenzen. Damit ist keineswegs das Recht bestritten, die Religion des Idealismus zu deuten und zu werten. Es gibt keine kulturelle Erscheinung, die nicht kulturtheologisch betrachtet werden könnte und müßte; denn in jeder ist tragender religiöser Gehalt. Und die Kirchengeschichte verläuft weite Strecken hindurch mehr als Kulturgeschichte wie als Kirchengeschichte. Es ist Lütgert zu danken, daß er dieses Programm in so umfassender Weise durchzuführen unternommen hat. Nur das ist bei allen solchen Versuchen zu fordern, daß die autonomen Motive, aus denen die kulturellen Bewegungen hervorgehen, voll erkannt, gewürdigt und gewertet werden.

An dieser Stelle sei eine sprachliche Bemerkung gemacht, deren Wichtigkeit für die Sache auch an Lütgerts Buch deutlich wird. Die Religion des deutschen „Idealismus" handelt ebenso eingehend wie von den eigentlichen Idealisten von den Gegenpolen des Idealismus, dem Realismus, der Erweckung, der Mystik. Dadurch wird der Begriff des Idealismus zweideutig: Einmal beschränkt er sich auf die Linie Kant-Fichte, das andere Mal nimmt er auch Schelling und Hegel trotz ihrer realistischen und spinozistischen Elemente auf, in der Gesamtdarstellung aber umfaßt er auch Goethe, die Erweckten, die Romantiker. So kommt es, daß einmal Fichte, einmal Hegel den Idealismus vollendet hat und auch sonst keine volle Klarheit darüber wird, ob das idealistische Motiv als solches oder die ganze Entwicklung des damaligen Geisteslebens unter die Kritik gestellt werden soll. Diese Schwierigkeit findet sich in vielen Darstellungen des deutschen Idealismus. Sie wäre kaum erwähnenswert, wenn nicht der gegenwärtige Sprachgebrauch das Wort „Idealismus" in einer Weise entwertet hätte, die zur krassen Ungerechtigkeit gegenüber sämtlichen Großen der damaligen

Zeit wird. Denn keiner von diesen war Idealist im Schlagwortsinne; viele aber das Gegenteil. Wenn wir uns das Bild der geistig produktivsten Zeit der deutschen Geschichte nicht völlig verzerren lassen wollen, müssen wir uns klar darüber werden, daß der eigentliche Idealismus nur ein Einschlag, wenn auch bei vielen ein entscheidender, in dem Reichtum jener Zeit ist und müssen dem in angemessenem Wort Ausdruck geben. Nicht geeignet ist jedenfalls das Wort „Humanismus", das hier nur die Funktion hat, die Gesamtbewegung jener Zeit in Gegensatz zum Christentum zu bringen. Der Vorschlag, von der „deutschen Bewegung" zu reden, befriedigt nicht ganz, da er den sachlichen Gehalt nicht bezeichnet. Der Begriff der „deutschen Klassik" hat die Schwierigkeit in sich, daß er zugleich die Romantik umfassen soll, obgleich er in einem relativen Gegensatz zu ihr steht. Doch könnte dieses Bedenken dadurch behoben werden, daß man die Periode der Hinwendung zur Antike als Klassizismus und der Hinwendung zum Mittelalter als Romantik bezeichnet und beides als klassisches Zeitalter des deutschen Geisteslebens zusammenfaßt.

Für das systematische Problem ist entscheidend, daß Lütgert die Antwort auf die Frage „Christentum und Idealismus" durch eine Darstellung der geistigen und politischen Geschichte des 19. Jahrhunderts gibt. Das ist überaus wichtig. Die geistigen Probleme werden auf diese Weise soziologisch eingebettet; es wird gefragt, welche gesellschaftlichen und politischen Auswirkungen die idealistischen Lösungen gehabt haben und wie durch sie die Geschichte des deutschen Volkes im 19. Jahrhundert und schließlich bis zur Gegenwart bestimmt ist. An den Tatsachen dieser Geschichte wird dann das Urteil über die idealistische Religion gewonnen. Es scheint mir nun, als ob Lütgert in der Darstellung dieser Entwicklung der Sache nach richtig gesehen hat. Die Katastrophe der deutschen Klassik, insbesondere des Hegelschen Systems, ist kein reparabler historischer Zufall, sondern eine sinnhafte Dialektik, die über das dialektische System selbst hereingebrochen ist. Trifft das zu, so ist damit zugleich die Grenze der historischen Leistung des Idealismus und der Klassik erkannt. Die Übereinstimmung in dieser Auffassung läßt nun aber zahlreiche Möglichkeiten offen, die den Idealismus stürzende Dialektik zu verstehen. Für Lütgert ist es zuletzt der Abstand vom evangelischen Christentum, der den Zerfall des Idealismus bewirkt hat. Das führt auf die wichtige Frage nach dem Verhältnis von Idealismus und Reformation, die ich etwas anders sehe als Lütgert. Nicht weil ich das verkehrte Urteil von Kant als dem Philosophen des Protestantismus wiederholen möchte, sondern weil ich glaube, daß ohne die protestantische Form erstens der Persönlichkeits- und Gewissensauffassung, zweitens des Gnadengedankens, drittens der Mystik die deutsche Klassik unverständlich wäre. Für das erste verweise ich auf Hirsch, für das zweite auf meine Jugendarbeit „Mystik und Schuldbewußtsein in Schellings philosophischer Entwicklung“[8], für das dritte auf das Buch von Heinrich Bornkamm in „Luther und Böhme“[9]. Dieses wertvolle Buch bringt das Material in reicher Fülle und klarer Durcharbeitung und zeigt, wie stark die protestantische Mystik von Luthers Gottesgedanken abhängig ist. Der aktive Dualismus von Göttlichem und Gegengöttlichem, wie ihn Luther erlebte, dringt auf dem Wege über Böhme bei Schelling und Hegel in das idealistische Denken ein und hält den optimistisch-monistischen Motiven des erkenntnistheoretischen Ausgangspunktes die Waage. Ehe nicht dieser Tatbestand auch Hegel gegenüber anerkannt ist, bleibt ein wesentliches Element des idealistischen Denkens unverstanden.

Können diese Andeutungen die Distanz von reformatorischer und idealistischer Religion geringer erscheinen lassen, so können sie sie doch nicht beseitigen. Es fragt sich nun aber, ob wir ein Recht haben, uns vom Christentum her einfach auf die Seite der Reformation zu stellen und von ihr aus die idealistische Entwicklung zu kritisieren. Lütgert sagt: „Man muß die Gründe des Zerfalls in den großen Zeiten der Geschichte suchen“. Er wendet dieses tiefe, aber höchst revolutionäre Prinzip auf den Idealismus an. Wie nun, wenn man es auf den Protestantismus (oder sogar auf das Urchristentum) anwenden würde? Könnten dann nicht Aufklärung und Idealismus ein relatives Recht bekommen gegenüber der reformatorischen Epoche? Wenn das aber so wäre, so könnte sich auch das Bild des 19. Jahrhunderts ändern. Es wird fast ausschließlich unter dem Gesichtspunkt der „Auflösung des Idealismus“ geschildert. Es könnte auch als Auflösung des reformatorischen Christentums geschildert werden. Dann aber wäre zu fragen: Haben Bibelkritik, Naturalismus, Sozialismus gleichfalls ein relatives Recht gegenüber der reformatorischen Haltung? Inwiefern ist ihre Entstehung eine Widerlegung des Idealismus und nicht des Protestantismus, als dessen Zersetzungsprodukte sie doch auch dargestellt werden können? Oder kann man sagen, daß der Abfall der autonomen Kultur von der reformatorischen Frömmigkeit Schuld der autonomen Kultur, der Abfall des 19. Jahrhunderts vom Idealismus aber Schuld des Idealismus war? Das hieße mit zweierlei Maß messen und würde die Gültigkeit des zitierten Grundsatzes aufheben!

---

[8] Ges. Werke. Bd. 1.

[9] Hrsg. von K. Holl u. H. Lietzmann. Bd. 2. Bonn 1925.

All diesen Schwierigkeiten kann man nur dadurch entgehen, daß man den Rahmen der geistesgeschichtlichen Betrachtung weiter spannt, nicht quantitativ erweitert, sondern zur letzten prinzipiellen Grundlegung treibt; daß man fragt: Was ist das Wesen und die Bedeutung autonomer Kultur überhaupt? Welches ist ihr Recht und ihr Unrecht gegenüber einer religiös erfüllten Kultur? Welche Möglichkeiten der Gestaltung hat sie, was bedeutet die Klassik in ihr; inwiefern lebt ihre klassische Periode aus der religiösen Vergangenheit, inwiefern weist sie hin auf eine religiöse Zukunft, die sie selbst nun und nimmer schaffen kann, sondern nur als ideale Form aufstellen, inwiefern muß sie also „Idealismus" bleiben? Und weiter: Welche Nötigung besteht, daß die wirkliche Seinsgestaltung ergriffen wird von einem geistigen und gesellschaftlichen Realismus, der revolutionär die rückgewandten Ideologien zerschlägt und der die Konsequenzen der durchgeführten autonomen Situation zur Erscheinung bringt? Solange diese Fragen nicht beantwortet sind, fehlt die methodische Möglichkeit zur Kritik einer Periode wie der Klassik aus ihren historischen Konsequenzen, denn es fehlt der methodische Ansatzpunkt zur Wertung dieser Konsequenzen.

Diese grundlegenden Bedenken schließen die Zustimmung zu zahlreichen feinen Beobachtungen und Feststellungen von Zusammenhängen nicht aus. Mir scheint, daß in der Diskussion über das Buch dieses viel verstreute, reichhaltige Material nicht genügend berücksichtigt ist. Vor allem aber möchte ich eins hervorheben, worin ich einen der größten Vorzüge des Lütgertschen Buches sehe. Jede fruchtbare Debatte über den Idealismus muß das Verhältnis von Idealismus und Sozialismus eindringlich beachten. Die Tatsache, daß der Idealismus den Wirklichkeiten gegenüber, aus denen der Sozialismus geboren ist, völlig versagt hat, ist entscheidend für seine Beurteilung. Die Tatsache, daß er gegenwärtig von liberalen und konservativen Herrschaftsschichten machtideologisch mißbraucht werden kann, ist geradezu verhängnisvoll. Ich stimme mit Lütgert völlig in dem Gedanken überein, daß es das Gericht über den Idealismus bedeutet, daß er auf die proletarische Bewegung des 19. Jahrhunderts keinerlei Einfluß gewinnen konnte oder doch nur in der auf den Kopf gestellten Form der marxistischen Dialektik; aber ich füge hinzu, daß ich in der analogen Tatsache das gleiche Gericht über das protestantische Kirchentum sehe. Denn auch die Erweckung hat keinerlei Einfluß auf das Proletariat gewonnen. Es ist lutherisches Erbe, das den Idealismus dazu brachte, den revolutionären Stoß der französischen Freiheitsidee aufzufangen, in Innerlichkeit umzuwandeln und dadurch für die handelnde Umgestaltung des nationalen Lebens fast unfruchtbar zu machen. So sehr man die Größe einer solchen Haltung anerkennen kann, so deutlich und so verhängnisvoll ist doch ihre Schwäche – eine Schwäche, deren Auswirkungen sogar auf den geistigen Kampf Lütgert mit Recht sowohl bei Kant wie bei Goethe aufzeigt. Doch kann diese Linie der Betrachtung vom Standpunkt des deutschen Schicksals aus hier nicht weiter verfolgt werden.

Für die Frage nach dem Verhältnis von Christentum und Idealismus aber ist dieses zu sagen: Es fehlt dem Idealismus durchweg diejenige Transzendenz des Unbedingten, die sich auf christlichem Boden im eschatologischen Symbol ausdrückt. Diese Transzendenz hatte das Luthertum in sich, aber verkürzt durch Individualismus und die Weltindifferenz der religiösen Haltung. Allein der süddeutsche biblische Realismus (der nur in Schellings zweiter Periode auf den Idealismus einen gewissen Einfluß gewinnt) macht hierin eine Ausnahme. Er konnte infolgedessen auf dem Wege über Blumhardt der Ausgangspunkt des religiösen Sozialismus der Gegenwart werden. Das chiliastische Element, das in profanisierter Form in der revolutionären Aufklärung wirkte, klingt bei Kant und Fichte nur noch in der Theorie nach und geht mit der Aufnahme Spinozas auf dem Boden des Idealismus vollends verloren. So kam es, daß der Idealismus die Wirklichkeit verstand und verklärte und die lutherische Kirche die Wirklichkeit gehen ließ und dem Einzelnen das Jenseits verkündigte, keiner von beiden aber die Weltgestaltung aus der zugleich innerzeitlich konkreten und überzeitlich unbedingten eschatologischen Idee in Angriff nahm. Und so kam das proletarische Schicksal über die Massen, ohne daß von seiten des Geistes oder der Kirche ein entschlossener radikaler und doch nicht romantisch-reaktionärer Protest gegen die Dämonie der Mächte sich erhob, durch die sich dieses Schicksal verwirklichte.

Das ist die entscheidende Grenze des Idealismus, daß er in der Sphäre der idealen Wesenheiten lebt, daß er auch die Geschichte trotz aller pessimistischen Tiefenschau in diese erhebt (und damit in einen Prozeß verwandelt, d. h. als Geschichte aufhebt); daß er die dämonische Zweideutigkeit der Existenz nicht ernst nimmt und daß er darum nicht den Blick auf die ewige transzendente Vollendung der Geschichte und nicht den Willen auf die zeitliche, radikale Bekämpfung des Dämonischen gerichtet hat. Es ist die Größe der Gegenbewegungen gegen den Idealismus, daß sie zu einem Realismus fortgingen, der in wachsender Vertiefung die Zweideutigkeit alles Wirklichen sah; und es ist die Größe der aus der Aufklärung stammenden revolutionären Bewegungen, daß sie mit radikalem Ernst die Bekämpfung der sozialen

Dämonien unternahmen, die der Idealismus nicht sah und die von den lutherischen Kirchen durch Passivität und religiösen Individualismus wider Willen genährt wurden.

So etwa scheinen mir die Linien zu laufen, in denen sich eine geistesgeschichtliche und sozialgeschichtliche Würdigung und Kritik des Idealismus zu vollziehen hätte.

4

In diesen Gedanken ist schon einiges von dem enthalten, was zu E. Hirschs Buch „Die idealistische Philosophie und das Christentum“[10] zu sagen ist: alles das nämlich, was über den individualistischen Charakter seiner Persönlichkeits- und Gemeinschaftsidee und deren Konsequenzen für seine sozialen und politischen Gedanken zu sagen wäre, wovon aber im folgenden nicht mehr die Rede sein soll. – Das Buch von Hirsch ist vielleicht das Reifste, was die Arbeit der letzten zwanzig Jahre am Idealismus geleistet hat. Unbedingt bejahen möchte ich dieses Urteil für den Aufsatz über „Fichtes Gotteslehre 1794–1802“, der ein selten erreichtes Beispiel von Einheit einfühlenden Verstehens, dialektischer Schärfe und historischer Einzelarbeit ist. Er nimmt die zweite, größere Hälfte des Buches ein und müßte von jedem gelesen werden, der einen Eindruck davon gewinnen will, wie mühsam, leidenschaftlich und unerbittlich ernst in der Selbstkritik der Idealismus sich in Fichte zum Gottesgedanken durchgerungen hat, wie wenig von Titanismus und menschlicher Selbstherrlichkeit hier die Rede sein kann. Und wenn man auch der Schlußkritik zustimmt, die Hirsch in zwei Sätzen andeutet, in denen er Fichte mit Luther vergleicht, so wird man den theologischen Ertrag einer solchen Denkarbeit doch unendlich viel höher werten müssen als denjenigen einer Theologie, die in der sicheren Überlegenheit ihres Glaubensstandpunktes den Idealismus von oben her abtun zu können glaubt.

Für unseren Zweck am wichtigsten ist der zweite Aufsatz „Die idealistische Philosophie und das Christentum“. In fünf Vorlesungen wird die idealistische Stellung zum Gottesgedanken und zum Christentum skizziert und zugleich kritisiert. Der Ausgangspunkt, den Hirsch einnimmt, ist der sachgemäße: Er vergleicht den Idealismus mit dem Positivismus, um seine Eigenart herauszuheben, und er findet in der „intellektualen Anschauung“ das Prinzip, in dem das idealistische Denken wurzelt und auf dem es mit Recht in allen Wandlungen seiner Entwicklungen steht. Unter intellektualer Anschauung aber ist zu ver-

---

[10] Gütersloh 1926.

stehen die Selbsterfassung des Ich als Ich, als Freiheit und Geist. Vom Geist aus kann dann die Außenwelt erfaßt werden; denn sie ist geistgeschaffen. In der Selbstverfassung des Geistes sind Subjekt und Objekt in einem, ist die Forderung des Wahrheitsgedankens erfüllt. Für den idealistischen Gottesgedanken ergibt sich daraus, daß Gott das absolute Leben der Freiheit, des Ich, des Geistes ist, und daß wir, insofern wir im Geist und in der Freiheit leben, in ihm leben und er in uns, daß unser Bewußtsein der Ort ist, an dem das göttliche Bewußtsein zur Existenz kommt. Darin liegt negativ, daß der Idealismus jeden gegenständlichen Gottesgedanken ablehnt. Das Pathos des Fichteschen Atheismusstreites ist sein Kampf gegen den dinghaft-objektiven Gott. In dieser Negation stellt sich Hirsch mit Recht auf die Seite des Idealismus. Weiter zeigt er mit Recht, daß es wenig Wert hat, den Idealismus von der neuplatonischen Mystik her zu verstehen. Der mystischen Aufhebung der handelnden Persönlichkeit steht gegenüber die starke erkennende und handelnde Aktivität, in der sowohl Fichte wie Hegel die Einheit mit Gott sehen. (Zum mindesten müßte von einer völlig neuen Form der Mystik, die sich auf protestantischem Boden entwickelt hätte, gesprochen werden. Der „mystische" Ansatz, das Identitätsprinzip im Verhältnis von Gott und Mensch, liegt ja vor. Aber ob das Wort „mystisch" diese Ausweitung verträgt, ist fraglich. Jedenfalls darf man es nicht schlagwortartig gegen den Idealismus verwenden. Vgl. den Nachweis von Kurt Leese in seinem Aufsatz „Der deutsche Idealismus und das Christentum"[11], daß das Identitätsprinzip selbst für die „dialektische Theologie" unentbehrlich ist, sofern sie die Arbeit in der Kultur ernst nehmen will.)

Die Kritik, die Hirsch an der idealistischen Grundposition übt, ist in der Überzeugung zusammengefaßt, daß die intellektuale Anschauung nicht imstande sei, Persönlichkeiten und Gemeinschaft in ihrer Tiefe zu erfassen. Das idealistische Denken sei an der Relation Subjekt-Objekt orientiert; von da aus gebe es keinen Weg zu der Relation Ich-Du. Anstelle des Ich-Du-Verhältnisses trete die synthetische Einheit des Geistes, die jedes einzelne wieder in sich zurücknimmt, die, wie Hirsch es tief ausdrückt, Gott in Einsamkeit läßt und den Einzelnen einsam macht. Das Gewissen ist nicht eine Begegnung mit dem göttlichen „Du", sondern ein Akt isolierten Selbstbewußtseins. Die Geschichte ist ein Prozeß, der in der Erinnerung des absoluten Geistes aufbewahrt ist, der aber für den Geist selbst nichts Neues schafft; und das Erleben der Geschichte ist ein Teilhaben an der großen Tendenz der Menschheits-

[11] Protestantenblatt. 1926. Nr. 46–50.

entwicklung unter Entwertung des eigenen persönlichen Lebens. Darin zeigt sich, daß die intellektuale Anschauung nicht die letzte Tiefe des Wirklichen erfaßt und daß sie infolgedessen nicht imstande sein kann, dem Christentum gerecht zu werden, wie sich insbesondere an der Würdigung der Person Jesu zeigt.

Demgegenüber fordert Hirsch eine Philosophie, die auf das Ich-Du-Verhältnis gegründet ist. Ihr erster Schritt ist der, das Element der Forderung, das in dem „Du" liegt, zu erfassen und damit Gott als den Geist, der zugleich Herr ist. Sobald wir aber versuchen, diesen Gedanken zu vollziehen und den Herrn und Geist zugleich als „Du" zu denken, hört unser Begreifen auf. Es bleibt nichts übrig als das Paradox, die angemessene Form der Aussage über Gott. Anstelle der intellektualen Anschauung tritt die Begegnung mit Gott im Gewissen als Tiefe des persönlichen Lebens und Grund der Wahrheit.

Der andeutende Charakter dieser Gedanken macht das Ringen mit ihnen schwierig. Nur Andeutungen sollen darum auch im folgenden gegeben werden. 1. Hirsch stellt den Idealismus lediglich dem Positivismus gegenüber, nicht auch dem Realismus, was doch sprachlich und sachlich nähergelegen hätte. Denn der Positivismus kann im Hintergrund eine subjektiv-idealistische Ontologie haben (obgleich er sie für gewöhnlich nicht zugestehen wird). Der Realismus aber hat unter allen Umständen eine dem Idealismus entgegengesetzte Ontologie. Nun fragt es sich, ob diese mit der Bekämpfung des „Dogmatismus", des „absoluten Dinges", der „Vergegenständlichung" abgetan ist. Ich glaube das nicht. Ich glaube, daß es einen Realismus gibt, der jenseits jener idealistischen Alternative steht und bei dem die Selbstanschauung des Geistes durchstößt zu einer Seinstiefe, die auch dem Geist transzendent, darum aber in jedem Seienden anschaubar ist. 2. Das Denken kann auf den Gedanken des ihm selbst „vorangehenden" Seins nicht verzichten. Es wird von jeder Position aus immer wieder zu ihm hingetrieben, wie z. B. auch die leider von allen hier Besprochenen vernachlässigte Spätgeschichte des Idealismus zeigt. Wo dieser Gedanke aber ernsthaft gedacht wird, da ist die Identität von Leben im Geist und Leben in Gott in Frage gestellt, da ist die Bahn frei geworden für den Satz, daß Gott der Herr ist. 3. Ohne solche Grundlegung eines „gläubigen Realismus" scheint es mir unmöglich zu sein, auf das Ich-Du-Verhältnis eine Philosophie zu gründen. Der Seinsbegriff ist die Voraussetzung jedes philosophischen Begreifens (insofern die Griechen ihn zuerst in reinem Denken erfaßt haben, ist alles Denken griechisch, womit die von Kattenbusch vorgenommene Charakterisierung gewisser Theologien als „griechisch" ihr Gewicht verliert). Denn jeder andere

Begriff, selbst der des Denkens, ist von ihm umfaßt. Auch Persönlichkeit und Gemeinschaft erheben sich auf ontologischer Grundlage und können abgesehen von ihr nicht begriffen werden. 4. Nur von da aus kann der Vergegenständlichung des Gottesgedankens wirksam widersprochen werden. Das isolierte, ontologisch unfundierte Ich-Du-Verhältnis muß zu einer neuen „dogmatischen Vergegenständlichung“ des göttlichen „Du“ führen – sofern nicht diejenige Schicht des Seins erfaßt wird, in der jede Vergegenständlichung aufgehoben ist. Hier hilft auch nicht der Hinweis auf die Paradoxie, die doch nach Hirsch *sinnhafte* Paradoxie sein soll. 5. Es ist richtig, daß erst am Du das Ich zum Ich wird; und es ist richtig, daß die „unbedingte Forderung“, von der der Idealismus ausgeht[12], sich nicht hält in ihrer Unbedingtheit, wenn sie nicht getragen gedacht wird von einem „Du“. Daraus ergibt sich aber keineswegs die Nötigung, in einer philosophischen Grundlegung von dieser Relation auszugehen. Das widerspricht vielmehr dem Primat des Seinsgedankens in der theoretischen Philosophie. Erforderlich ist nur, daß das Sein so geschaut wird, daß die höchste, im Ich-Du-Verhältnis sich ausdrückende Seinsgestaltung als Sinn und Tiefe des Seins erfaßt werden kann[13].

Es ist ein Zeichen der Größe des Idealismus, daß keine gegenwärtig lebendige theologische Richtung um ihn herumkommt. Auch die Theologen der Brunnerschen Richtung werden, sofern sie an den theologischen Aufbau gehen, in konkrete Auseinandersetzung mit dem Idealismus treten müssen. Die vorgetragenen Berichte, Kritiken und Gedanken sollen ein Bild von der Lebendigkeit und Fruchtbarkeit dieser Arbeit geben. Es ist in der Tat so, wie Hirsch sagt, daß wir am Idealismus stark werden müssen, aber nicht, wie er fortfährt, gegen ihn, auch nicht, wie Brunstäd meint, für ihn, sondern für uns, für das Werk, das uns aufgetragen ist: eine aus dem Geist des Christentums geborene theonome Philosophie und Kultur und eine durch deren Arbeit befruchtete Theologie und Kirche.

---

[12] Vgl. Horst Stephan: Die religiöse Frage, die Schicksalsfrage des deutschen Idealismus. Ztschr. f. Theol. u. Kirche. 1926. Nr. 4.

[13] Vgl. Paul Tillich: Die Überwindung des Persönlichkeitsideals. In: Ges. Werke. Bd. 3.

ZUR PSYCHOLOGIE DES SOZIALISMUS

Zum gleichnamigen Buch von Hendrik de Man

(1927)

Infolge einer Reihe von Zufällen ist die Besprechung der ersten Auflage dieses Buches[1] in den Blättern nicht zustandegekommen. Die Anzeige der zweiten Auflage aber kann nicht mehr von den gleichen Voraussetzungen ausgehen, wie es die erste gemußt hätte; denn das Buch von de Man ist nicht mehr unbekannt. Wohl keinem Leser der Blätter wird es völlig fremd sein, zum mindesten wird er durch die Diskussion, die es geweckt hat, davon gehört haben. Denn es kann kein Zweifel sein: Das Buch gehört zu den wichtigsten Erscheinungen der sozialistischen Literatur der letzten Jahre. Die Person des Verfassers, seine langjährige praktische Arbeit im Sozialismus und seine internationale Stellung stehen ebenso dafür wie der Inhalt: eine entschlossene Marx-Kritik auf Grund eines umfassenden Versuches, die sozialistische Bewegung, insonderheit die gegenwärtige innere Lage des Proletariats, zu verstehen. Dahinter eine bestimmte Auffassung vom Wesen des Menschen, die Elemente von Voluntarismus, Lebensphilosophie und Psychoanalyse vereinigt: von hier aus ein Angriff gegen die naturwissenschaftlich-mechanistische Denkweise von Marx. – Ohne weitere Berichterstattung möchte ich nun die Frage stellen: Inwieweit ist dieser Angriff gelungen, und wo liegen die Grenzen seiner Durchschlagskraft?

Der erste Eindruck der Lektüre ist der: Das beigebrachte Material ist schlagend. Alle Tatsachen, die dafür angeführt werden, daß der wirkliche Arbeiter keineswegs der vom Marxismus konstruierte Proletarier ist, sind zutreffend. Die Eingebettetheit des ökonomischen Faktors in seelische und soziale Schichten völlig anderer Herkunft wird evident. Daß selbst der Marxismus nicht wirkte vermöge seiner wissenschaftlichen Einsichten, sondern wegen der Benutzbarkeit seiner Begriffe zu religiöser Symbolik: all das ist so plastisch und lebensvoll zum Ausdruck gebracht, daß sich niemand dem Eindruck entziehen kann: Hier ist richtig gesehen, und hier ist gesagt, was viel eher hätte gesagt werden müssen und was lange von Unzähligen innerhalb und außerhalb des Sozialismus empfunden ist. Und noch einen Schritt wei-

---

[1] Jena 1927.

ter möchte ich gehen: Auch das, was über die Hemmungen gesagt ist, die der Marxismus für die sozialistische Bewegung in den letzten Jahrzehnten bedeutet hat, die Entwertung des Sozialismus der Geistigen, die mangelhafte Lösung des Führerproblems, der Verlust der Schwungkraft im politischen Kampf und vieles andere, ist Wahrheit, insbesondere, wenn dabei bewußterweise der Marxismus als Gegenwartstatsache und nicht der historische Marx beurteilt wird.

Aber schon diese schroffe Trennung kann bedenklich stimmen. Jede große geistige Bewegung hat die Tendenz, zu verflachen. Aber sie hat zugleich in ihren schöpferischen Anfängen ein Prinzip ihrer Selbstkritik, das nicht einfach beiseite geschoben werden darf. Weder Marx noch der Marxismus sind historisch erschöpft. Es ist in ihnen ein Prinzip wirksam, das weit über die mechanistische Verdunkelung hinausführt, die es im 19. Jahrhundert erfahren hat, und das in gereinigter und vergegenwärtigter Form für die Entwicklung des mitteleuropäischen Sozialismus – und wie ich überzeugt bin, der abendländischen Kultur überhaupt – bleibende Bedeutung hat.

De Man kritisiert aufs schärfste den Determinismus des marxistischen Denkens. Er hat recht, sofern er die Berechenbarkeit der Zukunft damit treffen will, d. h., sofern eine abstrakte Mathematik des Ökonomischen, abgesehen von den Lebenszusammenhängen, in denen es steht, die Geschichte determinieren soll. Davon kann keine Rede sein, so wenig wie von einer Determiniertheit des Naturgeschehens durch die Gesetze der mathematischen Physik. Aber im Determinismus von Marx steckt noch etwas ganz anderes als Mechanismus und Mathematik. In ihm steckt „Dialektik", und dazu hat de Man offenbar keinen Zugang. Seinem Voluntarismus fehlt das Schicksalsbewußtsein, das die Tiefe des dialektischen Denkens und die Kraft seiner Wirksamkeit ist. Das Wollen des Proletariats ist nichtig, wenn es nicht in seinem Grunde verbunden ist mit dem Grunde des Gegenwartsgeschehens überhaupt; und die Gewißheit des Proletariats, daß sein Wollen zum Ziel führt, ist entweder getragen von der Gewalt echten Schicksalsgefühls oder es ist ohnmächtig. Hier entscheiden weder die idealen Ziele noch die ungeheure Zahl der Wollenden, sondern das, was von dem Sinn einer Epoche gefordert ist. Nicht so freilich, als ob sich dieser Sinn, abgesehen von dem Wollen der Menschen, durchsetzen könnte. Aber durchschlagend, umwälzend ist allein der Wille, der geformt ist durch die Schau des Zeitschicksals. Hier versagt der Gegensatz von Wille und Intellekt. Hier wirken Schichten der Seele, die unterhalb jener Scheidung liegen. – De Man arbeitet durchweg mit einem Erkenntnisbegriff, der das Erkennen vom handelnden Leben loslöst. Das aber ist – geistesgeschichtlich gesprochen – ein Rückschritt hinter das dialektische Prinzip von Marx, wenn es auch ein Fortschritt über die Mechanisierung dieses Prinzips im Marxismus ist. Ist denn nicht auch die Trennung von Wille und Erkenntnis, von Wirklichkeit und Ideal noch ein Restbestand von der „Last des 19. Jahrhunderts", die wir abschütteln müssen? Es ist bedauerlich, daß de Man in seinem sporadischen Gebrauch der Psychoanalyse sich gerade an Alfred Adler hält, der am wenigsten unter den Wortführern der Tiefenpsychologie über einen stark intellektuell fundierten Voluntarismus hinausgekommen ist.

Das Schicksal des kapitalistischen Zeitalters ist für Marx beschlossen in seiner ökonomischen Struktur. Von hier aus ist es zu deuten und zwar mit Mitteln, die der rein ökonomischen Abstraktion entstammen. Das Recht dieser Abstraktion ist das Recht jeder Wissenschaft, ein Element der Wirklichkeit herauszugreifen und für sich in seinen Konsequenzen zu durchdenken. Der *homo oeconomicus* ist keine Wirklichkeit, aber er ist eine wahre Abstraktion. So weit die Macht dieser Abstraktion reicht, so weit reicht die Geltung der marxistischen Analyse. Wie weit sie aber reicht, das kann nicht nur aus dem allgemeinen Wesen des Menschen, auch nicht nur aus der seelischen Verfassung des Proletariats entnommen werden, sondern dazu muß auch die Gesamtstruktur der gegenwärtigen Gesellschaft und die Tendenz berücksichtigt werden, die sich in allen Sphären des gesellschaftlichen Lebens durchsetzt. Ist eine solche Tendenz da, so mögen die seelischen Reaktionen sehr mannigfaltig sein, sie stehen unter einem objektiven Schicksal, gegen das sie zuletzt wehrlos sind. Das ist die Dämonie der übergreifenden Mächte, der Besessenheiten einer Zeit, daß sie auch das widerstrebende Wollen in ihren Bann ziehen. Darum kann man zwar nicht berechnen, was kommt, aber man kann auch nicht wollen, was kommen sollte, sondern man muß handeln aus jener Einheit heraus, in der Wollen und Schau eins sind und die schöpferisch ist und überzeugend für Erkennen und Wollen.

Es liegt in der dialektischen Idee, daß sie die herrschende Tendenz, das tragende Strukturelement einer Zeit zwiespältig sieht; denn gesehen kann nur werden, was Abstand hat. Konkret gesprochen: Nur an dem Ort kann die Dämonie des Ökonomischen gesehen werden, wo man einerseits völlig von ihr getroffen ist, eben darum aber andererseits zu entschlossener Abwehr gezwungen ist. Dieser Ort ist das Proletariat. Das Selbstbewußtsein des Proletariats ist das Selbstbewußtsein des ökonomisch bestimmten Zeitalters. Denn allein das Proletariat ist bis an die Grenzen der Existenzmöglichkeit ökonomisch bestimmt. Daraus ergibt sich die Rolle, die das Proletariat, abgesehen von allen seelischen Umbildungen, durch sein bloßes Dasein erkennend und handelnd für das Zeitschicksal bedeutet: Es ist der Ort des unbedingten – nämlich durch keine seelische Haltung bedingten – Widerstandes gegen die radikale ökonomische Tendenz des Zeitalters. Damit ist der Primat des Proletarier-Sozialismus gegenüber dem Intellektuellen-Sozialismus gegeben, den de Man aufheben will. Denn der Intellektuelle kann nur durch eine seelische und geistige Bewegung zum Sozialismus kommen. Er steht nie durch seine bloße Existenz an dem Ort des höchsten Druckes und des unvermeidlichen Widerstandes.

Mehr darf freilich nicht gesagt werden. Weder der Sieg des Proletariats noch der Sieg eines wirklichen Sozialismus durch das Proletariat sind notwendige Ereignisse. Schicksalsbewußtsein ist keine Garantie, auf der man ausruhen kann. Wird es dazu benutzt, so ist es schon zu einem Gegenstand geworden, zu etwas, dem man gegenübersteht, anstatt daß man darin steht und selbst das Schicksal ist.

Für de Man ist es der letztlich zufällige Wille des Proletariats, der den Sozialismus erkämpft. Für den echten Marx ist es Wesenswille, in dem der Sinn eines neuen Zeitalters sich durchringt. Darum ist von Marx her der Gedanke einer Zeitenwende auf allen Gebieten des gesellschaftlichen und geistigen Lebens zu fassen, während von de Man her lediglich eine Besserung der Lage der Arbeiterschaft begründet werden kann. Dieser Unterschied wirkt sich unter anderem aus in der Beurteilung der kleinbürgerlichen Entwicklung des Proletariers, auf die de Man mit Recht nachdrücklich und besorgt hinweist. Hier steht die Alternative so: Entweder kommt es wirklich dazu, daß das Proletariat in eine reale kleinbürgerliche Lage einrückt, dann ist die Struktur der Gesellschaft nicht mehr im Sinne der marxistischen Analyse kapitalistisch. Es ist eine neue Situation eingetreten, die zu neuen Analysen und Synthesen führen muß. Oder die proletarische Situation bleibt als eine breite oder schmale Wirklichkeit bestehen. Und die Tendenz zur Proletarisierung, die im Kapitalismus fast alle Schichten der Gesellschaft irgendwie bedroht, bleibt in Kraft. Dann ist diese Situation der Ort des seinshaften, unmittelbaren Widerstandes gegen das kapitalistische System.

Wir müssen uns davor hüten, daß das Hinausgehen über Marx in ein Zurückgehen vor Marx umschlägt. Das geschichtsbewußte Denken, das Marx von Hegel übernommen und ins Realistische umgebildet hat, darf nicht verlorengehen zugunsten rationalistischer oder voluntaristischer Geschichtslosigkeit. Die ontologische Tiefenschicht, aus der heraus Marx das Zeitalter des Kapitalismus deutet, darf nicht verlassen werden zugunsten einer psychologischen Oberflächenschicht. Die Universalität der Marxschen Sinndeutung der Zeit darf nicht verengt werden zugunsten einer Beschränkung auf den Wirtschaftskampf des Industriearbeiters. Das Schicksalsbewußtsein, aus dem Marx und der Marxismus Kraft geschöpft haben, darf nicht verwandelt werden in ein Auseinander von abstrakter Idealsetzung und empirischer Gegenwartserkenntnis. Der Geist der Prophetie in Marx darf dem Sozialismus nicht verlorengehen.

Wir sind de Man dankbar für alles, was er an Erkenntnissen zur Überwindung des Spät-Marxismus beigebracht hat. Hier gehen wir mit ihm, und das ist eine weite Strecke. Nur da können wir unsere mitteleuropäische Tradition nicht aufgeben gegen seine westeuropäische, wo über die Tiefe entschieden wird, aus der heraus der Sinn des Sozialismus verstanden werden soll. Und wir glauben, gerade damit, daß wir uns nicht einfach den westlichen Denkformen verschreiben, der sozialistischen Bewegung den Dienst zu leisten, der uns gemäß und darum fruchtbar ist.

MYTHOS UND GESCHICHTE

Zu Emil Ludwigs „Menschensohn"

(1928)

Wenn ein Mann wie Emil Ludwig es unternimmt, die Geschichte Jesu von Nazareth zu erzählen und wenn diese Erzählung[1] gleichzeitig in acht Sprachen gehört wird, so wird sich der Theologe gern und erwartungsvoll zu der großen Schar seiner Hörer gesellen. Gerade deswegen wird er es tun, weil ihm eine untheologische Erzählung verheißen ist und er weiß, wie unersetzlich für ihn und seine Sache der unbefangene Blick ist, den der Nichttheologe vor ihm voraus hat. Und er wird sich gern packen lassen von der Kraft und Anschaulichkeit der Sprache, von der Fähigkeit, historische Gestalten zu sehen und sichtbar zu machen, die Emil Ludwig auszeichnet. So wird ihn das Bild des „Vorspiels" mit der Überschrift „Jerusalem" vom ersten bis zum letzten Wort fesseln. Und wo in den folgenden Abschnitten Schilderungen der Zeit und Umwelt Jesu vorkommen, werden sie ihn in gleicher Weise durch Stil und Anschauung in Bann schlagen. Und auch die Hauptmasse des Erzählten, die Geschichte und innere Entwicklung eines Propheten – dessen, der sich den „Menschensohn" nannte – wird den Hörer nicht loslassen bis zum Schluß. Der Erzähler aber, dem dieses gelungen ist – an diesem Stoff gelungen ist –, beweist eine Kraft, die nicht vielen zur Verfügung steht.

Und doch: es ist eine Kraft, die an diesem Stoff zuletzt zerschellt. Wenn ein Theologe dieses Urteil auszusprechen wagt, so wird es ihm schwer werden, sich von dem Verdacht zu reinigen, daß ihm theologische Befangenheit den Blick verdunkelt, die Befangenheit dessen, der in der Theologie steht, die „später kam und die ihm (Jesus) fremd war...", wie Ludwig sagt, und die er, der Autor selbst, „mit keinem Finger berührt". Wie aber, wenn nun der Theologe den Autor fragt: Warum ist die Möglichkeit nicht erwogen, mit der die gegenwärtige Theologie rechnet, daß auch schon das messianische Selbstbewußtsein Jesu einschließlich des Wortes „Menschensohn" Theologie ist, die „später kam und die ihm (Jesus) fremd war"?

Ist hier etwa das Verhältnis umgekehrt; ist der Theologe derjenige, der vorurteilsloser, unbefangener sieht, der wenigstens ernsthaft damit

[1] Verlag Ernst Rowohlt, Berlin. 1928.

rechnet, daß auch der Rest von Theologie, dessen Weiterentwicklung alle spätere Theologie ist, Jesus wirklich fremd war? Während der Dichter und Historiker diesen Rest von Theologie braucht, weil sonst für sein historisch-psychologisches Verstehen überhaupt nichts mehr übrigbliebe? Es ist nicht zufällig, daß unserem großen Historiker Eduard Meyer der gleiche Vorwurf gemacht werden mußte, als er in seinem Werk „Ursprung und Anfänge des Christentums" ein „Leben Jesu" gab. Nicht der Theologe ist hier der Vorurteilsvolle, sondern der Historiker, der wissenschaftliche und der dichterische. Die Theologie hat in schwerem Ringen, in unendlich mühevoller Kleinarbeit und in einer Fülle genialer Wendungen das Stadium hinter sich gelassen, an dem der psychologische Historiker noch festhält, weil ihm sonst der Boden entzogen wäre. Der Boden ist ihm aber entzogen; jeder Satz von Ludwig beweist das gerade durch seine Sprach- und Gestaltungskraft.

Ludwig meint, sobald man psychologisch an die Dinge heranginge, würde alles logisch, was in den Berichten der Evangelien verworren ist. Dieser Meinung verdanken wir 150 Jahre Produktion von „Leben Jesu", in der so ziemlich alles durchexperimentiert ist, was in und außer dem Bereiche psychologischer Möglichkeit liegt. Keines dieser Experimente hat es zu irgendeiner Evidenz bringen können. Keines ist aufs Ganze gesehen wahrscheinlicher als das andere. Und gegen jedes steht außer allen anderen Einwänden noch der, daß die Berichte, auf die es sich stützt, historisch fragwürdig sind. Bei Ludwig hängt das ganze Bild an der Entwicklung des eigentlichen Messiasbewußtseins „in der Periode der Verdunkelung". Das ganze Bild fällt also hin, wenn das messianische Selbstbewußtsein Jesu kultisch-dogmatische Eintragung der ersten Gemeinde ist. Aber es fällt auch hin, wenn Jesus den Titel Menschensohn – wie Ludwig meint und wie es durchaus möglich ist – von Anfang an gebraucht hat. Denn dieser Name war Ausdruck der höchst gespannten, apokalyptischen Messiasidee – – und Jesus hätte in diesem Falle von Anfang an in der Periode der „Verdunkelung" gelebt. Und wäre niemals der relativ harmlose Verkündiger der göttlichen Güte gewesen, der er in seiner ersten Periode gewesen sein soll. Dieses alles ist nicht zu entscheiden! Wenn die Quellen versagen, ist die Psychologie reine Konstruktion. Und sie versagen nicht nur an diesem zentralen Punkt, sondern auch bei der Einordnung jeder einzelnen Geschichte. Man kann jede auch an eine andere Stelle setzen, als Ludwig es tut. Die zeitlichen und geographischen Einrahmungen der einzelnen Anekdoten sind Stil und helfen uns gar nichts. An diesem Ergebnis der Kritik wird kaum mehr zu rütteln sein. Unter diesen Umständen kann man sich allem Glanz der Sprache und Psychologie Emil Ludwigs gegenüber des peinlichen Gefühls nicht erwehren, daß hier Möglichkeiten gegeben werden, denen unendlich viele andere Möglichkeiten gegenüberstehen, deren keine es auch nur bis zu echter historischer Wahrscheinlichkeit bringen kann. Wer durch das Feuer und den Ernst der methodischen historischen Kritik gegangen ist, kann an der feinen oder groben, dichterischen oder wissenschaftlichen Jesuspsychologie keinen Geschmack mehr finden.

Es sollte endlich anerkannt werden, daß in den Evangelien ein Phänomen vorliegt, das sich der Analogie einer Helden- oder Propheten-Biographie entzieht. Hier wird eine Geschichte erzählt, die von Anfang bis zu Ende und in allen Schichten ihrer Überlieferung Einheit von Historie und Mythos ist. Es wird eine Geschichte erzählt, die in jedem ihrer Worte von dem Glauben zeugt, der sie geformt hat, und darum in keinem ihrer Worte von einem objektiv-historischen Vorgang. Damit ist nicht gesagt, daß die Geschichte selbst nur Mythos ist, wie törichte, historisch kaum diskutable Willkür folgert. Vielmehr ist das Ineinander von Historie und Mythos das Eigenartige und Einzigartige der Evangelien. Schon der Evangelienstil enthält das Dogma von Jesus dem Christus, d. h. von dem tatsächlichen Menschen, der Gegenstand des Glaubens und eben damit gottheitlich ist. Die Evangelien sind Kultgeschichten, aber nicht Kultgeschichten, die sich auf ein wiederkehrendes Naturphänomen, sondern die sich auf die einmalige Geschichte einer Persönlichkeit beziehen. Man kann diese Einheit von Mythos und Geschichte ablehnen; aber jedenfalls muß man anerkennen, daß sie das Eigenartige des Christentums ist und daß sie sich im Nizänischen Dogma nicht deutlicher auswirkt als im literarischen Charakter selbst der ältesten Schichten der Evangelien. Darum fehlt in ihnen jede Entwicklung der äußeren historischen Vorgänge wie auch des Innenlebens aller auftretenden Personen. Darum sind sie extrem unpsychologisch und können auf keine Weise gezwungen werden, Material für Psychologie herzugeben. Ob der große wissenschaftliche, ob der große dichterische Historiker es versucht – das Versagen bleibt das gleiche. Historisch und psychologisch lassen sich die Evangelien nicht greifen.

Emil Ludwig wollte im Holzschnitt schreiben, er wollte alle Farbigkeit, alles Romanhafte weglassen. Wir danken ihm das. „Wer Jesus aus eigener Erfindung sprechen ließe, müßte mindestens an intuitiver Kraft ihm gleichen." Das ist ehrliche Anerkennung einer Grenze, die nicht überschritten werden darf. Vergleichen wir aber den Holzschnitt, den er nun geformt hat, mit dem Holzschnitt der Evangelien selbst und den Bildern der Alten bis hin zu den Zeichnungen Rembrandts, die dem Buche beigegeben sind, so ist der Unterschied der: dort ist der Mythos Mythos geblieben; hier ist der Versuch gemacht, ihn in Entwicklungsgeschichte und Psychologie zu verwandeln. Dieser Versuch aber muß mißlingen, denn er widerstrebt der Sache selbst. Und – möchte ich fragen – widerstrebt er nicht auch unserem gegenwärtigen, werdenden Weltgefühl? Stehen wir nicht im Grunde selbst schon, jenseits von Entwicklungsgeschichte und Psychologie, im „Sein“ und im Mythos vom Sein? Wie es aber auch mit uns beschaffen sei – einen Holzschnitt der evangelischen Geschichte wird nur der und nur das Zeitalter in Wort und Bild zeichnen können, dem Mythos und Geschichte wieder eins geworden sind.

DAS ALTER DER KIRCHE

Zum gleichnamigen Buch von Eugen Rosenstock und Josef Wittig

(1928)

Das Werk[1], zu dem Eugen Rosenstock und Josef Wittig, der Breslauer Professor der Rechte und der ehemalige Breslauer Professor der Theologie, der protestantische Laie und der katholische Theologe und Schriftsteller, sich vereinigt haben, gehört zu den eigenartigsten und geistvollsten Erscheinungen der gegenwärtigen Literatur. Von der Kirche ist die Rede, ihrer Stiftung, ihrem Sinn, ihrer Entwicklung, ihrer Gegenwart. Von der Kirche jenseits ihrer Spaltungen und in ihren Spaltungen. Von der Kirche in ihrem eigensten Wesen und in ihrem Verhältnis zu den anderen Mächten der Geschichte. Von der Kirche in Alltag und Feiertag. Von der Kirche in ihrem Charakter als „Gestalt der Gnade" und als menschlich fragwürdige Einrichtung. Die einzelnen Aufsätze sind nicht unterzeichnet; doch wäre es nicht schwer, sie auf die beiden Verfasser zu verteilen – wenn es darauf ankäme. Aber es kommt nicht darauf an. Es ist die *gleiche* Sache, um die beide ringen und die unsere Gegenwart und jeden in unserer Gegenwart unbedingt angeht.

Ein neues Verständnis dessen, was Kirche ist, ihrem Wesen nach ist und darum ihrer Wirklichkeit nach sein müßte, sein könnte, ist allenthalben im Wachsen. Im Protestantismus, in der Jugend, in zahlreichen Kreisen geistiger Führer wird um das Problem der Kirche gerungen. Die ungeheure Enttäuschung der autonomen Menschheit an ihrer eigenen Schöpfung, das Zerbrechen ihres Werkes, die Zersetzung ihrer Gemeinschaften, die Entleerung und der Zerfall ihres Innenlebens, treibt zu der Frage nach einer Wirklichkeit, die in der Menschheit steht und doch nicht aus ihr kommt, nach einer Gemeinschaft, die eine Seinsgestalt ist wie alle anderen und doch etwas bedeutet, was über sie selbst und alle anderen hinausweist, eine „Gestalt der Gnade", wie ich sie nennen möchte. Das aber ist die Kirche – oder sie ist nichts. Die Frage nach der Kirche ist die *Frage nach einer Gestalt der Gnade im gegenwärtigen Zerfall der autonomen Seinsgestalten.*

Auf diese Frage, die mit jeder neuen Enttäuschung am autonomen Lebensprozeß unserer Zeit dringlicher wird, wollen Rosenstock und

[1] Berlin 1928.

Wittig antworten. Sie antworten mit dem Hinweis auf die tatsächliche Kirche. Sie konstruieren nicht eine neue Kirche in die Gefilde der Abstraktion und Utopie. Die wirkliche Kirche ist „gestiftet"; sie ist Einbruch des „Jenseits des Seins" in das Sein, und sie ist immer irgendwie da. Aber sie ist da als sich wandelnde. Erstarrte Formen müssen zerbrechen.

Das ist nicht nur Theorie der Verfasser, sondern schicksalsschwere Praxis, wie der fünfte Band zeigt, der die *Akten und Gutachten zum kirchlichen Prozeß Wittigs* enthält. Dieser Prozeß kostete Wittig sein Lehramt und führte zu seiner Exkommunikation. Der Band enthält auch solche Gutachten, die Wittig ungünstig sind, so daß der Standpunkt der Kirche gegen den Herausgeber voll zu seinem Recht kommt. Um so eindrucksvoller ist das Ganze: Man fühlt sich bei der Lektüre dieser Akten wie durch nächtlichen Alpdruck in das Mittelalter versetzt und atmet auf, als ein Telegramm des Preußischen Kultusministeriums, das die wirtschaftliche Sicherstellung des Verurteilten enthält, den Bann zerreißt. Allen Feinden und Totsagern des Liberalismus sei dieser Band zum Nachdenken empfohlen. Aber nicht auf ihn kommt es zuletzt an; er reinigt nur die Verfasser von dem Verdacht, daß sie das Zerbrechen der Autonomie benutzen wollen, um in eine neue kirchliche Zwangsbindung zu führen, wie es zur Zeit so oft versucht wird. Das Leiden durch die Kirche gibt ihren Worten für die Kirche Reinheit und Gewicht.

In diesen Worten ist viel Geist – Geist, der Leben und Seele ist. Das gilt ebenso für die Schau des Vergangenen wie für die Beurteilung des Gegenwärtigen. In der Vergangenheit werden die *Altersringe der Kirche* aufgezeigt (daher wohl der Name des Ganzen) in ihrem ursprünglichen lebendigen Wachstum und in ihrer späteren gefährlichen Verhärtung. Es wird eine neue höchst bedeutsame Periodisierung versucht: im ersten Jahrtausend die Kirche gegenüber einer heidnischen Welt, im zweiten Jahrtausend eine Kirche, die mit einer äußerlich christianisierten Welt konkurriert, im dritten, kommenden Jahrtausend eine Kirche, die eine christliche Gesellschaft aus sich herausgesetzt hat. Die Bedeutung aller ihrer Lebensformen ändert sich auf dem Übergang von der ersten zur zweiten und muß sich ändern auf dem Übergang von der zweiten zur dritten Periode. Die Kirche muß eingehen in die Arbeitsgemeinschaften der produzierenden Menschheit und in ihnen das *transzendente Bedeuten* aufweisen und sie umschaffen zu *Gestalten der Gnade*. Nicht, als ob sie dadurch zur Vollkommenheit kämen, aber so wie es in dem schönen Aufsatz über den Gottesfrieden ausgeführt wird, daß der Protest gegen die dämonischen Mächte in die sozialen Gestaltungen aufgenommen wird, daß der eine Teil der Woche in den Gottesfrieden gestellt und damit dem anderen gegenüber zum Hinweis wird auf den ewigen Gottesfrieden. In diesem Sinne des Hinweises, des Protestes, des Wandels ist die Kirche das „Herz der Welt" und kann es sein auch in der ökonomisch begründeten Gesellschaft der Gegenwart.

Das sind nur Andeutungen, die den reichen, ständig überraschenden und zur Mitarbeit zwingenden Inhalt nicht von ferne erschöpfen. Natürlich bleiben Fragen offen. Nicht alles ist zur Klarheit gebracht: das Verhältnis der kommenden Gestalt der Kirche zum römischen Primat, die genaue Bestimmung des weltlichen Charakters der Kirche im Verhältnis zu ihrem weltdurchbrechenden Charakter (an diesen Punkten wird die protestantische Kritik einzusetzen haben), das Verhältnis zu den zurzeit noch lebendigen außerchristlichen Religionen (an diesem Punkt wird die autonome Kritik einsetzen). Aber eins ist geleistet: Das Thema Kirche ist wieder angeschlagen, so machtvoll und weit und reich, so erfüllt von Substanz der Vergangenheit und zugleich so gegenwartsnah wie zurzeit kaum irgendwo. Nicht als ein theologisches Sonderthema, sondern als das Thema unserer gesamten geistigen und gesellschaftlichen Existenz, als juristisches und soziales, als politisches und wirtschaftliches, als geistiges und vitales Thema, als unser Thema schlechthin. Darum hat das „Alter der Kirche" jedem Kreise Wesentliches zu sagen, der um die Gestaltung der Gegenwart aus dem Chaos, aus der Fülle der Zeiten ringt.

DIE SELBSTVERWIRKLICHUNG DES GEISTES

Zum gleichnamigen Buch von Richard Kroner

(1928)

Kroner ist durch seine beiden Bände "Von Kant bis Hegel" im „Grundriß der philosophischen Wissenschaften" an die erste Stelle der Interpreten des deutschen Idealismus gerückt. Sein neues Buch „Die Selbstverwirklichung des Geistes"[1] zeigt, woher die Kraft seiner durchdringenden geistesgeschichtlichen Analysen stammt: aus der aktuellen, gegenwärtigen Mitarbeit an den im Idealismus gestellten Problemen. Kroner steht dem Idealismus nicht gegenüber wie ein Historiker, den sein Gegenstand unmittelbar nicht angeht, sondern als ein Systematiker, der in den Gedanken einer vergangenen Epoche sich selbst und sein philosophisches Bewußtsein wiederfindet; der darum das Vergangene zur Gegenwart machen, es von Grund auf neu durchdenken und weiterführen kann. So wird das systematische Buch mehr als irgendein historisches zu einer Einführung in die Gedankenwelt des deutschen Idealismus. Es bringt die idealistische Haltung als eigene zum Ausdruck. Es wird zu einem Schlüssel für die Philosophie der größten Epoche unseres Geisteslebens. Es wird zur Grundlage einer gegenwärtigen, aktuellen Diskussion über die idealistischen Probleme.

Aber dieses ist doch nur die eine, rückwärts bezogene Bedeutung des Buches. Die andere liegt in seiner systematischen Form und seinem philosophischem Gehalt. Es ist zur Zeit selten, daß ein Philosoph es wagt, den ganzen Umkreis des Kulturbewußtseins in einem geschlossenen System methodisch aus einem Prinzip abzuleiten. Wo gegenwärtig die Kultur von universalen Gesichtspunkten aus betrachtet wird, da ist es nicht die Notwendigkeit des Kultursystems als solche, um die man sich bemüht, sondern eine Wertung, eine Prognose, eine kritische Analyse. Die einzelnen Gebiete des Geistes werden vorausgesetzt, aber nicht abgeleitet. Ihr Sinn im Ganzen des Sinnerlebens wird nicht aufgesucht. Hier setzt die Arbeit von Kroner ein. Er will die Kultur als solche, ihren Sinn, ihren Aufbau und den Sinn ihres Aufbaus verstehen; er will den Schritt von einem Glied des Kultursystems zum andern als notwendig begreifen. Er will ein *System* der Kultur aufweisen im strengsten Sinne des Wortes. Das methodische Mittel, dessen er sich

---

[1] Tübingen 1928.

bedient, ist „das Prinzip des sich aufhebenden Widerspruchs" oder, mehr religiös formuliert, *„das durch Kultur sich versöhnende Selbstbewußtsein"*. Der Nachweis der Gespaltenheit des Bewußtseins führt zunächst in die Sphäre der unmittelbaren Selbstverwirklichung des Geistes, wie sie gegeben ist im theoretischen und praktischen Ich und in der Gemeinschaft der Ich-Subjekte. Er treibt weiter zu der kulturellen Selbstverwirklichung des Geistes in vier polar angeordneten Stufen: Wirtschaft und Technik, Naturwissenschaft und Kunst, Politik und Religion, Historie und Philosophie. Die Stufen verhalten sich, im Bilde gesehen, wie Keller-, Erd-, Haupt- und Dachgeschoß. Auf keiner Stufe ist die Versöhnung vollzogen; jede treibt über sich hinaus. Aber auch die letzte, die Philosophie, bringt die Versöhnung nicht. Sie zwingt zu einem neuen Anfang; und in diesem lebendigen Kreis der Sphären verwirklicht sich der Geist.

Der Vergleich mit Hegel ist unabweisbar. Er drängt sich nicht nur im Anblick des Ganzen, sondern auch in vielen Einzelheiten auf; so in der Kunsttheorie, in der Staatslehre, in der spekulativ-orthodoxen Auffassung des Christentums. Und doch ist der Unterschied erheblich. Es fehlt die Naturphilosophie; und wohl nicht nur zufällig, sondern wie aus scharfen Bemerkungen gegen die Naturromantik zu entnehmen ist, grundsätzlich. Technik und Wirtschaft erhalten einen der gegenwärtigen Lage entsprechenden breiten Raum. Die Unmöglichkeit einer empirischen Universalgeschichte wird anerkannt. Vor allem aber, der Philosophie, wie der letzten Stufe überhaupt, wird die versöhnende und vollendende Kraft abgesprochen. Als der wesentlichste Ort der Versöhnung und damit *als das Zentrum der Kultur überhaupt wird die Religion angesehen.* Der Hegelsche Gedanke, daß sie die Beziehung auf den absoluten Geist in Form der Vorstellung sei, wird bekämpft. Sie wird ganz allgemein auf alle Seiten des Bewußtseins bezogen. Freilich ist auch sie nicht das Ende; der dialektische Prozeß treibt auch über sie hinaus. Aber nicht zu einem Höheren, in dem er sein Ende findet, wie Hegel meint, sondern zu einem andern, in dem er sich neu erzeugen muß. Von dieser dynamischen Auffassung aus wird die Mystik entwertet, so daß man sagen kann: Während in Hegel Ekkehard über Luther triumphierte, siegt bei Kroner Luther über Ekkehard.

Aber er siegt nicht ganz. Die Dialektik bleibt. Und es fragt sich, ob darin nicht ein Sprengstoff liegt, der das ganze System in Frage stellt. Wenn es keinen Ort der Versöhnung gibt: Wie kann die Versöhnung zum Prinzip gemacht werden? Muß nicht der Denker, der die Versöhnung zum Prinzip des Weltverstehens macht, in der Versöhnung stehen? Denkend freilich! Aber denkend bedeutet ja nach Kroner: erfüllt von dem Gehalt der denkend durchdrungenen Stufen. Also versöhnt in Wirklichkeit. Damit wäre der konsequente Idealismus gegeben. Oder aber der Denker steht nur glaubend, nicht wirklich in der Versöhnung. Dann aber ist die Versöhnung kein Prinzip dialektischer Notwendigkeit; sie ist nicht verfügbar; sie ist nicht tragendes Element des menschlichen Geistes. Sie ist es so wenig, wie der Zustand der „Sündhaftigkeit" eins ist mit dem dialektisch erfaßbaren Widerspruch des Selbstbewußtseins. Weder Sünde noch Gnade sind dialektisch erfaßbar. In beiden Fällen handelt es sich um einen Sprung, um eine Durchbrechung des Wesens. – Ist aber die Religion der Ort, in der das Wesen durchbrochen wird, so ist sie überhaupt kein Glied des Kultursystems, so ist sie seine Erschütterung und Umwendung in all seinen Gebieten. Zu dieser Konsequenz drängt die Kritik, die Kroner an Hegel und der Mystik übt; aber sie wird nicht gezogen.

Wäre sie gezogen, so würde auch das Prinzip des Kulturaufbaus, der „sich aufhebende Widerspruch", fraglich werden und der Realismus noch stärker, als es bei Kroner geschieht, in den Kulturidealismus einbrechen. Wird dem Widerspruch als Prinzip seine religiöse Tiefe genommen, so wird es zu einem Handwerkszeug der Reflexion, das der Wirklichkeit und ihrer eigenen Macht gegenüber als Willkür der Reflexion erscheint, als mißlingender Versuch des Denkens, sich mit der weltschöpferischen Potenz in eins zu setzen. Diese Gefahr, der Hegel weitgehend erlegen ist, scheint auch bei Kroner nicht ganz vermieden zu sein. Das Fremde, Unheimliche, Sprunghafte, Unlöslich-Widerspruchsvolle in den Dingen erscheint geglätteter, vertraulicher, sinnhafter, als es berechtigt ist. Das Zerbrechen und Durcheinanderfallen der geistigen Gebiete und Grenzbestimmungen, das wir zur Zeit so stark erleben, wird zwar empfunden, aber nicht stark genug zur Geltung gebracht. Die Lage des modernen Menschen (die vielleicht die Lage des Menschen überhaupt ist): ohne Weltanschauung zu sein, außerhalb des Zentrums des Sinnes zu stehen und nur hier und da einen Vorstoß auf dieses Zentrum machen zu können, kommt nicht in ihrem Gegensatz zu jeder idealistischen (und auch materialistischen) Denkhaltung zum Ausdruck.

Das sind die Einwände, die sich bewußt und unbewußt dem Kronerschen Buch entgegenstellen werden. Sie vermindern nicht den Wert des Versuches, der hier mit höchster geistiger und menschlich-persönlicher Kraft unternommen ist. Sie können das Buch zum Anlaß werden lassen zu einem überaus fruchtbaren Gespräch als auch über den *letzten Sinn unsrer gegenwärtigen Lage.* Und es ist charakteristisch für das Hinausdrängen Kroners über den reinen Idealismus, daß er auf den

Begriff der „Gegenwart“ und der gegenwärtigen Verwirklichung ein so entscheidendes Gewicht legt. Wer, wie der Verfasser dieses Berichtes, Gelegenheit hatte, ein solches Gespräch von Mensch zu Mensch zu führen, der kann es nicht unterlassen, den Wunsch auszudrücken, daß diese Möglichkeit, die ja zur Zeit bedroht ist, ihm und allen andern, die sie hatten, und der Dresdner kulturphilosophischen Arbeitsgemeinschaft überhaupt erhalten bleibe.

IDEOLOGIE UND UTOPIE

Zum gleichnamigen Buch von Karl Mannheim

(1929)

Unter diesem Titel[1] hat der Heidelberger Privatdozent der Soziologie Karl Mannheim ein Buch erscheinen lassen, das eine ausführliche Würdigung verdient, ja dessen Besprechung notwendig zu grundsätzlicher eigener Stellungnahme zwingt. Für den Philosophen wie für den Soziologen wie vor allem für den sozialistischen Theoretiker ist die Problemstellung Mannheims von fundamentaler Bedeutung.

1. Bericht

Das Buch vereinigt zwei Arbeiten, eine über die Frage „Ist Politik als Wissenschaft möglich?“ und eine andere über „Das utopische Bewußtsein“. Die Vereinigung geschieht durch eine besondere, die wichtigste Arbeit, die unter dem Titel: „Ideologie und Utopie“ den beiden anderen vorangeht.

Der Aufsatz „Ist Politik als Wissenschaft möglich?“ trägt den Untertitel „Das Problem der Theorie und Praxis“. Der Verfasser gibt eine soziologische Analyse der verschiedenen Auffassungen von Theorie und Praxis, die zu dem Wertvollsten und Interessantesten des Buches gehört. Es wird gezeigt, wie völlig verschieden sich das Verhältnis beider in den verschiedenen politischen Haltungen darstellt. Der bürokratische Konservatismus, der historische Konservatismus, das liberaldemokratische Bürgertum, der Sozialismus, der Faschismus werden der Reihe nach daraufhin befragt, wie sie das Verhältnis von Theorie und Praxis beurteilen. Jedesmal erfolgt eine ganz andere, für die Gesamthaltung der betreffenden Gruppe charakteristische Antwort. Aber es soll nicht nur die Mannigfaltigkeit festgestellt, es soll ein eigener Weg gesucht werden. Mannheim nennt ihn mit einem nicht ganz ungefährlichen Wort: den Weg der „Synthese“. Er versteht darunter den Versuch, eine politische Haltung einzunehmen, die sich selbst und die übrigen Haltungen in gleicher Weise soziologisch zu durchschauen vermag und mit dieser Leistung eine politische Wissen-

[1] Bonn 1929.

schaft ermöglicht, die mehr ist als Lehre von der politischen Technik oder Reproduktion der offiziellen Parteitheorie. *Soziologie der politischen Überzeugungen* wäre demnach das Kernstück einer Politik als Wissenschaft. Wie ist eine solche geistige Haltung möglich? fragt Mannheim. Wer ist Träger der Synthese? Und er antwortet: *die Intelligenz.* Nicht alle freilich, die zu ihr gehören; denn ein Teil schließt sich blind irgendwelchen Klassen oder Parteien an – wobei alle Parteien in Frage kommen können. Sondern nur diejenigen, die ihre eigene soziologische Lage durchschauen und die Erkenntnischance ergreifen, die in ihrer soziologischen Unfixiertheit liegt. Das Stehen der Intelligenz zwischen den Gruppen ermöglicht es ihr, die soziologischen Hintergründe aller Gruppenideologie, auch ihrer eigenen, zu durchschauen. Mannheim meint, auf diese Weise jeden absoluten Standpunkt aufgehoben zu haben, auch denjenigen, den der Marxismus für das Proletariat in Anspruch genommen hat. Der einzige „absolute" Standpunkt wäre der sich in seiner Relativität durchschauende, d. h. derjenige der Intelligenz. – Solchen Betrachtungen kommt nun der Wahrheitsgedanke entgegen, um den sich Mannheim bemüht: *der dynamische Wahrheitsgedanke,* bei dem „Sicht und Entscheidung" nicht auseinander liegen, sondern wahre Sicht eine solche ist, in die ein Element Entscheidung mit eingegangen ist. Wohl erkennt er an, daß es eine relativ formale Schicht der Erkenntnis gibt, die Allgemeingültigkeit beanspruchen kann, aber die tieferen Schichten der Dinge werden so nicht erreicht. In ihnen geht es um eine Wahrheit, die in notwendiger Relation steht zu dem jeweilig erkennenden Subjekt und sich mit dieser Relation wandelt. Mannheim unterscheidet diese Auffassung als „Relationismus" vom Relativismus, der eine statische Wahrheit voraussetzt, an die das Subjekt nur relative Annäherungen vollziehen kann. Auf diese Weise ist der Gegensatz von Theorie und Praxis weitgehend aufgehoben. Nicht nur das Handeln, sondern auch das Erkennen steht in der Entscheidung, und eine so in der Einheit von Sicht und Entscheidung gewonnene Erkenntnis kann ihrerseits das Handeln bestimmen, während das akademische Denken beispielsweise der Hochschulen sich gegenüber der Entscheidungssphäre isoliert und dadurch in die Gefahr kommt, die Beziehung des Erkennens zum Handeln völlig zu vernichten.

In dem Aufsatz über das utopische Bewußtsein wird der Begriff der Utopie in polarem Gegensatz zum Begriff der Ideologie gefaßt: Beides, Ideologie und Utopie, sind seins-transzendente Gedankenbildungen, d. h., sie decken sich nicht mit dem jeweiligen gesellschaftlichen Sein ihrer Träger. Während aber die Ideologie außerhalb jeder Verwirklichung liegt, ist die Utopie darauf gerichtet, etwas zu verwirklichen, und zwar mit weitgehendem Erfolg. Nur die *absolute Utopie* teilt den Charakter der Ideologie, realitätslos zu bleiben. Für die politische Fragestellung kommen jedoch nur *relative Utopien* in Betracht. Mannheim sucht der Reihe nach die verschiedenen Arten des utopischen Bewußtseins in den verschiedenen politischen Gruppen nachzuweisen, beginnend mit dem Chiliasmus der Wiedertäufer, endigend mit der sozialistisch-kommunistischen Utopie. Als gegenwärtige Konstellation schildert er einen gewissen Ausgleich der Utopien durch gegenseitige Destruktion sowie durch Verpflichtung der Träger des utopischen Bewußtseins an Gegenwartsaufgaben. Mannheim sieht die daraus sich ergebende Gefahr der Spannungslosigkeit, des Verschwindens der „historischen Zeit", d. h. der aktiven Wendung auf das, was kommen soll. Demgegenüber vertritt er die Unentbehrlichkeit der Utopie im Unterschied von der Ideologie. – Die Analyse der Utopie liegt dem Hauptproblem des Buches ferner als die der Ideologie. Ich gehe darum gleich hier kurz darauf ein. Die Frage, die gestellt werden muß, lautet: Ist es fruchtbar, Ideologie und Utopie in eine solche Analogie zu stellen, wie Mannheim es tut? Ich glaube kaum. Fruchtbar ist sicher der Begriff der Seinstranszendenz im Mannheimschen Sinne: Begriffe, die über das gegebene Sein (das primär gesellschaftliches Sein ist) hinausgehen. Aber das Hinausgehen ist in beiden Fällen ein so verschiedenes, daß nur der Wortklang, nicht der Wortsinn eine Gleichheit schafft. Das Hinausgehen der Utopie ist ein Sich-Spannen des Menschen über seinen tatsächlichen Zustand. Aber dieses Sich-Spannen gehört zu seinem Sein. Es ist der adäquate Ausdruck eines beunruhigten Seins; es ist also das Gegenteil von Ideologie. Diese hat (wenigstens nach der Terminologie des Utopie-Aufsatzes) weder etwas mit Wirklichkeit noch mit angestrebter Verwirklichung zu tun, sondern ist die Art, in der eine Gruppe ihr eigentliches Sein verhüllt. Der Utopist weiß, daß seine Gedanken nicht wirklich sind, aber er glaubt, daß sie wirklich werden. Der Ideologe weiß es im typischen Fall nicht. Er meint, in seinen Gedanken sein Sein zu fassen. Und wenn er es weiß, wenn aus der unbewußten Täuschung die bewußte wird, so hat solches Herausgehen über das Sein wieder nichts mit der realen, nach vorn gerichteten Spannung zu tun. Daß Mannheim eine konservative Utopie behauptet, scheint mir mit dieser Unklarheit zusammenzuhängen. In der Durchführung seiner Behauptung muß er dann naturgemäß so ziemlich alles abstreichen, was den Begriff der Utopie konstituiert. – Fruchtbarer als die Zusammenstellung mit Ideologie ist für das Utopieproblem *das Verhältnis von absoluter und relativer Utopie*. Hier wäre zu fragen gewesen, inwiefern in jeder relativen Utopie eine absolute steckt, wie diese Zweideutigkeit das utopische Bewußtsein charakterisiert und wie sich aus ihr einerseits die Enttäuschung erklärt, der das utopische Bewußtsein notwendig verfällt, andererseits die Tatsache, daß es über jede Enttäuschung hinaus sich immer neu erhebt. Von hier aus ließen sich sehr tiefe Schichten berührende Analysen der sozialistischen und kommunistischen Utopie geben. Mannheims eigene Gedanken gehen in anderer Richtung. Ihm kommt es auf das Ideologieproblem an, und er gibt ihm eine Fassung, die nicht nur weit über diejenige seines Utopieaufsatzes hinausgeht – ja, diese im Grunde aufhebt –, sondern auch über alles, was in der Ideologiedebatte üblich ist. Das geschieht in dem ersten Aufsatz, der dem Buch den Namen gegeben hat.

Mannheim unterscheidet im Zusammenhang einer geistesgeschichtlichen Untersuchung einerseits den totalen von dem partikularen, andererseits den allgemeinen von dem speziellen Ideologiebegriff. *Partikular* wird der Begriff verwendet, wenn bestimmte Ideen der gegnerischen Gruppe als ihrem Sein unangemessen nachgewiesen werden, *total* wird er verwendet, wenn die gesamte Gedankenwelt des Gegners unter dieses Urteil fällt. *Speziell* ist die Verwendung, wenn ein bestimmter Gegner ideologisch entwurzelt werden soll, *allgemein,* wenn jedes Denken, auch das eigene, als Ideologie bezeichnet wird. Mannheim unternimmt es nun, den partikularen und speziellen Ideologiebegriff, wie ihn der Marxismus kennt, in den totalen und allgemeinen überzuführen, d. h., er versucht den Begriff aus der politischen Kampfsituation in die politisch betrachtende Haltung aufzunehmen. Dieser Versuch ist natürlich von höchstem Interesse; er ist ein Angriff ebenso auf den üblichen philosophischen Wahrheitsgedanken wie auf die übliche politische Kampfhaltung. Mannheim meint, unsere gegenwärtige Lage sei reif dafür, daß das Denken sich selbst in ihr radikal in Frage stelle. Das Problem des *falschen Bewußtseins* sei gegenwärtig unabweisbar gestellt und zwar für jede Art von Bewußtsein. Bis in die Einzelforschung hinein sei die Unsicherheit gedrungen, und die Versuche, sie zu verdecken, hätten keine Aussicht auf Erfolg. Hinter der angeblich wertfreien Begriffsbildung ständen wertende Entscheidungen, die immer sichtbarer würden und jede Absolutheitssetzung unmöglich machten. So geht das Ideologieproblem über in eine universal gefaßte, vor keiner Art Denken, auch nicht der eigenen, haltmachenden *Soziologie des Wissens.*

2. Auseinandersetzung

Für die Philosophie bedeutet diese Wendung des Ideologiebegriffes eine Brechung ihrer unmittelbaren Sachbezogenheit, für die politische Praxis eine Brechung der unmittelbar selbstsicheren Bekämpfung des Gegners. Beide, der Philosoph und der Politiker, werden auf sich selbst zurückgeworfen. Ihre eigenen Wurzeln werden bloßgelegt. Für den Sozialismus bedeutet das in beiden Beziehungen eine schwere Erschütterung und unter Umständen eine Schwächung seiner Kampfkraft.

Den kritischen Ansatzpunkt gegen ihn hat Mannheim selbst offenbar gemacht, und zwar in seinem zweiten Aufsatz, in der Frage nach dem soziologischen Ort der radikal-soziologischen Analyse aller Haltungen. Er nennt als Ort die Gruppe der sich selbst sehenden Intelligenz. Sie sei intellektuell beweglich, weil sie soziologisch unfixiert sei. Sie stehe geistig und seinshaft zwischen den Standpunkten. Darum sei sie imstande, sich zu durchschauen, ohne daß dieses Durchschauen zu einer Aufhebung der eigenen Seinsart führen müsse. Darum könne sie die anderen durchschauen, ohne radikal für oder wider Partei ergreifen zu müssen.

Zweifellos enthalten diese Gedanken etwas sehr Verführerisches, vor allem für die von ihnen Betroffenen, die Träger der Intelligenz selbst. Denn nichts Geringeres ist ihnen damit zugesprochen als der *absolute Standort,* der allen übrigen soziologisch fixierten Gruppen abgesprochen war. Die Denkarbeit von Mannheim zeigt: Das Denken mag sich selbst zu entwurzeln suchen, soviel es will; es kann denkend sich nicht selbst aufheben, es muß sich selbst in irgendeiner Beziehung absolut setzen und muß darum, ist es soziologisch orientiert, einen absoluten soziologischen Ort für sich suchen. So ist es im Marxismus, der das Proletariat als Ort der soziologischen Wahrheit setzt, so schon bei Hegel, der sich selbst an den Punkt des erfüllten Wahrheitsprozesses stellt, so wieder bei Mannheim, der der Schicht, zu der er selbst gehört, die soziologische Erkenntnischance zuspricht. – Freilich ist nicht alles beim alten geblieben. Der Wahrheitsgedanke ist verwandelt. Er ist konkret und dynamisch geworden. Der Intelligenz wird auf ihrem absoluten Standort nicht zugemutet, ein absolutes System zu schaffen. Absolut ist nur der Wahrheitsgedanke selbst; die einzelnen Wahrheiten dagegen sind jeweilige „Synthesen", in denen sich die von der Intelligenz überschaute Gesamtkonstellation darstellt. Das ist ein Unterschied gegen alles frühere Denken, ein Unterschied, der wichtig genug ist, intensiv behandelt und in seinen Voraussetzungen und Folgen allseitig durchgearbeitet zu werden, ein Unterschied, den der religiöse Sozialismus seit langem in den Gegensatz des *kairos* (die konkret erfüllte Zeit) gegen den *logos* (die Abstraktion von der Zeit) gefaßt hat. Aber die Frage ist: Folgt daraus der totale und allgemeine Ideologiebegriff? Bei Mannheim selbst folgt er jedenfalls nicht. Der Ideologiebegriff ist nicht total, wenn eine, und zwar die alles tragende These, von der ideologischen Verwurzelung frei ist: die These von der konkreten dynamischen Wahrheit. Und der Ideologiebegriff ist nicht allgemein, wenn eine soziale Schicht, die Intelligenz, soziologisch so verwurzelt ist, daß sie in Wirklichkeit frei ist, wenn das „seinsgebundene Denken" nur an einem Ort möglich ist, wo die Seinsverbindung durchschnitten ist. Gelingt es aber nicht einmal Mannheim, den totalen und allgemeinen Ideologiebegriff durchzuführen, so muß wohl gelten, daß er undurchführbar ist.

Mit dieser negativen Entscheidung gegen das letzte Mannheimsche Resultat ist freilich noch nichts gesagt gegen die Mannheimsche Problematik. Sie muß vielmehr durchaus positiv gewertet und weitergeführt werden. Das könnte unter folgenden Gesichtspunkten geschehen:

1. Der Ideologiebegriff muß seinen konkret-politischen *Kampfcharakter* behalten, Mannheimisch gesprochen: Der partikulare und spezielle Ideologiebegriff darf nicht ins Allgemeine gehoben und damit politisch bedeutungslos gemacht werden. Jede Begriffsbildung muß daraufhin untersucht werden, inwiefern sie den spezifischen Charakter einer Ideologie hat, losgelöst zu sein von dem wirklichen Sein ihrer Träger und im Dienst der Selbstbehauptung ihrer politischen und gesellschaftlichen Situation zu stehen.

2. Darüber hinaus muß jede mit dem Ideologiebegriff kämpfende Gruppe sich selbst vor die Frage stellen, inwieweit in ihr Ideologiebildung vorliegt. So muß beispielsweise der Sozialismus sich ständig von neuem fragen, inwieweit die ihm eigenen Begriffsbildungen noch mit seiner eigenen und der gesellschaftlichen Gesamtlage zusammenstimmen und ob nicht vielleicht bestimmte machttragende Gruppen in ihm selbst die Parteitheorie ideologisch benutzen, entweder durch Festhalten oder durch Abwandlung. In dieser Beziehung hat der Sozialismus von der allgemeinen Erörterung des Ideologiebegriffes Wichtiges zur *Selbstkritik* zu entnehmen, und es könnte ihm zum Verhängnis werden, wenn er einseitig den Vorwurf der Ideologie als Waffe gegen seine Gegner und nicht auch als Mittel zur Selbstkritik benutzte.

3. Darüber hinaus muß die philosophische Frage gestellt werden, inwiefern jede theoretische Erkenntnis in Schicksal und Entscheidung steht. Und inwiefern es zum Wesen der Erkenntnis gehört, sich den Bewegungen des Seins entgegenzustellen, um über sie hinaus zu einer Sache dringen zu können. Die Problemlage ist hier überaus ernst, und

es ist das Hauptverdienst des Mannheimschen Buches, auf den Ernst der Lage nachdrücklich aufmerksam gemacht zu haben: Der *statische Wahrheitsgedanke* ist zerbrochen. Bis in die Mathematik hinein ist er fragwürdig geworden. Der *dynamische Wahrheitsgedanke*, die Verflechtung der Erkenntnis mit dem Wandel des seelischen und gesellschaftlichen Seins, läßt sich nicht durchführen, ohne daß an einem Punkt ein absoluter Standpunkt im Sein und damit im Denken gesetzt wird. In dieser Antinomie steht das Problem zur Zeit. Über diese Antinomie muß es hinausgeführt werden.

4. Ein Beitrag dazu ist der Begriff der *Erkenntnischance*. Aber wo liegt die Erkenntnischance? Wenn Mannheim die Intelligenz nennt, und zwar gerade deswegen, weil sie am wenigsten seinsgebunden sei, so ist zunächst schon die Tatsache als solche zweifelhaft. Mag sie soziologisch bis zu einem gewissen Grade richtig sein, so doch sicher nicht psychologisch. Was der Intelligenz an soziologischer Seinsgebundenheit fehlt, hat sie vielfach zu viel an seelischer Seinsgebundenheit. Das prinzipielle Problem wird dadurch nicht geändert. Außerdem ist die Bevorzugung der Intelligenz bei Mannheim ein Restbestand der Sehnsucht nach dem statischen Wahrheitsgedanken. Konsequent im Sinne der dynamischen Erkenntnis wäre es aber, wenn diejenige Gruppe, die im dynamischen Prozeß an entscheidender Stelle steht, da nämlich, wo das eigentliche Geschehen sichtbar wird, Träger der wesentlichen Erkenntnischance würde, also z. B. zur Zeit das Proletariat. Es könnte dann hinzugefügt werden, daß die in die proletarische Situation innerlich durchgebrochene Intelligenz die besondere Funktion hat, diesem Bewußtsein theoretisch Ausdruck zu verleihen.

5. Endlich ist davor zu warnen, das ganze Ideologieproblem allgemein statt konkret-aktuell anzupacken. Zuletzt enthält das Problem die Aufforderung an jeden Erkennenden, nicht nur in rationaler Analyse der Wirklichkeit gegenüberzustehen, wie es das akademische Erkennen tut, sondern gleichzeitig *seelisch und gesellschaftlich in die entscheidenden Schichten durchzubrechen*, um von ihnen aus die wirkliche Seinsgestalt zu erkennen. Je tiefer im Sein ein Erkennen verwurzelt ist – seelisch und gesellschaftlich –, desto weniger kann es überhaupt von der ideologischen Entwurzelung getroffen werden. Der Sozialismus meint – und meint mit Recht –, in der antikapitalistischen Situation des Proletariats diejenige soziale Seinsschicht getroffen zu haben, von der aus allein für das gegenwärtige Bewußtsein die Seinsgestalt sichtbar werden kann. Die konkrete Durchführung eines solchen Gedankens ist *letztlich* wichtiger als die abstrakte Problematik der Ideologie, deren radikale Aufrollung wir Mannheim verdanken.

III

DIE AMERIKANISCHE ZEIT

(1934–1965)

A. Aufsätze und Reden

WIEVIEL WAHRHEIT FINDET SICH BEI KARL MARX?

(1948)

Im Jahre 1948, ein Jahrhundert nach der Verkündung des „Kommunistischen Manifests", der leidenschaftlichsten, tiefsten und wirksamsten Zusammenfassung der Ideen von Karl Marx, ist es immer noch schwierig und gefährlich, über ihn zu schreiben. Schwierig wegen der vielen voneinander abweichenden und sich oft widersprechenden Deutungen, die seine Lehren sowohl innerhalb wie auch außerhalb der marxistischen Bewegung erfuhren; gefährlich, weil sein Name ein so mächtiges politisches und halb-religiöses Symbol – göttliches wie auch dämonisches – geworden ist, daß alles, was man auch über ihn sagen mag, von Fanatikern auf beiden Seiten schärfstens zurückgewiesen wird. Von einigen erfährt man den Vorwurf eines kläglichen Mißverständnisses des Marxschen Denkens, von anderen wird man als Reaktionär, von vielen als ein „Roter" angeprangert, und das letztere besonders von eingefleischten Kommunistenfressern. Ich schrecke vor diesem Risiko nicht zurück, weil ich überzeugt bin, daß in der Lehre von Karl Marx manche Wahrheit steckt. Und ich bin dem Schriftleiter des „Christian Century" dankbar dafür, daß auch er bereit war, das gleiche Risiko einzugehen, im Interesse eines wahrheitsgemäßen Bildes von Karl Marx, das bisher so sehr von gefühlsmäßigen Vorurteilen vernebelt war.

Wieviel Wahrheit findet sich also bei Marx? Wir können drei Aspekte oder Arten der Wahrheit unterscheiden: wissenschaftliche Wahrheit, situationsgebundene Wahrheit und letztgültige Wahrheit. Wir wollen die Frage nach der Wahrheit bei Karl Marx unter diesen drei Aspekten prüfen.

1. Die wissenschaftliche Wahrheit

Es ist für einen Nichtfachmann unmöglich, die im engeren Sinne ökonomischen Theorien von Marx zu erörtern. Das ist aber auch für unsere Zwecke nicht nötig. Selbstverständlich unterliegt alles rein Wissenschaftliche bei Marx wissenschaftlicher Kritik. Nach hundert Jahren der Forschung haben sich die meisten seiner ökonomischen Theorien in beträchtlichem Maße weiterentwickelt, auch haben sie eine tiefgreifende Umgestaltung durchgemacht, wenn sie nicht gar völlig verworfen wurden. Seine Arbeitswertlehre, seine Akkumulations- und Konzentrationstheorie, seine Deutung der Lage des Proletariats usw. waren bedeutsam wegen der Fragen, die sie aufwarfen. Aber die Antworten, die er auf diese Fragen gab, sind weitgehend hinfällig geworden.

Es gibt jedoch einen Aspekt in Marxens Untersuchungen auf diesem Gebiet, der über das rein wissenschaftliche Problem hinausgeht, und das ist seine Methode. Diese ist soziologisch, dialektisch und materialistisch. Er sieht die ökonomischen Gesetze im Zusammenhang mit dem Gesamtverhalten des Menschen, wie es sich unter bestimmten gesellschaftlichen Bedingungen entwickelt. Er glaubt nicht an die unbedingte Anwendbarkeit dieser Gesetze, sondern zeigt, daß ihre Gültigkeit von der Struktur der Gesellschaft abhängt, innerhalb derer sie in Kraft sind. So ist seine Methode konkret, dynamisch und kritisch, im Gegensatz zu den teilweise berechtigten Versuchen theoretischer Volkswirtschaftler, ökonomische Gesetze nach dem Verfahren der mathematischen Physik zu formulieren. Die Tatsache, daß die Auseinandersetzungen um die Berechtigung dieser zwei Verfahren bei weitem noch nicht entschieden sind, bestätigt das Gewicht von Marxens Sozioökonomie.

2. Was ist „dialektischer Materialismus"?

Unter diesem Gesichtspunkt muß Marxens sogenannter dialektischer Materialismus betrachtet werden. Sowohl der Begriff „dialektisch" wie auch der des „Materialismus" sind äußerst zweideutig und bedürfen einer Definition. Bei Marx bedeutet „dialektisch" den Versuch, die treibenden Kräfte in einer gesellschaftlichen Struktur durch das Aufzeigen der widersprüchlichen Elemente in ihr aufzudecken und sie als die notwendigen Folgen dieser Struktur zu verstehen. Das Leben erzeugt die Widersprüche, durch die es vorwärts getrieben wird. Mit anderen Worten, das Leben ist dialektisch und muß somit dialektisch verstanden werden. Marx hat diese Methode nicht erfunden, und Marxisten wie auch Nicht-Marxisten verwenden sie, wenn auch oft unbewußt. Aber Marx gebrauchte sie bewußt und mit aller Entschiedenheit.

Ein rechtes Verständnis des Begriffes „Materialismus" verlangt, daß wir einen Unterschied zwischen Marx und dem Marxismus machen. Der Materialismus war keine metaphysische Idee, sondern eine Theorie über den Einfluß ökonomischer Faktoren auf den Gang der Geschichte. Aus diesem Grunde ist Marxens Lehre häufig als „ökonomischer Materialismus" oder als „ökonomische Deutung der Geschichte" bezeichnet worden, eine Formulierung, die den Zweideutigkeiten des Wortes „Materialismus" aus dem Weg geht. Aber vielleicht sollte dieser Begriff doch nicht vermieden werden, weil er am treffendsten Marxens antiidealistische Einstellung zum Ausdruck bringt.

Nach Marx begründet das System der Wirtschaft den „Unterbau", auf dem sich der kulturelle und geistige „Überbau" erhebt. Entwicklungen im Überbau werden durch Entwicklungen im Unterbau bestimmt. Als ein methodischer Gesichtspunkt hat diese Vorstellung die meisten Historiker nach Marx beeinflußt, vor allem die, welche sich mit einzelnen Aspekten des kulturellen Lebens befassen, so etwa der Kunst, der Religion oder der Moral. Es ist nicht denkbar, daß sich heute jemand ernsthaft mit diesen Gebieten befaßt, ohne wenigstens die wirtschaftlichen und sozialen Gegebenheiten zu berücksichtigen, die der Entwicklung der Kultur zugrunde liegen.

3. Unterbau und Überbau

Es gibt jedoch eine Zweideutigkeit in Marxens Begriffen des Unterbaus und des Überbaus. Man kann Marx so verstehen, daß die Formen der Kultur und ihre Schöpfungen eine eigene Wirklichkeit besitzen, obgleich ihre Entstehung durch materielle Faktoren bedingt ist. Das ist die Auffassung, die Marx selbst im Hinblick auf die unbedingte Wahrheit der Naturwissenschaft vertrat. Aber sein Bild vom Unter- und Überbau läßt sich auch so verstehen, daß der Überbau lediglich eine Projektion oder Widerspiegelung des Unterbaus ist und keinerlei unabhängige Wahrheit besitzt. Das ist die Deutung, der Marx in seiner Kritik der Religion und Metaphysik folgte. Er nannte sie „Ideologien" und bestritt ihren Symbolen und Begriffen jede Gültigkeit. Aber dabei überschritt er den Rahmen seiner eigenen Methode und traf Feststellungen, die implizit religiös sind und – implizit und explizit – metaphysisch. Diese Feststellungen von Marx waren eine Brücke zum „metaphysischen Materialismus" der späteren Marxisten und die Ursache für jene heillose Verwirrung hinsichtlich dessen, was „dialektischer Materialismus" eigentlich bedeutet.

So viel zur wissenschaftlichen Wahrheit bei Marx. Wir kommen nun zur Frage nach der situationsbedingten Wahrheit in seinem Werk. Genauer ausgedrückt, handelt es sich hier um seine Analyse der bürgerlichen Gesellschaft, ihrer Antriebskräfte, ihrer alle Lebensbereiche durchdringenden Ideologien und ihrer selbstzerstörerischen Widersprüche. Es ist von größter Bedeutung, hier drei Situationen auseinanderzuhalten: die, welche Marx selbst vorfand; die, welche sich unter dem Einfluß seiner Analyse entwickelte; und die, welche heute nach zwei Weltkriegen besteht. Man darf mit Recht sagen, daß er mit seiner Darstellung der ersten dieser Situationen, des Kapitalismus in seinem Frühstadium, wie er ihn in England und anderen hochentwickelten Industrieländern beobachtete, seinen bleibenden Beitrag zum Verständnis der bürgerlichen Gesellschaft leistete.

4. Eine unvergleichliche Analyse

Es scheint mir, daß sich auf dem ganzen Gebiet der Geschichtsschreibung sehr wenige Strukturanalysen an Tiefe, wissenschaftlicher Originalität und prophetischer Einsicht mit Marxens Deutung des kapitalistischen Systems und ihren soziologischen Folgerungen vergleichen lassen. Darum haben seine Ideen Weltgeschichte gemacht. Die Ideen jedes prophetischen Denkers müssen es sich gefallen lassen, von denen, die nach ihm kommen, Stück für Stück widerlegt zu werden. Aber ihre Macht überlebt jede Kritik und erweist sich als unerschöpflich.

Sicherlich läßt sich die Analyse von Karl Marx nicht ohne weiteres auf die Welt, in der wir heute leben, anwenden. Sie paßt nicht für Großbritannien und das europäische Festland in ihrer jetzigen Verfassung. Die Lage der Arbeiterschaft etwa hat sich radikal verändert, nicht zuletzt unter dem Einfluß von Marx selbst. Im streng Marxschen Sinne gibt es ein Proletariat weder in den Vereinigten Staaten noch in Asien. In Europa ist die Arbeiterschaft hoffnungslos zerspalten in demokratische und totalitäre Gruppen. Aus ihren Avantgarden sind Funktionäre und Bürokraten anstatt Eliten geworden. Die Verelendung der Massen durch die industrielle Entwicklung, wie Marx sie voraussah, ist nicht eingetreten, zum Teil unter dem Einfluß der marxistischen Bewegungen. Außerdem gibt es heute Gruppen aus anderen gesellschaftlichen Schichten, die ebenso wichtig für eine sozialistische Gesellschaftsordnung werden können wie das Proletariat, ich denke hier an Gruppen der Intelligenz, der Kirchen, der jüngeren Generation.

Marx hatte noch andere Grenzen. Er begriff nicht den entscheidenden Einfluß nationalstaatlicher Beziehungen auf alle geschichtlichen Entwicklungen, und er machte sich nicht die Zähigkeit religiöser Überlieferungen und den natürlichen Konservatismus der meisten Menschen aller Gesellschaftsschichten klar. Diese Schwächen ergeben sich zum einen Teil aus seiner unzureichenden Lehre vom Wesen des Menschen, worauf wir noch später zurückkommen werden, und zum anderen waren sie bedingt durch die Lage, wie sie in der Mitte des 19. Jahrhunderts in Europa bestand.

5. Das Versagen der Kirchen

In dieser Epoche kämpfte die Intelligenz noch auf der Seite der sich entfaltenden Bourgeoisie gegen die Mächte einer absolutistischen Reaktion. Das Industrieproletariat, das sich zum Teil aus dem zerfallenden Kleinbürgertum rekrutierte, war die einzige Gruppe, die die volle Einwirkung des emporkommenden Kapitalismus zu spüren bekam. Nur diese Menschen wurden vom Schicksal zu einem revolutionären Protest gegen das herrschende System gezwungen. Die Konzentration aller Macht in ihren Händen erschien ihnen als einzig möglicher Weg zur Gerechtigkeit. Die Kirchen begriffen die Lage überhaupt nicht. Langsam und widerstrebend erkannten sie liberale Ideen an, aber sie wiesen die revolutionären Bestrebungen des Proletariats entschieden zurück. Die internationale Lage war verhältnismäßig stabil dank der Politik des europäischen Gleichgewichts, die von Großbritannien meisterhaft gehandhabt wurde.

Kein Wunder also, daß Marx die völlig andere Lage des 20. Jahrhunderts nicht voraussehen konnte, die, wie bereits gesagt, in hohem Maße durch seine eigenen Ideen herbeigeführt wurde. Das Erstaunliche ist, daß er überhaupt so viel erkannte und das in einer Weise tat, die selbst seine irrigen Voraussagen bedeutsam macht.

Unser dritter Punkt befaßt sich mit der letztgültigen Wahrheit bei Marx. Letztgültige Wahrheit ist Wahrheit über die menschliche Situation als solche, das heißt über den Sinn unserer Existenz und aller Existenz. Wenn wir das als die religiöse Frage bezeichnen, müssen wir Antwort darauf geben, ob es „religiöse Wahrheit" bei Marx gibt. Es scheint paradox zu sein, mit einer solchen Frage an ein System heranzugehen, das ausgesprochen antireligiös ist. Aber das Paradox löst sich auf, wenn wir Religion im weiteren Sinne als Betroffensein vom Letztgültigen, Unbedingten und Unendlichen bestimmen, im Unterschied zur Religion im engeren Sinne, nämlich einer Anzahl von Symbolen und Institutionen, die das ausdrücken, was uns unbedingt angeht und in deren Mitte die Idee Gottes steht. Religion in diesem Sinne ist bei Marx zweifellos nicht zu finden. In dieser Hinsicht ist alle Wahrheit bei ihm kritische Wahrheit. Dennoch ist sie von bleibender Bedeutung.

6. Eine Herausforderung des Christentums

Indem er Religion als Ideologie bezeichnete, gibt Marx zu verstehen, daß sie den Opfern des Klassenkampfes, das bedeutet also der breiten Masse des Volkes, einen Ausweg ins Jenseits anbietet und damit ihre revolutionäre Leidenschaft zur Veränderung der bestehenden Ordnung erstickt. Das ist eine Herausforderung, der sich das Christentum stellen muß. Die Kirche sollte eine ständige Gewissensprüfung betreiben, um festzustellen, wieweit dieser Vorwurf berechtigt ist. Christliches Denken muß stets auf der Hut sein, nicht den Verdacht zu nähren, daß es einer Ideologie Vorschub leistet, die von der herrschenden Klasse ausgebeutet werden kann. Das ist weiter nichts als eine konkrete Anwendung der prophetischen Warnung vor dem Götzendienst. Götzendienst und religiöse Ideologie haben die gleiche Wurzel: die Verkehrung des menschlichen Betroffenseins durch das Letztgültige in eine Hingabe an Vorläufiges, Bedingtes und Endliches, beispielsweise an die Macht in irgendeiner ihrer vielfachen Formen.

Einen weiteren bleibenden Beitrag zur Erkenntnis der Wahrheit haben wir in Marxens Angriff gegen den Idealismus. Der Begriff „Idealismus“ ist fast so zweideutig wie der des „Materialismus“. Beide können eine moralische Einstellung kennzeichnen. In diesem Sinne ist Marx äußerst idealistisch. Ihn im moralischen Sinne einen Materialisten zu nennen, beweist entweder krasse Unwissenheit oder Unredlichkeit zu Zwecken der Propaganda. Seine Kritik am Idealismus wird von einer großen sittlichen Leidenschaft getragen.

Der Idealismus, den Marx angriff, war der, dem er in der deutschen klassischen Philosophie und in der allgemeinen Annahme begegnete, daß sich die moderne Gesellschaft auf dem Wege eines harmonischen Fortschritts befinde. Mit größter Überzeugungskraft beschreibt er die Entfremdung des Menschen von seinem wesenhaften Sein in der bürgerlichen Gesellschaft. Der Proletarier ist nach ihm in einem Zustand völliger Entmenschlichung. Er ist zu einem Objekt, einer Sache, einem bloßen Werkzeug geworden. Der Idealismus, dem sich Marx entgegenstellt, erkannte nicht, daß der Mensch seine Menschlichkeit verloren hatte, und darum wies er ihn zurück. Diese Seite der Marxschen Lehre steht dem klassischen Christentum viel näher als der fortschrittsgläubige Idealismus vieler moderner protestantischer Kreise. Wir haben in ihr eine säkularisierte Form des christlichen Realismus.

Ein drittes Element letztgültiger Wahrheit bei Marx ist seine dynamisch-prophetische Deutung der Geschichte. Sie ist offensichtlich vom jüdischen, genauer gesagt, vom prophetischen Denken beeinflußt. Dieses Element war eine entschiedene Herausforderung für ein Christentum, das alle Fähigkeit zu geschichtlichem Denken verloren hatte und nur noch von „Gott und der Seele" sprach. Das Reich Gottes ist aber nicht ein statischer Himmel, den der Einzelne nach seinem Tode betritt. Es ist die dynamische göttliche Macht in und über der Geschichte, die die Geschichte zu ihrer letzten Erfüllung treibt. Es gilt für Gruppen wie auch für Individuen und fordert ein unaufhörliches Bemühen um Gerechtigkeit, die die Grundlage dieses Reiches ist. Die religiösen sozialistischen Ideen, die sich heute in vielen Ländern und Kirchen ausbreiten, Dokumente wie jene, die die Ergebnisse der Konferenzen von Oxford und Malvern zusammenfassen, die Erneuerung einer dynamischen Auffassung von der Geschichte, all das zeigt, daß die Kirchen sich allmählich der wahren Elemente in Marxens Kritik an ihnen bewußt werden.

7. Marxens Lehre vom Menschen

Wie das bei jedem systematischen Denker der Fall ist, lassen sich auch die verschiedenen Züge letztgültiger Wahrheit bei Marx aus seinem Wesensbild des Menschen oder besser noch aus seiner Deutung der menschlichen Existenz ableiten. Es könnte mit einiger Berechtigung gesagt werden, daß Marx keine Lehre vom Menschen entwickelt hat, wenn darunter eine systematische Darstellung der Natur des Menschen verstanden wird. Marx selbst würde ein solches Unterfangen abgelehnt haben. Für ihn ist der Mensch stets ein Wesen in der Gesellschaft und Geschichte. Aber um in belangvoller Weise die Stellung des Menschen in der bürgerlichen Epoche kritisieren zu können, mußte er vom Bilde des Menschen ausgehen, wie er sein sollte oder der Möglichkeit nach ist. Jedes Wort in Marxens Frühschriften und große Partien in seinen späteren Untersuchungen zeigen, daß er intuitiv ein ziemlich klares Bild von den menschlichen Möglichkeiten hatte. Und das befähigte ihn zu jenem leidenschaftlichen Protest gegen die entfremdete Existenz des Menschen, die nach seiner Auffassung mit dem Beginn des Klassenkampfes einsetzt, d. h. also mit dem Beginn der Geschichte.

Während Marxens Bild vom Menschen, wie er sein könnte, das des klassischen Humanismus ist, und das gilt auch von den Ideen der schöpferischen Freiheit und der gleichen Würde aller Menschen, war er sich dessen lebhaft bewußt, daß der Mensch ein leibliches und daher sinnengebundenes Wesen ist. Das ist sein „anthropologischer Materialismus", die Grundlage seines „historischen Materialismus". Wir haben hier das gleiche Paradox, das die Bibel mit ihrer zweifachen Aussage zum Ausdruck bringt, daß der Mensch nach dem Bilde Gottes geschaffen ist und daß er andererseits aus Staub besteht. Marxens Verbindung dieser beiden Ideen, der humanistischen Vorstellung von den Möglichkeiten des Menschen mit seinen eigenen realistischen Gedanken über die Abhängigkeit des Menschen von materiellen Bedingungen, hat zu vielen Mißverständnissen seiner Lehre bei Freund und Feind zugleich geführt und ist der Grund für die auseinanderstrebenden Entwicklungen und Spaltungen in der marxistischen Bewegung.

Gegenüber dem christlichen und humanistischen Idealismus legte Marx allen Nachdruck auf die materielle Seite. Nach seiner Ansicht könnte allein die Verbesserung der materiellen Lage des Menschen die Voraussetzung für die Erfüllung seiner geistigen Möglichkeiten schaffen. Aber seine Betonung des Materiellen hat seine Absichten weitgehend zunichte gemacht. Wo auch immer der marxistische Sozialismus an die Macht gekommen ist, hat es ihm an hervorragenden Persönlichkeiten gefehlt; und er hat sich dann hauptsächlich auf Institutionen und die Veränderung der materiellen Lebensbedingungen verlassen. Zugleich mit Marxens Ablehnung der religiösen Transzendenz hat diese Entwicklung die Verzerrung seiner Ideen, die Katastrophen des Marxismus und seine antihumanistische Entartung zu der Form des heutigen Kommunismus verursacht. Diese Entwicklung hat die Bedeutung von Marxens prophetischer Analyse verdunkelt. Sie hat die bleibende Wahrheit im Denken eines Mannes verschüttet, dessen Ideen wie wenige andere vor ihm die Welt verändert haben.

Marx ist nicht dasselbe wie Marxismus, und Marxismus ist nicht Stalinismus. Nur eine unredliche Propaganda kann sie als eine Einheit betrachten. Wir müssen Marx zu verstehen suchen, wie er wirklich ist, frei von den Unterstellungen, die sein Bild verzerrt haben. Dann werden wir Wahrheit bei ihm finden – wissenschaftliche Wahrheit, situationsbedingte Wahrheit, letztgültige Wahrheit.

DAS GESCHICHTSBILD VON KARL MARX

Eine Studie zur Entwicklung der Geschichtsphilosophie

1. Der allgemeine Charakter der Marxschen Geschichtsbetrachtung

Der Marxismus vertritt eine Auffassung von der menschlichen Existenz, in der die Deutung der Geschichte eine ausschlaggebende Rolle spielt. Der Marxismus verneint somit folgerichtig die zwei Haupttypen einer nichtgeschichtlichen Weltanschauung, die naturalistische und die mystische. Die Ablehnung des Naturalismus zeigt sich klar in Marxens Kritik an Feuerbach als einem Philosophen des intuitiven Materialismus und in Marxens Theorie des historischen Materialismus. In seinem „Historischen Materialismus" führt er aus, daß die Natur dem Menschen nur in der Geschichte begegnet: „Das menschliche Wesen der Natur ist erst da für den gesellschaftlichen Menschen ... Erst hier ist ihm sein natürliches Dasein sein menschliches Dasein und die Natur für ihn zum Menschen geworden. Also die Gesellschaft ist die vollendete Wesenseinheit des Menschen mit der Natur, die wahre Resurrektion der Natur, der durchgeführte Naturalismus des Menschen und der durchgeführte Humanismus der Natur."[1]

Soziales Tun, vor allem aber industrielle Tätigkeit, erzeugt für den Menschen Natur. Die Ablehnung der mystischen Spielart nichtgeschichtlicher Weltanschauung zeigt sich in Marxens durchgängiger Kritik der Religion. „Sie ist die phantastische Verwirklichung des menschlichen Wesens, weil das menschliche Wesen keine wahre Wirklichkeit besitzt ... Das religiöse Elend ist in einem der Ausdruck des wirklichen Elendes und in einem die Protestation gegen das wirkliche Elend."[2] Es leuchtet von selbst ein, daß diese Kritik dem ahistorischen Mystizismus entgegentritt, der Trost und Erlösung des Individuums jenseits der Geschichte sucht. Der Mensch ist aber nach Marx ein geschichtliches Wesen, und jeder Versuch, ihn von der Natur oder der Übernatur her zu verstehen, ist Flucht aus seiner verzerrten Wirklichkeit.

Der Marxismus vertritt eine Auffassung von der Geschichte, in der die Idee von drei Zeitaltern in der Geschichte zum Prinzip einer auf das Handeln ausgerichteten Deutung gemacht wird. Nach dieser Auf-

---

[1] Der historische Materialismus. Die Frühschriften. Hrsg. von S. Landshut und J. P. Mayer. Leipzig 1932. Bd. 1. S. 297.

[2] a. a. O., Bd. 1. S. 264.

fassung zeigt sich der Sinn der Geschichte in ihrem Fortschreiten zu einem Zeitalter letzter Vollendung nach der Ablösung eines Zeitalters des Verfalls, das seinerseits auf die Periode ursprünglicher Vollkommenheit folgte. Im Marxismus wird die ursprüngliche Vollkommenheit als Urkommunismus bezeichnet, wenn auch in recht vorsichtiger Form (Komm. Manifest, I, Anm.). Das zweite wird als die Periode der Klassenkämpfe dargestellt. Das dritte Zeitalter erscheint als die Zeit der klassenlosen Gesellschaft, in der der Mensch eine wahrhaft menschliche Existenz haben wird.

Die Geschichte aller bisherigen Gesellschaft ist die Geschichte von Klassenkämpfen: „An die Stelle der alten bürgerlichen Gesellschaft mit ihren Klassen und Klassengegensätzen tritt eine Assoziation, worin die freie Entwicklung eines jeden die Bedingung für die freie Entwicklung aller ist" (Komm. Manifest). Die Vorstellung eines allgemeinen Ziels der Geschichte, in dem eine ursprüngliche Vollkommenheit nach der Überwindung eines Zwischenstadiums des Verfalls wiederhergestellt wird, rückt die marxistische Deutung der Geschichte in die Nähe der prophetischen und scheidet sie zugleich von allen Auffassungen, die ein universales Ziel geschichtlicher Entwicklung ablehnen, wie das beispielsweise von jenen zu sagen ist, die den Sinn der Geschichte im Aufstieg und Untergang von Völkern, Rassen und Kulturkreisen sehen. Die Ablehnung solcher Vorstellungen ist bereits in Marxens Annahme enthalten, daß sich alle Völker in der gleichen Situation des Klassenkampfes befinden oder darauf zusteuern und daß somit der Sinn der Geschichte nicht aus dem individuellen Charakter von Nationen und Rassen, sondern aus der Tatsache zu deuten ist, daß die geschichtliche Situation der Menschheit überall durch den Klassenkampf bestimmt wird. In dieser Hinsicht stimmt Marx mit Hegel überein, nach dessen Geschichtsphilosophie der weltweite Prozeß der Selbstverwirklichung des absoluten Geistes den Sinn der Geschichte ausmacht. Marx widerspricht Hegel allerdings insofern, als nach diesem die besonderen Schicksale der Völker die Verkörperung des Weltgeistes sind.

Der Marxismus vertritt eine Deutung der Geschichte, nach der diese sich in drei Zeitaltern entfaltet, die Verwirklichung des dritten Zeitalters aber nicht erreicht wird; d. h., der Marxismus ist eine revolutionäre Form der Geschichtsdeutung. Der Mann der Tat wie auch der Betrachter der Geschichte hat das Bewußtsein, in der Mitte zwischen dem zweiten und dem dritten Zeitalter zu stehen, also zwischen der Verzerrung der menschlichen Existenz in der Gegenwart und der wiederzuerlangenden Vollkommenheit in der Zukunft. Das Gefühl, am

Ende der zweiten und am Beginn der dritten Periode zu leben, erweckt revolutionäre Begeisterung zur Tat und zugleich den Impuls zur Deutung des geschichtlichen Prozesses. Das bemerkenswerteste Beispiel hierfür ist das „Kommunistische Manifest“. Seine gesamte Analyse der Geschichte ist darauf abgestellt, die gegenwärtige Übergangssituation klarzumachen. Aber daneben gewinnt die gesamte Geschichte im Licht dieses Übergangs von der bürgerlichen zur proletarischen Gesellschaft einen Sinn. Durch diese revolutionäre Auffassung der Drei-Zeitalter-Theorie stellt sich der Marxismus in jene Linie prophetischer Geschichtsdeutung, die vertreten wurde von den Sekten im Gegensatz zu den Kirchen, von Joachim von Floris im Gegensatz zu Augustin, von der ursprünglich revolutionären Bourgeoisie gegenüber dem Feudalismus, von den Junghegelianern gegenüber Hegel. Marxens Kritik an Hegels Rechtsphilosophie ist das bemerkenswerteste Beispiel dieses Gegensatzes. Während die konservative Deutung der drei geschichtlichen Zeitalter davon ausgeht, daß das dritte Zeitalter bereits angebrochen ist, lehnt die revolutionäre Deutung jene Auffassung als reaktionäre Ideologie ab, da sie nur dazu dient, die herrschende Klasse zu schützen.

2. Die bewegenden Kräfte der Geschichte in der Sicht von Marx

Da nach der marxistischen Lehre Geschichte nichts ist als die fortschreitende Entwicklung der menschlichen Gesellschaft, sind die Triebkräfte der Geschichte die Kräfte, die in der gesellschaftlichen Existenz des Menschen angelegt sind. Der Marxismus bestreitet, daß die geschichtsbildenden Kräfte außerhalb der menschlichen Existenz zu finden sind. Marxens Kritik an Hegel bedeutet die Zurückweisung des idealistischen Versuchs, geschichtliche Entwicklungen als die Entfaltung der Vernunft statt als ein Ergebnis menschlichen Handelns zu verstehen. Der Ausgangspunkt der Hegelschen Geschichtsphilosophie ist nach Marx nicht eine Tatsache, sondern ein mystisches Resultat, das Resultat einer logischen Bewegung. „Das Wirkliche wird zum Phänomen, aber die Idee hat keinen anderen Inhalt als dieses Phänomen.“[3] Die Vertauschung von Idee und Wirklichkeit, dieser mystische Realismus, ist das Geheimnis der Hegelschen Philosophie. Marx tritt ihr entgegen, indem er die Anwendung der nominalistischen Methode fordert, die vom wirklichen Menschen, d. h. dem Menschen in der Gesellschaft

---

[3] a. a. O., Bd. 1, S. 264.

ausgeht. „Das Bewußtsein kann nie etwas anderes sein als das bewußte Sein, und das Sein der Menschen ist ihr wirklicher Lebensprozeß."[4] Aber diese Kritik wendet sich zugleich gegen den metaphysischen Materialismus, der die historisch wirksamen Kräfte in einem Bereich unterhalb des Menschen, nämlich in einem rein physikalischen Mechanismus sucht. „Der Hauptmangel alles bisherigen Materialismus (den Feuerbachschen mit eingerechnet) ist, daß ... die Wirklichkeit ... nur unter der Form des Objekts oder der Anschauung gefaßt wird; nicht aber als sinnlich-menschliche Tätigkeit, Praxis, nicht subjektiv."[5] Nur ein entschiedener Humanismus kann sowohl den Idealismus wie auch den Materialismus überwinden und den Sinn der Geschichte erschließen.

Die entscheidenden Triebkräfte der Geschichte sind, wie sich das bereits aus der gesellschaftlichen Existenz des Menschen ergibt, die gesellschaftlichen Widersprüche, die mit der fortschreitenden Arbeitsteilung auftreten und in der zunehmenden Ausbildung sozialer Klassen ihre soziale Wirklichkeit erweisen. „Wir erhalten ... das ... Resultat, daß diese drei Momente, die Produktionskraft, der gesellschaftliche Zustand und das Bewußtsein, in Widerspruch miteinander geraten können und müssen, weil mit der Teilung der Arbeit die Möglichkeit, ja die Wirklichkeit gegeben ist, daß die geistige und materielle Tätigkeit, daß der Genuß und die Arbeit, Produktion und Konsumtion, verschiedenen Individuen zufallen ..."[6] ... Teilung der Arbeit und Privateigentum [sind] identische Ausdrücke ..."[7] Die Arbeitsteilung bedingt eine Trennung zwischen individuellen und allgemeinen Interessen aufgrund der gegenseitigen Abhängigkeit aller auf allen Gebieten. Das gemeinsame Interesse spiegelt sich in der Entstehung der Staaten. Aber da Staaten von Individuen oder Gruppen von Individuen beherrscht werden, sind diese Staaten gleichzeitig der Ausdruck der besonderen Interessen dieser Individuen oder Gruppen, so daß dadurch ihr ursprünglicher Charakter als Verkörperung des allgemeinen Interesses in Frage gestellt wird. Darum muß jede Klasse, die nach Herrschaft strebt, sich des Staates bemächtigen; auch das Proletariat muß das tun, um Herrschaft und Staat zu beseitigen. Die Klasse selbst ist ein Produkt gemeinsamer Interessen von Individuen im Zustand der Arbeitsteilung: „Die einzelnen Individuen bilden nur insofern eine Klasse, als sie einen gemeinsamen Kampf gegen eine andere Klasse zu führen

---

[4] a. a. O., Bd. 2, S. 13.
[5] a. a. O., Bd. 2, S. 3.
[6] a. a. O., Bd. 2, S. 22 u. 23.
[7] a. a. O., Bd. 2, S. 23.

haben ... Auf der anderen Seite verselbständigt sich die Klasse wieder gegen die Individuen, so daß diese ihre Lebensbedingungen prädestiniert vorfinden."[8] Was die Klassen am meisten trennt, ist der Gegensatz zwischen denen, die über Privatbesitz verfügen, und den Besitzlosen. Ein revolutionärer Umbruch findet immer dann statt, wenn sich eine neue Klasse neuer Produktivkräfte durch die Entwicklung technischer Erfindungen bemächtigt. In diesem Fall stehen die Produktivkräfte und die gesellschaftliche Ordnung im Widerspruch zueinander. „Alle Kollisionen der Geschichte haben also, nach unserer Auffassung, ihren Ursprung in dem Widerspruch zwischen den Produktivkräften und der Verkehrsform."[9] Es lassen sich somit zwei grundlegende Widersprüche anführen, die die Geschichte bestimmen: (1.) ein abstrakter, nämlich der zwischen den Produktivkräften und der jeweiligen gesellschaftlichen Lage; (2.) ein konkreter, und zwar die Existenz einer herrschenden und einer unterdrückten Klasse. Diese beiden Gegensätze müssen als eine Einheit gesehen werden, da eine Klasse nur insofern geschichtliche Bedeutung erlangt, als sie eine bestimmte Stufe der Produktion vertritt. Obgleich Marx die Bedeutung des Staates für den Klassenkampf anerkennt, bestreitet er, daß der Staat eine unabhängige Macht in der Geschichte ist. „Hieraus folgt, daß alle Kämpfe innerhalb des Staats, der Kampf zwischen Demokratie, Aristokratie und Monarchie, der Kampf um das Wahlrecht etc. etc., überhaupt das Allgemeine illusorische Form des Gemeinschaftlichen, nichts als die illusorischen Formen sind, in denen die wirklichen Kämpfe der verschiedenen Klassen untereinander geführt werden ..."[10] Darum muß sich der politische Staat mit dem Beginn einer klassenlosen Gesellschaft auflösen; er spielt nur eine vorübergehende Rolle als ein Mittel in der Geschichte.

Die materialistische Auffassung der Geschichte vertritt die These, daß der Mensch, der in seinem Handeln durch Neigungen und Interessen angetrieben wird, das „Material" der Geschichte ist. Marx wendet sich gegen den mechanistischen Materialismus als eine dem Menschen feindliche Lehre, die alle natürliche Triebhaftigkeit übersieht und einen rein abstrakten Standpunkt einnimmt, um damit den abstrakten Idealismus zu überwinden. Im Gegensatz dazu betont er jene Art des Materialismus, dem der Impuls innewohnt, dem Menschen eine wahrhaft menschliche Existenz zu verschaffen. „Wenn der Mensch von den Um-

[8] a. a. O., Bd. 2, S. 59.
[9] a. a. O., Bd. 2, S. 56.
[10] a. a. O., Bd. 2, S. 24.

ständen gebildet wird, so muß man die Umstände menschlich bilden."[11] Der Mensch muß imstande sein, sich als Mensch zu fühlen, und da er ein soziales Wesen ist, muß ihm eine soziale Umwelt gegeben werden, in der er seine individuellen Interessen in Einklang mit den Gruppeninteressen entfalten kann. So setzt die materialistische Auffassung der Geschichte den Begriff der Freiheit voraus, und zwar nicht der negativen Freiheit, die darin besteht, daß man bestimmte Handlungen unterläßt, sondern die positive Freiheit der Selbstentfaltung. So rechtfertigt Marx in pragmatischer Weise die Idee der Freiheit, ohne sich auf den metaphysischen Indeterminismus zu beziehen. Politisches Handeln ist die Bestätigung dieser Theorie.

Die am weitesten verbreitete Ansicht im System des historischen Materialismus ist Marxens Theorie der Ideologie, d. h. seine Kritik an der idealistischen Geschichtsauffassung. „Die Moral, Religion, Metaphysik und sonstige Ideologie und ihnen entsprechenden Bewußtseinsformen behalten hiermit nicht länger den Schein der Selbständigkeit. Sie haben keine Geschichte, sie haben keine Entwicklung, sondern die ihre materielle Produktion und ihren materiellen Verkehr entwickelnden Menschen ändern mit dieser ihrer Wirklichkeit auch ihr Denken und die Produkte des Denkens. Nicht das Bewußtsein bestimmt das Leben, sondern das Leben bestimmt das Bewußtsein."[12] „Diese Geschichtsauffassung beruht also darauf, den wirklichen Produktionsprozeß, und zwar von der materiellen Produktion des unmittelbaren Lebens ausgehend, zu entwickeln, und die mit dieser Produktionsweise zusammenhängende und von ihr erzeugte Verkehrsform, also die bürgerliche Gesellschaft in ihren verschiedenen Stufen, als Grundlage der ganzen Geschichte aufzufassen und sie sowohl in ihrer Aktion als Staat darzustellen, wie die sämtlichen verschiedenen theoretischen Erzeugnisse und Formen des Bewußtseins, Religion, Philosophie, Moral etc. etc. aus ihr zu erklären und ihren Entstehungsprozeß aus ihnen zu verfolgen, wo dann natürlich auch die Sache in ihrer Totalität (und darum auch die Wechselwirkung dieser verschiedenen Seiten aufeinander) dargestellt werden kann."[13] Diese Auffassung bedeutet, daß bloße Ideen keine geschichtliche Wirkung haben. Nach ihr sind Ideen stets gescheitert und lächerlich geworden, wenn sie sich vom Interesse lösten. Es hat keinerlei Einfluß auf den tatsächlichen Gang der Geschichte, wie oft man auch eine revolutionäre Idee verkünden mag, wenn in den materiellen Lebensbedin-

---

[11] a. a. O., Bd. 1, S. 393.
[12] a. a. O., Bd. 2, S. 13.
[13] a. a. O., Bd. 2, S. 31 u. 32.

gungen einer Gesellschaft kein Wandel stattfindet und wenn keine revolutionäre Massenbewegung am Werke ist, das bestehende gesellschaftliche System als ganzes anzugreifen. Die materialistische Geschichtsauffassung versucht nicht, das geistige Leben selbst aus wirtschaftlichen oder materiellen Voraussetzungen abzuleiten. Sie bedient sich nicht der Kategorie der „Kausalität“, sondern spricht von „Bedingung“. Sonst hätte Marx nicht von der gegenseitigen Abhängigkeit aller Bereiche der menschlichen Produktion sprechen können. Es wäre ihm nicht möglich gewesen, an die objektive Wahrheit seiner Theorie und der Naturwissenschaften zu glauben. Er hätte nicht ein moralisches Pathos von größter Wirksamkeit entfachen und die Idee der Humanität verkünden können. Andererseits lehnt er tatsächlich Religion und Metaphysik ab, insofern sie die Existenz transzendenter Wesen vertreten. „Es ist ... die Aufgabe der Geschichte, nachdem das Jenseits der Wahrheit verschwunden ist, die Wahrheit des Diesseits zu etablieren.“[14] Mit anderen Worten, diese Welt hat eine Wahrheit, die noch nicht verwirklicht ist, den „realistischen Humanismus“. „Ideologie“ bedeutet nicht nur (1) die Abhängigkeit der geistigen Vorstellungen einer Zeit von den Produktionsverhältnissen; sie meint nicht nur (2) die speziellen, alle sinnliche Erfahrung überschreitenden Ideen, wie sie Religion und Metaphysik vertreten, sondern sie umfaßt auch (3) die irrigen Vorstellungen, die eine bestimmte Zeit von sich selbst hat. „Die Gedanken der herrschenden Klasse sind in jeder Epoche die herrschenden Gedanken, d. h. die Klasse, welche die herrschende materielle Macht der Gesellschaft ist, ist zugleich ihre herrschende geistige Macht.“[15] Nicht alle Ideen der herrschenden Klasse sind falsch. Sie sind insofern richtig, als sie die wirkliche Situation einer bestimmten Gesellschaft angemessen ausdrücken. Aber sie werden falsch, zu einer Ideologie, wenn sie als ewige Wahrheiten verstanden werden, losgelöst von der konkreten Situation. In diesem Fall beanspruchen sie Gültigkeit für die ganze Gesellschaft und für alle Zeit; und das bedeutet, daß sie die herrschende Klasse gegen Kritik und Veränderung schützen sollen. Dennoch verschwinden sie mit dem Untergang der herrschenden Klasse, den die wirkliche und somit ideologische Macht einer neuen Klasse herbeiführt. Jede Deutung der Geschichte sollte daher diese Beziehung zwischen wirklicher und ideologischer Macht in Rechnung stellen, obgleich das die Mehrheit der Historiker nicht getan hat, was dazu führte, daß sie die wahren Antriebskräfte in der Geschichte verkannten.

---

[14] a. a. O., Bd. 1, S. 264.
[15] a. a. O., Bd. 2, S. 37.

3. Marxens Ansicht vom Ziel der Geschichte

Nach Marx ist das Ziel der Geschichte die Befreiung des Menschen von der „Selbstentfremdung“ und die Verwirklichung wahrer Menschlichkeit. Die Entfremdung ergibt sich mit Notwendigkeit aus der Struktur der Klassengesellschaft, die ihre letzte und höchste Ausprägung in der bürgerlichen Gesellschaft gefunden hat. Wahre Menschlichkeit läßt sich nur in einer Gesellschaft verwirklichen, in der die natürlichen Interessen des Individuums mit den natürlichen Interessen der Gesellschaft übereinstimmen, d. h. in einer „klassenlosen Gesellschaft“. Folglich ist die „klassenlose Gesellschaft“ das Ziel der Geschichte. Marx hat es abgelehnt, eine utopische Schilderung dieser Gesellschaft zu geben, weil das nur ein ideologischer Versuch gewesen wäre, eine gesellschaftliche Lage zu beschreiben, für die die materiellen Voraussetzungen noch nicht vollständig gegeben waren. Darum müssen Wendungen wie „klassenlose Gesellschaft“, „Reich der Freiheit“, „realistischer Humanismus“ und „wahre Demokratie“ weniger als Begriffe denn als Symbole verstanden werden. Ihr Inhalt muß mehr oder weniger aus dem Sinn des negativen Ziels der Geschichte verstanden werden, eben aus der Befreiung des Menschen von der Selbstentfremdung. Die Entfremdung ergibt sich aus der Arbeitsteilung. Da eine Gesellschaft, in der die Produktion von Gütern durch Arbeitsteilung bestimmt wird, als „bürgerliche Gesellschaft“ bezeichnet wird, hat es in gewisser Hinsicht immer schon eine „bürgerliche Gesellschaft“ gegeben, obgleich die typische Bourgeoisie als die Macht, die den Feudalismus vernichtete, erst in der Neuzeit auf den Plan trat. Dieser doppelten Bedeutung der „bürgerlichen Gesellschaft“ entspricht eine zweifache Bedeutung der Entfremdung. Wir haben die allgemeine Entfremdung, die sich aus der Arbeitsteilung ergibt, und die besondere und letzte Entfremdung, die mit dem Sieg der bürgerlichen Gesellschaft und dem Aufkommen des Proletariats verbunden ist.

Der Begriff der Entfremdung ist Hegels „Phänomenologie“ entnommen, wo er die Selbstentfremdung des Geistes durch die Erschaffung einer objektiven Welt bedeutet, einer Welt, in der sich der Geist als ein Fremdling vorfindet. Marx überträgt diesen Begriff aus dem erkenntnistheoretischen Bereich in den der Praxis und bezeichnet damit die Tatsache, daß die Produkte der menschlichen Arbeit eine vom Menschen unabhängige Existenz erlangen und sogar Herrschaft über ihn gewinnen: „... diese Konsolidation unseres eigenen Produkts zu einer sachlichen Gewalt über uns, die unserer Kontrolle entwächst, unsere Erwartungen durchkreuzt, unsere Berechnungen zunichte macht, ist eines der Hauptmomente in der bisherigen geschichtlichen Entwicklung."[16] Aus dieser Erkenntnis ergeben sich eine ganze Reihe von Feststellungen, die die zerstörerische Natur der Selbstentfremdung noch stärker hervorheben. „Die Entfremdung erscheint sowohl darin, daß mein Lebensmittel eines andern ist, daß das, was mein Wunsch, der unzugängliche Besitz eines andern ist, als daß jede Sache selbst ein andres als sie selbst, als daß meine Tätigkeit ein andres, als endliche – und das gilt auch für den Kapitalisten –, daß überhaupt die unmenschliche Macht her[rscht]."[17] All das bedeutet, daß (1) die menschlichen Beziehungen, in denen die wahre Natur des Menschen zum Ausdruck kommen, durch den Mechanismus der Produktion und des Güteraustauschs ersetzt werden; daß (2) Sachen lediglich zu Handelsartikeln geworden sind, und zwar nicht auf Grund der Tatsache, daß sie Bedürfnisse befriedigen, sondern Profit erbringen (der „Fetischismus der Ware"); daß (3) die höchste Form der Selbstentfremdung das Geld ist. Das Geld enthüllt am treffendsten, wieweit die menschlichen Beziehungen verdorben sind. „Was ich nicht bin, kann ich durch das Geld sein." Geld entstellt „Treue zu Untreue, Lieb zu Haß, Tugend zu Laster, Laster zu Tugend ...". „Geld ist die entfremdete Macht des Menschen". „Die Quantität des Geldes wird immer mehr seine einzige mächtige Eigenschaft; wie es alles Wesen auf seine Abstraktion reduziert, so reduziert es sich in seiner eigenen Bewegung als quantitatives Wesen."[18] Der letzte Schritt im Prozeß der Selbstentfremdung des Menschen ist die Verwandlung des Menschen zur Ware. Das geschieht, wenn er gezwungen ist, seine Arbeitskraft zu verkaufen und damit selbst zu einer Sache wird, die sich in Geldwert berechnen läßt. Das ist die proletarische Lage.

In der marxistischen Geschichtsauffassung steht das Proletariat im Mittelpunkt der Geschichte, weil es zugleich den höchsten Grad der Entfremdung und den endgültigen Sieg wahrer Menschlichkeit darstellt. Die Vorbereitung für die Entstehung eines Proletariats ist die Entwicklung der bürgerlichen Gesellschaft und die Zerstörung aller menschlichen Beziehungen. Die Beschreibung dieses Sieges und dieser Zerstörung ist das eindrucksvollste und prophetischste Kapitel des „Kommunistischen Manifests". Die Auflösung aller persönlicher Beziehungen und Würde in der Gemeinschaft, in Familie und im Volk, in Beruf und Arbeit und ihr Ersatz durch offene, unverhüllte, direkte

[16] a. a. O., Bd. 2, S. 25.
[17] a. a. O., Bd. 1, S. 326.
[18] a. a. O., Bd. 1, S. 314.

Ausbeutung ist die Voraussetzung der proletarischen Existenz. Die Darstellung der proletarischen Existenz ist stark beeinflußt durch die tatsächliche Lage der Proletarier im Frühkapitalismus. Der eigentliche Ausgangspunkt ist die völlige Zerstörung der Menschlichkeit in der typischen proletarischen Existenz. Gleichzeitig bezeichnet er die entscheidende Wende. „Das Proletariat, welches ‚der völlige Verlust des Menschen ist', kann sich selbst also nur ‚durch die völlige Wiedergewinnung des Menschen' gewinnen. ... Wenn das Proletariat die Auflösung der bisherigen Weltordnung verkündet, so spricht es nur das Geheimnis seines eigenen Daseins aus, denn es ist die faktische Auflösung dieser Weltordnung."[19] Marx kennzeichnet den messianischen Charakter des Proletariats dadurch, daß er es bezeichnet als „[eine Klasse] ..., welche einen universellen Charakter durch ihre universellen Leiden besitzt und kein besonderes Recht in Anspruch nimmt, weil kein besonderes Unrecht, sondern das Unrecht schlechthin an ihr verübt wird, welche nicht mehr auf einen historischen, sondern nur noch auf den menschlichen Titel provozieren kann ..."[20] Die messianische Berufung findet ihre Erfüllung durch die proletarische Revolution, in der die Überwindung aller Lebensbedingungen der gegenwärtigen Gesellschaft es ermöglicht, daß der Mensch sein eigentliches Wesen verwirklicht. Marx drückt diese Idee in folgenden Worten aus: „Der Kopf dieser Emanzipation ist die Philosophie, ihr Herz das Proletariat. Die Philosophie kann sich nicht verwirklichen ohne die Aufhebung des Proletariats, das Proletariat kann sich nicht aufheben ohne die Verwirklichung der Philosophie."[21] Das bedeutet, daß die Philosophie den essentiellen Menschen in ihrem Denken vorwegnimmt, daß aber erst die proletarische Revolution ihn verwirklicht. Denn das Vorhandensein des Proletariats ist die historische Widerlegung der idealistischen Philosophie vom wesenhaften Sein.

Das Ziel der proletarischen Revolution ist weder der Sieg des Proletariats an sich noch der Kommunismus oder die Vergesellschaftung der Produktionsmittel, sondern der Übergang aus dem „Reich des Zwanges in das Reich der Freiheit". Der Sieg des Proletariats ist die Voraussetzung für diese Revolution, welche selbst den Kapitalisten von der objektiven Gewalt der Entfremdung befreit. Die kommunistische Partei ist die Vorhut der Revolution, weil sie die Situation von Grund auf begreift und den entschlossensten Willen hat, sie zu ändern. „Der Kom-

---

[19] a. a. O., Bd. 1, S. 278–279.
[20] a. a. O., Bd. 1, S. 278.
[21] a. a. O., Bd. 1, S. 280.

munismus ist für uns nicht ein Zustand, der hergestellt werden soll, ein Ideal, wonach die Wirklichkeit sich zu richten habe. Wir nennen Kommunismus die wirkliche Bewegung, welche den jetzigen Zustand aufhebt."[22] Marx lehnt entschieden die kollektivistischen Tendenzen einiger kommunistischer Richtungen ab. Sein ideales Menschenbild setzt Freiheit und Persönlichkeit für alle voraus.

Die Frage, ob dieses Ideal nicht eine bloße Utopie ist, läßt sich nicht eindeutig beantworten. Es widerspricht insoweit utopischem Denken, als es nicht an seine allgemeine Verwirklichung durch Überzeugung, Aufklärung, Erziehung oder Moral glaubt, sondern die Erreichung dieses Zieles der Geschichte von der Verknüpfung mit den Interessen und den Triebkräften einer besonderen gesellschaftlichen Gruppe abhängig macht.

Andererseits erhält sein Ideal ein utopisches Element insofern, als Marx weder die Interessengegensätze im gegenwärtigen Proletariat und in der kommunistischen Bewegung noch die möglichen neuen Widersprüche innerhalb der klassenlosen Gesellschaft in Betracht zieht. Die Behauptung, daß die Vorgeschichte der Menschheit mit der proletarischen Revolution beendet sei und dann die eigentliche Geschichte beginne, steht im Widerspruch zur Erfahrung, daß die treibende Macht in der Geschichte der Gegensatz der Kräfte ist. Diese Behauptung widerspricht auch der Erfahrung, daß die menschliche Natur immer schon durch einen schrankenlosen Willen zur Macht und durch ebenso schrankenlose Begehrlichkeit bestimmt war. Und selbst wenn man annimmt, daß sich die menschliche Natur in einer klassenlosen Gesellschaft ändern wird, gibt es doch keinerlei Berechtigung für die Annahme, daß das Proletariat, so wie es wirklich besteht, in seinem Handeln den Maßstäben eines vorbildlichen Proletariats folgt und daß der wirkliche Kommunismus sich so verhält, wie es den Vorstellungen des Idealkommunismus entspricht. Die Übergangsperiode, welche die politische Diktatur des Proletariats angeblich vertreten soll, kann sehr wohl zum Dauerzustand werden. Aus diesem Grund hat die religiöse Deutung des Marxismus das utopische Element in ihm abgelehnt. Der „Religiöse Sozialismus" gebraucht den Begriff des *„Kairos"*, um zu erklären, daß die klassenlose Gesellschaft, wie sehr sie auch einer prophetischen Forderung von heute entsprechen mag, nicht als das letzte Ziel der Geschichte betrachtet werden kann.

---

[22] a. a. O., Bd. 2, S. 25.

4. Die Struktur des historischen Prozesses in der Sicht von Marx

Nach Marx hat der historische Prozeß einen dialektischen Charakter; die Selbstentfremdung in der Geschichte ist der notwendige und einsichtige Weg zur Selbstverwirklichung. Der Ort, an dem beide, Selbstentfremdung und Selbstverwirklichung, zusammenfallen, ist das Proletariat. Die Streitfrage, ob der dialektische Materialismus eine wissenschaftliche Methode oder eine wirkliche Deutung der Geschichte darstellt, muß im Sinne der letzteren These entschieden werden. Marx liefert eine wirkliche Deutung der Geschichte, wenn er den Entwicklungsgang der Menschheit als das Fortschreiten aus dem Zustand vorläufiger Klassenkämpfe durch die Periode des letzten Klassenkampfes hin zur klassenlosen Gesellschaft darstellt. Er berücksichtigt in seiner Deutung alle Nationen in ihrer besonderen Entwicklung bis zur Entstehung der internationalen Bourgeoisie, des Welthandels und des internationalen Proletariats. Das ist keine methodologische Deutung der Geschichte, wie Marxisten der neukantianischen Richtung hervorheben, sondern eine ontologische. Das schließt jedoch eine methodologische Verwendung der Dialektik in einer konkreten historischen Analyse keineswegs aus. Das wichtigste Beispiel hierfür ist die dialektische Analyse des Kapitalismus in Marxens Hauptwerk.

Die ontologische Anwendung der dialektischen Methode hat einen dreifachen Hintergrund, nämlich: (1) die christliche Idee der Vorsehung, nach der Gott die Geschichte durch ein Meer von Sinnlosigkeit zur letzten Sinnerfüllung führt; (2) die rationale Umdeutung dieser Idee in Hegels Lehre von der „List der Vernunft", nach der Interesse und persönliche Neigung der Verwirklichung der Vernunft dienen, obgleich sie ihr bewußt widersprechen; (3) die Vorstellung einer prästabilierten Harmonie zwischen Idee und Wirklichkeit. Der Unterschied zwischen der Art, wie Marx diese Lehre anwendet, und ihrer liberalen Ausdeutung besteht darin, daß der Liberalismus aus ihr eine harmonische Deutung der Vergangenheit und Gegenwart ableitet, während sie bei Marx vor allem auf die Zukunft gerichtet ist und für die Deutung der Gegenwart und Vergangenheit nur insofern Anwendung findet, als deren radikale Widersprüche die Zukunft vorbereiten. Dennoch ist der Glaube an den schließlichen Sinn der Geschichte im dialektischen Materialismus vorausgesetzt, als Glaube an die Verwirklichung echter Humanität durch die Überwindung der Selbstentfremdung des Menschen.

Der historische Prozeß hat den Charakter dialektischer Notwendigkeit, d. h. einer Notwendigkeit, in der menschliches Handeln ein Faktor ist. Die Bourgeoisie „produziert vor allem ihre eigenen Totengräber. Ihr Untergang und der Sieg des Proletariats sind gleich unvermeidlich“ (Komm. Manifest). Die Bedeutung des Wortes „unvermeidlich“ ist oft erörtert worden, und seine unterschiedliche Auslegung hat zu vielen Spaltungen in der kommunistischen Bewegung geführt. Die mechanistische Auffassung, wie sie von vielen Marxisten seit der zweiten Hälfte des 19. Jahrhunderts vorgetragen wurde, kann nicht für sich in Anspruch nehmen, als wahrer Marxismus zu gelten. Denn mit seiner Zurückweisung des mechanistischen Materialismus lehnt Marx auch eine mechanische Notwendigkeit in der Geschichte ab. Der Bolschewismus hat die dialektische Deutung der Geschichte als ein Element echten Marxismus übernommen, um die kommunistische Revolution in einem Lande zu rechtfertigen, in der nicht einmal eine dialektische Notwendigkeit für ihren Sieg gegeben war. Die deutsche Sozialdemokratie übernahm mehr oder weniger die mechanistische Deutung und verlor dadurch ihren revolutionären Schwung. Marx selbst gibt durchaus zu, daß nicht jeder Versuch der Überwindung des Kapitalismus durch eine proletarische Erhebung erfolgreich sein muß. Er gesteht auch, daß er sich in der Annahme des unmittelbar bevorstehenden proletarischen Sieges geirrt habe. Er rechnet sogar mit der Möglichkeit eines völligen Chaos nach dem Untergang des Kapitalismus, falls nicht der Kommunismus als Sieger aus diesem Kampf hervorgehen sollte. Sein politisches Wirken und selbst das „Kommunistische Manifest“, das sich an die Proletarier in der ganzen Welt richtet, beweisen, daß er das Element der Freiheit in der dialektischen Notwendigkeit anerkannte. Dennoch ist es offensichtlich, daß er an die schließliche Erfüllung der Humanität glaubte, obgleich er die Möglichkeit andeutete, daß die ganze Entwicklung von neuem beginnen müsse. Aber das Streben nach der Erfüllung menschlichen Wesens durch die Überwindung der Selbstentfremdung des Menschen ist so notwendig wie die menschliche Existenz selbst.

Es ist offensichtlich, daß dieser Glaube von Marx ein paradoxer Glaube ist, der alle empirische Erfahrung überschreitet. Außerdem leuchtet es ein, daß gerade dieser Glaube an einen Sinn der Geschichte und an die mögliche Verwirklichung dieses Sinnes der Marxschen Deutung der Geschichte ihre gewaltige historische Kraft gegeben hat.

NIETZSCHE UND DER BÜRGERLICHE GEIST
(1945)

Keiner der drei vorangehenden Aufsätze über Nietzsche[1] behandelt Nietzsche ausdrücklich als Kritiker der bürgerlichen Gesellschaft, obwohl sie alle auf seinen Kritizismus als Element seiner philosophischen Gesamthaltung hinweisen. Und es ist tatsächlich unmöglich, dies Element in Nietzsches Werk zu übersehen, denn es ist überall, explizit oder implizit, in ihm enthalten. Sogar Nietzsches Bewußtsein von seiner „Unzeitgemäßheit" ist in erster Linie ein Ausdruck für seine negative Haltung der eigenen Zeit gegenüber. Man darf sie nicht, wie es Karl Löwith zu tun scheint, als abstrakte Zeitlosigkeit verstehen. Natürlich erhebt sie, wie jede Wahrheit, Anspruch auf Überzeitlichkeit, aber sie ist wesensmäßig mit dem eigenen Zeitalter verbunden, das Nietzsche in sich selber zu überwinden trachtet. Wenn Nietzsche dies Zeitalter „dekadent" nennt, gibt er damit implizit eine ganz bestimmte Deutung der Geschichte, in der sein eigenes Auftreten – das Auftreten des „Zarathustra" vor dem „Großen Mittag" – einen ganz bestimmten Platz hat. Dieses Bewußtsein, einen prophetischen Auftrag zu haben, an einem Wendepunkt der Geschichte zu stehen, darf in dem Bilde Nietzsches nicht fehlen.

Wenn Nietzsche die ewige Bedeutung eines jeden Zeitmoments durch die Lehre von der „ewigen Wiederkehr" ausdrückt, verwendet er eine klassische Idee, die im Widerspruch zu seinem Bewußtsein von der „Fülle der Zeit" steht – genau so, wie seine ekstatische Liebe zum Schicksal der klassischen Ergebenheit in das Schicksal widerspricht (vgl. Löwith). Und hierin liegt, wie Morris bemerkt hat, der dramatische Impuls seiner Philosophie. Diese dramatische Form ist nicht Nietzsches ästhetischer Neigung zuzuschreiben und nicht der Tatsache, daß er „von der griechischen Tragödie genährt wurde", wie Morris behauptet. Sie beruht vielmehr auf Nietzsches Gefühl für den dramatischen Augenblick in der Weltgeschichte, in welchem der „Mensch" an sein Ende gekommen ist und ein Wesen, das den Menschen transzendiert, der „Übermensch", sich ankündigt. Die Dekadenz, der Nietz-

---

[1] Diese Bemerkung bezieht sich auf drei weitere Aufsätze über Nietzsche in: *Journal of the History of Ideas.* Jg. 6. No. 3. 1945. (D. Hrsg.)

sche seinen „Willen zur Macht“ entgegensetzt, ist nicht Dekadenz schlechthin, wie Huszar anzudeuten scheint. Es ist die große Dekadenz, in der die Menschheit das Stadium des „letzten Menschen“ erreicht, des letzten Menschen, der ein vollkommen rationalisiertes Rädchen in einer Maschine ist ohne schöpferische Vitalität. Und es ist die Dekadenz, in der die Menschheit gleichzeitig das Zeitalter des „Übermenschen“ beginnt, das Zeitalter eines höheren Lebens, das sich in Menschen mit höherer Begeisterung, mit stärkerem Willen zur Macht und mit größerem Schöpfertum verkörpert.

Nietzsches Angriff auf die bürgerliche Gesellschaft müssen wir im Lichte dieses „eschatologischen Bewußtseins“ verstehen. Da „Leben“ das göttlich-dämonische Symbol ist, das für ihn die Stelle der Gottesidee einnimmt, verfolgt er mit prophetischem Zorn alles, was dem „Leben“ entgegensteht. Und da das größte Hemmnis für das „Leben“ die „objektivierende“ Tendenz des bürgerlichen Denkens und Handelns ist, führt er Krieg gegen die bürgerliche Gesellschaft im Namen seines letzten Prinzips, des schöpferischen Lebens.

Gegen das bürgerliche System, wie es sich nach der Mitte des 19. Jahrhunderts entwickelte, richteten sich noch andere Angriffe. Marx bekämpfte die Entmenschlichung durch eine Wirtschaftsordnung, in welcher der Mensch sich selbst, der Gesellschaft und der Welt entfremdet ist und in eine Ware, ein „Ding“, ein bloßes Objekt verwandelt wird. Kierkegaard stellte die logische Notwendigkeit der „Vernunft“ im Hegelschen Sinne in Frage, die die wahre Existenz des Menschen, seine Entscheidungsfähigkeit und sein Leben in Leidenschaft und Glauben vernichtet. Stirner predigte das absolute Individuum, den „Einzigen“. Dostojewski enthüllte die dämonischen Kräfte, die der Rationalität des Menschen zugrunde liegen, Jacob Burckhardt prophezeite die Katastrophe der Massenkultur. Und am Anfang des 20. Jahrhunderts waren die schöpferischen Menschen in Kunst, Dichtung und Philosophie sich des nahenden Zusammenbruchs der westlichen Zivilisation bewußt.

Ohne diesen weltgeschichtlichen Hintergrund können wir Nietzsche nicht verstehen. In seinen Schriften finden sich Analogien zu Gedankengängen all dieser Männer. Wie Marx beschreibt er die Entwicklung der Menschheit zu einer ungeheuerlichen Maschine, der zu dienen der eigentliche Sinn des Lebens geworden ist. Wie Kierkegaard verteidigt er „Werden“ gegen Wissen und fordert er eine nichtdistanzierte und leidenschaftliche Haltung zur Wahrheit, besonders zur historischen Wahrheit. Wie Stirner verkündet er den Wert des starken Individuums, gegen dessen Auflösung in konventionelle Konformität und moralistische oder sentimentale Selbstaufgabe. Wie Dostojewski entdeckt er die gefährlichen Kräfte in der Tiefe des Menschen, die sein rationales Handeln bestimmen. Wie Burckhardt sieht er die Selbstzerstörung Europas voraus. Andererseits hat er seinerseits die meisten Kritiker an der bürgerlichen Gesellschaft und die meisten Untergangspropheten am Anfang des 20. Jahrhunderts beeinflußt.

Nietzsche teilte das Schicksal vieler von diesen großen Kämpfern gegen die „Verdinglichung" im 19. Jahrhundert; er verfiel in eine Subjektivität, deren leidenschaftliche Behauptung die eigene innere Unsicherheit verrät. Der paradoxe Charakter seiner Aussprüche, die dominierende Aggressivität, sein unüberwindlicher Haß gegen Feinde, in denen Elemente seines eigenen Selbst erscheinen, die Manieriertheit seines Stils – dies alles enthüllt die verzweifelte Situation eines Menschen, der einen Gegner bekämpft, den er nicht einmal in sich selbst zu überwinden vermag. Dieser Gegner war die vom siegreichen Bürgertum geschaffene Welt, die Welt, in der Zwecke an die Stelle von Zielen getreten sind, und alles, der Mensch inbegriffen, ein Objekt der Analyse und Manipulation geworden ist. Aber bei seinem Versuch, die auf Analyse und Berechnung aufgebaute Welt zu überwinden, verwendet Nietzsche eben diese selben Mittel. Was dieser Widerspruch an Tragik in sich schließt, das ist heute offenbar geworden in den antibürgerlichen Revolutionen des 20. Jahrhunderts, deren eine – der Faschismus – zu Recht und Unrecht mit Nietzsches Philosophie in Zusammenhang gebracht wird.

Keine Deutung Nietzsches sollte seinen großartigen und tragischen Kampf gegen den Geist seines Zeitalters, den Geist der bürgerlichen Gesellschaft, außer acht lassen. Wie es nicht die Größe des Sokrates herabmindert, daß sein Kampf gegen den Geist seines Zeitalters hervorgehoben wird, sein Kampf gegen den Geist der sophistischen Desintegration, so wird Nietzsches Gestalt nicht verkleinert durch nachdrücklichen Hinweis auf den Geist, gegen den er in seiner Zeit kämpfte. Je tiefer ein Mensch im *kairos*, im schöpferischen Augenblick der Zeit wurzelt, um so besser kann er den *logos*, die universelle Wahrheit, erreichen. Nietzsche war groß, weil er gegen seine Zeit aus der tiefsten Erfahrung seiner Zeit kämpfte.

NIKOLAI BERDIAJEW

Eine geistesgeschichtliche Würdigung

(1938)

1.

Als ich Nikolai Berdiajew letzten Sommer in seinem alten Haus in Clamart, einem hübschen Vorort von Paris, traf und mit ihm über die Lage in Europa sprach, ahnte ich nicht, daß ich so bald danach aufgefordert werden sollte, etwas über ihn zu schreiben. So dachte ich nicht daran, ihn eingehender nach seiner Herkunft und seinem Werdegang zu fragen. Aber der Eindruck, den er persönlich auf mich machte, war nicht weniger stark als vor fünfzehn Jahren, als er erstmals nach Berlin kam, und zwar als Vertriebener aus Rußland mit all den Spuren jener schweren Bedrängnis, die er in seinem Heimatland ausgestanden hatte. Nach einer kurzen Wirksamkeit an der von ihm in Berlin gegründeten Russischen Akademie für Religionsphilosophie ging er mit dieser Akademie nach Paris, wo er hinfort lehrte. Mehr noch als durch seine Lehrtätigkeit ist er aber durch seine Bücher hervorgetreten. Sie sind in den letzten zehn Jahren auf deutsch, französisch und englisch erschienen und haben ihn als einen der hervorragendsten und repräsentativsten religiösen Denker unserer Zeit erwiesen. Berdiajew verkörpert ein schöpferisches religöses Denken, das in den griechisch-orthodoxen Überlieferungen verwurzelt ist und sich auf einem Kontinent entfaltete, der von einer fortlaufenden Reihe von Katastrophen erschüttert wurde und nach chaotischen Wirren und lang anhaltender Selbstzerfleischung dazu bestimmt zu sein scheint, einen Prozeß radikaler Verwandlung durchzumachen. In einer solchen Lage, besonders wenn sie als persönliches Schicksal erfahren wurde, durchbricht religiöses Denken die Schranken einer rein theologischen Problemstellung und sucht eine religiöse Lösung für die Nöte einer zerfallenden Welt. Vor allem erhält damit die Frage nach dem Sinn der geschichtlichen Existenz und das Problem der Geschichtsphilosophie überhaupt eine besondere Dringlichkeit. Die neue Geschichtsphilosophie ist ein Kind des Ersten Weltkrieges und der darauf folgenden Revolutionen und Katastrophen. Sie entstand nicht aus theoretischen Überlegungen, die durch wissenschaftlichen Abstand von der Geschichte gekennzeichnet sind; diese Philosophie ist vielmehr das Werk von Männern, die mit den Rätseln ihres eigenen Emigrantenschicksals rangen, wenn sie sich mit den Rätseln unserer Zeit und der Geschichte überhaupt abmühten. Das macht ihre Deutungen der Geschichte zu einer Wesensäußerung von Persönlichkeiten, Gruppen und, falls diese Deutungen den Rang philosophischer Objektivität erreichen, unserer ganzen Epoche.

Diese Tatsache zeigt, daß unser eigentliches Problem die Frage nach unserer geschichtlichen Existenz ist. Aber diese Frage kann nur auf der Grundlage einer umfassenden Deutung der menschlichen Existenz beantwortet werden. Folglich war die nächste Frage – und das gilt nicht nur für Berdiajew, sondern für alle jene Männer, die sich in einer ähnlichen Lage mit dem gleichen Problem befaßten – die Frage nach Natur und Existenz des Menschen. Die Deutung der Geschichte trieb uns – ich selbst rechne mich zu jener Gruppe – zu einem neuen Verständnis des Menschen. Der Mensch hat Geschichte; darum hängt die Deutung der Geschichte davon ab, wie man den Menschen begreift. Es ist offensichtlich, daß sich das Menschenbild, wie es Männer von der Art Berdiajews entwerfen, ganz wesentlich von dem optimistischen Idealismus der Vorkriegstheologie unterscheiden muß. Dieses Bild enthüllt den tragischen Charakter der menschlichen Existenz, der in einem Zeitalter wissenschaftlichen und wirtschaftlichen Fortschritts vergessen worden war und der sich in den letzten beiden Jahrzehnten in so schrecklicher Weise wieder zur Geltung brachte. Es zeigt andererseits die ewige göttliche Würde des Menschen, wie er essentiell und ewig mit Gott verbunden ist. Menschliche Existenz ist zu einem wesentlichen Teil kulturelle Existenz, schöpferisches Tun in allen Bereichen menschlicher Möglichkeiten. Eine neue Deutung der Geschichte und des Menschen führt notwendig zu einer neuen Auffassung von der menschlichen Kultur, ihrer Bedeutung und ihrer Grenzen. Berdiajew hat uns eine sehr eindrucksvolle Deutung menschlicher schöpferischer Kraft gegeben, der zentralen Kategorie seiner Kulturphilosophie. Aber das geschieht im Einklang mit seiner Auffassung vom Wesen des Menschen und der Geschichte: das schöpferische Tun des Menschen kann sowohl göttlich wie auch dämonisch sein und bedarf somit der Erlösung.

Der Stand der kulturellen Entwicklung, den wir heute erreicht haben, zeigt eindrucksvoll die selbstzerstörerischen Tendenzen einer autonomen Kultur. Hier kommt die Religionsphilosophie als die letzte Grundlage aller Ideen Berdiajews ins Spiel. Es ist zwar nicht ganz treffend, in diesem Zusammenhang von „Religionsphilosophie“ zu sprechen, wenn mit diesem Begriff eine Behandlung der Religion von einem Standpunkt außerhalb jeder konkreten Religion gemeint wird. Andererseits aber ist Berdiajews Betrachtungsweise nicht Theologie, insofern Theologie als die traditionelle Erklärung kirchlicher Dogmen gilt. Berdiajew selbst nennt seine Denkweise „Theosophie" und meint damit eine freie Weiterentwicklung kirchlicher Lehren im Geiste einer spekulativen Metaphysik und mystischer Intuition. Diese Denkweise kann als der charakteristische und wertvollste Beitrag der griechischen Kirche zum religiösen Denken der Gegenwart betrachtet werden. Berdiajew übernahm sie von den großen religiösen Denkern Rußlands im 19. Jahrhundert, vor allem von seinem Lehrer Solowjew.

2.

Da wir mit der religiösen Seite von Berdiajews Gedankengut beginnen wollen, haben wir zunächst nach den grundlegenden Ideen seiner „Theosophie" zu fragen. Er stellt sie vor allem in seinem Buch „Die Philosophie des freien Geistes"[1] dar, das den Untertitel „Problematik und Apologie des Christentums" hat. In dem Kapitel über „Theosophie und Gnosis" beklagt sich Berdiajew darüber, daß die modernen theosophischen Bewegungen den „erhabenen Begriff der Theosophie" verzerrt und damit die alte christliche Theosophie und Gnosis entstellt haben. „Die mystische, nicht die scholastische Theologie ist immer wahre Theosophie gewesen. Theosophisch ist jedes Schauen, das Philosophie und Religion synthesiert.[2]" Die Theosophie ist esoterisch insofern, als niemand sie verstehen kann, der nicht die mystischen Erfahrungen gemacht hat, auf denen sie beruht. Im Gegensatz zur modernen Theosophie und Anthroposophie, die die evolutionistische Idee einer Entwicklung über den Menschen hinaus zum Übermenschen angenommen haben, hat die christliche Theosophie ihr Kernstück in der Idee des ewigen „Gottmenschen".[3] Und „der Mensch ist mehr als die einfache Kreatur"[3]; er ist „Gottes Anderer".[3] Die „zweite Hypostase der heiligen Dreifaltigkeit"[3] ist der „vor aller Ewigkeit in der Ewigkeit geborene Mensch."[3] Darum ist der Mensch mehr als ein „vergänglicher Bruchteil des Kosmos", denn „der ganze Kosmos ist prinzipiell im Menschen eingeschlossen."[3] „Er kann unmittelbar von Angesicht zu Angesicht Gott gegenübertreten"[3] und Erkenntnis der Tiefen Gottes erlangen. Das Fehlen einer solchen Erkenntnis in den Kirchen des Westens hat nicht nur zu der verzerrten Theosophie unserer Tage geführt, sondern auch zu der modernen rationalen Auffassung von

---

[1] Tübingen 1930.
[2] a. a. O., S. 311.
[3] a. a. O., S. 317.

Gott, Mensch und Welt, die zuerst das mystische Wissen verdrängte und dann zum Hauptfeind des Christentums und der Religion überhaupt wurde.

Diese Situation muß überwunden werden; denn: „Es kommen Zeiten, da die neutrale Wissenschaft schon unmöglich sein wird, da die Wissenschaft entweder christlich oder schwarze Magie sein wird.“[4] Christliche Gnosis beruht auf der Vernunft Christi, d. h. einer Vernunft, die göttlich und menschlich zugleich ist. Berdiajew macht es ganz deutlich, daß die zentrale Idee seiner Theosophie die „Idee des Gottmenschen“ ist. Jede philosophische und theologische Betrachtung sollte nach ihm vom „Gottmenschen“ ausgehen, weil es die Aufrechterhaltung der Spaltung zwischen Gott und dem Menschen bedeuten würde, wenn man mit Gott oder dem Menschen beginnt. Aber „im Christentum erschließt sich die Menschlichkeit Gottes ... Gott ohne den Menschen, der unmenschliche Gott, wäre ein Satan“.[5] Das bedeutet, daß eine ewige Beziehung zwischen Gott und Mensch besteht. Um das zu verdeutlichen, verweist Berdiajew auf Meister Eckehart, Jakob Böhme, der Berdiajew nachhaltig beeinflußt hat, und auf Angelus Silesius – alles Mystiker, die zwischen Gott und dem „göttlichen Urgrund“ unterscheiden und eine gegenseitige Abhängigkeit zwischen Gott und Mensch feststellen. „Gott ist, wenn der Mensch ist; verschwindet der Mensch, so wird auch Gott verschwinden.“[6] Der Schöpfer wird mit seiner Schöpfung erschaffen; Gott erscheint als Gott gleichzeitig mit dem Menschen. Darum ist Gott ständig in Bewegung. Die Unwandelbarkeit Gottes ist eine philosophische Abstraktion, die den lebendigen Gott verleugnet. Göttliches Leben ist zugleich theogonisches, kosmogonisches und vor allem anthropogonisches Werden. Folglich gehört das Leiden zu Gott. „Das Christentum ist die Religion des leidenden Gottes“.[7] Ein nur transzendenter Gott, der seinen Willen verwirklicht, widerspricht der Tragödie der Existenz, an der Gott selbst teilhat.

Berdiajew weiß, daß diese Ideen gefährlich sind, weil sie als objektive, metaphysische Begriffe mißverstanden werden können. Aber das würde ihren Sinn entstellen. „Der lebendige Gott und die Dramatik des göttlichen Lebens existieren nur für das symbolisch-mythologische Denken und Bewußtsein.“[8] „Symbol“ ist der Ausdruck für die Tatsache, daß die natürliche Welt an und für sich ohne Sinn ist. Sie ist

---

[4] a. a. O., S. 339.
[5] a. a. O., S. 223.
[6] a. a. O., S. 228.
[7] a. a. O., S. 226.
[8] a. a. O., S. 224.

sinnvoll nur als Symbol einer anderen, der geistigen Welt. Das Symbol ist eine Brücke zwischen zwei Welten. „Dieser realistische Symbolismus muß sowohl vom subjektiven oder idealistischen Symbolismus als auch vom objektiven oder naiven Realismus unterschieden werden. Jener bringt die Spaltung der zwei Welten und die Einsamkeit des modernen Menschen zum Ausdruck; dieser zeugt von der Unterwerfung unter die Verdinglichung des Geistigen durch Institutionen, Mächte, die Materie und sogenannte Tatsachen. Die Einstellung des idealistischen Symbolismus kennt nicht die Inkarnation des Geistes; für den naiven Realismus verliert sich der Geist in seiner Inkarnation. Der realistische Symbolismus als die Methode christlicher Theosophie führt über diesen Gegensatz hinaus; er führt zu einem neuen Verständnis des Mythos ... Das lebendige Wissen ist mythologisch."[9] „Mythos ist Wirklichkeit; das mythenbildende Leben der Völker ist reales geistiges Leben, viel realer als das Leben abstrakter Begriffe und rationalen Denkens."[10] „Der Mythos stellt das Übernatürliche im Natürlichen ... das geistige Leben im Leben des Fleisches dar".[11] Die Grundlage der christlichen Theosophie ist der größte und zentralste Mythos – der Mythos vom Fall, vom Erlöser und von der Erlösung. Aber niemandem erschließt sich die geistige Wirklichkeit, die in diesem Mythos zum Ausdruck kommt, der nicht den Zusammenbruch seines natürlichen Denkens und den Übergang vom Begriff zum Symbol und zum Mythos erlebt hat.

Der Sinn all dieser Aussagen wird völlig klar, wenn Berdiajew mit Entrüstung die Entscheidung des 1. Vatikanischen Konzils anführt, die lautet: „Mit dem Bannfluch sei jeder belegt, der da behauptet, daß der eine und wahrhaftige Gott, unser Schöpfer und Herr, nicht mit Gewißheit aus den Werken der Schöpfung durch das natürliche Licht der menschlichen Vernunft erkannt werden kann." Dieser Rationalismus steht im Gegensatz zu aller Gnosis, er ist „Agnostizismus" gegenüber dem göttlichen Mysterium. Die thomistische und humanistische Rationalisierung des Christentums führte nach Berdiajew zur gegenwärtigen Krise und zur Entfaltung eines antichristlichen Säkularismus. In der Griechischen Kirche sind noch vor-rationalistische theosophische Überlieferungen lebendig, welche einen neuen Einsatz im christlichen Denken und vor allem eine radikale Wandlung des menschlichen Gefühlslebens und Bewußtseins ermöglichen.

---

[9] a. a. O., S. 88.
[10] a. a. O., S. 89.
[11] a. a. O., S. 89.

In protestantischer Sicht scheint Berdiajews Theosophie den Bruch zwischen göttlichem und menschlichem Bewußtsein zu unterschätzen, und darin liegt die Gefahr unkontrollierbarer Spekulationen und bedenklicher Übertreibungen. Vom humanistischen Standpunkt aus läßt sich einwenden, daß er zu sehr den schöpferischen Charakter des Natürlichen und seiner empirischen Formen und Strukturen übersieht, weil er ihre symbolische Transparenz überbetont. In zweifacher Hinsicht müssen sich seine Ideen eine Überprüfung gefallen lassen, um für den heutigen Protestantismus annehmbar zu werden. Aber die Substanz seiner Religionsphilosophie muß unangetastet bleiben, selbst wenn sie zu einer nach-protestantischen Ära des Christentums und zu einer stärker ökumenisch bestimmten Ost-West-Theologie führen sollte.

Berdiajew selbst lehnt eine Weiterentwicklung christlicher Ideen nicht ab. Er betont den dynamischen Charakter des geistlichen Lebens und der Entfaltung der Kirche und Menschheit. „Das Christentum ist messianisch und eschatologisch, d. h. dynamisch, progressiv ... eine Bewegung zu einem alles lösenden Ende hin.“[12] Darum werden Geschichte und Offenbarung auch in der Zukunft Epochen haben, wie sie sie in der Vergangenheit gehabt haben. Kirchlicher und orthodoxer Konservatismus müssen überwunden werden, da sich die menschliche Seele immerfort wandelt. „Der alte Stil des Christentums entspricht schon nicht mehr der Struktur der zeitgenössischen Seele.“[13] „Das herrschende kirchliche Bewußtsein scheint wohl noch nicht recht verstanden zu haben, was mit der Welt vor sich gegangen ist; es ist um etliche Jahrhunderte zurückgeblieben. Die christliche Apologetik ist in ihren Methoden so rückständig, daß sie nur schaden, daß sie der Rückkehr zum Christentum nur hinderlich sein kann.“[14] Was nottut, ist schöpferischer Modernismus auf der Grundlage der ewigen Wahrheit des Christentums. Das ist eine Forderung, in der Berdiajew sich in voller Übereinstimmung mit vielen Richtungen des modernen und selbst des humanistischen Protestantismus, aber im schärfsten Gegensatz zum Biblizismus Karl Barths befindet.

All das setzt eine Lehre von der Kirche voraus, die mystisch und kosmologisch ausgerichtet ist. „Die Kirche ist alles; die ganze Fülle des Seins, die Fülle des Lebens der Welt und der Menschheit, aber im Zustande der Verchristlichung, der Gnadenerweisung.“[15] „Die Kirche ist

---

[12] a. a. O., S. 349.
[13] a. a. O., S. 369.
[14] a. a. O., S. 368.
[15] a. a. O., S. 379.

der verchristlichte Kosmos."[16] Als solche ist die Kirche Schönheit; und „Die Schönheit wird die Welt erretten" (Dostojewski). „Der Mensch erschließt sich nur im Gottmenschentum, d. h. in der Kirche."[17] Das gilt auch für schöpferische Männer wie Shakespeare, Goethe und Nietzsche, selbst wenn sie gegen die Kirche ihrer Zeit eingestellt waren. „In der Kirche blüht die Schönheit des kosmischen Lebens."[18] Die Folgerung aus dieser Art der Geschichtsdeutung für das kulturelle Leben ist offensichtlich. Die Idee selbst wird aber nur verständlich aus der Lehre, daß das Gottmenschentum die Erfüllung des Menschen in jeder Hinsicht ist, auch im Hinblick auf sein schöpferisches Vermögen, und daß die unsichtbare Kirche die Verwirklichung des Gottmenschentums ist, wie es in Christus erschien. Auf diese Weise versucht Berdiajew die Trennung zwischen Gott und dem Menschen, zwischen Kirche und Welt, zwischen Religion und Kultur zu überwinden und die Idee der individuellen Erlösung in die Vorstellung einer kosmischen Erlösung zu verwandeln, wodurch er die dämonische Lehre der doppelten Prädestination ausschließt.

3.

Der Kern von Berdiajews Theosophie ist die Lehre vom „ewigen Gottmenschentum". Das führt ihn zu einer umfassenden Lehre vom Wesen des Menschen, die in all seinen Schriften erscheint, vor allem in der Schrift „Von der Bestimmung des Menschen".[19] Berdiajew hat hier von Jakob Böhme, Schelling, Kierkegaard, Nietzsche, Dostojewski, Scheler, Freud und Proust gelernt, alles Denker, die in Opposition zu einer Anthropologie stehen, die von Descartes herkommt und noch heute die offizielle Philosophie und Psychologie bestimmt. Der widersprüchliche Charakter des Menschen, der in sich den höchsten Himmel und die tiefste Hölle trägt (Schelling), wird von all diesen Männern gesehen, wenn auch von ganz verschiedenen Gesichtspunkten aus. „Die paradoxale und widerspruchsvolle Natur des Menschen wird aber noch tiefer dadurch bedingt, daß er in seinem Wesen ein *Kind Gottes*, zugleich aber auch ein *Kind des Nichts*, der meontischen Freiheit ist." Er hat „seine Wurzeln im Himmel, in Gott, zugleich aber auch im ‚Abgrund von unten'."[20] Die Idee des „Gottmenschentums" ist der Mittelpunkt der christlichen Anthropologie. Allein diese Idee macht die

---

[16] a. a. O., S. 379.
[17] a. a. O., S. 391.
[18] a. a. O., S. 391.
[19] Bern – Leipzig 1935.
[20] a. a. O., S. 69.

menschliche Würde und die menschliche Tragödie verständlich. Weder der Thomismus noch die Lehre Barths oder auch der Humanismus erschließen uns solch ein Verständnis. Sie alle heben das Paradox auf, indem sie entweder das Göttliche oder das abgründige Element oder beide ablehnen. Aber das Geheimnis des Menschen ist das Geheimnis Gottes: die ungeschaffene Freiheit, der „Ungrund", das Nichtsein, das dem Sein vorausgeht, aus dem der Schöpfer wie auch die Kreatur geboren werden. Ohne ein solches Prinzip können weder der irrationale Grund der Natur noch die menschliche Sünde verstanden werden, wie das Böhme gezeigt und wie die moderne vitalistische Philosophie und die Wiederentdeckung des Unbewußten bestätigt haben.

Die Lehre vom Menschen ist eine Lehre der Persönlichkeit. Berdiajew nennt sich einen Personalisten. Seine Gegnerschaft gegen den Marxismus erwächst vor allem aus der kollektivistischen Einstellung, der er hauptsächlich im russischen Marxismus begegnete. Persönlichkeit muß von Individualität unterschieden werden. „Individuum ist eine naturalistisch-biologische, Persönlichkeit hingegen ist eine religiös-geistige Kategorie."[21] Der moderne Individualismus steht im Gegensatz zur Idee der Persönlichkeit. Darum kann er so leicht zum Kollektivismus führen. Die Persönlichkeit ist fähig, ein kleines Universum zu werden; sie hat unbedingten Wert und steht zu überpersönlichen Werten in Beziehung. Es mag hervorragende Individuen geben, die keine Persönlichkeiten sind, weil sie kein Verhältnis zu überpersönlichen Werten haben. Persönlichkeit ist im Geiste verwurzelt, darum kann sie nicht biologisch, soziologisch oder psychologisch erklärt werden. „Die Persönlichkeit steht über dem Schicksal der Gattung, die Persönlichkeit ist unsterblich." Das Individuum dagegen ist sterblich. Der Mensch ist Individuum und Persönlichkeit zugleich; er ist naturhaft und geistig, sterblich und unsterblich.

Um eine Persönlichkeit zu werden, muß sich der Mensch von seinen Fesseln an das Leben des Stammes und die Stammes-Mythologien lösen. Nur das Christentum ist imstande, die Persönlichkeit von der Herrschaft der kosmischen Mächte zu befreien, wie sie in der Macht des Stammes verkörpert ist. Moderne Bewegungen wie der Nationalismus und Kommunismus versuchen, zu dem vorpersönlichen Stadium der Menschheit zurückzukehren. Die Persönlichkeit bedarf der Persönlichkeit. Selbst Gott ist Persönlichkeit, nicht als das Absolute, Unbedingte und der Urgrund, sondern als Liebe und Opfer, als ein „Du". Das findet seinen Ausdruck in der Trinitätslehre, vor deren Hintergrund

---

[21] a. a. O., S. 81.

erst jede Lehre von der menschlichen Persönlichkeit möglich wird. Berdiajew vermeidet den abstrakten theistischen Personalismus, der die Idee Gottes zu einem Widerspruch in sich selbst macht, indem er zwischen dem absoluten und dem personalistischen Element in Gott unterscheidet. Damit bekundet er eine Denkweise, die im Gegensatz zu Aristoteles, Thomas von Aquin und Descartes zu einer neuen Auffassung von Gott und dem Menschen führen kann.

Ich möchte noch auf die Lehre vom Unbewußten verweisen, die Berdiajew von der Psychoanalyse übernommen hat und mit der er „die Diktatur des Bewußtseins" im nach-cartesianischen Denken angreift, und ich möchte ferner auf seine Lösung des sexuellen Problems verweisen, die die alte theosophische Idee vom androgynen Charakter des ursprünglichen Menschen zur Geltung bringt. Mit der Existenz hat der Mensch seine ursprüngliche Jungfräulichkeit verloren und lebt seitdem im Zustand des Begehrens und Hasses zwischen den Geschlechtern; Eros und Tod sind Verbündete geworden. In Christus ist die Jungfräulichkeit im Sinne der Androgynie wiederhergestellt. Diese Gedanken sind sehr bedeutsam für eine neue Begründung christlicher Ethik auf einer tieferen Grundlage, als sie der orthodoxe Supranaturalismus, der moralische Idealismus oder der naturalistische Pragmatismus zu geben vermögen.

Eine für Berdiajew besonders charakteristische Idee ist seine Vorstellung vom menschlichen Schöpfertum. Sein ganzes Buch „Der Sinn des Schaffens"[22] kreist um diesen Gedanken und erläutert seine Bedeutung für das Verständnis des Menschen und seiner Kultur vom religiösen Standpunkt aus. „Geschöpflichkeit ist Schöpfertum."[23] Diese Idee wird durch alle Bereiche menschlichen Tuns verfolgt. Schließlich führt sie zu einer Periodisierung der Offenbarungsgeschichte, wobei er die Offenbarung des Gesetzes (Vater), die Offenbarung der Erlösung (Sohn) und die Offenbarung der Schöpfermacht (Geist) unterscheidet. Die gegenwärtige Lage weist auf den Übergang von der zweiten zur dritten Periode. Autonome Kultur hat zu einer Katastrophe geführt. „Die Kultur (heute) ist in all ihren Erscheinungsformen ein Mißerfolg des Schöpfertums."[24] Aber das ist ein „heiliger" Mißerfolg und führt zu einem höheren Niveau, zu der Periode religiösen Schöpfertums, in der weder Gehorsam noch Gesetz oder Kreuz und Opfer entscheidend sind, sondern der schöpferische Geist und das Antlitz Christi in seiner

[22] Tübingen 1927.
[23] a. a. O., S. 131.
[24] a. a. O., S. 346.

Macht und Herrlichkeit. Diese Ideen, die Berdiajew später abgeschwächt hat, erscheinen von besonderer Bedeutung für den modernen Protestantismus in seiner Spaltung zwischen der humanistischen Richtung, die weltliches Schöpfertum unter religiösem Blickwinkel sieht und bejaht, und der supranaturalistischen Richtung, die die religiöse Bedeutung des menschlichen Schaffens überhaupt leugnet.

4.

Das führt uns schließlich zu Berdiajews Deutung der Geschichte. Sie wird in einem seiner früheren Werke „Der Sinn der Geschichte“[25] entwickelt und in folgenden zwei kleineren Schriften ergänzt: „Das Schicksal des Menschen in unserer Zeit“[26] und *The End of our Time.*[27] Berdiajews Auffassung von der Geschichte ist von zwei mächtigen Denkrichtungen beeinflußt, von der theologischen Kritik der westlichen Kultur durch die russischen Schriftsteller des 19. Jahrhunderts und der sozialen Kritik der bürgerlichen Gesellschaft durch Marx. Aber die entscheidenden Antriebe kamen ihm doch aus den geschichtlichen Entwicklungen nach dem Weltkrieg.[28] „In der Tat ist aber das, was sich in unseren Tagen vollzieht, tiefer und gewaltiger, als man zu glauben pflegt. Es vollzieht sich ein Gericht – nicht über eine einzelne historische Epoche, sondern über die Geschichte selbst.“[29] Wir leben in einer apokalyptischen Zeit, d. h. in einer Epoche, in der die Ewigkeit in die Zeit einbricht.

Die Geschichte ist eine Tragödie, weil der Mensch in der Geschichte leben muß, aber die Geschichte völlig unbekümmert um den Menschen ist. Sie unterdrückt und vernichtet den Menschen, da alle historischen Objektivationen, besonders aber die Staaten, unpersönlich sind. Das gilt vor allem in unseren Tagen, in denen der Mensch in den Griff von ungeheuren Kollektiven gerät und sich ihrer unmenschlichen Herrschaft unterwerfen muß. Die Wirtschaft hat den Menschen als Werkzeug im Dienste unmenschlicher wirtschaftlicher Prozesse gebraucht. „Der Weltkrieg bedeutet eine katastrophale Steigerung und Offenbarung aller chaotischen Kräfte, die unter der trügerischen kapitalistischen Zivilisation lebendig geblieben waren.“[30] Dieses Urteil über

[25] Darmstadt 1927.
[26] Luzern 1935.
[27] London 1933.
[28] Gemeint ist der Erste Weltkrieg. (D. Hrsg.)
[29] S. Anm. 26. S. 7.
[30] a. a. O., S. 15.

die Geschichte ist zugleich ein Urteil über das historische Christentum. Weder das Christentum noch der Humanismus waren imstande, die Entmenschlichung und Bestialisierung der Menschheit zu verhindern, und diese schreitet fort in den totalitären Staaten, vor allem in der Form von Nationalismus und Rassismus. Die Dämonen des Weltkrieges sind noch am Werke und zerstören die Würde des Menschen. Berdiajew verweist auf den Prozeß der Entmenschlichung in den verschiedenen Bereichen der Kultur und selbst der Theologie. „Die Lehre Karl Barths und die dialektische Philosophie bedeuten eine Dehumanisierung des Christentums."[31] In dieser Sicht beschreibt Berdiajew die Selbstzerstörung des Liberalismus, den Götzendienst des Nationalismus, die Tyrannei der despotischen Staatsgewalt, die Selbstüberschätzung der totalitären Bewegungen sowohl des Faschismus wie des Kommunismus. All das kann nur überwunden werden durch eine Macht, die imstande ist, das Dämonische und Irrsinnige in der heutigen Menschheit zu überwinden. Diese Macht ist eine neue christliche Geistigkeit. „Das Christentum wird von neuem die einzige und letzte Zuflucht des Menschen werden."[32] Es ist nur zu verständlich, daß in einer solchen Sicht der Fortschrittsglaube zurückgewiesen wird. Der Fortschritt, in dem sich angeblich der Sinn der Geschichte erfüllt, wird als „Götzendienst der kommenden Generationen" bezeichnet. Anstelle dieser utopischen Illusion wird die apokalyptische Idee des Endes der Geschichte verkündet: die Erfüllung der Geschichte ist das Ende der Geschichte.

Es hätten hier noch viele andere fruchtbare Ideen Berdiajews erwähnt werden können. Aber was gesagt wurde, mag genügen, um den ungewöhnlichen Reichtum, die Tiefe und die schöpferische Kraft des russischen Denkers und seine Bedeutung für unsere Zeit aufzuzeigen. Die aufgezeigten Ideen mögen ferner beweisen, wie nötig es ist, daß sich eine künftige ökumenische Theologie ernsthafter als bisher dem Gedankengut der Ostkirche öffnet. Der moderne Protestantismus ist nicht imstande, die nächste Epoche der christlichen Geschichte ohne die Mithilfe der älteren Kirchen heraufzuführen. Da der Katholizismus zu stark gegenreformatorisch ausgerichtet ist, kann der Protestantismus diese Aufgabe nicht ohne Hilfe von griechisch-orthodoxen Überlieferungen bewerkstelligen. Eine solche Hilfe kann dabei offensichtlich nicht von irgendeiner dogmatischen Orthodoxie kommen, sondern nur von einer freien schöpferischen Deutung der älteren Traditionen, wie wir ihr bei Nikolai Berdiajew begegnet sind.

---

[31] a. a. O., S. 30.
[32] a. a. O., S. 100.

DAS PROBLEM DES „PERSÖNLICHEN GOTTES"

Eine Auseinandersetzung mit Albert Einstein

(1940)

Vor einiger Zeit hielt Albert Einstein einen Vortrag über „Wissenschaft und Religion".[1] Seine Ausführungen erregten heftigen Widerspruch sowohl bei Theologen wie bei religiös empfindenden Menschen, weil er die Idee eines „persönlichen Gottes" verwarf. Wenn es nicht Einstein, der große Umgestalter unseres physikalischen Weltbildes, gewesen wäre, hätten seine Argumente nicht eine solche Erregung hervorgerufen, denn sie waren weder neu noch überzeugend. Aber aus dem Munde Einsteins als Ausdruck seiner geistigen und sittlichen Persönlichkeit wurden sie bedeutsam. Deshalb ist es gerechtfertigt, daß die philosophische oder apologetische Theologie sich mit Einsteins Kritik befaßt und darüber hinaus eine Lösung zu entwerfen versucht, die seine Kritik anerkennt, aber sie zugleich widerlegt.

Einstein greift die Idee eines „persönlichen Gottes" von vier Seiten aus an: erstens, sie ist für die Religion nicht wesentlich; zweitens, sie schafft primitiven Aberglauben; drittens, sie ist ein Widerspruch in sich; viertens, sie widerspricht unserem wissenschaftlichen Weltbild.

Das erste Argument setzt eine Definition des Wesens von Religion voraus, das unberücksichtigt läßt, worin sich Religion von Ethik unterscheidet. Danach ist „Religion" Anerkennung überpersönlicher Werte und Hingabe an sie. Aber die Frage, ob das eine angemessene Definition von Religion ist, kann erst beantwortet werden, wenn die andere Frage beantwortet ist, ob die Idee eines „persönlichen Gottes" irgendeine objektiv gültige Bedeutung hat oder nicht. Darum müssen wir uns zuerst dem zweiten Argument, dem geschichtlichen, zuwenden. Es beweist nicht und kann auch nicht beweisen, warum primitive Vorstellungen ausgerechnet die Idee eines Gottes geschaffen haben sollen. Es besteht kein Zweifel, daß diese Idee von allen möglichen Formen des Aberglaubens und der Unmoral gebraucht und mißbraucht worden ist. Aber um mißbraucht zu werden, muß sie zuerst gebraucht worden sein. Ihr Mißbrauch sagt noch nichts über ihre Entstehung aus. Ange-

---

[1] Einstein hielt diesen Vortrag auf einer Konferenz über: *Science, Philosophy, and Religion,* die vom 9.–11. September 1940 in New York stattfand.

sichts der ungeheuren Wirkung, die die Gottesidee auf das menschliche Denken und Verhalten ausgeübt hat, ist die Theorie, daß sie das Ergebnis einer primitiven und willkürlichen Phantasie sei, völlig abwegig. Mythologische Phantasie kann Geschichten über Gott erfinden, aber nicht die Gottesidee selbst schaffen, weil diese Idee alle Erfahrung, die für die Mythologie wesentlich ist, übersteigt. In diesem Sinne sagt Descartes: „Das Unendliche in unserer Vernunft setzt das Unendliche voraus."

Das dritte Argument Einsteins wendet sich gegen die Idee eines „allmächtigen Gottes", der etwas moralisch und physisch Böses schafft, obgleich er andererseits gut und gerecht sein soll. Diese Kritik versteht unter „Allmacht Gottes", daß Gott alles und jedes, was geschieht, selbst getan oder zugelassen habe, und zwar im Sinne einer physikalischen Kausalität. Aber es ist eine alte und stets betonte Lehre der Theologie, daß Gott in allen Wesen gemäß ihrer besonderen Natur handelt, im Menschen gemäß seiner rationalen, in den Tieren und Pflanzen gemäß ihrer organischen und in den Steinen gemäß ihrer anorganischen Natur. Das Symbol der Allmacht bringt die religiöse Erfahrung zum Ausdruck, daß kein Element der Wirklichkeit und kein Ereignis in Natur und Geschichte die Macht hat, uns von der Gemeinschaft mit dem unendlichen und unerschöpflichen Grund des Seins und Sinns zu trennen. Was „Allmacht" bedeutet, kann man aus den Worten des Deuterojesaja (Jes. 40) entnehmen, die er zu den Verbannten in Babylon spricht. Er schildert die Nichtigkeit der Weltmächte angesichts der göttlichen Macht, die ihr geschichtliches Ziel durch eine winzig kleine Schar Verbannter erreicht. Was „Allmacht" heißt, ist auch aus den Worten des Paulus (Röm. 8) zu entnehmen, als er den wenigen Christen in den Elendsvierteln der damaligen Großstädte verkündet, daß weder Naturgewalten noch politische Mächte, weder irdische noch himmlische Kräfte uns scheiden können von der Liebe Gottes. Wenn die Idee der „Allmacht Gottes" aus diesem Zusammenhang herausgerissen und zu einer besonderen Form von Kausalität gemacht wird, dann wird sie nicht nur zu einem Widerspruch in sich, wie Einstein richtig sagt, sondern auch absurd und unreligiös.

Dies führt zu dem letzten und wichtigsten Argument Einsteins, wonach die Idee des „persönlichen Gottes" dem naturwissenschaftlichen Weltbild widerspricht. Bevor ich mich mit diesem Punkt auseinandersetze, möchte ich zwei methodische Bemerkungen machen. Zunächst, ich stimme mit Einstein völlig überein, wenn er die Theologen davor warnt, ihre Lehren in die Lücken der wissenschaftlichen Forschung einzubauen. Das war die völlig unzulängliche Methode einiger fanatischer

Apologeten in der Theologie des 19. Jahrhunderts, aber entsprach niemals der Einstellung irgendeines großen Theologen. Vor allem: die Theologie muß die Erforschung der gegenständlichen Welt in ihrer Totalität und ihrer gegenseitigen Abhängigkeit in Natur und Geschichte, im Menschen und seiner Welt der Wissenschaft überlassen. Und weiter: die Theologie muß die Darstellung der Strukturen und Kategorien des Seins und des *logos,* in dem das Sein offenbar wird, der Philosophie überlassen. Jede Einmischung der Theologie in die Aufgabenbereiche der Philosophie und Wissenschaft ist für die Theologie verhängnisvoll.

Zweitens möchte ich aber Einstein und jeden kritisch eingestellten Wissenschaftler bitten, an die Theologie mit der gleichen Fairneß heranzugehen, wie sie von jedem gefordert wird, der sich etwa mit der Physik auseinandersetzt; er muß gerechterweise die fortgeschrittenste und nicht irgendeine veraltete Form der Disziplin zum Gegenstand seiner Kritik machen. Nachdem Schleiermacher und Hegel Spinozas Lehre von Gott als wesentlichen Bestandteil für jede theologische Lehre von Gott anerkannt haben, geradeso wie die frühen Theologen, Origines und Augustin, Platos Lehre von Gott in ihr Denken aufgenommen hatten, ist es einfach nicht mehr statthaft, die primitivste Form der Vorstellung vom „persönlichen Gott" aufzugreifen, um diese Idee selbst zu bekämpfen. Die Vorstellung von einem „persönlichen Gott", der sich in das Geschehen in der Natur einmischt oder der als „eine unabhängige Ursache von Naturereignissen" betrachtet wird, macht Gott zu einem Naturobjekt unter anderen, zu einem Objekt unter Objekten, zu einem Seienden unter anderem Seienden, vielleicht zum höchsten, aber gleichwohl zu *einem* Seienden. Dies bedeutet in der Tat die Zerstörung nicht nur des physikalischen Systems, sondern mehr noch die Zerstörung eines jeden angemessenen Gottesgedankens. Es ist eine unsaubere Vermengung von mythologischen Elementen (die an ihrem Ort, nämlich im konkreten religiösen Leben, durchaus ihre Berechtigung haben) mit rationalen Elementen (die an ihrem Ort, nämlich bei der theologischen Interpretation religiöser Erfahrungen, ebenfalls ihre Berechtigung haben). Eine solche entstellte Gottesidee kann gar nicht scharf genug abgelehnt werden.

Um die Vorstellung von einem persönlichen Gott zu kennzeichnen, die in keiner Weise mit Wissenschaft oder Philosophie in Konflikt gerät, möchte ich einige schöne Worte Einsteins anführen: der echte Wissenschaftler „erreicht jene Demut des Geistes gegenüber der Größe der im Dasein verkörperten Vernunft, die in ihren tiefsten Tiefen dem Menschen unzugänglich ist". Wenn ich diese Worte richtig verstehe, so weisen sie auf einen gemeinsamen Grund des Ganzen der physikalischen Welt und der überpersönlichen Werte, einen Grund, der einerseits in der Struktur des Seins (in der physikalischen Welt) und des Sinns (im Guten, Wahren und Schönen) offenbar ist und der andererseits in deren unerschöpflicher Tiefe verborgen ist.

Dies ist nun das erste und grundlegende Element einer jeden durchdachten Gottesidee von den frühesten griechischen Philosophen bis zur heutigen Theologie. Die Offenbarung des Grundes und Abgrundes von Sein und Sinn schafft das, was die moderne Theologie die „Erfahrung des Numinosen" nennt. Solch eine Erfahrung kann verknüpft sein mit der Schau der „Größe der im Dasein verkörperten Vernunft" oder mit dem Glauben an die „Bedeutung und Erhabenheit der überpersönlichen Objekte und Ziele, die weder eine rationale Begründung erfordern, noch deren fähig sind", wie Einstein sagt. Die gleiche Erfahrung kann für die breite Masse verknüpft sein mit dem Eindruck, den bestimmte Personen, Ereignisse in Geschichte oder Natur, Gegenstände, Worte, Bilder, Melodien, Träume usw. auf die menschliche Seele ausüben, indem sie das Gefühl des Heiligen, d. h. der Gegenwart des Numinosen, erwecken. In solchen Erfahrungen lebt die Religion, und auf diese Weise versucht sie, die Gegenwart der göttlichen Tiefe in unserer Existenz und die Verbindung mit ihr aufrechtzuerhalten. Aber da diese Tiefe aller gegenständlichen Erfassung unzugänglich ist, muß sie in Symbolen zum Ausdruck gebracht werden.

Eines dieser Symbole ist „persönlicher Gott". Die gesamte klassische Theologie hat im Grunde zu allen Zeiten der Kirchengeschichte das Prädikat „persönlich" für das Göttliche nur symbolisch oder als Analogie gebraucht oder in der Weise, daß es zu gleicher Zeit bejaht und verneint wird. Es ist verständlich, daß in der religiösen Praxis das Symbolische in der Vorstellung vom „persönlichen Gott" nicht immer bewußt wird. Das ist aber nur dann gefährlich, wenn verfehlte theoretische oder praktische Folgerungen aus diesem Versagen gezogen werden. Dann sind Angriffe von außen und Kritik von innen die unausbleibliche Folge. Sie werden gerade von der Religion selbst herausgefordert. Ohne ein „atheistisches" Element kann der „Theismus" nicht aufrechterhalten werden.

Aber warum muß das Symbol des Persönlichen überhaupt gebraucht werden? Als Antwort kann man auf einen Ausdruck hinweisen, den Einstein selbst gebraucht hat: das „Über-Persönliche". Die „Tiefe des Seins" kann nicht durch Symbole ausgedrückt werden, die einem Bereich entnommen sind, der unter dem Persönlichen steht, aus dem Bereich der Dinge oder der unterpersönlichen Lebewesen. Das „Über-

Persönliche“ ist kein „Es“, oder genauer, es ist ebenso ein „Er“ wie ein „Es“; und es steht gleichzeitig über beiden. Wenn aber das „Er“-Element weggelassen wird, dann verwandelt das „Es“-Element das angenommene Über-Persönliche in ein Unter-Persönliches, wie es gewöhnlich im Monismus und Pantheismus geschieht. Und solch ein neutrales „Unter-Persönliches“ kann uns nicht in der Mitte unseres Personseins treffen; es kann zwar unser ästhetisches Gefühl oder unsere intellektuellen Bedürfnisse befriedigen, aber nicht unseren Willen umwandeln und nicht unsere Einsamkeit, Angst und Verzweiflung überwinden. Der Philosoph Schelling sagt: „Allein eine Person kann eine Person heilen.“ Das ist der Grund, warum das Symbol des „persönlichen Gottes“ für eine lebendige Religion unentbehrlich ist. Es ist ein Symbol, kein Gegenstand, und es sollte niemals gegenständlich gedeutet werden. Und es ist ein Symbol neben anderen, die ausdrücken, daß unser Person-Zentrum durch die Offenbarung des unzugänglichen Grundes und Abgrundes des Seins ergriffen ist.

DIE BEDEUTUNG KURT GOLDSTEINS FÜR DIE RELIGIONSPHILOSOPHIE

(1959)

Kurt Goldstein hat sich in seinen Schriften nie mit Problemen der Religionspsychologie oder Religionsphilosophie befaßt; in der imponierenden Reihe seiner Veröffentlichungen findet sich zumindest keine Arbeit über solche Fragen. Das mag Zufall sein oder sich aus den Umständen erklären, wie sie gegen Ende des 19. und in der ersten Hälfte des 20. Jahrhunderts herrschten, in der Zeit also, in der Goldstein aufwuchs und wissenschaftlich arbeitete. Jedenfalls ist das Thema dieser Abhandlung, die meine Freundschaft, Verehrung und Dankbarkeit für Kurt Goldstein zum Ausdruck bringen soll, etwas paradox. Es soll den Versuch andeuten, aus einem Werk Schlußfolgerungen zu ziehen, wie sie in ihm weder klar ausgesprochen noch dem Autor selbst bewußt waren. Ich hoffe natürlich, daß diese Schlußfolgerungen bei ihm nicht auf Ablehnung stoßen werden.

Die Natur des Menschen ist das Hauptanliegen in allen Schriften Goldsteins. Somit müssen wir unsere Frage nach seiner Bedeutung für die Religionsphilosophie etwas enger fassen und formulieren: Welche Bedeutung hat Goldsteins Auffassung von der menschlichen Natur für das Verständnis der Religion? Aber es wird sofort klar, daß sich diese Formulierung als zu eng erweist, denn Goldstein ist sich dessen bewußt, daß man die menschliche Natur nicht erfassen kann, ohne die Natur organischen Lebens überhaupt zu begreifen. Die entsprechende Darstellung findet sich in seinem umfangreichsten Werk „Der Aufbau des Organismus“[1], während die systematische Anwendung der darin niedergelegten Erkenntnisse auf den Menschen in seinen „William James-Vorlesungen“ über die menschliche Natur[2] vorliegt.

Man kann sagen, daß die Bedeutung Goldsteins für das Studium der Religion in seiner Lehre von der menschlichen Freiheit liegt. Nur ein Wesen, das die konkrete Situation transzendieren kann oder, mit anderen Worten, das einen Sinn für das Abstrakte hat, vermag jegliche ihm begegnende Wirklichkeit zu transzendieren. Nur wer imstande ist, sich mit dem bloß Möglichen zu befassen, kann alles in „etwas Mög-

---

[1] Den Haag/Holland 1934.

[2] *Human Nature in the Light of Psychopathology.* Cambridge/Mass. 1940.

liches" transformieren, in etwas, was auch nicht hätte sein können, und dann die Frage stellen nach dem, was nicht *nicht* sein kann – nach dem „Grund des Seins". Freiheit, nicht in dem veralteten Sinne eines metaphysischen Indeterminismus, sondern in dem Sinne, wie Goldstein sie versteht, nämlich als Fähigkeit, die Fesselung an die konkrete Situation zu lösen, ist die Voraussetzung für die religiöse Frage. Die religiöse Fragestellung selbst folgt natürlich nicht aus einem solchen Verständnis der Freiheit, wohl aber die Möglichkeit dazu. Und das ist bedeutsam genug in einer Zeit, da rein mechanistische Auffassungen organischer Prozesse nicht nur die religiöse Fragestellung, sondern jedes Fragen überhaupt unmöglich machen. Denn jede Frage setzt Freiheit von dem voraus, nach dem gefragt wird. Sie verlangt eine „abstrakte" oder „kategoriale" Einstellung, und sie ist bedingt durch die Möglichkeit der Sprache.

Goldsteins intensives Nachdenken über die Natur der Sprache sowohl in ihren pathologischen wie auch in ihren normalen Formen erwächst aus seiner Auffassung vom Wesen des Menschen und der menschlichen Freiheit. Nur derjenige, der Universalbegriffe hat, kann eine konkrete Situation transzendieren, oder, besser gesagt: Universalbegriffe zu besitzen, ist die Weise, sich von der konkreten Situation freizumachen. Und Universalbegriffe haben heißt Sprache haben. An vielen Beispielen zeigt Goldstein, daß voll entfaltetes Menschentum und das Vermögen zu abstrakter Sprache identisch sind. Wiederum muß gesagt werden, daß Goldstein selbst diese Einsichten nicht im religiösen Sinne verwertet, aber das ist leicht möglich. Nach ihm ist es das „Wort", das die Welt erschafft, und zwar eine kategorial strukturierte Welt. Die Stoa und das Christentum, das teilweise von der Stoa abhängig ist, haben die schöpferische Rolle des Wortes betont. Nach der Auffassung beider drückt sich das Wort, nicht als Lautkörper, sondern als Begriff, in der Struktur der Wirklichkeit aus. Die hohe Bewertung des Wortes offenbart sich in der Tatsache, daß in der christlichen Symbolsprache Christus das „Wort" genannt wird, das „Fleisch" geworden ist, nämlich geschichtliche Wirklichkeit. Das Höchste, was das Christentum über ein menschliches Wesen sagen kann, ist, daß es das „Wort" ist, daß in ihm die höchste menschliche Möglichkeit, nämlich die Transzendierung der Bindung ans Konkrete, völlig verwirklicht ist.

Goldstein geht als Biologe an die menschliche Natur heran. Aber er will den „Menschen in seiner Totalität" erfassen, und er verteidigt den „totalen" Charakter des Organismus und seiner Lebensäußerungen gegen die Versuche, ihn in voneinander unabhängige Teile und Prozesse zu zerlegen. Ein Organismus umfaßt nach seiner Ansicht nicht nur jene

Funktionen, die gewöhnlich mit der Bezeichnung „biologisch" oder „vital" bedacht werden, sondern auch solche, die man üblicherweise geistig oder spirituell nennt. Goldstein lehnt die philosophische Richtung ab, die eine Kluft zwischen Geistigem und Biologischem sieht und sie als für sich bestehende Teile des Menschen auffaßt, die im Konflikt miteinander liegen. Er hebt nachdrücklich hervor, daß sich nach der Fixierung einer solchen Spaltung die Einheit, die der Mensch ist, nicht wieder erfassen läßt. Diese „monistische" Auffassung der menschlichen Natur und der Natur alles Lebendigen überhaupt ist für das Verständnis der Religion von größter Wichtigkeit. Religion als eine der verschiedenen Funktionen im geistigen Leben des Menschen ist gerade aus diesem Grunde ein Ausdruck des Lebens in all seinen Schichten oder, wie ich lieber sagen möchte, in all seinen Dimensionen. Am religiösen Akt ist jedes Element und jede Funktion des ganzen Organismus beteiligt. Solch eine Auffassung widerspricht nachdrücklich jeder Deutung der Religion als einer Funktion des Verstandes oder des Geistes, die diesen entschieden von den körperlichen und seelischen Funktionen des menschlichen Organismus trennt und nur von einem Konflikt zwischen beiden weiß. In religiöser Sprache heißt das, daß der Mensch als ein Ganzes im Ewigen verwurzelt ist, daß er sich als Ganzes von seinem Ursprung entfremdet hat und daß er als Ganzes zu ihm zurückgeführt werden muß. Das schließt als dem Menschen nicht gemäß einige weit verbreitete Formen religiöser Askese und den theologischen Supranaturalismus aus. Aber diese Ganzheitsauffassung vom Menschen steht im Einklang mit echt jüdischen und christlichen Ideen über die Beziehung des Menschen zu Gott im Unterschied zu den dualistischen Zügen im indischen und griechischen Denken.

Goldsteins Lehre vom Menschen ist „monistisch" in ihrem Verständnis des Lebens, wie es im Menschen in Erscheinung tritt. Aber dieser Monismus verkennt nicht die Macht der Konflikte und der Zerstörung in den Lebensprozessen. Die Quelle dieser Konflikte ist nicht der Dualismus von Geist und Körper oder von Geistigkeit und Vitalität, sondern in ihnen bekundet sich der Prozeß der Individuation. Goldstein hat ein tiefes Gefühl für die „Zweideutigkeit der Individuation". Andererseits betrachtet er das menschliche Individuum als die vollkommenste Organisation, leitet aber aus seiner Vollkommenheit seine Anfälligkeit für Krankheit, Unheil, persönliche und soziale Konflikte und schließlich für den Tod ab. Diese Beobachtungen führen zu vielen Fragen, die im Mittelpunkt der Religionsphilosophie stehen. Sie führen vor allem zu einer neuen Beurteilung des weltgeschichtlichen Gegensatzes zwischen der westlichen und östlichen Bewertung des Individuums. Goldstein läßt sich nicht in eine Erörterung dieser Fragen ein. Aber man gewinnt doch den Eindruck, daß er trotz seiner nachdrücklichen Betonung der Selbstverwirklichung des Individuums stärker von den tragischen als von den positiven Möglichkeiten der „künstlichen" Individuation des Lebens beeindruckt ist. Jedenfalls zwingt er den Religionsphilosophen, ein uraltes Problem im neuen Licht seiner Analyse der menschlichen Natur und der Natur des Lebens überhaupt zu überdenken.

Eine Folge der Individuation des Lebens ist der „Zustand der Angst" in jedem Individuum. Goldsteins Theorie der Angst und seine Auffassung von dem Verhältnis zwischen Angst und Furcht gehören zu den wichtigsten und folgenreichsten seiner Aussagen über die menschliche Natur. Sie sind für die Religionsphilosophie von größter Bedeutung und bestätigen die allgemeine Annahme der meisten Religionen, daß nämlich der Mensch in einem Zustand der Angst lebt auf Grund der Struktur der Wirklichkeit, an die er gebunden ist. Als Individuum muß er sich mit der Welt, die ihn bedroht, arrangieren. Das kann auf zweifache Weise geschehen: entweder in der neurotischen Form des Rückzugs aus der Wirklichkeit insgesamt und der ängstlichen Verteidigung eines begrenzten Teiles von ihr oder aber in der schöpferischen Weise einer „positiven Antwort auf die Erschütterungen seiner Existenz". Aber das schafft Angst nicht aus der Welt. Im Gegenteil, je eigenständiger ein Mensch ist, desto tiefer ist seine Angst, aber wenn er ihr standhalten kann, hat er seine Freiheit gerettet und die höchste Form der Selbstverwirklichung erreicht.

Die Religionsphilosophie beschreibt die Symbole, mit denen die Religion auf die letzte Quelle der Kraft hinweist, die uns hilft, die unvermeidliche Lebensangst im Zustand der Individuation zu ertragen. Goldstein erörtert nicht den Sinn dieser Symbole, aber er macht es sehr deutlich, daß er das Leben selbst für eine Kraft hält, die den Charakter der Gnade besitzt.

In all den erwähnten Punkten hat Kurt Goldstein die religiösen Symbole empirisch bestätigt, mit denen der Theologe und der Religionsphilosoph zu tun haben. Aber er hat uns mehr gegeben als eine bloße Bestätigung. Sein Beitrag betrifft die Sache selbst. Ich glaube nicht, daß heute jemand ein gewichtiges Wort über die Religion sagen könnte, ohne sich an der Erörterung der Probleme zu beteiligen, mit denen sich Goldstein befaßt hat. Jedenfalls ist das meine eigene Erfahrung. Goldsteins Einfluß auf mein Denken zeigt sich in meinem

---

[3] Ges. Werke. Bd. 11.

Buch „Der Mut zum Sein“[3] und wird noch deutlicher hervortreten im 4. Teil des 3. Bandes meiner „Systematischen Theologie“,[4] der den Titel „Das Leben und der Geist“ trägt.

Kurt Goldstein ist kein Religionsphilosoph, aber es gibt wenige Gelehrte, denen die Religionsphilosophie mehr verdankt als ihm.

---

[4] Stuttgart 1966.

KAIROS – THEONOMIE – DAS DÄMONISCHE

Ein Brief zu Eduard Heimanns siebzigstem Geburtstag

(1959)

Lieber Peter! Wenn ich Dir nach einer bald vierzigjährigen Freundschaft meine Glückwünsche zu Deinem siebzigsten Geburtstag sende, so erweckt das in mir naturgemäß den Wunsch, zurückzublicken und wichtige Dinge in unserem Schicksal und unserer Zusammenarbeit in die Erinnerung zurückzurufen. Ich möchte das aber als eine Art Bestandsaufnahme unseres gemeinsamen Schaffens tun und einige Begriffe in den Vordergrund rücken, die uns geeinigt haben, die aber im Laufe der letzten Jahrzehnte ihre Bedeutung geändert, vielleicht sogar verloren haben. Ich denke vor allem an drei Begriffe: Kairos, Theonomie, das Dämonische. Der erste Begriff weist auf den historischen Augenblick hin, in dessen ähnlicher Beurteilung wir uns gefunden haben, der zweite Begriff weist auf das hin, was wir uns zum Ziel der Erwartung und des Handelns gesetzt hatten, der dritte Begriff weist auf die schöpferisch-zerstörerischen Mächte hin, die wir zu sehen glaubten und in deren Gewalt wir selber fielen. Die Frage, die ich mir vorlege und die durch manche Deiner Kritiken, schriftlich und mündlich, an Gewicht gewonnen hat, ist nun: Haben diese Begriffe auch heute noch eine, wenn auch gewandelte Bedeutung? Ist es heute noch sinnvoll, von Kairos, Theonomie und dem Dämonischen zu reden, und wenn, in welchem Sinne? Ich bejahe die erste Frage und will zu zeigen versuchen, in welchem Sinne die Begriffe auch heute noch anwendbar sind.

1.

Am schwersten ist das vielleicht bei dem Begriff des Kairos. Er war es, der in den Jahren nach dem ersten Weltkrieg von uns wiederentdeckt und auf die Situation der bürgerlichen Gesellschaft Europas nach dem ersten Weltkrieg angewandt wurde. Der Glaube, daß wir in einem welthistorischen Augenblick, in einem Kairos lebten, gab unserer religiös-sozialistischen Bewegung den Schwung und die universale Zielsetzung. Obgleich das Wort Kairos aus dem Bewußtsein der Griechen um den rechten Augenblick für eine bestimmte Handlung stammt, ist es im Neuen Testament auf den prophetisch angekündigten „großen Augenblick“, auf die Erscheinung des Christus als die Mitte der Geschichte, bezogen worden. In der „Zeitenfülle" bricht das Ewige in das Zeitliche, erschüttert und verwandelt es. Dieser vom prophetisch-geschichtlichen Denken angeeignete Begriff des Kairos schien unserm Gefühl für den historischen Augenblick, den wir erlebten, angemessen zu sein, und wir wandten ihn auf unsere und analoge Momente der Geschichte an. Wir sprachen von *kairoi* neben und unter dem zentralen Kairos. –

Sofort erhoben sich eine Reihe von Fragen: Wann tritt ein solcher Kairos ein? Wer kann sagen, daß er in einem Kairos steht? Welches sind die Kriteria für einen echten Kairos? Wie verhalten sich Zeiten ohne zu solchen mit Kairos? Ist die Erfüllung von Voraussagen ein Beweis für oder die Nichterfüllung ein Beweis gegen die Echtheit eines Kairos? Diese Fragen wurden naturgemäß dringender, als die weltgeschichtlichen Ereignisse der späten zwanziger und dreißiger Jahre des Jahrhunderts uns Unrecht zu geben schienen, und als endlich, nach dem zweiten Weltkrieg, die Wirklichkeit kaum einen der Züge zeigte, die wir nach dem ersten Weltkrieg erhofft hatten. Du erinnerst Dich sicher, wie ich damals in Vorträgen von einem Vakuum sprach, von so etwas wie einem negativen Kairos. Ich erinnere mich jedenfalls, wie Du damals den Kairos-Begriff, abgesehen von seiner Anwendung auf das Christus-Ereignis, überhaupt in Frage stelltest.

Laß mich nun versuchen, dem Begriff seinen geschichtsphilosophisch-politischen Sinn wiederzugeben. Wenn jemand sagt, daß immer Kairos ist, weil das Ewige immer in das Zeitliche einbricht, so ist das richtig für das Verhältnis des Ewigen zum Zeitlichen als solchem. Es ist aber weder richtig in bezug auf das Leben des Einzelnen noch auf die Bewegung der Geschichte. Jedes bewußte Einzelleben kennt die „großen Augenblicke", in denen das Ewige in den normalen Lebensfluß einbricht, erschütternd und wandelnd. Jedes Verstehen des geschichtlichen Prozesses setzt Einschnitte voraus, die es möglich machen, den historischen Perioden Namen zu geben. Wo kein Unterschied ist, da gibt es auch keine Namen. Geschichte ist rhythmisch, und dieser Rhythmus ist nicht nur eine nachträgliche Konstruktion, er ist eine erlebte Realität. Es ist eine Tatsache, daß sich Kairos-Erlebnisse überall finden und daß sie geschichtsgestaltende Kraft hatten, auch wenn ihre unmittelbaren Erwartungen sich nicht erfüllten. Das gilt von den Propheten und den Männern des Neuen Testaments, einschließlich Jesus. Sie waren kairosbewußt, sie verwandelten menschliche Existenz, aber ihre konkreten Voraussagen trafen nicht ein. Es gilt von den Trägern der Kreuzzugs-Idee, von den Radikalen des Franziskaner-Ordens, von den Schöpfern der Renaissance, von den Reformatoren, von den Führern der bürgerlichen und sozialen Revolution in den letzten Jahrhunderten.

Daraus ergeben sich einige Antworten auf die oben gestellten Fragen: Kairos und Kairosbewußtsein können nicht voneinander getrennt werden, das eine bedingt das andere: Weil die Zeit für etwas reif ist, bricht das Bewußtsein ihrer Reife in den sensitivsten Geistern durch. Und weil das Bewußtsein durchgebrochen ist, wird das, was potentiell da war, aktuell und geschichtswirksam. Nur wo diese beiden Faktoren zusammentreffen, kann man von einem Kairos reden. Solche Momente aber sind selten, sie bereiten sich lange vor, sie wirken lange nach, aber ihr Durchbruch ist ein kurzer, erschütternder und Wandlung bringender Augenblick. Lange Strecken der Geschichte verlaufen ohne solche Momente, genau wie im Leben des Einzelnen. Wenn aber ein Kairos erlebt wird, wird er in einer Dimension erlebt, die dem horizontalen Geschiebe der gewöhnlichen Geschichte gegenüber als vertikal symbolisiert werden muß. Das ist nicht nur da der Fall, wo der Kairos in religiöser Sprache beschrieben wird als Offenbarung oder Wunder, sondern auch da, wo unter Vermeidung der direkt religiösen Symbolik eine fundamentale Wandlung der gesamten menschlichen Existenz erwartet wird. Es ist der „Geist der Utopie", von dem ich hier rede, der nicht dadurch widerlegt werden kann, daß der utopisch beschriebene Zustand nie und nirgends real wird. Nicht die Realisierung der utopischen Symbole, Herrschaft des Heiligen Geistes, Reich der Gerechtigkeit, ewiger Friede, klassenlose Gesellschaft, Theonomie, ist entscheidend für die Idee des Kairos, sondern der Einbruch des Neuen aus der vertikalen Dimension, der das Alte erschüttert und umgestaltet. Wenn Kairos und Kairosbewußtsein zusammengehören und wenn die Erfüllung der unmittelbaren und konkreten Erwartungen kein Kriterium für die Realität eines Kairos ist, dann kann man den Kairos nicht wie ein objektives Faktum feststellen. Nur ein Teilhaben an dem Neuen, das der Kairos bringt, kann die Überzeugung vermitteln, daß ein Kairos stattfindet oder stattgefunden hat. So ist es in bezug auf den vertikalen Kairos, so ist es in bezug auf die speziellen *kairoi,* so war es und ist es in bezug auf den Kairos, von dessen Einbrechen wir ergriffen wurden und dessen Wirkungen trotz aller Irrtümer in konkreten Urteilen und Erwartungen den weiteren Verlauf des 20. Jahrhunderts weithin bestimmt haben.

2.

In der Aufzählung der utopischen Symbole habe ich auch den Begriff Theonomie erwähnt. Wir sprachen in unserer religiös-sozialistischen Bewegung von einer kommenden Theonomie. Auch dieser Begriff schien durch die tatsächliche Entwicklung als irreal erwiesen zu sein. Es schien, als ob die Angriffe von beiden Seiten recht behalten hätten. Die Angriffe wurden unter der Herrschaft derjenigen Begriffe geführt, die in der Idee der Theonomie als aufgehoben gedacht waren, nämlich Autonomie und Heteronomie. Der Angriff von seiten der Autonomie schneidet die vertikale Linie ab, von der ich in der Betrachtung des Kairos-Begriffs sprach. Geschichte ist Entwicklung der mannigfachen Funktionen, die zur menschlichen Natur gehören. Religion wird oft, aber nicht notwendigerweise, verworfen. Auf keinen Fall hat sie eine übergreifende Bedeutung, so daß die Kultur als ganze von ihr bestimmt würde. Der geschichtliche Prozeß, in dem wir uns befinden, die technisch-zivilisatorischen Formen unserer Existenz, scheinen die Herrschaft der Autonomie radikal zu bestätigen. Es widerspricht dem nicht, sondern bestätigt es, daß im Gegensatz zu diesen autonomen Prozessen kirchliche und politische Heteronomien eine ständig wachsende Rolle spielen. Kirchen verschärfen ihren absoluten Wahrheitsanspruch, und Staaten wetteifern mit ihnen und vor allem gegen sie in der gleichen Richtung: Lehren und Normen werden von außen auferlegt als „fremdes Gesetz" = „Hetero–Nomie" des Schaffens und Handelns. Das „eigengesetzliche" = „autonome" Denken wird angegriffen und verfolgt. So spiegelt unsere Kultur genau das, was in der „Theo-Nomie" = „Gottes-Gesetzlichkeit" als überwunden gedacht und erhofft war. Wieder frage ich: Hat der Begriff damit seinen Sinn verloren? Und ich bin überzeugt, daß auch Dich diese Frage bedrängt, vielleicht mich ein wenig mehr von der Seite der bedrohten Autonomie, Dich von der Seite der bedrohten Heteronomie.

Meine Antwort ist, daß keine der beiden Seiten möglich wäre ohne die Gegenwart einer verborgenen Theonomie. Was denn ist diese Theonomie? Theonom ist eine Kultur, in der die autonomen Schöpfungen des menschlichen Geistes Träger dessen sind, was uns unbedingt angeht, des Heiligen. Sofern die menschliche Existenz von dem entfremdet ist, was es wesenhaft ist, erscheint das unbedingt Angehende, das Heilige, als Einbruch in die entfremdete Existenz und in diesem Sinne als heteronom. Aber es ist heteronom nicht gegenüber dem menschlichen Wesen, sondern nur gegenüber der menschlichen Existenz und ihren selbstzerstörerischen Kräften. Damit haben wir einen Begriff der Theonomie, der das Notwendige der Autonomie und das Berechtigte der Heteronomie in sich vereinigt. Das Wort Theonomie = Gottesgesetzlichkeit ist nicht ganz ungefährlich, da es leicht heteronom verstanden wird. Aber es ist gerechtfertigt, wenn man Gott nicht als ein Wesen neben anderen, sondern als Grund und das innere Ziel aller

Wesen versteht. – Es scheint mir nun, daß theonome Kräfte in diesem Sinne auch heute allenthalben wirksam sind. In der extremsten Autonomie, etwa in wissenschaftlichen Analysen und technischen Experimenten, schwingt noch das Bewußtsein eines letzten Sinnes dieser Aktivitäten; und auch die autoritativsten Formen der Heteronomie im Religiösen und Politischen versuchen, sich durch Appell an autonome Kriterien der Wahrheit zu rechtfertigen. Ohne die verborgene theonome Einheit würde die autonome Seite der Kultur in völlige Sinnlosigkeit und die heteronome in Willkür versinken. Beide Gefahren drohen immer und bedrohen sicherlich unsere gegenwärtige westliche Kultur. Dieser doppelten Bedrohung gegenüber bleibt das Ziel der Theonomie gültig, das wir uns in der religiös-sozialistischen Bewegung gestellt hatten. Und vielleicht können wir darauf hinweisen, daß in der existentialistischen Bewegung unseres Jahrhunderts theonome Kräfte gegen eine entleerte Autonomie zum Durchbruch gekommen sind, eine Theonomie der Frage mehr als der Antwort, aber eine Bewegung, die trotz allen gegenteiligen Scheins auf der Linie zu dem liegt, das wir erwartet und für das wir gekämpft haben.

3.

Der Kampf, von dem ich rede, war gegen die Dämonie der industriellen Gesellschaft gerichtet, ihre ökonomischen, politischen und kulturellen „Strukturen der Destruktion". Wir gaben ihnen konkrete Namen wie Kapitalismus, Nationalismus, Intellektualismus, und wir identifizierten Träger und Gegner dieser Dämonien mit bestimmten soziologischen Gruppen wie Großbürgertum, Proletariat, Militär, Kleinbürgertum, Aristokratie, Intellektuelle usw. Wir sahen die Strukturen der Destruktion und der Konstruktion in bestimmten Funktionen und Ideologien dieser Gruppen, und wir glaubten, daß eine Dämonie, die als solche erkannt ist, einen wesentlichen Teil ihrer Macht eingebüßt hat. Seit jener Zeit hat sich die konkrete Situation so gewandelt, daß unsere Namensgebung nicht mehr zutrifft. Das Proletariat hat aufgehört, eine „Struktur der Konstruktion" zu sein. Mit seinem Sieg kamen seine dämonischen Möglichkeiten zum Vorschein, im Osten wie im Westen, von denen wir theoretisch immer wußten, die aber praktisch nur wenig in unseren Gesichtskreis traten. Die Intellektuellen haben ihre Schwäche und Zerspaltenheit gezeigt, das Großbürgertum hat seine Fähigkeit bewiesen, Gegenkräfte in sich aufzunehmen und sich in den Dienst neuer Konstruktion zu stellen. Die Träger des Nationalismus sind durch den zweiten Weltkrieg in die übergreifenden Gebilde der Weltstaaten hineingezwungen worden. Hat es unter diesen Umständen einen Sinn, den Begriff des Dämonischen auf geschichtliche Realitäten anzuwenden? Oder müssen wir uns auf die Dämonien im Einzelleben beschränken, wenn wir dieses Symbol gebrauchen?

Die Antwort wird erleichtert durch die Tatsache, daß wir nie von satanischen, sondern immer nur von dämonischen Strukturen gesprochen haben. Das Satanische ist das schlechthin Negative und darum eine Grenze, aber keine Realität. In jeder konkreten Realität ist das Negative vom Positiven getragen. Das Negative hat Realität nur als die Verzerrung des Positiven. Wir haben niemals eine Klasse oder ein politisches System oder eine soziale Funktion als rein negativ beurteilt. Wir wußten, daß es dann kein Sein haben könnte. Das gilt vom Kapitalismus, wie vom Nationalismus, wie vom Intellektualismus. Das gilt von allen sozialen Gruppen und ihren Funktionen. Es ist diese Zweideutigkeit des Symbols des Dämonischen, die es ermöglicht, daß wir es beibehalten können. Und wenn Du mich fragst, was ich heute als die zentrale Dämonie betrachte, so würde ich antworten: Es ist die Verdinglichung der Person, die Verwandlung des Menschen in eine Sache. In dieser Beurteilung unserer Situation würden wir uns finden, und ich glaube, daß wir auch heute, jeder an seinem Platz, den Kampf gegen diese Dämonie kämpfen.

Lieber Peter! Die Begriffe des Kairos, der Theonomie und des Dämonischen haben uns vereinigt in unserer gemeinsamen religiös-sozialistischen Vergangenheit. Wir sind über die meisten konkreten Positionen jener Zeit hinausgewachsen, aber nicht über die gemeinsame Front, die durch diese Begriffe beschrieben war. Und ich glaube, daß wir auch heute noch diese Begriffe brauchen und mit ihrer Hilfe Vergangenheit und Gegenwart verstehen können.

Dein Paul

CARL GUSTAV JUNG

Eine Würdigung anlässlich seines Todes

(1961)

Viele von Jungs Ideen sind außerordentlich fruchtbar für die Theologie und im besonderen für den Protestantismus geworden. Jung charakterisiert den Protestantismus als einen fortgesetzten Bildersturm, worunter er die Zerstörung von Bildern und Symbolen versteht. Der Protestantismus, der sich durch eine Überbetonung von Intellekt und Moral auszeichnet und gerade dadurch verarmte, sollte Jungs Kritik sehr ernst nehmen. Das gleiche gilt – teilweise aus demselben Grund – hinsichtlich seiner Lehre vom Selbst und von den polaren Spannungen in der Entwicklung der Persönlichkeit. Auch seine Auffassung von der Beziehung zwischen dem Göttlichen und dem Dämonischen ist in diesem Zusammenhang zu nennen. Aber ich möchte mich hier auf ein besonderes Problem, nämlich das der religiösen Symbole, beschränken, das ich mit katholischen Theologen erörtert habe und für dessen Lösung, wie ich meine, Jungs Lehre von den Archetypen eine entscheidende Hilfe ist.

In der Diskussion über die Theorie der religiösen Symbole ist oft die Frage gestellt worden, wie sich ein Symbol im Sinne von Jungs Definition (als ein Bild von Gehalten, die meistens das Bewußtsein übersteigen) zu dem verhält, was die scholastische Theologie *analogia entis* genannt hat. Die Beantwortung dieser Frage setzt zunächst einmal voraus, daß man der Unterscheidung von „Zeichen" und „Allegorie" auf der einen Seite und „Symbol" auf der anderen Seite zustimmt; außerdem muß man von der Notwendigkeit überzeugt sein, daß Symbole gebraucht werden müssen, um Dimensionen zu erfassen, die auf andere Weise nicht erfaßt werden können, und man muß schließlich davon überzeugt sein, daß Symbole vermittelnde, aufschließende und heilende Kraft haben und aus der Vereinigung des kollektiven Unbewußten mit dem individuellen Bewußtsein hervorgegangen sind. Protestantische und katholische Theologen könnten Jung in diesen Punkten weitgehend zustimmen, denn sie sind meiner Einsicht nach die grundlegenden Elemente einer sinnvollen Lehre vom Symbol. Aber der Unterschied zwischen der römisch-katholischen und der protestantischen Position wird sichtbar, wenn die Frage „*analogia entis* und symbolische Ausdrucksweise" ins Spiel kommt. Es besteht ein zweifacher Unterschied; er bezieht sich einmal auf die Entstehung der Symbole, zum anderen auf ihre Wandelbarkeit. Die Lehre von der *analogia entis* betont den rationalen Charakter der theologischen Aussagen über das Transzendente. Sie lassen sich stützen durch unbezweifelbare Argumente, und sie beziehen sich auf etwas, das an sich wahr ist, gleichgültig, ob jemand von dieser Wahrheit ergriffen wird oder nicht. Diese Auffassung hat eine weitere Folge: Die Lehre von der *analogia entis* ist ihrem Wesen nach statisch. Die Symbole, die aufgrund der Analogie geschaffen wurden, sind endgültig, weil die Subjektivität der Gruppe, die diese Symbole erlebt, am Entstehen der Symbole nicht beteiligt ist. Der Inhalt der Symbole ist etwas, was man wissen und lernen kann. Neue menschliche Erfahrungen bleiben ohne Einfluß auf sie. Im Gegensatz zu dieser rational-statischen Symbollehre der *analogia entis* ist das protestantische Symbolverständnis existentiell und dynamisch: Symbole entstehen aus Offenbarungserfahrungen von Individuen oder Gruppen, und sie vergehen, wenn diese Erfahrungen nicht mehr lebendig sind. Symbole sterben also, wenn sie nicht mehr Ausdruck von Offenbarungserfahrungen sind und infolgedessen ihre schöpferische Kraft verloren haben.

Aber diese Auffassung vom religiösen Symbol, die nach meiner Ansicht die dem Protestantismus gemäße ist, läßt eine Frage offen, die schwerlich auf dieser Grundlage beantwortet werden kann. Es ist die Frage nach dem bleibenden Element im religiösen Symbolismus. Der Katholizismus hat eine Antwort darauf bereit in dem rational-statischen Typus seiner Theologie. Der orthodoxe Protestantismus beantwortet sie mit seiner streng supranaturalistischen Offenbarungslehre. Demgemäß schafft eine besondere Offenbarung, nämlich die biblische, die ewig gültigen Symbole. Wenn die eine wie die andere Antwort – wie ich meine mit Recht – abgelehnt wird, scheinen die Symbole einem völligen Relativismus zu verfallen, in dem es für sie weder ein Kriterium noch Kontinuität gibt. Im Augenblick, wo ein Einzelner oder eine Gruppe diese Situation durchschaut, verlieren die Symbole jene Macht, die wir ihnen in den obigen Ausführungen zugeschrieben haben.

In dieser Situation kann uns Jungs Lehre von den Archetypen einen Ausweg zeigen. Jung unterscheidet zwischen „Symbolen“ und „Archetypen“. Die Symbole sind die unendlich mannigfaltigen und sich verändernden Ausdrucksformen der ihnen zugrundeliegenden, vergleichsweise statischen Archetypen. Es ist wichtig, daß Jung den Archetypen einen anderen ontologischen Rang als den Symbolen zuerkennt. Die Archetypen verkörpern Möglichkeiten, die von den Symbolen aktualisiert werden. Individuelle und soziale Situationen spielen dabei eine

Rolle. Die Archetypen liegen im Unbewußten und verschaffen sich Zugang zum Bewußtsein in Erlebnissen, die einen ähnlich ekstatischen Charakter haben wie Offenbarungserfahrungen. Die Tatsache, daß sie im Unbewußten als Möglichkeiten vorgebildet sind, macht einerseits ihre vielfachen Variationsmöglichkeiten verständlich, andererseits erklärt sie aber auch die bestimmten Züge, die ihrer Variabilität Grenzen setzen.

Die letzten Bemerkungen führen uns zwangsläufig zur Frage nach der Natur der Archetypen. Ich muß gestehen, daß es schwer ist, auf diese Frage eine klare Antwort von Jung zu bekommen. Der Grund für diese Schwierigkeit liegt zum Teil in Jungs Furcht vor dem, was er „Metaphysik" nennt. Hier, scheint mir, besteht bei ihm eine Inkonsequenz gegenüber seinen tatsächlichen Entdeckungen, die an vielen Punkten tief in die Dimension einer Seinslehre, d. h. einer Ontologie, hineinreichen. Die Furcht vor der Metaphysik, die Jung mit Freud und anderen geistigen Pionieren des 19. Jahrhunderts teilt, ist ein Erbe dieses Jahrhunderts. Wenn Jung die Archetypen Urbilder nennt, so hat er einen schillernden Ausdruck gewählt, der nicht klar unterscheidet zwischen einer frühen Vergangenheit und ewiger Vergangenheit. Das heißt, diese Bezeichnung deutet einmal eine zeitüberlegene Struktur an und verweist damit auf das Sein ganz allgemein (das „Ewige"), auf der anderen Seite verweist sie auf die Einflüsse der menschheitsgeschichtlichen Vergangenheit, die nicht ausgeschaltet werden dürfen (das „Urbildhafte"). Indem Jung die Entstehung der Archetypen auch aus biologischen und somit auch aus physischen Faktoren erklärt, hat er tatsächlich die ontologische Dimension erreicht, die dem biologischen Kontinuum aufgeprägt ist. Und dies war auch unumgänglich, wenn man an die offenbarende Kraft denkt, die er den Symbolen zuschreibt, in denen sich die Archetypen ausdrücken. Denn um eine Offenbarung zu vermitteln, muß man ausdrücken, was nach Offenbarung verlangt, nämlich das Geheimnis des Seins.

Aber meine Aufgabe heute ist nicht, über den „Ungrund" oder „unergründlichen Grund" zu sprechen, wie er sich zuerst in den Archetypen ausdrückt, die immer noch rein potentiellen Charakter haben, und dann zu Symbolen werden, die „aktuell" sind. Meine Aufgabe ist es vielmehr, die Bedeutung dieser Gedanken für die theologische Erörterung der religiösen Symbole zu zeigen. Die grundlegende Antwort habe ich bereits gegeben; sie lautet, daß die Archetypen das beständige Element, die Symbole dagegen das veränderliche Element in der Entwicklung der Religion darstellen. Diese Aussage führt zu der weiteren Frage, in welchem Verhältnis die Archetypen zu ganz bestimmten religiösen Symbolen stehen. Wenn nämlich die Archetypen bloße Potentialitäten sind, wie kann man sie dann überhaupt erkennen, voneinander unterscheiden und beschreiben? Mir scheint, daß dies nur so möglich ist, daß man eine große Anzahl von Symbolen miteinander vergleicht und versucht, in ihnen ähnliche Züge zu entdecken, die auf eine gemeinsame archetypische Grundlage hinweisen. Wenn man aber versucht, diese Grundlage konkret zu bestimmen, stößt man wiederum auf ein Symbol und nicht auf einen Archetypus. Ich habe manchmal das Gefühl, als ob Jungs Benennung der Archetypen eben wegen dieser Situation etwas zufällig und nicht von einem festen Auswahlprinzip bestimmt ist. Theologisch bedeutet das, daß das bleibende Element in der Entwicklung der religiösen Symbole nicht von dem veränderlichen Element getrennt werden kann. Das bleibende Element bleibt immer im Hintergrund, aber wenn man es daraus hervorziehen will, wird es zum Symbol. Die archetypischen Formen hinter allem Mythos gehören zu dem schöpferischen Grund von allem, was ist. Trotzdem beeinflussen und formen sie beständig das veränderliche Element, wie beispielsweise im christlichen Denken der *logos* der Mittler der Schöpfung ist und die Wesenheiten aller Dinge, die ewigen Ideen, in ihm enthalten sind. Was aber in Erscheinung tritt, sind nicht die ewigen Strukturen des *logos* des Seins, sondern ihre Offenbarung durch die Symbole und Mythen, die sich in Offenbarungserlebnissen gebildet haben. Jung möchte die Symbole verstehen. Er kann sie nicht einfach anerkennen, indem er sich ihnen gläubig unterwirft; er möchte sie entmythologisieren, obwohl er weiß, daß das ihrer wahren Natur widerspricht. So ist er in demselben Dilemma, in dem sich die kritische Theologie befindet. Sie lebt in einer Welt der Symbole, die ihre konkrete Grundlage darstellt. Sie versucht die Symbole zu verstehen und geht dabei das Risiko ein, das jede antiliteralistische Kritik eingeht – nämlich, daß die Macht der Symbole dabei verlorengeht. Dies zu vermeiden war eines der Hauptanliegen von Jungs Lebenswerk.

MARTIN BUBER

Eine Würdigung anlässlich seines Todes

(1965)

Ich würde der Bedeutung dieser Gedenkstunde nicht gerecht werden, wollte ich mich auf eine rein sachliche Beurteilung von Martin Bubers Werk beschränken. Wir sind hier versammelt, um uns darauf zu besinnen, was er uns als Mensch und als Denker bedeutet hat. Die Redner dieser Feier wurden um ihr Wort gebeten in der festen Erwartung, daß ihre Beurteilung seines geistigen Schaffens zugleich ein Zeugnis und Bekenntnis sein würde. In diesem Sinne gedenke ich zu sprechen. Und in diesem Sinne werde ich damit beginnen, das Bild von ihm zu zeichnen, das ich als Partner eines Dialogs gewann, der sich mit vielen Unterbrechungen über vierzig Jahre erstreckte. Es war ein Dialog auf der Grundlage unserer eigenen religiösen Erfahrungen, und er betraf sowohl philosophische wie auch theologische Fragen.

Als ich vor nicht ganz zwei Jahren nach einem unvergeßlichen Abend voller Erinnerungen und lebhafter Gespräche sein Heim in Jerusalem verließ, fragte ich ihn, ob er wieder einmal nach Europa oder Amerika kommen würde. Er antwortete mit einem klaren Nein und betrachtete mich mit einem Ausdruck in seinen Augen, der unmißverständlich sagte: „Dies ist der endgültige Abschied." Und so war es auch.

Wenn ich im Geiste die vier Jahrzehnte von dieser letzten zu unserer ersten Begegnung durchgehe, erinnere ich mich an eine Konferenz der Religiösen Sozialisten, die in Deutschland im Jahre 1924 stattfand. Unsere Bewegung, die nach dem ersten Weltkrieg entstand, versuchte die verhängnisvolle Kluft zwischen den Kirchen und der Arbeiterschaft in den meisten europäischen Ländern zu überbrücken. Es war mir aufgetragen worden, der Konferenz angemessene Vorstellungen hierfür aus theologischer, philosophischer und soziologischer Sicht zu unterbreiten. Das bedeutete, daß ich traditionelle religiöse Begriffe einschließlich des Wortes „Gott" durch Begriffe zu ersetzen hatte, die für die zu unserer Bewegung gehörenden religiösen Humanisten annehmbar waren. Nachdem ich meinen Vortrag beendet hatte, stand Martin Buber auf und griff die „abstrakte Fassade" an, die ich errichtet hatte. Mit großer Leidenschaft hob er hervor, daß es einige urtümliche Wörter wie beispielsweise „Gott" gebe, die einfach nicht ersetzt werden könnten. Er hatte recht, und ich beherzigte seine Lehre.

Ich glaube nicht, daß Wendungen wie „letzte Wirklichkeit" oder „was uns unbedingt angeht", die in meinen systematischen Schriften häufig auftauchen, in den drei Bänden meiner Predigten vorkommen. Und ich bin überzeugt, daß mich nur die Einsicht, die ich Martin Buber verdanke, überhaupt befähigte zu predigen.

Hinter diesem Angriff Bubers gegen die begriffliche Fassade meines Vortrags lag ein tieferes Problem. Es stand im Mittelpunkt zweier unvergeßlicher Gespräche, die wir im Hause gemeinsamer Freunde in New York hatten. Zu jener Zeit waren wir beide Flüchtlinge aus dem Hitler-Deutschland. Diese Gespräche gehören zu den bedeutendsten, die ich je gehabt habe. Sie kreisten um die Frage, wieweit Bubers Auffassung von der Ich-Du-Begegnung im Gegensatz zur Ich-Es-Beziehung eine zutreffende Darstellung dessen ist, was sich eigentlich in der Begegnung von Person zu Person vollzieht. In einer Art von versteckter Verteidigung meiner begrifflichen Fassade von damals fragte ich Buber, ob man überhaupt von einem „reinen Ich" sprechen könne, das in Beziehung zu einem „reinen Du" steht. Ich gab zu bedenken, ob es nicht stets ein besonderes Ich mit Eigenschaften gebe, die sich begrifflich fassen lassen, und ein besonderes Du mit anderen oder gegensätzlichen Eigenschaften, die sich ebenfalls begrifflich ausdrücken ließen, so etwa wie die Vorstellungen: ein Mann, ein Europäer, ein Jude des 20. Jahrhunderts, ein Intellektueller usw. Diese Frage wird besonders wichtig, wenn man sich um die Klärung des Unterschieds bemüht, der hinsichtlich der Begegnung zwischen Mensch und Mensch und der zwischen Mensch und Gott besteht. Um einen solchen Unterschied machen zu können, müssen Begriffe gebraucht werden, die mehr als Fassade sind und die die Struktur der Sache selbst betreffen. Was ich abermals lernte und später in meinen ethischen Schriften anwandte, ist die Einsicht, daß das Sittengesetz und seine unbedingte Gültigkeit mit der Forderung zusammenfallen, daß ich jede Person als Person, jedes „Du" als „Du" anerkenne und daß auch ich in gleicher Weise anerkannt werde.

In all diesen Gesprächen ereignete sich etwas, was für mich bedeutsamer war als die Sache, die wir besprachen. Und das war das Erlebnis eines Mannes, dessen ganzes Sein von der Erfahrung der göttlichen Gegenwart durchdrungen war. Er war gleichsam Gott-besessen. Gott konnte in seiner Gegenwart niemals zu einem „Objekt" werden. Die Gewißheit Gottes ging stets der Gewißheit seiner selbst und seiner Welt voraus. Für ihn war Gott nicht ein Gegenstand des Zweifels, sondern die Voraussetzung selbst für den Zweifel. Das ist nach meiner Überzeugung die einzige Möglichkeit, die einen Dialog mit denen zuläßt, die zweifeln, und sogar mit denen, die Gott leugnen. Aber das setzt einen Universalismus voraus, wie ihn Martin Buber hatte.

Es ist bezeichnend, daß wir niemals den jüdisch-christlichen Gegensatz direkt erörterten. Das war nicht die existentielle Frage, die uns bedrängte. Der Gegensatz wurde nicht übersehen, aber unsere wirklichen Probleme waren durch Begriffe wie „Einheit und Dreifaltigkeit" oder „Gesetz und Evangelium" nicht zu fassen. Der Grund dafür war, daß Bubers Universalismus jede besondere Religion hinter sich ließ, obgleich er von seinem Verständnis des Judentums abgeleitet war, gerade so wie ich meinen Universalismus von dem herleitete, was ich als wahres Christentum verstehe. So waren unsere Gespräche niemals jüdisch-christliche Dialoge, sondern solche über das Verhältnis zwischen Gott, Mensch und Natur. Es waren Dialoge zwischen einem Juden und einem Protestanten, die beide die Grenzen des Judentums und des Protestantismus überschritten hatten, während sie doch jeder für sich Jude und Protestant blieben. Dieser konkrete Universalismus scheint mir die einzige gerechtfertigte Form des Universalismus zu sein.

Martin Buber ist in religiöser Hinsicht ein Prophet, in philosophischer Hinsicht ein Existentialist genannt worden. Richtiges und Falsches fließen in dieser Feststellung zusammen. Er selbst lehnte es ab, ein Prophet genannt zu werden, weil er wußte, daß ein Mensch, der sich diesen Namen zulegt, gerade damit beweist, daß er kein Prophet ist. Aber für die, die ihm begegneten, hatte er prophetische Leidenschaft und prophetische Sprachgewalt. Prophet sein bedeutet, die göttliche Gegenwart in einer besonderen Situation deutlich zu machen. Und das tat Martin Buber. Vielleicht hatte er es auch nicht gern, als ein existentialistischer Philosoph bezeichnet zu werden. Aber er war es doch, sogar in einem sehr radikalen Sinne, wie seine Abneigung gegen begriffliche Formulierungen beweist. Das existentialistische Element in seinem Denken war im Einklang mit dem prophetischen Element in seinem ganzen Wesen. Sein Existentialismus war kein psychologischer oder soziologischer Existentialismus; es war ein Existentialismus, der in der Begegnung des Menschen mit Gott verwurzelt war. Er könnte theonomer, von Gott bestimmter Existentialismus genannt werden.

Die Macht, mit der Martin Buber Gott erfuhr, hatte eine weitere, nicht weniger wichtige Folge. Er konnte ohne sichtbare Mühe das prophetische mit dem mystischen Element in dem Verhältnis zwischen Gott und Mensch vereinigen. Ich betrachte diese Vereinigung als das innere Ziel, das *telos* der Entfaltung der Religion und des theologischen Denkens. Die Art, wie er diese Vereinigung vollzog, war bestimmt durch seine Vertrautheit mit der chassidischen Mystik. Diese unterscheidet sich von der Art, in der die Hauptrichtung der jüdischen und christlichen Mystik versuchte, die Verschmelzung beider Elemente in Abhängigkeit von der philonischen und neuplatonischen Mystik zu erreichen. Bei Buber handelt es sich um eine mystische Erfahrung der göttlichen Gegenwart in den Begegnungen und Tätigkeiten des Alltags. Buber wußte, daß das prophetische Element ohne das mystische Element in starren Legalismus und Moralismus entartet, während die Alleinherrschaft des mystischen Elements zu einer Flucht vor der Wirklichkeit und den Forderungen des Hier und Jetzt führt.

Das Prophetische wie auch das Mystische transzendiert die Religion im engeren Sinne des Wortes, ohne sie unbedingt zu verneinen. Das gab Buber seine Freiheit vom Ritualismus und seine Freiheit in der säkularen Welt. Aber natürlich zog ihm das auch Verdächtigungen und Feindschaft zu, und zwar aus dem Lager derer, die eine echte Beziehung zu Gott davon abhängig machen, daß man zu einer bestimmten Religionsgemeinschaft mit bestimmten Riten und Dogmen gehört. Buber war offen gegenüber den Werken der Kultur sowohl der Vergangenheit wie auch der Gegenwart, in der Philosophie und in den Künsten, im sozialen wie auch im politischen Bereich. Für ihn war Gott gegenwärtig und sichtbar im Ganzen der Natur und der Geschichte. Dieses Offensein für das Profane – ich war damit stets im Namen des protestantischen Prinzips, wie ich es nannte, einverstanden – nahm etwas mit Nachdrücklichkeit voraus, was sich in der jüngsten Phase der protestantischen Theologie ereignete: Freiheit von jeder konkreten Religion, einschließlich ihrer religiösen Institutionen, im Namen dessen, worauf die Religion hinweist. Diese Einstellung ist einer der Gründe für Bubers weitreichenden Einfluß auf die nicht-kirchliche Welt und besonders auf die jüngere Generation, für welche die überlieferten Formen und Verkündigungen der Kirchen und Synagogen kaum noch etwas zu sagen haben. Er wußte, daß wir nicht willkürlich neue Symbole schaffen können, aber er wußte auch, daß wir die alten nicht mehr so verwenden können, als ob sich in der Geschichte nichts verändert hätte.

Solange ich Martin Buber gekannt habe, empfand ich seine Wirklichkeit als etwas, was mehr ist als körperliche Gegenwart oder geistiger Einfluß. Da war er, inmitten der westlichen Welt, ein Teil von ihr, eine Macht in ihr, durch seine Persönlichkeit, aber auch unabhängig von ihr als ein Einzelwesen, als eine geistige Wirklichkeit, die nicht zu übersehen war und ein Ja oder Nein erheischte oder auch beides. Diese geistige Wirklichkeit, die in dem Menschen Martin Buber verkörpert war, wird lange in der künftigen Geschichte fortleben und vielen den Sinn dessen erschließen, was über der Geschichte steht.

B. Rezensionen und Kontroversen

EIN WENDEPUNKT IN KARL BARTHS DENKEN

ZU SEINEM BUCH: „Die Kirche und die politische Frage von heute"[1] (1940)

Ob Karl Barth das zugeben würde oder nicht (wahrscheinlich würde er das nicht tun) – sein Buch stellt einen Wendepunkt in seinem Denken dar. Es kann niemand ein zutreffendes Urteil über Karl Barth und sein Denken abgeben, der diese acht Kapitel nicht kennt. Barth behandelt in ihnen das theologische Problem des Nationalsozialismus, wie es sich ihm im Jahre 1939 darstellte, dem Jahr, in dem Österreich und die Tschechoslowakei unter die Macht Hitlers kamen. In diesem Jahr wurde der Nationalsozialismus zum ersten Mal für Barth zu einem theologischen Problem, und zwar nicht nur mittelbar wie in den vorhergehenden Jahren, als Barth der geistige Führer der „Bekennenden Kirche" war und die Unabhängigkeit und den christlichen Charakter der Evangelischen Kirche in Deutschland zu erhalten versuchte. Den entscheidenden Schritt tat er in dem Augenblick, in dem er den Nationalsozialismus als eine politische Wirklichkeit bekämpfte, und zwar im Namen und mit der Autorität der christlichen Kirche. Das vorliegende Buch ist das Hauptdokument dieses Schrittes und hat darum eine ungeheure Bedeutung für die Geschichte des theologischen Denkens der Gegenwart.

Barth ist unzählige Male wegen seines „Transzendentalismus" angegriffen worden, d. h. wegen seiner radikalen Trennung von Gott und Welt, von Religion und Ethik, von Reich Gottes und Geschichte. Diese Angriffe waren berechtigt in dem Augenblick, in dem Barth aufhörte, der prophetische Kritiker der heutigen Theologie zu sein, der liberalen wie der orthodoxen, und selbst ein prominenter orthodoxer Theologe wurde. Sie waren im besonderen berechtigt, wenn man bedenkt, welchen zerstörerischen Einfluß seine Theologie auf gewisse Bewegungen wie den Religiösen Sozialismus hatte, von dem gesagt werden muß, daß er die demokratische Form des Sozialismus und seine geistige Kraft in Deutschland zu stärken versuchte, um damit dem aufkommenden Nationalsozialismus Widerstand zu leisten. Barths Einfluß war es zuzuschreiben, daß viele Theologen gegenüber der religiösen Problematik, die mit der politischen Situation Deutschlands

---

[1] Evangelische Buchhandlung, Zollikon/Schweiz 1938. 2. Aufl.

nach dem ersten Weltkrieg gegeben war, einfach blind waren, weil in Barths Theologie zwischen Geschichte und Übergeschichte ein scharfer Trennungsstrich gezogen wurde. Dadurch wurden sie davon abgehalten, sich den Kräften anzuschließen, die für soziale Gerechtigkeit und politische Freiheit eintraten.

Die neue Stellung, die Barth in seinem Buch einnimmt, kommt am besten in Abschnitt IV zum Ausdruck: „Der Doppelcharakter des Nationalsozialismus als politisches Experiment und als religiöse Heilsanstalt schließt es aus, die durch ihn gestellte Frage ‚nur' als politische und nicht mittelbar und unmittelbar zugleich als Glaubensfrage zu behandeln. Die Kirche kann also der politischen Frage von heute auf keinen Fall neutral gegenüberstehen."[2] Politische Neutralität der Kirche ist unmöglich, weil der Nationalsozialismus für sich religiöse Bedeutung beansprucht. Er ist – wie Barth später formulierte – ein neuer Islam. Und er betont: Wie die Kirche in der Reformationszeit sich gegenüber den Angriffen der Türken auf das christliche Europa nicht neutral verhielt, so muß die heutige Kirche die Feinde des neuen Islam, nämlich des Nationalsozialismus, unterstützen. Als eine „religiöse Institution" stellt er eine „dem Christentum feindliche Anti-Kirche" dar, und als ein „politisches Experiment" zerstört er von Grund auf den „gerechten Staat". Besonders verabscheuungswürdig ist für Barth der nationalsozialistische Antisemitismus, denn: „Antisemitismus ist Sünde wider den Heiligen Geist". Deshalb muß die Kirche für die Überwindung des Nationalsozialismus beten.

Diese Aussagen haben weitreichende theologische Konsequenzen: Wenn es politische Bewegungen und politische Ideen gibt, deren Anspruch auf religiöse Bedeutung unabdingbar zu ihnen gehört – wo ist dann die Grenzlinie zwischen politischen Systemen mit quasi-religiösem Charakter und solchen ohne ihn? Auf welche Seite gehört dann z. B. die amerikanische Demokratie? Ist es nicht eine notwendige Folge der religiösen Deutung des Nationalsozialismus (die ich für unvermeidlich und auch vollkommen berechtigt ansehe), daß die Kirche in *jedem* Fall nach den religiösen Elementen eines politischen Systems fragen muß? Und folgt daraus nicht weiter die Forderung nach einer theologischen Deutung und Beurteilung von Politik überhaupt – eine Forderung, die der Religiöse Sozialismus immer erhoben hat? Dieses Argument gewinnt an Beweiskraft, wenn – wie Barth behauptet – nicht nur der quasi-religiöse, antichristliche Charakter eines politischen Systems, sondern auch seine moralischen oder amoralischen Qualitäten

---

[2] a. a. O., S. 18.

(z. B. die Zerstörung des „gerechten Staates") die Kirche herausfordern, ein solches politisches System im Namen des göttlichen Gesetzes zu bekämpfen. Wenn man dieses Kriterium auf die kapitalistischen Demokratien anwendet und die Kirche auffordert, gegen die Zerstörung der Gerechtigkeit durch den Klassenkampf Stellung zu beziehen – wo bleibt dann noch ein theologischer Unterschied zu Barths Aufruf, den Nationalsozialismus aus religiösen Gründen zu bekämpfen? Ich sehe zwar einen politischen, aber keinen theologischen Unterschied. Wenn es aber keinen theologischen Unterschied gibt, kann dann Barth seine frühere Ablehnung des Religiösen Sozialismus und dessen theologische Deutung der Geschichte aufrechterhalten? Er könnte diese Ablehnung natürlich mit politischen Gesichtspunkten begründen, aber das würde er nicht tun, da er selbst Sozialdemokrat war und, soviel ich weiß, auch noch ist.

Über die Konsequenzen von Barths Wendepunkt, der die dynamische Kraft und intellektuelle Redlichkeit seines Charakters bezeugt, kann in dieser kurzen Buchbesprechung nichts weiter gesagt werden. Aber sie können nicht ohne Einfluß auf grundlegende Punkte seines Denkens und Lehrens bleiben.

KIERKEGAARD AUF ENGLISCH

Eine Würdigung eines Übersetzungswerkes

(1942)

1.

Walter Lowrie hat seiner Übertragung von Kierkegaards „Furcht und Zittern“ eine Darstellung über die englischen Übersetzungen von Kierkegaards Werken beigefügt. Dieser Bericht enthält die erfreuliche Feststellung, daß 100 Jahre nach ihrem Erscheinen praktisch alle wichtigen Schriften des dänischen Denkers auf Englisch greifbar sind. Während Kierkegaard der englisch-sprechenden Welt ein Jahrhundert lang verschlossen blieb, wurde sein Gegner, der dänische Bischof Martensen, bereits zu seinen Lebzeiten ins Englische übersetzt. Das ist an sich grotesk, vor allem aber ergab sich daraus die folgenschwere Tatsache, daß das angelsächsische Denken fast nichts von den mächtigen Impulsen erfuhr, die die europäische Theologie und Philosophie wenigstens während einer ganzen Generation durch die deutsche Kierkegaard-Übersetzung erhielt.

Diese Situation besteht nun aber nicht mehr. Jetzt kann die englischsprechende Welt Kierkegaard lesen: dank der unermüdlichen Arbeit von Walter Lowrie, einer Arbeit, die er mit viel Humor in seinem Bericht beschreibt; dank der Hilfe, die ihm von Professor David F. Swenson und nach seinem Tode von dessen Frau zuteil wurde; dank dem Wirken von Alexander Dru, der Kierkegaards „Tagebücher“ in Auswahl übersetzte, und von Professor Eduard Geismar, dem Verfasser der bedeutsamen „Vorlesungen über das religiöse Denken Sören Kierkegaards“ und schließlich, um es noch einmal zu betonen, dank der Mühe von Walter Lowrie, der nicht nur den größten Beitrag zu dem Übersetzungswerk leistete, sondern auch als Einführung dazu ein eigenes Buch „Das Leben Sören Kierkegaards“ schrieb. In diesem Zusammenhang ist auch der drei Verlagsanstalten zu gedenken, die die meisten englischen Übersetzungen Kierkegaards veröffentlichten, der *Oxford University Press*, der *Princeton University Press* und des *Augsburg Publishing House;* und schließlich muß hier noch die finanzielle Unterstützung der *American-Scandinavian Foundation* erwähnt werden. Damit erst wurde es möglich, daß ein amerikanischer Theologieprofessor Seminare über Kierkegaard ankündigen und ein amerikanischer Pfarrer in Kierkegaards Werken eine unerschöpfliche Fülle von Anregungen für seine Predigten finden kann. Aber den oben genannten Männern ist es auch zu danken, daß der religiös interessierte Laie bei uns nun einen christlichen Denker lesen kann, der von sich bekennt, daß er kein Christ ist, sondern daß er zeigen möchte, wie schwer es ist, ein Christ zu werden. Das religiöse Leben Amerikas und die amerikanische Theologie sind damit in einer Weise bereichert worden, die kaum überschätzt werden kann. Und das gleiche gilt von der Philosophie. Die wichtigste Quelle der „Existenzphilosophie" ist nun jenen amerikanischen Philosophen zugänglich geworden, die die deutsche Übersetzung Kierkegaards durch Schrempf nicht benutzen wollten, weil ihnen jene Übersetzung zu subjektiv erschien. Diese Gefahr, die in dem eigenwilligen Charakter von Kierkegaards Stil begründet ist, scheint in der englischen Übersetzung vermieden zu sein. Selbst ein Deutscher, der sich mit Kierkegaard befaßt und des Dänischen nicht mächtig ist, wird jetzt die englische Übersetzung zu Rate ziehen müssen.

Der unmittelbare Anlaß dieses Artikels ist das Erscheinen der Übersetzung von Kierkegaards umfangreichstem Werk „Abschließende unwissenschaftliche Nachschrift" durch David F. Swenson, Philosophieprofessor an der Universtiät von Minnesota. Sie ist nach seinem Tode von Walter Lowrie abgeschlossen sowie mit einer Einleitung und Fußnoten versehen worden. Die *Princeton University Press* brachte das Werk im vorigen Jahr für die *American-Scandinavian Foundation* heraus. Die „Abschließende unwissenschaftliche Nachschrift" erschien im Februar 1846 als Ergänzung zu den „Philosophischen Brocken" vom Jahre 1844, die ebenfalls von Swenson übersetzt wurden, und zwar 1936.

Diese beiden Schriften, die „Philosophischen Brocken" und die „Unwissenschaftliche Nachschrift", sind die systematischsten und philosophischsten Werke Kierkegaards. Sie stellen einen einzigen Angriff auf Hegels System und seine Auffassung vom Christentum dar. Im Verlauf seiner Darstellung tritt Kierkegaards Idee des „existentiellen Denkens" immer klarer hervor, und im Einklang damit erfährt ihre Bedeutung für Theologie und Philosophie einen gesteigerten Nachdruck. Kierkegaard gibt dem Begriff der „Existenz" einen neuen Sinn, und zwar nicht so sehr durch eine systematische Ableitung als durch seine unablässigen Angriffe auf verschiedene Formen nicht-existentiellen Denkens. Daraus ergibt sich eine wesentliche Bereicherung unserer Vorstellung des „Existentiellen". Aber Kierkegaard erschöpft sich nicht in Angriffen. Er verweist auch auf seine Vorläufer, vor allem auf den bedeutendsten von ihnen, Sokrates, und dann auf einen anderen Mann, den fast vergessenen klassischen Vertreter der deutschen Aufklärung, Lessing. Die Kapitel über diese beiden Denker gehören zu dem Eindrucksvollsten, was Kierkegaard geschrieben hat.

2.

Bevor ich etwas näher auf die Bedeutung des „existentiellen Denkens" eingehen kann, muß ich eine Warnung aussprechen: Die Beschäftigung mit Kierkegaard ist nur dann ein Gewinn, wenn man ihm in seinen eigenen Werken begegnet und sich der Macht und der herausfordernden Schärfe seines Stils überläßt. Gedanken und Ausdruck sind bei ihm in einer Weise verschmolzen, wie das nur bei sehr wenigen Philosophen vor oder nach ihm der Fall war. Kierkegaard fürchtete stets, daß sein Denken eines Tages als ein Abschnitt in einer „Geschichte der Philosophie" erscheinen könnte. Er wußte, daß sich in einer solchen „Zusammenfassung" der eigentliche Sinn seiner Ideen nicht nur völlig verflüchtigen, sondern geradezu in sein Gegenteil verkehren würde. Sein Denken, das den Einzelnen in dessen „existentieller Situation" ergreifen will, würde damit zu einer Lehre unter anderen werden. Es ist vielleicht einer Fügung des Schicksals zuzuschreiben, daß Kierkegaard jahrzehntelang in den philosophischen Lehrbüchern und Darstellungen überhaupt nicht erwähnt wurde, so daß seine aufrüttelnde Kraft erst in dem Augenblick zur Geltung kam, als die Zeit dazu reif war.

Nach Kierkegaards eigenem Bekenntnis befassen sich alle seine Bücher mit der einen Frage: Wie kann ich der ewigen Seligkeit teilhaftig werden, die das Christentum verspricht? Oder in anderen Worten: Wie kann ich Christ werden? Diese Frage scheint von nur praktischer Bedeutung zu sein, bar jeglicher Beziehung zu philosophischen oder theologischen Problemen. In Wirklichkeit war sie der Ausgangspunkt zu einem scharfen Angriff auf die üblichen Formen des modernen Denkens und hat zu einer Auseinandersetzung über die Methode des Denkens geführt, die uns auch heute noch in Atem hält. Der existentielle Denker ist ein Mensch, der an dem Gegenstand seines Denkens unendlich leidenschaftlichen, persönlichen Anteil nimmt, während der nicht-existentielle Denker, d. h. der Wissenschaftler, Historiker oder der Vertreter der spekulativen Philosophie, eine Haltung der Objektivität und inneren Unbeteiligtheit anstrebt.

Kierkegaard wendet sich keineswegs gegen den gewissenhaften Gelehrten, der mit wissenschaftlicher Objektivität und Selbsthingabe um die Ausweitung unseres objektiven Wissens bemüht ist. Aber er ist davon überzeugt, daß ein solches Unterfangen nur einen begrenzten Wert hat. Die ewige Seligkeit steht hier nicht auf dem Spiel, wie das der Fall ist, wenn nach der Sache des Christentums gefragt wird. Darum kann ein denkender Mensch gegenüber dem Christentum nicht jenen spekulativen Standpunkt einnehmen, wie er Hegels System bestimmt, noch kann er sich einem geschichtlichen Forschen hingeben, das niemals die Grenzen einer annähernden Gewißheit überschreitet. Wenn die Seligkeit des Individuums auf dem Spiele steht, ist die einzig mögliche Haltung eine unendliche persönliche Leidenschaft, die sich niemals mit historischer Wahrscheinlichkeit oder metaphysischer Möglichkeit zufriedengibt. Der objektive Denker meint, daß er jeder Entscheidung enthoben sei; aber als ein lebendiger Mensch kann er ihr niemals ausweichen, und wenn er versucht, seine Situation zu vergessen und er die existentielle Frage seiner ewigen Bestimmung in eine spekulative Frage nach dem Sinn der Weltgeschichte, der Natur Gottes oder der Unsterblichkeit der Seele auflöst, wird er zum „Komödianten". Der wirklich existierende subjektive Denker vergegenwärtigt sich beständig in seinen Gedanken diese existentielle Situation und verwandelt all sein Denken in einen lebendigen Prozeß. In einer Würdigung des Sokrates als eines existentiellen Denkers sagt Kierkegaard: „Die Existenz ist das Ergebnis einer Verbindung des Unendlichen mit dem Endlichen, des Ewigen mit dem Zeitlichen und ist somit ein unaufhörliches Streben. Das war die Botschaft des Sokrates." Aus diesem Grunde hinterließ Sokrates keine abgeschlossenen Lehren, kein System, keine wissenschaftlichen Ergebnisse. Aber durch seine Ironie wurde er und ist er noch heute einer der erregendsten dialektischen Denker in der Geistesgeschichte der Menschheit. Auf derselben Linie liegt Lessings Weigerung, die ganze Wahrheit anzunehmen, selbst wenn Gott sie ihm anbieten würde. Denn die ganze Wahrheit, das endgültige System ist allein die Sache Gottes. „System und Endgültigkeit entsprechen einander, aber Existenz ist gerade das Gegenteil von Endgültigkeit." Und die Menschen leben in der Existenz, sie stehen zwischen dem Endlichen und Unendlichen. Diese Situation nennt Kierkegaard die ethische Situation, die Situation der Entscheidung, der subjektiven Besorgnis, des unendlichen, leidenschaftlichen Betroffenseins. In seinem früheren Werk „Entweder-Oder" grenzt er diese Befindlichkeit vom Bereich des Ästhetischen, der Sphäre der Betrachtung, ab, in der ein inneres Unbeteiligtsein möglich ist. Er schildert den notwendigen Zusammenbruch des Ästhetischen als eines eigenen Bereichs und wendet sich gegen jedes System, das dem Ethischen keinen Raum gibt, weil es das Element der

Subjektivität und persönlichen Entscheidung ausklammert. Das führt zu jener berühmten Definition der Wahrheit: „Objektive Ungewißheit, festgehalten in leidenschaftlicher Innerlichkeit, das ist Wahrheit, die einzige Wahrheit, die es für einen existierenden Geist gibt." Einige Sätze später sagt Kierkegaard, daß das eine angemessene Beschreibung des Glaubens sei.

3.

Aus dieser grundlegenden Unterscheidung zwischen objektiver und existentieller Wahrheit entwickelt Kierkegaard in seiner „Abschließenden unwissenschaftlichen Nachschrift" sowie in anderen Werken und auch in seinen „Erbaulichen Reden" zahllose Folgerungen. Die Frage, die mir am Ende dieser kurzen Würdigung am Herzen liegt, lautet: Hat diese Unterscheidung und alles, was aus ihr gefolgert werden kann, irgendeine Bedeutung für die gegenwärtige theologische und philosophische Lage in diesem Lande? Kierkegaard wandte sich gegen Hegel in einem bestimmten Augenblick der deutschen Philosophie. Er gehört in eine Reihe von Denkern, die die wirkliche Existenz des Menschen gegenüber Hegels idealistischem Rationalismus betonten. Schelling gehörte in seiner letzten Periode zu ihnen, und es gibt in der Tat viel Verwandtes, sogar Gemeinsames in Schellings und Kierkegaards Kritik an Hegels Philosophie der bloßen Möglichkeiten („negative Philosophie"). Feuerbachs Materialismus ist eine andere Form, in der sich die Betonung der Existenz bekundet, ein Ausdruck, den er gegen Hegel gebraucht. Schopenhauers Analyse des individuellen Lebensprozesses nimmt die Deutung der Existenz als Leben durch die spätere „Lebensphilosophie" vorweg. Auch Marx gebraucht in seinen „Frühschriften" bei seiner Kritik an Hegels rein theoretischem System Wendungen, die uns an Kierkegaards Terminologie erinnern, allerdings in einer Weise, die die Innerlichkeit des individuellen Prozesses auf das Äußere der sozialen Entwicklung überträgt. Sind all diese Ideen lediglich deutsche Streitereien, europäischer Provinzialismus, oder geht es hierbei um mehr? Die Geschichte hat bereits ihre Antwort erteilt. Die Ideen dieser revolutionären, gegen Hegel opponierenden Existenzphilosophen haben im Zusammenhang mit der sozialen und wirtschaftlichen Entwicklung das Schicksal aller Nationen und Kirchen im 20. Jahrhundert bestimmt. Sie haben weltgeschichtliche Bedeutung. Und das gilt auch für Kierkegaard.

Obgleich der empiristische und positivistische Zug des angelsächsischen Denkens die Vorherrschaft eines spekulativen Systems verhindert hat, hat er doch nicht das Problem der existentiellen im Unterschied zur objektiven Wahrheit gelöst. Die amerikanische Theologie glaubt immer noch, daß die approximative historische Wahrheit die Grundlage für den Glauben an Christus abgeben kann, aber sie übersieht den Widerspruch, der in diesem Bemühen liegt. Sie verwechselt immer noch abstrakt ethische Systeme oder metaphysische Spekulationen mit der ethischen und religiösen Existenz des Individuums vor Gott. Sie hat noch nicht den existentiellen Materialismus als das große Korrektiv zu dem christlich-verbürgerlichten Idealismus anerkannt. Und die zeitgenössische Philosophie hat entweder als logischer Positivismus jede Spur einer existentiellen Leidenschaft und Anteilnahme auf philosophischem Gebiet ausgelöscht, oder sie hat als metaphysischer Naturalismus den individuell „existierenden" Menschen verneint, den Menschen, der zwischen dem Unendlichen und dem Endlichen steht und niemals als ein Teil der objektiv gegebenen Natur verstanden werden kann. Und selbst der Pragmatismus, der dem existentiellen Denken näher steht als jene beiden anderen Richtungen, weil er den bruchstückhaften und dynamischen Charakter der Wahrheit anerkennt, hat in der Form des „Instrumentalismus" sich dem objektiven Prozeß der Natur und Gesellschaft ausgeliefert, der lediglich Mittel für endliche Zwecke erzeugt, fernab von einem unendlichen, leidenschaftlichen Anliegen. – So braucht also sowohl die Theologie wie auch die Philosophie das Kierkegaardsche Korrektiv; und der dänische Philosoph gibt uns Korrektive, nicht etwa Ergebnisse oder Methoden. Die junge Generation verlangt nach einer Philosophie, die von einem letzten Sinn des Lebens weiß, zumindest in der Form eines sokratischen Problems. Kierkegaard kann uns in dieser Richtung ein Führer sein. Man kann ihn nun in leicht zugänglicher Form studieren; aber es bedarf dazu des beschwerlichen Ernstes, der von einem existentiellen Denker gefordert wird.

PSYCHOANALYSE UND RELIGION

ZUM GLEICHNAMIGEN BUCH VON ERICH FROMM

(1951)

Ich freue mich über die Gelegenheit, die *Terry Lectures* von Erich Fromm besprechen zu können. Als ich selbst als Nachfolger Erich Fromms die *Terry Lectures* über das Thema „Der Mut zum Sein" hielt, konnte ich an Fromms Kampf gegen den autoritären Religionstyp anknüpfen. Er war mir seit Jahren durch Diskussionen mit ihm und durch seine früheren Bücher bekannt. Der Untertitel meines Vortrags im Rahmen der *Terry Lectures* lautete *Theism Transcended*[1] und stellte gerade das heraus, was Fromms grundlegender Impuls als Schriftsteller, als Hochschullehrer und als praktizierender Psychotherapeut ist, nämlich die antiheteronome Haltung in allen Lebensbereichen. Diese persönliche Anmerkung soll deutlich machen, daß Autor und Buchbesprecher in einer gemeinsamen Front stehen.

Das erste Kapitel von *Psychoanalysis and Religion* rollt das Problem auf und versucht, den alten Sinn von Psychologie wiederherzustellen: „Lehre von der Seele". Seele ist ein Wort, das in der wissenschaftlichen Psychologie ausgemerzt wurde, weil es Assoziationen an Liebe, Vernunft, Gewissen und Werte hervorruft. Dies aber sind die Probleme, auf die das unglückliche Bewußtsein unserer Zeit eine Antwort verlangt. Zwei Berufe sind es, die eine Antwort zu geben versuchen: der Priester und der Psychoanalytiker. Wie stehen sie zueinander?

Im zweiten Kapitel vergleicht Fromm die Lösung dieses Problems von Freud auf der einen und Jung auf der anderen Seite. Er sympathisiert mit der Freudschen Projektionstheorie (Gott ist die Projektion des Vaterbildes) und seiner Ablehnung des theistischen Supranaturalismus. Zu Jungs Gleichsetzung des Religiösen mit dem Unbewußten verhält sich Fromm kritisch. Zweierlei möchte ich zu dem Kapitel sagen: Freuds Projektionstheorie, wie jede Projektionstheorie seit Feuerbach, verwechselt zwei Dinge: das, was projiziert wird, und das, worauf es projiziert wird, m. a. W. das „Bild" und die „Projektionswand". Es kann kein Zweifel darüber bestehen, daß, bildlich gesprochen, der Stoff, aus

[1] Vgl. Der Mut zum Sein. Ges. Werke. Bd. 11. S. 134 ff.

[2] *Yale University Press* (New Haven) 1951.

dem die Götter gebildet wurden, menschlichen Erfahrungen entstammt. Gute und böse Erfahrungen der Kindheit und des späteren Lebens waren dabei am Werke. Aber das bedeutet keineswegs, daß die „Projektionswand" der letzte Grund alles Seins und Sinns, Grund und Ziel unserer Existenz, selbst eine Projektion ist. Darum ist es nicht die Sache der Theologie oder der Psychotherapie, die „Projektionswand" zu beseitigen, sondern vielmehr die Symbole, die unsere Beziehung zum letzten Grund alles Seins zum Ausdruck bringen, zu erklären und von irreführenden Assoziationen zu befreien. An dieser Aufgabe können und sollten Psychoanalyse und Religion gemeinsam arbeiten.

Was Jung anlangt, so bezweifle ich stark, ob man ihm Psychologismus vorwerfen darf. Nach dem, was ich von seiner Lehre mittelbar und unmittelbar weiß, haben Ausdrücke wie „Archetyp" und „das kollektive Unbewußte" ontologischen Rang, obwohl Jung sehr zurückhaltend war, sie näher zu beschreiben. Aber die wichtige Frage ist, ob eine psychologische Einstellung zur Religion die ontologische Frage vermeiden kann – die Frage nach dem, was die Seele transzendiert. Damit ist nicht etwa eine Transzendenz gemeint, die mit supranaturalistischen Begriffen arbeitet, sondern Begriffe verwendet wie „Sein-Selbst" oder „Grund des Seins", in dem die Seele wie alles andere wurzelt. Ich glaube nicht, daß man dieser Frage ausweichen kann, auch nicht durch eine Haltung, die Fromm den „humanistischen" Typ der Religion nennt.

Die letzten Bemerkungen führen mich zu dem dritten Kapitel von Fromms Buch „Einige Typen religiöser Erfahrung". Hier unterscheidet und behandelt er radikal und konesquent humanistische und autoritäre Typen der Religion. Der autoritäre Typ verlangt die Hingabe an eine Macht, die über dem Menschen waltet; Gehorsam ist die Kardinaltugend und Ungehorsam die Kardinalsünde. Der Mensch muß seine Unabhängigkeit und Eigenständigkeit aufgeben und sich verächtlich, elend und kümmerlich fühlen, so daß alles Positive auf die Seite Gottes zu stehen kommt. Diese Haltung kann in fast allen Religionen vorgefunden werden und sogar in säkularen Bewegungen von quasireligiösem Charakter. „In der humanistischen Religion dagegen steht der Mensch und seine Stärke im Mittelpunkt." Wenn sie theistisch ausgerichtet ist, so ist Gott ein „Symbol für des Menschen eigene Macht" und nicht für etwas, das Macht über den Menschen hat. Humanistische Religion in diesem Sinne kommt in fast jeder großen Religion und Quasi-Religion vor, bei Buddha und Jesaja, bei Jesus und Sokrates, bei Spinoza und in der französischen Revolution. Das, was sie alle miteinander verbindet, ist die menschliche Haltung als solche, nicht ihre

Mythen oder ihr Kultus. Von diesem Standpunkt aus ist Fromm äußerst kritisch gegenüber dem traditionellen Christentum, besonders dem Calvinismus. Dieses Christentum überträgt nach Fromm das Beste des Menschen auf Gott; die Kräfte des Menschen werden so von ihm abgelöst. „Der einzige Zugang des Menschen zu sich selbst geht über Gott." Eine solche Haltung macht den Menschen zum Sklaven und ist Ausdruck eines verkehrten Geisteszustandes. In jeder autoritären Religion ist der Mensch „Inzestbindungen" unterworfen, sei es in bezug auf die Eltern, die Lehrer, die Priester, die Familie, die Partei oder die Nation. Die humanistische Religion befreit den Menschen von all diesen Bindungen und macht ihn fähig zur echten Liebe. Und für seine Liebe hat er die Existenz eines Wesens außerhalb seiner selbst – „Gott" genannt – nicht nötig. Der Analytiker als „Seelenarzt" (der Titel des vierten Kapitels) hilft dem Menschen, die Fähigkeit zur Liebe zu gewinnen oder wiederzugewinnen.

Ist die Unterscheidung zwischen autoritärer Religion und humanistischer Religion richtig? Die Antwort auf diese Frage hängt von der Definition der beiden ab. Fromm hat oft zwischen rationaler Autorität, die er bejaht, und irrationaler Autorität, die er ablehnt, unterschieden. Das ist richtig, denn nicht Autorität als solche, sondern Fremdbestimmung, Heteronomie, ist abzulehnen, nämlich die Unterwerfung unter ein fremdes Gesetz, das nicht Ausdruck unseres wahren Seins ist. In diesem Sinne ist manche traditionelle Theologie humanistisch zu nennen, obwohl sie göttliche und sogar kirchliche Autorität anerkennt. Aber auch Humanismus kann zweierlei bedeuten. Er steht für zwei Haltungen: die eine sieht als letztes Ziel den Menschen selbst; die andere transzendiert den Menschen in Richtung auf das Letzte, in dem er und alles andere seinen Grund hat. Fromm entscheidet sich für die zweite Haltung, wenn er als wesentliche Elemente der religiösen Erfahrung ein letztes Ziel und einen letzten Sinn anerkennt. Dies führt dazu, daß der Mensch transzendiert und zugleich in seiner Würde anerkannt wird. Diese Haltung ist „transzendierender Humanismus", die einzige Form von Humanismus, die die religiöse Dimension erreicht. Das, was Fromm bekämpft, ist ein heteronomer, supranaturalistischer Theismus. Und in diesem Kampf vertritt er ein echt theologisches Anliegen. Es ist der Kampf gegen Idolatrie, in dem Theologie und Psychotherapie Verbündete sind. Die Waffen, die in diesem Kampf gebraucht werden, täuschen oft Atheismus vor, besonders wenn falsch verstandene Projektionstheorien ins Feld geführt werden. Aber ein solcher Atheismus ist die Reaktion auf einen supranaturalistischen Theismus. Sowohl Religion wie auch Psychoanalyse müssen nach einem

Gott trachten, der der Grund alles Seins und Sinns ist. Entfremdung von diesem Gott ist Selbstentfremdung; Wiedervereinigung mit ihm ist Wiedervereinigung mit dem eigenen Selbst. Auf dieser Grundlage erhält die religiöse Lehre von Sünde und Erlösung einen neuen, nichtautoritären Sinn. Sünde ist dann die Entfremdung vom eigenen essentiellen Sein und seinem göttlichen Grund. Erlösung ist Heilung von dieser Trennung durch die heilende Macht, die den Menschen transzendiert und ihm den Mut gibt, sich selbst anzunehmen.

REINHOLD NIEBUHRS ERKENNTNIS-THEORIE

Eine Auseinandersetzung

(1956)

1.

Die Schwierigkeit, über Niebuhrs Erkenntnislehre zu schreiben, ergibt sich aus der Tatsache, daß es bei ihm keine solche Lehre gibt. Niebuhr stellt sich nicht die Frage: „Wie kann ich wissen?" Er beginnt einfach mit dem Wissen. Und er fragt auch nicht nachträglich: „Wie kam ich zu meinem Wissen?", sondern vertraut der überzeugenden Macht seines Denkens, ohne es erkenntnistheoretisch zu untermauern. Zweifellos erweist sich das als ein großer Vorteil, vergleicht man seine Schriften mit denen einiger Theologen aus der vorigen Generation, die sich niemals aus den Fesseln der methodologischen Frage lösen konnten. Aber eine solche Einstellung bringt auch die Gefahr jeder Unterlassung mit sich, daß nämlich das Ausgelassene in versteckter Form an einer anderen Stelle auftaucht. Ich bin der Ansicht, daß diese Stelle Niebuhrs Lehre von der Vernunft ist und daß die versteckte Form, in der die erkenntnistheoretische Frage erscheint, seine Ablehnung der ontologischen Frage in der Theologie ist; hinzu kommt die Ausschließlichkeit, mit der er jüdisches und griechisches Denken gegenüberstellt, wobei er nur jenes als der Theologie angemessen anerkennt. Ich werde mich mit diesen drei Punkten in Niebuhrs Denken befassen und dabei die Gedanken weiter ausführen, die ich in meiner „Erwiderung" auf seine Kritik an meinen eigenen Auffassungen im ersten Band der vorliegenden Schriftenreihe[1] geäußert habe.

Wenn Niebuhr die Aristotelische Darstellung des Menschen als eines vernunftbegabten Wesens einer Kritik unterzieht, geht er von einem Begriff der Vernunft aus, der seit der Mitte des 19. Jahrhunderts bei uns vorherrschend gewesen ist, der sich aber weit von der klassischen Lehre entfernt hat, wie sie beispielsweise in der Stoa vertreten wird. Wir können diese letztere Auffassung als den *Logos*-Typ der Vernunft bezeichnen: Vernunft, gesehen als ein Element innerhalb des göttlichen Lebens, als das Prinzip der göttlichen Selbstmanifestation sowohl

[1] *Library of Living Theology*. I. Hrsg. von C. W. Kegley and R. Bretall. New York: Macmillan, 1952.

gegenüber sich selbst wie auch gegenüber allem von ihm Getrennten. Vernunft in dieser Sicht ist die universale Macht von Form und Sinn. Sie ist gegenwärtig in den Strukturen der Wirklichkeit und den Strukturen des menschlichen Geistes, die miteinander korrespondieren und so Erkenntnis und ästhetische Intuition, ethische Einsicht und politische Gerechtigkeit ermöglichen. Eine solche Vernunft ist essentiell göttlich und darf keinesfalls im Gegensatz zum Glauben gesehen werden; Vernunft in diesem Sinne (als *logos*) ist Prinzip dessen, was Glauben schafft: der Offenbarung.

In seiner Beurteilung der antiken und neuzeitlichen Philosophen unterscheidet Niebuhr nicht zwischen diesem „hohen" und dem „niederen" Begriff der Vernunft, der Vernunft als Berechnung. Wenn wir hier den Ausdruck „nieder" gebrauchen, so ist das nicht im abwertenden Sinne gemeint. Denn berechnendes Vernunftdenken ist so alt wie des Menschen Fähigkeit, sich Werkzeuge zu machen, und es gibt keinen wirklichen Menschen, bevor das erste Werkzeug hergestellt wurde. Aristoteles wie auch Hegel weisen dieser berechnenden Vernunft große Bedeutung zu. Aber sie identifizieren sie nicht mit dem *Logos*-Typ der Vernunft, mit der Vernunft in ihrer göttlichen Natur. In den Angriffen der Philosophen des 18. Jahrhunderts gegen die Verzerrungen der religiösen und politischen Überlieferungen war der klassische Begriff der Vernunft noch lebendig und wurde als ein kritischer Maßstab gegenüber diesen Verzerrungen angewandt. Die Leidenschaft für die Gerechtigkeit gegenüber den bösen Mißbräuchen einer tyrannischen Kirche wurzelte in der Erkenntnis letztgültiger Prinzipien, die für den Menschen aufgrund seiner Natur gelten. Diese „kritische Vernunft" der „aufgeklärten" Philosophen erwuchs aus der Vernunft im Sinne des *logos*. Allmählich löste sich diese enge Verwurzelung auf. Die Vernunft wurde zur bloßen Erkenntnisfunktion reduziert. Sie wurde zur technischen Vernunft, wissenschaftlich-analytisch, berechnend, im Sinne verstandesmäßiger Beweisführung. Niebuhr hat recht, wenn er einer so verstandenen Vernunft die Fähigkeit abspricht, Gott zu erkennen. Das ist nicht nur unmöglich, sondern auch in religiöser Hinsicht verwerflich, weil es einen Versuch darstellt, Gott durch die Erkenntnisbemühungen einer formalen Vernunft auf die menschliche Ebene herabzuziehen. Aber Niebuhr irrt, wenn er behauptet, daß das alles ist, was man über die Beziehung zwischen der Vernunft und der menschlichen Erkenntnis Gottes sagen kann. Denn Vernunft ist mehr als technisch-formale Vernunft.

Vielleicht wäre es Niebuhr möglich, der Unterscheidung dieser zwei Typen der Vernunft zuzustimmen und einen anderen Ausdruck für den

Logos-Typ der Vernunft zu wählen, etwa den Begriff „Geist", wie er mir einmal vorschlug. Aber „Geist" verbindet Macht und Sinn und ist schöpferisch, während die Vernunft nur die Struktur des Sinnes darstellt. Aber abgesehen von diesen terminologischen Fragen würde er sagen, daß die Vernunft, selbst wenn sie essentiell auf Gott bezogen wäre, nach dem Fall des Menschen verdorben ist, wie dessen ganzes Sein. Dem würde ich wieder zustimmen. Aber Verderbnis ist nicht völlige Vernichtung. Verderbnis setzt die Wirklichkeit dessen voraus, was verdorben ist. Offenbarung ersetzt Vernunft nicht, sondern sie überwindet die Verderbnis der Vernunft des Menschen und seiner Welt. Der Glaube ist nicht ein Geschehen außerhalb der Vernunft oder gar gegen sie. Er ist vielmehr der Zustand der vernunftbegabten Person, in dem sie von dem ergriffen wird, was die Vernunft in ihrer Unverdorbenheit wiederherstellt. In diesem Sinne ist der Glaube vernunftgemäß; er ist Vernunft, die durch ihre eigene göttliche Tiefe bewegt und geformt wird.

Eine solche Auffassung wendet sich sowohl gegen den Supranaturalismus als auch gegen den Naturalismus. Bei Niebuhrs Kampf gegen den naturalistischen Standpunkt gewinnt man oft den Eindruck, daß er selbst nicht frei von supranaturalistischen Auffassungen ist. Das ist auch durchaus verständlich im Hinblick auf seinen großen und erfolgreichen Kampf gegen naturalistische – und auch idealistische – Methoden in der Theologie. Aber es schwächt die Kraft dieses Kampfes, wenn der Naturalismus einfach verneint und nicht auch anerkannt wird als eine notwendige Kritik an dem zweistöckigen Weltbild des Supranaturalismus. Der Transzendentalismus von Niebuhrs Deutung des Menschen und der Geschichte würde an Überzeugungskraft gewinnen, wenn das, was jenseits der menschlichen Möglichkeiten und eines geschichtlichen Fortschrittes liegt, als die Tiefendimension des Menschen und seiner Welt verstanden würde. In einer anderen Terminologie könnte man sagen, daß die Elemente des alten Dualismus, die sich in das christliche Denken einschlichen und niemals wieder vollständig daraus entfernt wurden – auch nicht durch die Reformation –, Niebuhr daran gehindert haben, das Prinzip der *coincidentia oppositorum* anzuerkennen, wie es sowohl in der Philosophie der Renaissance (Nicolaus Cusanus) als auch in der Theologie der Reformatoren (Luther) zum Ausdruck kommt, wonach das Göttliche nicht ein Bereich oberhalb des Lebens, sondern eine Dimension des Lebens selbst ist.

Der erkenntnistheoretische Gegensatz, der hier in Erscheinung tritt, wird am deutlichsten in der Auffassung des Paradox-Begriffs. Niebuhr bezeichnet das Paradox gern als „unmögliche Möglichkeit". Im Sinne der reinen Logik ist das eine unsinnige Wortverbindung. Aber im Lichte theologischer Einsicht kann sie das wirkliche und einzige christliche Paradox ausdrücken, daß nämlich das Prinzip der göttlichen Selbstmanifestation, der göttliche *logos*, ohne Einschränkung im Leben eines bestimmten Menschen erschienen ist. Es kann die erstaunliche, unerwartete Tatsache ausdrücken, daß die ewige Einheit zwischen Gott und Mensch unter den Bedingungen der radikalen Entfremdung des Menschen von Gott in Erscheinung getreten ist. Der Ausdruck „Paradox" sollte niemals für eine sinnlose Verbindung von Wörtern gebraucht werden, sondern nur für diese Tatsache und das, was sie umschließt. „Unmögliche Möglichkeit" hört auf, irrational zu sein und wird im echten Sinne paradox, wenn man statt dessen sagt: „menschlich unmögliche göttliche Möglichkeit". Den Ausdruck „Paradox" in diesem nicht-irrationalen Sinn sollte man nur für die Erscheinung der essentiellen Gott-Mensch-Einheit unter den Bedingungen der Existenz verwenden, d. h. für die Erscheinung Jesu als des Christus. Außerdem darf es keine Verwechslung zwischen dem Geheimnisvollen und dem Paradoxen oder dem Dialektischen und dem Paradoxen geben. Das Geheimnisvolle ist die Tiefe der Vernunft, der unendliche und unergründliche Grund des Seins und Sinns. Das Dialektische beschreibt jeden Lebensprozeß, auch den Prozeß des göttlichen Lebens. Darum ist das, was mit „Trinität" ausgesagt werden soll, dialektisch zu verstehen. Das Wort „paradox" sollte also der Feststellung vorbehalten bleiben, daß der *logos* manifest wurde im Leben einer historischen Person, die aus diesem Grunde der Christus genannt wird. Hätte Niebuhr solche begriffliche Unterscheidung gemacht, würde er bei vielen Menschen den Eindruck verhindert haben, ein Irrationalist zu sein. Dieser Eindruck ist falsch, aber er geht auf Niebuhrs Vorliebe für eine paradoxe Sprache zurück, und zwar selbst in Fällen, wo eine dialektische, und das heißt eine rationale Sprache angemessen gewesen wäre. Das Paradox wird nicht von der Vernunft erzeugt, aber die Vernunft kann es annehmen, ohne sich selbst aufzugeben. Und die Vernunft kann den Standort des Paradoxes und dessen Verhältnis zu anderen Formen religiöser Aussage aufzeigen.

2.

Der zweite Ort in Niebuhrs Denken, an dem eine verborgene Erkenntnistheorie sichtbar wird, ist sein Kampf gegen die Ontologie innerhalb des Christentums. Er versteht die Ontologie als ein Verfahren, das den dynamisch-dramatischen Charakter von Schöpfung, Fall, Erlösung und Vollendung in ein statisches System verkehrt, das durch rationale Notwendigkeit bestimmt ist. Wenn das der Fall wäre, wenn ontologische Kategorien tatsächlich Gott, Mensch und Welt die Freiheit und Chance nähmen, wenn Sündenfall und Erlösung notwendige Strukturen der Wirklichkeit wären, würde Niebuhrs Ablehnung der Ontologie gerechtfertigt sein. Das wird besonders deutlich, wenn man die Art betrachtet, in der er mit steigendem Nachdruck den Ausdruck „Selbst" gebraucht, um die Natur des Menschen und sein Verhältnis zu Gott zu kennzeichnen. Das Selbst ist dynamisches Handeln in der Zeit, es besitzt Freiheit, es kann sich widersprechen, es hat die Möglichkeit, verwandelt und gerettet zu werden, es kann sich Gott zuwenden. All das ist wahr und kommt in Niebuhrs Schriften überzeugend zum Ausdruck. Das zentrierte Selbst ist die Voraussetzung nicht nur der Freiheit, sondern auch einer Welt, mit der das Selbst in Wechselbeziehung steht. Kritik an Niebuhrs Auffassung vom Selbst wird erst dann notwendig, wenn er seine „Philosophie des Selbst" einer „Philosophie des Seins" entgegenstellt. Aber es besteht keineswegs die Notwendigkeit eines Konflikts zwischen beiden, denn das Selbst hat Sein, und Gott hat Sein. Man kann nicht der Frage des Seins ausweichen, indem man vom „Selbst" spricht. Die besondere Art des Seins, die ein zentriertes Selbst hat, ist eingebettet in das Ganze des Seins. Seine Beziehung zu Gott ist übrigens nicht die Beziehung zu einem anderen Selbst, sondern eine Beziehung zum Grund und Ziel eines jeden Selbst. Aus diesen Gründen kann man die ontologische Frage nicht umgehen. Wer sagt, daß Gott ist und das als Theologe tut, muß auch sagen, was dieses „ist" bedeutet, wenn es auf Gott angewandt wird. Solange man in einem ungebrochenen mythologischen Symbolismus verharrt, wird solche Frage nicht gestellt. Aber in dem Augenblick, wo man Begriffe wie „Selbst", „Dynamik" und „Geschichte" prägt, hat man die Unschuld der mythologischen Einbildungskraft hinter sich gelassen und muß die Frage beantworten, wie sich das Sein Gottes zum Sein eines endlichen Wesens verhält. Und die Unterscheidung zwischen verschiedenen Arten des Seins ist Sache der Ontologie.

Ich möchte nun auf die Gründe eingehen, die Niebuhr von der unvermeidlichen Gefahr ontologischer Gedankengänge in der Theologie überzeugt haben. Das grundlegende Argument ergibt sich bei ihm unmittelbar aus seiner Auffassung von der Vernunft. Wenn Ontologie ein Produkt der berechnenden Vernunft wäre, könnte sie in der Theologie nur eine dienende Rolle spielen, etwa im Sinne der Regeln der formalen Logik, die der Theologe gebrauchen muß wie jeder Mensch. Wenn aber Ontologie mehr als das bedeutet, muß sie den Inhalt der

Theologie selbst beeinflussen. Und gerade vor dieser Möglichkeit fürchtet sich Niebuhr. Sie stellt uns auch in der Tat vor ein sehr ernstes Problem. Denn die Art, wie sich Philosophen mit dem Sein als solchem befassen, ist etwas, was uns unbedingt angeht; sie hat in offener oder versteckter Form religiösen Charakter. Wenn das nun der Fall ist, ergibt sich dann nicht unvermeidlich, daß die Aussagen der Ontologie zu dem Inhalt der Offenbarung in Gegensatz treten?

Niebuhr versucht, die Unausweichlichkeit dieses Konflikts auf folgende Art zu beweisen: Das Sein ist nach seiner Auffassung notwendigerweise statisch, weil es von allem Endlichen und Wandelbaren absieht. Das mag in einigen Formen des ontologischen Denkens der Fall sein. Aber es trifft nicht für die in der Ontologie herrschende Richtung zu. Das Sein sollte als Macht des Seins verstanden werden oder, dynamisch ausgedrückt, als die Macht, dem Nichtsein Widerstand zu leisten. Das war die Überzeugung derer, die auf die Frage nach der Art des göttlichen Seins antworteten, daß Gott das Sein-selbst und nicht ein besonderes Sein ist. Die Ontologie, die diese Feststellung trifft, gibt das christliche Bekenntnis von Gott dem Allmächtigen in begrifflicher Form wieder. Wenn Sein als Macht des Seins verstanden wird, verschwindet der Gegensatz zwischen Statik und Dynamik, und Gott, der Herr über Zeit und Geschichte, ist stets außerhalb des Wandels, sonst könnte er nicht der Herr über das sein, was sich wandelt, und stets beteiligt am Wandel, sonst könnte er das nicht lenken, was sich wandelt.

Auch hier faßt die Ontologie wieder in Begriffe, was der christliche Glaube mit Gottes lenkender Vorsehung in der Geschichte und im Leben des Einzelnen meint. Niebuhr befürchtet, daß die Ontologie die Freiheit des einzelnen Selbst und auch das Drama von Fall und Erlösung aufhebt. Aber selbst die Freiheit hat einen ontologischen Rang. Sie ist niemals absolut, sondern stets mit Schicksal verknüpft. Sie ist Freiheit innerhalb eines Rahmens gegebener Umstände. Wenn ein Theologe den Begriff „Freiheit“ verwendet, kann er der Frage nach der ontologischen Verwurzelung der Freiheit innerhalb der Gesamtheit des Seins gar nicht ausweichen. Und wenn er diese Frage in irgendeiner Weise beantwortet, begibt er sich auf das Gebiet der Ontologie, wie es auch Niebuhr tut, wenn er mit vollem Recht Freiheit unlösbar mit dem zentrierten Selbst verknüpft, wie wir das an uns selbst erfahren. „Zentriertes Selbst“ oder auch nur „Selbst“ sind ontologische Begriffe. Sie beschreiben eine Struktur des Seins im Unterschied zu anderen Strukturen. Diese Struktur, die unser Sein bestimmt, ist für uns die wichtigste, aber nicht die einzige. Wenn Niebuhr von dem „Selbst“ spricht, folgt er gegen seinen eigenen Willen ontologischer Denkweise.

Wenn Freiheit einen ontologischen Rang hat und mit Schicksal verknüpft ist, kann die Frage des Sündenfalls eine ontologische Antwort finden, die die echte Bedeutung des biblischen Mythos nicht zerstört, wie das Niebuhr befürchtet. Alles was der Mensch als ein „zentriertes Selbst" tut, hat den doppelten Charakter der Verantwortlichkeit und Notwendigkeit. Es liegt Schicksal in allem, was wir in Freiheit entscheiden. Und es lebt Freiheit in allem, was wir als Schicksal erfahren. Auf diese Art – und hier sprechen wir ontologisch – sind sowohl der individuelle wie auch der universale Charakter der menschlichen Entfremdung von Gott gewahrt, und der Theologe hat es nicht nötig, den Mythos vom Fall zu zitieren, den er im übrigen als Mythos versteht. Er braucht nicht zu befürchten, den Ernst und das Irrationale der Sünde aufzuheben, wenn er den Zustand der Sündhaftigkeit als eine Form des Seins beschreibt.

Schließlich befürchtet Niebuhr wie viele andere protestantische – nicht katholische – Theologen, daß die Versicherung, wonach Gott das Sein-selbst ist, letzten Endes eine Verleugnung des persönlichen Gottes bedeute und eine personhafte Beziehung zwischen Mensch und Gott unmöglich mache. Diese Befürchtung wäre berechtigt, wenn die Aussage von Gott als dem Sein-selbst nicht nur die erste, wie das gar nicht anders sein kann, sondern auch die letzte Aussage über Gott bliebe. Aber es sind hier noch viel mehr Aussagen zu machen, so beispielsweise, daß Gott Leben, Liebe und Geist ist, alles Feststellungen, die aus Offenbarungserfahrungen erwachsen und insgesamt ontologisch ausgedrückt werden können. Der Personcharakter Gottes ist davon nicht ausgenommen. Er ermöglicht eine personhafte Begegnung zwischen Gott und Mensch; aber er schließt die Aussage aus, daß Gott *eine* Person ist.

Ich bin der Ansicht, daß die eigentliche Substanz von Niebuhrs Theologie nicht verändert würde durch das Eingeständnis, daß in jeder theologischen Aussage eine ontologische Feststellung enthalten ist und daß es eine der Aufgaben der Theologie ist, ihre verborgene Ontologie deutlich hervorzukehren. Die Tatsache, daß es an einem solchen Eingeständnis fehlt, und mehr noch, das Versäumnis, die ontologischen Elemente in der Theologie klar herauszuarbeiten, erschweren den Zugang zu Niebuhrs Denken oft ganz unnötig für Menschen, die es „von außen" beurteilen. Sie bemerken nicht, wie weit Niebuhrs Denken tatsächlich von jedem mechanischen Supranaturalismus und jedem autoritären Biblizismus entfernt ist.

3.

Es liegt auf der gleichen Linie, wenn Niebuhr mit zunehmendem Nachdruck den Gegensatz zwischen den jüdischen und griechischen Elementen im Christentum betont und gleichzeitig versucht, diese zurückzudrängen und jene zu stärken. Es ist leicht zu sehen, daß er in dieser Hinsicht der Neukantianischen und Ritschlschen Theologie folgt, einer Theologie, die er im übrigen entschieden zurückweist. Wie für Harnack der griechische Geist intellektualistisch ist, so erscheint er Niebuhr rationalistisch, und zwar im Sinne der technischen Vernunft. Aber es wird jetzt weitgehend anerkannt, daß in der hellenistischen Periode, während der der Judaismus und das Christentum mit dem griechischen Geist in Berührung kamen, dieser Geist weder intellektualistisch noch rationalistisch, sondern mystisch war und sich nach Erlösung sehnte. „Gnosis" ist nicht objektive, distanzierte Erkenntnis, sondern Einsicht auf Grund von „Einheit". Selbst in den früheren Perioden der griechischen Philosophie war diese Einstellung zumindest so stark wie das rein wissenschaftliche Interesse. Und Niebuhr selbst erkannte diese Tatsache, als er die Bedeutung der griechischen Tragödie für eine christliche Lehre vom Menschen entdeckte. Denn es ist nicht möglich, die griechische Tragödie in ihrem ureigensten Wesen von der griechischen Philosophie zu scheiden. Beide sind sie Schöpfungen des apollinisch-dionysischen Geistes, der die Griechen zu dem gemacht hat, was sie sind.

Niebuhr, wie Ritschl und Harnack, erklärt die Aufnahme griechischer Vorstellungen durch die frühe Kirche als eine notwendige Anpassung der christlichen Botschaft an das Denken derer, die sie zu erreichen suchte. Eine solche Anpassung ist ein Zug allen missionarischen Wirkens und geschah gegenüber den verschiedenen Völkern und Kulturen, denen das Christentum begegnete. Doch der Fall der griechischen Philosophie liegt anders: Anpassung ist nicht Verschmelzung. Aber die christliche Theologie verschmolz in der Tat griechische Begriffe mit der Botschaft des Christentums. Der Grund hierfür lag darin, daß im griechischen Denken etwas universal Gültiges erschienen war, was das Christentum nicht übersehen durfte und ohne das es nicht imstande gewesen wäre, sich in einer universal faßbaren Weise auszudrücken. Die Frage nach dem Sein ist für die menschliche Natur ebenso notwendig wie die Frage nach Gott, und der *logos*, in dem die Struktur des Seins in der Wirklichkeit insgesamt wie auch im menschlichen Geist erscheint, gilt für jedes menschliche Sein. Somit war es keine zufällige Anpassung, sondern eine wahrhafte Notwendigkeit, wenn die frühe

Kirche das griechische Suchen nach der letzten Wirklichkeit mit dem christlichen Suchen nach der Erlösung in Beziehung setzte.

Wenn man vom jüdischen Element im Christentum spricht, muß unterschieden werden zwischen Ausdrucksformen, die allgemein semitisch und im besonderen Maße israelitisch sind, und dem, was aus diesen Formen durch die Offenbarungserfahrungen der religiösen Führer des Judaismus gemacht worden ist. Als das Christentum das Gehäuse des Judaismus durchbrach, befreite es sich von der Bindung an den israelitischen Typ semitischer Kultur und Religion. Aus diesem Grunde kann das Christentum dem jüdischen Geist keine Vorzugsstellung gegenüber dem griechischen Geist einräumen. Es läßt diesen Gegensatz hinter sich. Aber das Alte Testament ist mehr als eine Urkunde israelitischer Kultur und Religion. Es ist ein Zeugnis von Offenbarungen, die sich innerhalb dieser Kultur und Religion ereigneten und dort erfahren wurden. Dieses Offenbarungsgeschehen hat israelitischen Lebens- und Denkformen einen Platz in der Geschichte der göttlichen Offenbarung und Erlösung gegeben, in deren Mittelpunkt das Erscheinen des Christus steht. Das Symbol des „Christus" selbst gehört sowohl zur semitisch-israelitischen Kultur als auch zur Geschichte der Offenbarung in Judaismus und Christentum. Die christliche Kirche begriff diesen Sachverhalt instinktiv. Sie gebrauchte den Ausdruck „Christus" mit all seinen dynamisch-historischen Folgerungen; aber sie benutzte auch andere Ausdrücke, und hierzu gehörte der wichtigste von ihnen allen, der Begriff *logos*, der israelitischer Denk- und Vorstellungsweise wesensfremd ist. Die Entgegensetzung von jüdischem und griechischem Geist durch die christliche Theologie, um jenen zu bejahen und diesen zurückzuweisen, ist von Niebuhrs eigenem Standpunkt aus irreführend und unangemessen. Er wollte niemals ein unbedingtes Vorrecht irgendeiner Kultur anerkennen, nicht einmal das der jüdischen Kultur gegenüber anderen Kulturen. Niemand hat stärker als er darauf hingewiesen, daß die christliche Botschaft die Grenze jeder Kultur und jeder Religion überschreitet. Er würde sich selbst im wichtigsten Punkt seiner Lehre widersprechen, wenn er versuchte, das Christentum an die Formen zu binden, die durch die israelitische Kultur und jüdische Religion geschaffen worden sind.

Damit möchte ich meine kurze Darstellung abschließen. Würdigungen von Niebuhrs Denken wurden ja an vielen Stellen dieses Bandes gegeben. Die vorliegende Erörterung ist eine Fortsetzung und Zusammenfassung vieler theologischer Gespräche, die ich mit meinem großen Freund gehabt habe, dem ich als Mensch und Theologe mehr verdanke, als ich hier zum Ausdruck bringen kann.

EINIGE FRAGEN AN EMIL BRUNNERS ERKENNTNISTHEORIE

(1962)

Als mich Emil Brunner vor einigen Jahren einmal in meiner Wohnung in New York aufsuchte, stimmte er mir erfreut und dankbar zu, als ich ihm sagte: „Trotz der vielen Verschiedenheiten, die theologisch zwischen Ihnen und Barth, sowie Bultmann und Niebuhr und mir bestehen, scheint es mir, daß sich in unserer Theologie eine grundlegende Gemeinsamkeit herausgebildet hat." Ich meine noch heute, daß diese Bemerkung richtig war, und ich fühle mich in meiner Ansicht durch die letzte Entwicklung bei Barth wie bei Bultmann bestätigt. Jeder Vergleich mit der vorhergehenden Epoche, die in Europa mit Troeltsch und Harnack und in Amerika mit dem Zweiten Weltkrieg endet, bestärkt meine Ansicht, und dasselbe gilt auch für einen Vergleich zwischen den Obengenannten und der neuen konfessionalistisch-orthodoxen Theologie in Europa und Amerika.

Die Züge in Brunners Denken, mit denen ich mich hier befassen will, bestätigen das durchaus. In seinem vielleicht eindrucksvollsten Buch „Wahrheit als Begegnung. Sechs Vorlesungen über das christliche Wahrheitsverständnis"[1], entwickelt Brunner eine theologische Erkenntnistheorie, die meines Erachtens sowohl biblisch wie existentialistisch und die – was wichtiger ist – dem Gegenstand entspricht, mit dem es die Theologie zu tun hat. Der Begriff „Begegnung" ist äußerst nützlich in einer Situation, in der der Begriff „Erfahrung" seine feste Bedeutung verloren hat. Zudem trägt er weitgehend dazu bei, daß die Unterwerfung unter die Subjekt-Objekt-Struktur des Erkennens, die gewöhnlich unser wissenschaftliches Denken beherrscht, überwunden wird. In einer echten Begegnung gehen Subjekt und Objekt in ein höheres Drittes ein. Indem sie das tun, haben sie aufgehört, reines Subjekt wie reines Objekt zu sein.

Dieses Erkenntnisprinzip findet in starkem Maße in den verschiedensten Wissensgebieten Anwendung. Brunner verweist auf die Begegnung von Person zu Person im zwischenmenschlichen Bereich und entwickelt dazu in Analogie die personale Begegnung zwischen Gott und Mensch. Doch kann man auch von „erkennendem Begegnen" vieler

[1] Berlin 1938.

Wirklichkeiten sprechen, die keinen Person-Charakter haben, aber auch keine reinen Dinge sind, und wo die konsequente Anwendung des Subjekt-Objekt-Schemas dem zu erkennenden Gegenstand Gewalt antut, z. B. im Falle des Erkennens historischer und psychologischer, ja selbst biologischer Sachverhalte. Das Leben kann nicht in allen seinen Dimensionen begriffen werden, wenn der Erkennende nicht das Subjekt-Objekt-Schema überwindet und auf das zu Erkennende in einem Akt der Begegnung zugeht. Wenn das richtig ist, erhebt sich die Frage, ob die Begegnung von Person zu Person die einzig mögliche Analogie zur göttlich-menschlichen Begegnung darstellt und ob daher in der Beschreibung der Erkenntnis Gottes lediglich personalistische Kategorien gebraucht werden dürfen. Sie stehen offensichtlich im Vordergrund in allen Schriften Brunners und können zum Teil aus seiner nominalistisch-reformierten Tradition heraus verstanden werden.

Aus dieser Haltung erwächst auch Brunners Ablehnung von Schleiermacher, dessen überpersonal-mystische Kategorien im Erkennen Gottes Brunners personalistischem Engagement widerstreben. Dagegen muß man die Frage aufwerfen, ob es möglich ist, der Göttlichkeit des Göttlichen gerecht zu werden, wenn man es nur in personalistischen Begriffen zu erfassen sucht. War nicht die klassisch-mittelalterliche und die deutsche klassische Philosophie in diesem Punkt mehr im Recht, wenn sie den biblischen Personalismus (den Brunner übrigens glänzend zu interpretieren versteht) mit den grundlegenden ontologischen Kategorien wie Sein, Leben, Geist usw. verbinden? Ich jedenfalls glaube, daß sie im Recht sind.

Eine der größten Leistungen von Brunners theologischer Erkenntnislehre ist seine Behandlung des Glaubensbegriffs. Er stellt sich damit in schärfsten Gegensatz zu der orthodoxen Auffassung, die unter „Glauben“ die Annahme einer Lehre über Gott versteht, und er lehnt gleichermaßen eine Auffassung ab, die das „Wort Gottes“ mit einer Lehre identifiziert oder, wie das im amerikanischen Fundamentalismus geschieht, „Wort Gottes“ mit dem angeblich inspirierten Text der Bibel gleichsetzt. Alle drei Haltungen verurteilt Brunner als Objektivismus, der den existentiellen Charakter der Gott-Mensch-Begegnung übersieht. Es ist dankenswert, daß Brunner, wenn auch sehr vorsichtig, die orthodox-hierarchische Entwicklung kritisiert, die einerseits der deutsche Kirchenkampf, andererseits der Sieg der sogenannten „dialektischen Theologie“ (zu der Brunner selbst so viel beitrug) verursacht hat. Und dabei war diese Theologie gar nicht einmal „dialektisch“, sie war vielmehr „paradox“, hatte aber in ihren Anfängen beinahe prophetischen Charakter. Aber – die „Schüler der Propheten“ wurden „Priester", nämlich Priester einer neuen Art „reiner Lehre" und einer neuen Form kirchlichen Autoritätsanspruchs. Sie nahmen eine Haltung ein, die Brunner „Objektivismus" nennt.

Wenn aber Glaube nicht Annahme von dogmatischen Lehrsätzen ist, so muß er existentiell begriffen werden. Brunner tat das, indem er Glaube „Vertrauensgehorsam" nannte, nämlich Vertrauen auf das Wort Gottes. „Wort Gottes" war für ihn die biblische Botschaft, aber nicht die Buchstaben der Bibel. Das Wort ruft den Menschen zur Gemeinschaft mit Gott, und gleichzeitig schafft es diese Gemeinschaft. Und es gibt dem Menschen die Versicherung, daß Gott die Gemeinschaft mit dem Menschen sucht. Deshalb ist die richtige Haltung des Menschen gegenüber Gott – Gehorsam und persönliche Hingabe. Brunner hat durch den Kampf gegen den „Objektivismus" die Intellektualisierung des Glaubens erfolgreich überwunden. Aber hat er auch das Willenselement im Glauben überwunden? Es war von seiner Tradition her leichter für ihn, das erstere zu tun. Ist es aber nicht ebenso notwendig, auch das zweite zu tun?

Was bedeutet eigentlich das Wort „Gehorsam", wenn es als ein Element des Glaubens verstanden wird? Es kann Gehorsam gegenüber einer heteronomen Forderung zu glauben bedeuten, aber das würde Brunner bestimmt ablehnen. Es kann auch den „Willen zu glauben" bedeuten, wie William James das Wort gebraucht hat. Seine mehr pragmatisch-experimentelle Auffassung würde Brunner ebenfalls nicht anerkennen. „Gehorsam" kann ferner im Sinne der thomistischen Lehre den Willen bedeuten, die Lücken des Erkennens auszufüllen, analog dem thomistischen Glaubensbegriff. Aber diese Auffassung war es ja gerade, die Brunner beständig bekämpfte. „Glaubensgehorsam" kann daher nur heißen: Gehorsam gegenüber den Forderungen, die aus dem Glauben selbst kommen. Aber wenn das so ist, dann muß der Akt des Glaubens schon stattgefunden haben, wenn der Glaubensgehorsam ins Spiel kommt. Glaube jedenfalls kann nicht als Gehorsam definiert werden, auch nicht teilweise.

Das Bild von Gott als dem Herrn ist eines der Elemente des Glaubens, aber es schafft keinen Glauben, denn es entsteht erst im Glaubensakt. Aber in bezug auf Gott ist es nicht nur der Begriff der Herrschaft, der erkenntnistheoretische Schwierigkeiten bereitet. Man muß analog dem Problem der Herrschaft Gottes die Frage stellen: Was bedeutet es, daß Gott mit dem Menschen Gemeinschaft haben will? Zweifellos ist das eine höchst symbolische Aussage, denn Gott kann nicht im eigentlichen Sinne des Wortes mit dem Menschen eine Gemeinschaft eingehen (obwohl viele „freien" Gebete in dieser Weise mit ihm umgehen).

Gemeinschaft von Gott und Mensch setzt eine Auffassung der Gott-Mensch-Beziehung voraus, die den Begriff der Gemeinschaft transzendiert, d. h. Gemeinschaft so versteht, daß Gott Subjekt und Objekt aller Gemeinschaft ist und nicht nur die eine Seite in der Gemeinschaftsbeziehung. Wenn aber Gott mehr als das ist, dann ist der Begriff der Gemeinschaft nicht mehr die letzte Aussage über die Gott-Mensch-Beziehung (ebensowenig wie der Begriff „Herrschaft"), und es erhebt sich die Frage nach transpersonalen Kategorien.

Jede existentialistische Erkenntnislehre befaßt sich mit dem Problem, wie das Erkennen durch Begegnung zu dem Erkennen durch distanzierte Objektivierung steht. Brunner ist sich des Problems bewußt, wenn er sagt: „Auch Gottes Wort enthält irgendwie Lehre und auch der Glaube ... enthält ein Wissen."[2] Selbst das „vornehmste Gebot" enthält nach Brunner eine verborgene Lehre. Im gleichen Zusammenhang sagt er, daß uns Gott sich selbst in seinem Wort nicht anders gibt als so, daß er uns „etwas sagt".[3] Die Lehre ist nicht dasselbe wie „Wort Gottes", aber sie ist „Zeichen und Fassung"[4], innerhalb deren wir das Wort haben, und das eine kann vom anderen nicht geschieden werden. Metaphorische Formulierungen wie diese sind nicht sehr erhellend, aber sie enthalten deutlich die Schwierigkeit des Problems.

Vor allem anderen muß man anerkennen, daß Brunner mit äußerster Konsequenz die traditionelle Lehre von den *loci dogmatici* einer Kritik unterzieht. Er versucht hier wie auch sonst den existentiellen Sinn einer Lehre herauszuarbeiten und ihn von der dogmatischen Formulierung zu unterscheiden. Das führt in vielen Fällen zu einer sehr scharfen Kritik selbst bedeutsamer Glaubensformeln der klassischen Theologie, sowohl katholischer wie protestantischer, z. B. der Trinität und der Prädestination. In seiner eigenen Lösung bezieht sich Brunner stets auf die Auffassung der Bibel, die nach seiner Ansicht durch die objektivierende Reflexion der Theologie verfälscht wurde. Seine Methode erscheint mir fruchtbar und der theologischen Aufgabe angemessen.

Man kann jedoch fragen, ob die von Brunner selbst für dogmatische Aussagen gebrauchten Begriffe derselben Kritik hinreichend unterworfen wurden. Ich denke da an Begriffe wie „Substanz" (einen Begriff, den er in bezug auf Gott ablehnt) oder „Subjekt" (einen Begriff, den er auf Gott anwendet) oder Begriffe wie „Person" (die zentrale Kate-

---

[2] a. a. O., S. 68. (2. Aufl. S. 119.)
[3] a. a. O., S. 68. (2. Aufl. ebd.)
[4] a. a. O., S. 83. (2. Aufl. S. 132.)

gorie in Brunners ganzer Theologie) oder das „Unpersönliche" (wozu er alles, was nicht Person ist, ohne Unterschied zählt) oder Begriffe wie „Geschichte", „Natur" und „Welt", die der Geschichte der Metaphysik entstammen und die doch philosophische Probleme bleiben, auch wenn sie in die Sprache des Alltags eingegangen sind.

Brunner spricht oft vom Eindringen spekulativer oder metaphysischer Begriffe in die biblische Sprache. Wenn die Ausdrücke „metaphysisch" oder „spekulativ" auftauchen, rufen sie sofort so abwertende Assoziationen hervor, daß die Frage der Wahrheit oder Unwahrheit gar nicht mehr gestellt wird. Die Worte „spekulativ" und „metaphysisch" verdammen das damit Bezeichnete *a priori.* Brunner, der in vieler anderer Hinsicht mit der Kant-Ritschlschen Linie des Denkens gebrochen hat, hält aber an ihrer antiontologischen Skepsis fest. Das aber ist im Zusammenhang seines ganzen Denkens nicht gerechtfertigt. Seine eigene existentialistische Neuinterpretation vieler traditioneller Begriffe ist ebenfalls „metaphysisch" und beruht auf dem Hinschauen auf die Wirklichkeit als eines Ganzen (das ist der ursprüngliche Sinn von *speculari).* So müßte er beispielsweise die Frage stellen, wieviel und insonderheit welche Form von Begegnung – ja selbst göttlich-menschlicher Begegnung – in den Begriffen der großen philosophischen Systeme steckt. Das Problem dabei scheint mir nicht die Verfälschung der Offenbarungswahrheit durch spekulative Wahrheit zu sein als vielmehr der Konflikt zwischen Offenbarungserfahrungen von vorläufigem Charakter (symbolisiert in Mythen und auf den Begriff gebracht in der Metaphysik) und dem Offenbarungsereignis, auf dem das Christentum beruht. Die Metapher „Begegnung" mit dem ihr eigenen existentialistischen Charakter muß beiden Arten von Offenbarungserfahrungen zugebilligt werden.

Die letzte Betrachtung führt zu einem Problem der religiösen Sprache ganz allgemein – dem Problem von „Symbol und Mythos" Vielleicht bin ich durch meine eigene Beschäftigung mit diesem Thema wie durch Bultmanns Entmythologisierungsprogramm etwas überrascht, wenig Äußerungen darüber in Brunners Hauptschriften zu finden. Das semantische Problem spielt in seinem Denken keine hervorstechende Rolle. Nur gelegentlich streift er es, wenn er den sogenannten Anthropomorphismus des Alten Testaments verteidigt – ganz mit Recht, z. B. in Verbindung mit der Unwandelbarkeit Gottes. Gott „bereut" – das ist nach Brunner eine wahre Aussage, denn sie ist ein Ausdruck für die Freiheit des Geschöpfes im Rahmen der göttlichen Vorsehung. Darin stimme ich Brunner zu, aber ich möchte fragen: In welchem Sinne kann die menschliche Erfahrung der Reue auf Gott angewandt werden? Es ist symbolisches Reden von Gott, das nicht weniger, sondern mehr angemessen ist als das exakteste nicht-symbolische Reden. Und dasselbe gilt für jede Aussage über Gott.

Wenn Brunner z. B. die Bedeutung des Wortes „Person" – angewandt auf den Menschen – mit der Bedeutung dieses Wortes – angewandt auf Gott – vergleicht, sieht er einen Unterschied nur im Verschwinden der menschlichen Begrenzungen. Aber er bemerkt nicht die qualitative Veränderung des Person-Begriffs, wenn die Grenzen der zeitlichen und räumlichen Existenz wegfallen. Wenn das jedoch geschieht – und es muß ganz gewiß geschehen –, wird der Begriff „Person" symbolisch. Das ist eine notwendige Folge, die auch nicht durch die richtige Aussage vermieden werden kann, daß der volle Sinn von „Person" erst aufgrund einer personalen Begegnung zwischen Gott und Mensch erkannt werden kann. Es scheint mir, daß es unmöglich ist, das semantische Problem in der systematischen Theologie unserer Zeit zu umgehen, wie es in keiner Zeit umgangen werden kann.

Die Schrift, in der semantische Probleme früher einmal erörtert wurden, trug den Titel *„De nominibus"*. In dieser und anderen Schriften wurde die Lehre von der *analogia entis* entwickelt. Brunner erkennt ihre Bedeutung an, aber er scheint davor zurückzuschrecken, sie ausführlich zu diskutieren und sie mit den heutigen Diskussionen über „Symbol und Mythos" in Beziehung zu setzen. Einer der Gründe seiner Zurückhaltung ist, daß ihn solche Erörterungen in gefährliche Nähe zur natürlichen Theologie bringen würden, die die Lehre von der *analogia entis* als ihr Hauptinstrument gebraucht. Brunner wäre im Recht, wenn theologische Semantik notwendig diese Folge hätte. Wenn *analogia entis* (oder jede andere Theorie religiöser Symbole) die erkenntnistheoretische Begründung der natürlichen Theologie bedeutete („natürliche Theologie" verstanden als eine Methode, durch rationale Schlüsse Gott zu erreichen), so wäre die Verwerfung dieses Begriffs sowie all seiner Implikationen zu fordern.

Aber die drei Hauptbegriffe im vorigen Abschnitt *„analogia entis"* *„natürliche Theologie"* und *„Vernunft"* sind nicht so eindeutig, daß dies ihre Verwerfung schon einschlösse. *Analogia entis* kann ganz einfach die Tatsache bedeuten, daß wir, um von dem, was das endliche Sein überschreitet, reden zu können, uns einer Sprache bedienen müssen, die der Begegnung mit dem endlichen Sein entspringt. Wenn eine solche Sprache auf Gott angewandt wird, so wird sie dadurch zur analogen oder symbolischen Sprache – wie ich aus semantischen Gründen lieber sagen würde. Die Symbole entstammen ähnlich der Brunnerschen Terminologie der göttlich-menschlichen Begegnung. Das ist keine *analogia entis* im Sinne der traditionellen natürlichen Theologie, sondern semantische Analyse der Beziehung religiöser Sprache zu anderen Arten der Sprache – eine Aufgabe, die dem analytischen Philosophen wie dem systematischen Theologen gestellt ist.

Die letzten Betrachtungen führen uns zum Problem der „natürlichen Theologie" selbst. Es ist eines der wichtigsten Dinge, die unsere Generation von Theologen wie Brunner und Barth gelernt hat, daß jeder Versuch, Gott im Denken (z. B. durch logische Schlußfolgerungen) zu erreichen, genauso dem protestantischen Prinzip widerspricht wie der Versuch, sich Gott auf moralischem Wege durch Erfüllung des Gesetzes zu nähern oder auf rituellem Wege durch Befolgung sakramentaler Vorschriften. Gegen dies alles steht das protestantische Prinzip. Aber trotzdem glaube ich nicht, daß das Anliegen der „natürlichen Theologie" deshalb vernachlässigt werden muß oder kann.

Obgleich Brunner im Gegensatz zu Barth den Begriff der „Offenbarung" so erweitert, daß er Offenbarung durch die Natur, durch den Heiligen Geist und durch eine letzte Erfüllung einschließt, billigt er doch der Religions- und Kulturgeschichte keine Offenbarungsqualität zu. Ich vermute, daß seine nicht allzu freundliche Behandlung der nicht-christlichen Religionen dadurch verursacht ist. Zwar glaube ich nicht, daß diese Konsequenz mit Notwendigkeit aus der Struktur von Brunners Theologie folgt, aber wahrscheinlich aus seiner Furcht vor der natürlichen Theologie.

Wir können gewiß nicht sagen, daß jede Religion *qua* Religion Offenbarung ist, und das gilt sogar für das Christentum. Diesen Sachverhalt hat die sogenannte „dialektische Theologie" schon in ihrer Frühzeit herausgestellt, und er bleibt gültig, weil er eine Konsequenz des protestantischen Prinzips und ein notwendiger Ausdruck für die Beziehung von Gott zu Mensch ist. Aber wie die christliche Religion auf Offenbarungsbeweise, vor allem auf das Erscheinen Jesu als des Christus gegründet ist, so können andere Religionen vorläufige Offenbarungen erfahren und im Laufe ihrer Geschichte verfälscht haben. Solche Offenbarungen aber sind höher zu bewerten als die nichtgeschichtliche Offenbarung, die Brunner verteidigt. Sie sind originale Offenbarungserfahrungen, in denen sich die Gegenwart des göttlichen Grundes in irgendetwas offenbart haben kann – nicht in rational greifbarer Form, aber in einem ekstatischen Erlebnis. Der tatsächliche Zustand der nicht-christlichen Religionen wie auch die Haltung der Bibel und der Kirche ihnen gegenüber zeigt, daß Gott die Menschheit niemals sich selbst überlassen hat. Wo echte, wenn auch entstellte Frömmigkeit vorhanden ist, die auf der Offenbarung des Christentums gegründet ist, muß sie auf einer göttlichen Selbstmanifestation beruhen. (Diese Behauptung liegt durchaus auf der Linie des protestantischen Prinzips, wie es von Brunner selbst neu herausgestellt wurde.)

An solchen Punkten wie diesen meine ich, daß die „dialektische Theologie", auch die von Brunner, einen bedeutsamen Schritt über die Selbstbegrenzungen, die sie sich in ihrer Frühzeit auferlegt hatte, tun könnte. Und manchmal – so auch jetzt, während ich dies schreibe – habe ich das Gefühl, daß Brunner selbst bereit wäre, einige seiner Aussagen, auf die sich die Diskussion in diesem Buch bezieht, zu überschreiten. Das ist aber eine Vorwegnahme seiner Antwort, die er selbst geben wird.

Außer der *analogia entis* und der „natürlichen Theologie" habe ich mich in meinen Ausführungen auch auf die „Vernunft" als auf einen zweideutigen und nicht klar umrissenen Begriff bezogen. Brunner gibt in seinem Buch „Vernunft und Offenbarung" im Prinzip zu, daß der Begriff „Vernunft" nicht eingeschränkt werden darf auf die kognitive Vernunft. Er weiß, daß es eine *Logos*-Vernunft gibt, die alle Funktionen der menschlichen Kultur umfaßt – das Ästhetische und das Moralische wie auch das Kognitive. Und er weiß, daß es viele Bereiche kognitiver Vernunft gibt, die mit den Prinzipien der Offenbarungswahrscheinlichkeit etwas zu tun haben. Das hebt die Diskussion unmittelbar auf eine höhere Ebene, die nicht erreicht werden kann, wenn man Vernunft auf Analyse, Berechnung und Manipulation beschränkt.

Der *Logos*-Typ der Vernunft umfaßt mehr als die induktiv-deduktive Methode wissenschaftlicher Forschung. Wenn man das aber zugibt, muß man ebenso wie Brunner fragen, wie der *logos* der Offenbarung und der *logos* der Vernunft aufeinander bezogen sind. Es reicht sicher nicht aus zu sagen, daß die Offenbarung die Vernunft nicht verwerfen kann, weil sie sich in einer klaren Sprache ausdrücken muß, und das heißt in rationalen Kategorien. Das ist ganz offensichtlich so und muß gegenüber theologischen und vor allem populär-theologischen Verächtern der Vernunft betont werden. Aber es löst das Problem nicht. Das ist nur möglich, wenn man eine scharfe Definition des Vernunftbegriffs vornimmt. Brunner kommt dem sehr nahe, wenn er das Wort „Sinn" als eine mögliche Übersetzung des Wortes *logos* benutzt. Aber er ist darin nicht konsequent genug.

Mir scheint, daß die stoische Lehre, nach der der *logos* sowohl Vernunft wie Wirklichkeit umfaßt, der frühen christlichen und sogar der johanneischen *Logos*-Lehre näherkommt, als Brunner zugesteht. Sicherlich ist der *logos* der Stoiker nicht „bei Gott" in der Weise wie der *logos* des Johannesevangeliums. Aber wenn er der „Mittler der Schöpfung" genannt wird, so kann dieses Symbol nur bedeuten, daß die Struktur der Wirklichkeit *logikon* ist, d. h., *logos*-bestimmt, sinnvoll. Als Konsequenz dieses Gedankens würde die radikale Ritschlsche Kluft zwischen kosmologischen und soteriologischen Begriffen verschwinden, eine Kluft, die einerseits dem griechischen Denken nicht gerecht wird und andererseits eine Verarmung des christlichen Denkens bewirkt. Die kosmologischen Potentialitäten sind ewig gegenwärtig im *logos*, dem Prinzip der göttlichen Selbstmanifestation. Von hier aus betrachtet ergibt sich ein beträchtlicher Unterschied zwischen dem *Logos*-Begriff der Vernunft (der universalen Sinn-Struktur in der Welt und im menschlichen Geist) und der christlichen Offenbarung. In der Offenbarung, die die Vernunft transzendiert, ist das Paradox der Selbstmanifestation Gottes in einem persönlichen Leben sichtbar: unter den Bedingungen der Existenz erweist sich dieses Leben als die letzte Macht und das letzte Kriterium eines neuen Seins, in dem die Entfremdung von Gott und seiner Welt überwunden ist. Das gilt nicht für die *Logos*-Struktur der Wirklichkeit (da Entfremdung nicht zur *Logos*-Struktur der Wirklichkeit gehört), aber es ist derselbe *logos*, die göttliche Selbstmanifestation, durch die die Welt ihre Sinnstruktur erhalten hat, und durch die die entfremdete Welt wiedervereinigt ist mit Gott.

Es war nicht meine Absicht, in diesem Artikel ein Referat über Brunners Theologie zu geben, noch an seiner Theologie Kritik zu üben. Es sollte vielmehr die Fortsetzung und schriftliche Formulierung eines Gesprächs sein, das zwischen uns über viele Jahre hinweg stattgefunden hat – manchmal direkt, manchmal indirekt –, und von dem ich mir noch für viele Jahre eine Fortsetzung erhoffe.

BIBLIOGRAPHISCHE ANMERKUNGEN

Auf der Grenze. In: Auf der Grenze. Stuttgart: Evang. Verlagswerk 1962.

Autobiographische Betrachtungen. Übers. von: Autobiographical Reflections. In: The Theology of Paul Tillich. Hrsg. von Charles W. Kegley und Robert W. Brettal. New York: Macmillan 1952. S. 3 bis 21. (Library of Living Theology. Bd. 1.)

Die Staatslehre Augustins nach De Civitate Dei. – Vortrag, gehalten vor der Marburger Studentenschaft im Dezember 1924. In: Theologische Blätter. Jg. 4. 1925. Sp. 77–86.

Lessing und die Idee einer Erziehung des Menschengeschlechts. – Vortrag, gehalten in Dresden im Winter 1929.
In: Religiöse Verwirklichung. Berlin: Furche Verl. 1930.

Goethe und die Idee der Klassik. – Gedenkrede, gehalten am 20. März 1932 zur Goethefeier des Nationaltheaters. In: Bühnenblätter. (Nationaltheater Mannheim.) 1931/32. No. 17. S. 193–207.

Der junge Hegel und das Schicksal Deutschlands. In: Hegel und Goethe. Zwei Gedenkreden. Tübingen: Mohr 1932. (Sammlung gemeinverständlicher Vorträge und Schriften aus dem Gebiet der Theologie und Religionsgeschichte. No. 158. S. 1–32.)

Albrecht Ritschl. Zu seinem hundertsten Geburtstag. In: Theologische Blätter. Jg. 1. 1922. Sp. 49–54.

Adolf von Harnack. Eine Würdigung anläßlich seines Todes. Bisher unveröffentlichtes Manuskript.

Ernst Troeltsch. Versuch einer geistesgeschichtlichen Würdigung. In: Kant-Studien. Jg. 29. 1924. S. 351–358.

Zum Tode von Ernst Troeltsch. In: Vossische Zeitung. No. 58. 1923. S. 2–3.

Der Religionsphilosoph Rudolf Otto. In: Vossische Zeitung. No. 308. 1925.

Die Kategorie des „Heiligen" bei Rudolf Otto. In: Theologische Blätter. Jg. 2. 1923. Sp. 11–12.

Karl Barth. In: Vossische Zeitung. 1926. No. 32. Das Unterhaltungsblatt. No. 16.

Revolution und Kirche. Zum gleichnamigen Buch verschiedener Autoren. In: Das neue Deutschland. Jg. 7. 1919. S. 394–397.

Rechtsphilosophie. Zu einem Lehrbuch von Rudolf Stammler. In: Theologische Literaturzeitung. Jg. 47. 1922. S. 417–420.

Der Historismus und seine Probleme. Zum gleichnamigen Buch von Ernst Troeltsch. In: Theologische Literaturzeitung. Jg. 49. 1924. S. 25–30.

Zum Problem der evangelischen Sozialethik. Zum gleichnamigen Buch von Wilhelm Loew. In: Blätter für Religiösen Sozialismus. Jg. 7. 1926. S. 73–79.

Christentum und Idealismus. Zum Verständnis der Diskussionslage. In: Theologische Blätter. Jg. 6. 1927. S. 29–40.

Zur Psychologie des Sozialismus. Zum gleichnamigen Buch von Hendrik de Man. In: Blätter für Religiösen Sozialismus. Jg. 8. 1927. S. 21–25.

Mythos und Geschichte. Zu Emil Ludwigs „Menschensohn". In Vossische Zeitung. No. 219. Das Unterhaltungsblatt. No. 109. 1928. S. 1–2.

Das Alter der Kirche. Zum gleichnamigen Buch von Eugen Rosenstock und Josef Wittig. In: Vossische Zeitung. No. 259. Literarische Umschau. No. 23. 1928.

Die Selbstverwirklichung des Geistes. Zum gleichnamigen Buch von Richard Kroner. In: Dresdner Neueste Nachrichten. No. 171. 1928. S. 2.

Wieviel Wahrheit findet sich bei Karl Marx? Übers. von: How much Truth is in Karl Marx? In: Christian Century (Chicago). Jg. 65. H. 36. 1948. S. 906–908.

Das Geschichtsbild von Karl Marx. Übers. von: Marx's View of History. In: Culture in History. Essays in Honor of Paul Radin. New York: Columbia University Press 1960. S. 631–641.

Nietzsche und der bürgerliche Geist. Übers. von: Nietzsche and the Bourgeois Spirit. In: Journal of the History of Ideas (New York). Jg. 6. H. 3. 1945. S. 307–309.

Nikolai Berdiajew. Eine geistesgeschichtliche Würdigung. Übers. von: Nicholas Berdyaev. In: Religion in Life (New York). Jg. 7. H. 3. 1938. S. 407–415.

Das Problem des „persönlichen Gottes". Eine Auseinandersetzung mit Albert Einstein. Übers. von: The Idea of the Personal God. In: Union Review (New York). Jg. 2. H. 1. 1940. S. 8–10.

Die Bedeutung Kurt Goldsteins für die Religionsphilosophie. Übers. von: The Significance of Kurt Goldstein for Philosophy of Religion. In: Journal of Individual Psychology. Jg. 15. H. 1. 1959. S. 20–23.

Kairos – Theonomie – das Dämonische. Ein Brief zu Eduard Heimanns siebzigstem Geburtstag. In: Hamburger Jahrbuch für Wirtschafts- u. Gesellschaftspolitik. Hrsg. v. H. D. Ortlieb. „Zur Ordnung von Wirtschaft und Gesellschaft". Festgabe für Eduard Heimann. Tübingen: Mohr 1959. S. 11–15.

Carl Gustav Jung. Eine Würdigung anläßlich seines Todes. Übers. von: Carl Gustav Jung. A Memorial Meeting. 1. Dezember 1961. Hrsg. von: Analytic Psychology Club. New York 1961. S. 28–32.

Martin Buber. Eine Würdigung anläßlich seines Todes. Übers. von: Martin Buber. In: Christian News from Israel. Jg. 16. H. 3. S. 25–28.

Ein Wendepunkt in Karl Barths Denken. Zu seinem Buch: Die Kirche und die politische Frage von heute. Übers. von: Karl Barth's Turning Point. In: Christendom. Jg. 5. H. 1. 1940. S. 129–131.

Kierkegaard auf Englisch. Würdigung eines Übersetzungswerkes. Übers. von: Kierkegaard in English. In: American-Scandinavian Review (New York). Jg. 30. H. 3. 1942. S. 254–257.

Psychoanalyse und Religion. Zum gleichnamigen Buch von Erich Fromm. Übers. von: Psychoanalysis and Religion. In: Pastoral Psychology (Great Neck/N.Y.) Jg. 2. H. 15. 1951. S. 62–66.

Reinhold Niebuhrs Erkenntnistheorie. Eine Auseinandersetzung. Übers. von: Reinhold Niebuhr's Doctrine of Knowledge. In: Reinhold

Niebuhr. His Religious, Social, and Political Thought. Hrsg. v. C. W. Kegley and R. Brettal. New York: Macmillan 1956. S. 36–43. (Library of Living Theology Bd. 2.)

Einige Fragen an Emil Brunners Erkenntnistheorie. Eine Auseinandersetzung. Übers. von: Some Questions on Brunner's Epistemology. In: The Theology of Emil Brunner, Hrsg. v. C. W. Kegley and R. Brettal. New York: Macmillan 1962. S. 99–107. (Library of Living Theology. Bd. 3.)

LEBENSDATEN

einiger in diesem Band von Paul Tillich rezensierter Autoren

Fromm, Erich

geb. am 23. März 1900 in Frankfurt/Main.

Emigrierte 1934 und wirkte seither als Psychoanalytiker in den Vereinigten Staaten (u. a. an der Yale University, an der Columbia University und der New School for Social Research). Dort zählt er neben K. Korney und H. S. Sullivan zu den bedeutendsten Neofreudianern. Bei seiner Kritik an der Freudschen Lehre berücksichtigt er besonders die sozialen und kulturgegebenen Anforderungen an den Einzelmenschen.

Augenblicklich lebt er in Mexiko, wo er den Lehrstuhl für Soziologie an der Nationaluniversität innehat.

Heimann, Eduard

geb. am 11. Juli 1889 in Berlin, gest. im Juni 1967.

Seit 1925 Professor für theoretische und praktische Volkswirtschaftslehre in Hamburg. Nach seiner Emigration 1933 an der New School for Social Research in New York; seit 1950 zugleich Lehrer für christliche Ethik am Union Theological Seminary.

Bedeutender Vertreter einer christlichen Gesellschaftswissenschaft mit sozialethischer Zielsetzung.

Heimann beschäftigte sich zunächst mit den Entartungserscheinungen des Kapitalismus und gehörte neben Tillich zu den profiliertesten Vertretern eines religiösen Sozialismus, wobei er für die Bändigung der kapitalistischen Herrschaftsgewalt durch Sozialpolitik eintrat. Seit 1945 hat sich Heimann besonders um eine sozialethische Fundierung der positiven Sozialwissenschaften auf christlicher Grundlage, um eine „Theologie der Gesellschaft", bemüht.

Kroner, Richard

geb. am 8. März 1884 in Breslau.

Wurde 1928 Professor in Kiel, emigrierte 1938 nach England und 1940 in die Vereinigten Staaten.

Kroners spätere Schriften entwickeln eine Kulturphilosophie auf religiöser Grundlage.

Ludwig, Emil

geb. am 25. Januar 1881 in Breslau, gest. am 17. September 1948 in Moscia bei Ascona.

Seine mit effektvoller Montage von Quellenzitaten und psychologischen Analysen spannend geschriebenen, jedoch von der Wissenschaft abgelehnten Lebensbilder großer Menschen wurden in alle Weltsprachen übersetzt.

Man, Hendrik de

geb. am 17. November 1885 in Antwerpen, gest. am 20. Juni 1953 in Murten (Schweiz).

War seit 1911 in der belgischen Arbeiterbildung tätig, 1929 bis 1933 Dozent an der Universität Frankfurt (Main), 1933 Professor in Brüssel.
Als Mitglied der Sozialistischen Partei war er 1935 Arbeits-, 1936 bis 1940 auch Finanzminister.
Wegen des gegen ihn erhobenen Vorwurfs der Zusammenarbeit mit der deutschen Besatzung emigrierte er in die Schweiz.
Vom Marxismus, dem er anfänglich anhing, löste er sich durch seine erzieherisch-ethische Interpretation des Sozialismus.

Mannheim, Karl

geb. am 27. März 1893 in Budapest, gest. am 9. Januar 1947 in London.
War von 1930 bis 1933 Professor für Soziologie in Frankfurt (Main).
Nach seiner Emigration Dozent an der London School of Economics.

Stammler, Rudolf

geb. am 19. Februar 1856 in Alsfeld (Hessen), gest. am 25. April 1938 in Wernigerode.

Seit 1882 Professor in Marburg, 1884 Professor in Gießen, 1885 Professor in Halle, 1916 Professor in Berlin.
Bedeutender Vertreter des Neukantianismus in der Rechtsphilosophie.

NAMEN- UND SACHREGISTER

Bearbeitet von A. Müller